Peter Stachel, Martina Thomsen (Hg.)
Zwischen Exotik und Vertrautem

Histoire | Band 35

Peter Stachel, Martina Thomsen (Hg.)
Zwischen Exotik und Vertrautem
Zum Tourismus in der Habsburgermonarchie
und ihren Nachfolgestaaten

[transcript]

Gedruckt mit Unterstützung der Österreichischen Forschungsgemeinschaft (ÖFG), des Alumni Kiel e.V. und der Universitätsstiftung der Christian-Albrechts-Universität zu Kiel.

Die redaktionellen Arbeiten wurden durch die VolkswagenStiftung gefördert.

Bibliografische Information der Deutschen Nationalbibliothek
Die Deutsche Nationalbibliothek verzeichnet diese Publikation in der Deutschen Nationalbibliografie; detaillierte bibliografische Daten sind im Internet über http://dnb.d-nb.de abrufbar.

© 2014 transcript Verlag, Bielefeld

Die Verwertung der Texte und Bilder ist ohne Zustimmung des Verlages urheberrechtswidrig und strafbar. Das gilt auch für Vervielfältigungen, Übersetzungen, Mikroverfilmungen und für die Verarbeitung mit elektronischen Systemen.

Umschlagkonzept: Kordula Röckenhaus, Bielefeld
Lektorat: Mag. Josef Schiffer
Layout: Sabine Krammer
Druck: Majuskel Medienproduktion GmbH, Wetzlar
Print-ISBN 978-3-8376-2097-9
PDF-ISBN 978-3-8394-2097-3

Gedruckt auf alterungsbeständigem Papier mit chlorfrei gebleichtem Zellstoff.
Besuchen Sie uns im Internet: *http://www.transcript-verlag.de*
Bitte fordern Sie unser Gesamtverzeichnis und andere Broschüren an unter: *info@transcript-verlag.de*

Inhalt

Vorwort
Peter Stachel und Martina Thomsen | 9

Einführung in Fragestellungen und Themenfelder
Rudolf Jaworski | 11

Visualisierungsstrategien im Tourismus in der Spätphase der Habsburgermonarchie
Postkarten, Plakate und andere Bildmedien
Werner Telesko | 31

Die Hoferei und 200 Jahre Tourismusgeschichte in Tiroler Museen
Konrad Köstlin | 47

Reisebeschreibungen in der „Südmark" und die Idee der deutschen Diaspora nach 1918
Pieter M. Judson | 59

Das edle Bedürfnis sich zu bereichern
Der Werdegang der Krakauer Kommune zum Tourismuszentrum (1870–1939)
Hanna Kozińska-Witt | 77

Reisen nach „Halb-Asien"
Galizien als binnenexotisches Reiseziel
Christoph Mick | 95

Die Bukowina und Czernowitz – hybrider Kulturraum und Faszinosum
Andrei Corbea-Hoisie | 113

Die Nation im Schaukasten
Binnentourismus und Nationswerdung auf der Budapester
Milleniums-Ausstellung 1896
Alexander Vari | 123

**Die Badekultur und die Badevereine als Träger
des Tourismus am Süd-Balaton (1890–1944)**
Sándor Bősze | 135

„Unsere Adria"
Kroatische Seekurorte vor und nach 1918
Peter Jordan | 151

Halb-kolonial und halb-orientalisch?
Dalmatien als Reiseziel im 19. und frühen 20. Jahrhundert
Peter Stachel | 165

Bosnische Impressionen
k.k. Soldaten als Tourismuspioniere vor dem Ersten Weltkrieg
Dieter J. Hecht | 201

**Die Geburt Bratislavas auf den Seiten der lokalen
Stadtführer 1918–1945**
Jozef Tancer | 221

Orte der Selbstpositionierung
Deutsche und tschechische Wandervereine
in den böhmischen Ländern vor 1945
Martin Pelc | 233

Die Fremde beschreiben
Prag in deutschen und tschechischen Reiseführern 1850–1945
Martina Thomsen | 243

Schneller und weiter
Mit dem Automobil durch die
Erste Tschechoslowakische Republik
Jan Štemberk | 263

Personenregister | 275

Ortsregister | 279

Autorinnen und Autoren | 289

Vorwort

PETER STACHEL UND MARTINA THOMSEN

Das Reisen zu touristischen Zwecken erlebte seit dem 19. Jahrhundert eine rasante Entwicklung. Technische Neuerungen wie die Eisenbahn, das Dampfschiff, schließlich auch das Automobil und das Flugzeug ermöglichten die Bewältigung zunehmend längerer Distanzen in immer kürzerer Zeit. Mit der Ausbildung eines differenzierten Übernachtungswesens, der Etablierung von Reisebüros und dem Angebot von erschwinglicher Reiseliteratur gingen gravierende Veränderungen im Arbeitsleben der europäischen Bevölkerung einher. Ein stetig steigender Teil der Menschen hatte Anspruch auf Freizeit und nutzte diese zu touristischen Reisen.

Neben den neuen, außereuropäischen Reisezielen, wie Afrika, Süd- und Nordamerika, blieben die europäischen Staaten, Regionen und Städte weiterhin im Blickfeld der Touristen. Eines der klassischen Reiseländer war die Habsburgermonarchie. Ihre besondere ethnische Gemengelage bot einheimischen Touristen die Möglichkeit, in unmittelbarer Nähe Fremde und Exotik zu erleben. Die Spannbreite der touristisch frequentierten Orte und Regionen erstreckte sich von den mondänen böhmischen Bädern im Nordwesten bis zum als rückständig geltenden „Bärenland" Galizien im Osten des Vielvölkerreiches. Zwischen diesen beiden Kontrapunkten entwickelte sich ein tief gestaffeltes System von Binnenexotismen. Der Erste Weltkrieg brachte eine scharfe Zäsur. Die Donaumonarchie zerfiel 1918 in etliche Einzelstaaten, deren neugeschaffene Grenzen das Reisen grundlegend veränderten. Neue Destinationen entstanden und frühere wurden aufgegeben, neue Herrschaftssysteme beeinflussten die Entwicklung des Tourismus und erforderten veränderte Tourismuskonzepte. Nicht zuletzt verursachte die Existenz neuer Staaten auch eine Verschiebung der Perspektive der Reisenden: zuvor Vertrautes lag nun auf dem Gebiet fremder Staaten.

Die Möglichkeit, Kontakt und Transfer zwischen Touristen und Einheimischen in einem multiethnischen Imperium und an dessen Übergang zu Nationalstaaten zu beobachten, gab Anlass für eine internationale und interdisziplinäre Tagung, die vom 9. bis 12. Juni 2011 in der Villa Lanna in Prag unter dem Titel „Das Fremde im Eigenen. Tourismus in Österreich-Ungarn und seinen Nachfolgestaaten" stattgefunden hat. Veranstalter waren dabei das Historische Institut der Tschechischen Akademie der Wissenschaften Prag, das Historische Seminar der Christian-Albrechts-Universität zu Kiel sowie das Institut für Kulturwissenschaften und Theatergeschichte der Österreichischen Akademie der Wissenschaften Wien.

Der vorliegende Band enthält die Erträge der Tagung. Da es sich hierbei um eine erste Bestandsaufnahme zu einem noch weitgehend unbearbeiteten Forschungsgebiet handelt, war ein gewisses Maß an Heterogenität der einzelnen Beiträge nicht zu vermeiden. Auch war es nicht möglich, alle relevanten Territorien und Themenfelder gleichermaßen zu berücksichtigen. Vielmehr kam es darauf an, in einem ersten Schritt grundsätzlich auf die Spezifik und die Problemlagen dieser Reiseländer hinzuweisen und die vorläufigen Ergebnisse der vergleichenden Tourismusforschung zugänglich zu machen.

Von den ersten Planungen der Tagung bis zur Herausgabe des Sammelbandes haben wir viel Unterstützung erfahren. Besonderer Dank gilt zuallererst Prof. Dr. Rudolf Jaworski (Kiel), der das Projekt von Anfang an entscheidend mitkonzipiert und mitgetragen hat. Unser Dank gilt weiters der VolkswagenStiftung, die dieses Projekt von Beginn an finanziell großzügig unterstützt hat. Übersetzungen und redaktionelle Endarbeiten besorgten Sabine Krammer (Graz) und Mag. Josef Schiffer (Graz), denen wir gleichfalls zu Dank verpflichtet sind. Prof. Dr. Milan Hlavačka (Prag) sei für die Organisation und äußerst zuvorkommende Gastfreundschaft in Prag gedankt.

Ohne die großzügigen Druckbeihilfen seitens der Österreichischen Forschungsgemeinschaft (ÖFG), der Universitätsstiftung der Christian-Albrechts-Universität zu Kiel sowie des Alumni Kiel e.V. hätte diese Publikation nicht entstehen können. Ihnen gilt ebenso unser Dank wie dem transcript Verlag, der den vorliegenden Band in das Programm seiner kulturwissenschaftlichen Publikationen aufgenommen hat.

Kiel/Wien, im Oktober 2013

Einführung in Fragestellungen und Themenfelder

RUDOLF JAWORSKI

Der Tourismus als moderne Form des Reisens ist gleich zu Beginn seines Aufkommens Ende des 18. und seiner sukzessiven Ausweitung im 19. Jahrhundert wiederholt zum Gegenstand von Abhandlungen gemacht worden – in bilanzierender, projektierender, aber durchaus auch schon in kritischer Absicht. Zu einem systematischen und abgrenzbaren Forschungsgebiet verdichtete sich dieses Interesse jedoch erst in den letzten Jahrzehnten des 19. Jahrhunderts, als der Tourismus immer größere Dimensionen annahm und sich diese Form der Freizeitgestaltung zu einem Massenphänomen ausgewachsen hatte, was wiederum eng mit der Standardisierung, Normierung und Kommerzialisierung der Freizeit zusammenhing.[1] Im Zuge dieser Entwicklung hatte die Tourismusforschung einen enormen Aufschwung genommen. Zahlreiche Institutionen, Lehrstühle, wissenschaftliche Organisationen, Zeitschriften und Buchreihen sind mittlerweile international und kontinuierlich mit dieser Thematik befasst. Die kaum zu überblickende und steigende Bedeutung des Tourismus als Wirtschaftsfaktor spielte hierbei eine wichtige Rolle, was nicht ohne Einfluss auf die Forschungsperspektiven bleiben konnte.

---

1 Siehe dazu Böröcz, József: Travel-Capitalism. The Structure of Europe and the Advent of the Tourist, in: Comparative Studies in Society and History 39 (1992), S. 708–741, hier S. 713.

Historische und kulturwissenschaftliche Fragestellungen stellen innerhalb der mittlerweile umfangreichen und ausdifferenzierten Tourismusforschung immer noch ein verhältnismäßig überschaubares und keinesfalls zentrales Segment dar.[2] Im überwiegenden Teil der einschlägigen Fachliteratur dominieren dagegen eindeutig praxisorientierte Gesichtspunkte eines „tourism management", verbunden mit der Planung entsprechender Strategien und Programme.[3]

Wenn in diesem Zusammenhang kulturelle Aspekte überhaupt Berücksichtigung finden, so dienen sie hauptsächlich der Verfeinerung des tourismusplanerischen Instrumentariums, historische Fragestellungen werden ohnehin oft nur einleitend als Vorspann abgehandelt. Als gesonderte Beobachtungsfelder werden solche Themenkomplexe aber weitaus seltener separat und um ihrer selbst willen zum Gegenstand der Untersuchung gemacht, es sei denn im Rahmen spezialisierter Studien, wie z. B. zum Kulturtourismus. Und selbst dabei überwiegen häufig Vermarktungsstrategien, etwa wenn Budapest oder Prag in erster Linie als ein „touristisches Produkt" verstanden werden.[4]

---

2 Vgl. u. a. Hachtmann, Rüdiger: Tourismus-Geschichte. Göttingen 2007; Heiß, Hans: Les grandes étapes de l'histoire du tourisme, 1830–2002, in: Tourisme et changements culturels. Tourismus und kultureller Wandel. Histoire des Alpes/Storia delle Alpi/Geschichte der Alpen (2004), Nr. 9, S. 45–59; Opaschowski, Horst W.: Tourismus. Systematische Einführung – Analysen und Prognosen. Opladen 1996; Spode, Hasso: Der moderne Tourismus. Grundlinien seiner Entstehung und Entwicklung vom 18. zum 20. Jahrhundert, in: Storbeck, Dietrich (Hg.): Moderner Tourismus. Tendenzen und Aussichten. Trier 1988, S. 39–76.

3 Vgl. dazu u. a. Bieger, Thomas: Tourismuslehre. Ein Grundriss. 2. Aufl. Bern 2006; Chudoba, Tadeusz: Theory of Tourism and Tourism Management. Warszawa 2010; Dettmer, Harald u. a. (Hgg.): Tourismus-Management. München 2008; Freyer, Walter: Tourismus. Einführung in die Fremdenverkehrsökonomie. 9. Aufl., München 2009; Kreilkamp, Edgar/Pechlaner, Harald/Steinecke, Albrecht (Hgg.): Gemachter oder gelebter Tourismus. Destinationsmanagement und Tourismuspolitik. Wien 2001; Steinbach, Josef: Tourismus. Einführung in das räumlich-zeitliche System. München 2003; außerdem die Beiträge in: Jamal, Tazim/Robinson, Mike (Hgg.): The Sage Handbook of Tourism Studies. Los Angeles 2010.

4 Vgl. in diesem Zusammenhang beispielsweise Dreyer, Axel: Kulturtourismus. München 2000; Kramer, Dieter: Städtetourismus. Bemerkungen aus kulturwissenschaftlicher Perspektive, in: Ders./Lutz, Ronald (Hgg.): Tourismus-Kultur. Kultur-Tourismus. Münster 1993, S. 5–22; Steinecke, Albrecht: Kulturtourismus. Marktstrukturen, Fallstudien, Perspektiven. München 2007; Vari, Alexander: From „Paris of the East" to „Queen of Danube": International Models in the Promotion of Budapest Tourism, 1885–1940, in: Zuelow, Eric G. E. (Hg.): Touring beyond the Nation: A

Einen weitergehenden und vielversprechenden Einstieg in kulturwissenschaftliche Untersuchungsgänge des Tourismus eröffnet die neuerdings eingeforderte „Nachhaltigkeit" im Tourismus. In diesem Konzept erscheint eine erfolgreiche Umsetzung touristischer Planungsziele unweigerlich an „kulturelle Verträglichkeitskriterien" zurückgebunden, eine Perspektive, die automatisch eine stärkere Hinwendung zu kulturwissenschaftlichen Fragestellungen und historischen Problemlagen mit sich bringt.[5]

Nun wäre es aber falsch, die zu beobachtenden Disproportionen zwischen der marktorientierten Tourismusforschung und einem kulturwissenschaftlich orientierten Ansatz einseitig der angewandten und praxisbezogenen Forschungsrichtung anzulasten, bzw. deren mangelnder Bereitschaft zuzuschreiben, ihre gegenwartsbezogenen Bestandsaufnahmen und Prognosen hinreichend historisch und kulturell zu verankern.[6] Mit Ausnahme der Ethnologen und der Geografen[7] haben sich die geisteswissenschaftlichen Disziplinen, allen voran die Historiker, nämlich in der Vergangenheit noch verhältnismäßig wenig mit dieser Thematik auseinandergesetzt, wobei diese Distanz wiederum auf wenig fruchtbare Berührungsängste mit den kommerziell ausgerichteten Strategien im Mainstream der Tourismusforschung zurückzuführen ist,

---

transnational approach to European Tourism History. Farnham u. a. 2011, S. 103–125.

5 Siehe dazu u. a. Baumgartner, Christian: Nachhaltigkeit im Tourismus. Innsbruck 2008; Kreilkamp, Edgar u. a. (Hgg.): Traumziel Nachhaltigkeit. Umwelt- und sozialverträglicher Tourismus im Massenmarkt. Berlin 2006; Scheiber, Ernst (Hg.): Nachhaltigkeit als Chance des Tourismus. Wien 2008.

6 Zum Folgenden Spode, Hasso: Zur Geschichte der Tourismusgeschichte, in: Kolbe, Wiebke (Hg.): Tourismusgeschichte(n) (Voyage. Jahrbuch für Reise- und Tourismusforschung, 8). München/Wien 2009, S. 9–21; Spode, Hasso: La recherche historique sur le tourisme.Vers une nouvelle approche, in: Mondes du tourisme 1 (2010), Nr. 2, S. 4–18; Hasso Spode, dem der Autor dieser Studie wichtige Anregungen verdankt, ist in seinen zahlreichen Studien immer wieder darum bemüht, zumindest für ein wechselseitiges Verständnis zwischen beiden Forschungsrichtungen zu werben.

7 Vgl. dazu u. a. Christoph Becker/Hopfinger, Hans/Steinecke, Albrecht (Hgg.): Geographie der Freizeit und des Tourismus. Bilanz und Ausblick. München/Wien 2007; Kreisel, Werner: Einige Gedanken zur Freizeit- und Tourismusgeographie, in: Kagemeier, Andreas/Reeh, Tobias (Hgg.): Trends, Herausforderungen und Perspektiven für die tourismusgeographische Forschung. Mannheim 2011, S. 11–18; Wahrlich, Heide: Tourismus, eine Herausforderung für Ethnologen. Problemdimensionen und Handlungsaspekte im touristischen Bezugsfeld. Berlin 1984.

was schließlich zu dem unbefriedigenden Resultat geführt hat, dass beide Forschungsansätze noch weitgehend unabhängig voneinander existieren und somit nicht voneinander profitieren können. Ein unentbehrliches Bindeglied zwischen beiden Sphären stellen zweifellos soziologische und sozialpsychologische Studien dar, weil sie sich mit den aktiven wie passiven Beteiligten des Tourismus, ihren Einstellungen und Verhaltensmustern auseinandersetzen, um auf diesem Wege den Blick für kulturelle Prägungen zu schärfen.[8]

Kulturwissenschaftliche und tourismusgeschichtliche Fragestellungen ergänzen und bereichern die Forschung aber nicht nur, sie sind darüber hinaus geeignet, das Verständnis für die Entwicklungspfade und für die außerökonomischen Bestimmungsfaktoren des Tourismus zu schärfen und zu modifizieren, indem sie darauf aufmerksam machen, dass der moderne Tourismus von Anfang an nicht nur einen Wirtschaftsfaktor darstellte, der sich im Zuge moderner konsumgesellschaftlicher Verhältnisse herausgebildet hat, sondern zugleich einen komplexen interkulturellen Transfer in Gang gesetzt hat, über den kulturelle Werte und Praktiken der Reisenden wie der „Bereisten" transportiert und in vordem nicht bekanntem Ausmaß verändert wurden. Stellvertretend sei nur an die tiefgreifenden Veränderungen bzw. Diffusionen der Esskultur in den Destinationsländern, vor allem aber in den Herkunftsländern der Touristen erinnert.[9]

Aus solchen und ähnlichen Folgeerscheinungen ergeben sich zwingende Fragen nach den soziokulturellen Auswirkungen des Tourismus auf die bereisten Destinationsorte und -regionen, wie umgekehrt nach vergleichbaren Folgen für die entsprechenden Systeme in den Tourismus generierenden Ländern und Gesellschaften. Touristische Aktivitäten erweisen sich so besehen als wichtige Arenen der De- und Rekontextualisierung kultureller Interaktionsprozesse mit weitreichenden und nachhaltigen Auswirkungen. Denn der „touristische

---

8 Vgl. dazu u. a. Hahn, Heinz/Kagelmann, H. Jürgen (Hgg.): Tourismuspsychologie und Tourismussoziologie. Ein Handbuch zur Tourismuswissenschaft. München 1993; Vester, Heinz-Günter: Tourismustheorie. Soziologische Wegweiser zum Verständnis touristischer Phänomene. München 1999.

9 Vgl. dazu Großmann, Lydia: Europäische Esskultur im Wandel. Der Wandel der europäischen Esskultur seit dem späten 19. Jahrhundert im Spiegel des Baedeker, dargestellt an den Beispielen Englands und Spaniens. Saarbrücken 2008; Ziemann, Martina: Internationalisierung der Ernährungsgewohnheiten in ausgewählten europäischen Ländern. Frankfurt a. M. 1999.

Blick" der Fremden und die tourismusbedingte Selbststilisierung der bereisten Länder bedingen sich wechselseitig und schaffen neuartige Rahmenbedingungen vor Ort und in internationalen Begegnungen.[10]

Es geht aber keinesfalls allein um ein ausgewogenes Verhältnis von praxisbezogener und kulturwissenschaftlich orientierter Tourismusforschung, sondern ebenso um eine bessere Interaktion der geisteswissenschaftlichen Disziplinen untereinander. Denn was in manchen kulturwissenschaftlichen Unternehmungen vergleichbaren Zuschnitts ein zwar stets gefordertes, aber nicht immer eingehaltenes Postulat bedeutet, stellt für die Tourismusgeschichte eine unabdingbare Notwendigkeit dar. Gerade dieses Forschungsgebiet lässt sich schlichtweg nicht von einer einzigen Wissenschaftsdisziplin aufarbeiten, weil es einfach zu viele und zu verschiedenartige Facetten aufweist. Stellvertretend sei nur an die Historikerzunft erinnert, die allein auf sich gestellt diesem Untersuchungsgegenstand mit ihrem Instrumentarium keineswegs gewachsen ist. Sie braucht zur genaueren Bestimmung und Analyse einschlägiger Textsorten wie der Reiseführer die Unterstützung der Literaturwissenschaft, zur Aufarbeitung der medialen Vermittlung von Tourismuskonzepten die Hilfe der Kunsthistoriker und zur Rekonstruktion der alltäglichen Lebenswelten in den bereisten Gebieten die Perspektive der Ethnologen usw.

Überblickt man die vorliegende Fachliteratur, so fällt sofort auf, dass bislang überwiegend disparate Einzeldarstellungen zu diversen Regionen und Destinationen vorliegen, was dem pragmatischen, praxisbezogenen Charakter solcher Untersuchungsgänge entspricht. Vergleichend angelegte Untersuchungen bilden demgegenüber eher die Ausnahme.[11] Für die in dem vorliegenden Sammelband bevorzugt interessierenden zentral- und ostmitteleuropäischen Beobachtungsfelder trifft diese Diagnose in gesteigertem Maße zu. Beklagenswert ist insbesondere die Vernachlässigung der östlichen Hemisphären unseres Kontinents, deren tourismusgeschichtliche Aufarbeitung, von verein-

---

10 Vgl. dazu grundlegend Urry, John: The Tourist Gaze. London 1993.
11 Selbst bei den bislang erschienenen Bänden des StudienVerlages Innsbruck „Tourismus transkulturell und transdisziplinär" überwiegen Publikationen, die auf die österreichischen Alpenländer bezogen bleiben. Auch der methodisch-theoretisch angelegte Band 10 von Kurt Luger und Karlheinz Wöhler (Hgg.): Kulturelles Erbe und Tourismus. Innsbruck 2010 verzichtet weitgehend auf eine vergleichende Betrachtungsweise mit Ausnahme des Einführungskapitels von Kurt Luger: Tradition, Ritual, Inszenierung, S. 20–45.

zelten Spezialuntersuchungen einmal abgesehen, vielfach noch in den Anfängen steckt und für die betreffenden Länder und Regionen zudem sehr unterschiedlich realisiert worden ist, sodass flächendeckende Befunde und Vergleichsmöglichkeiten kaum möglich sind. Wir haben es diesbezüglich also weitgehend mit wissenschaftlichem Neuland zu tun, sowohl was den geografischen Raum als auch was dessen kulturwissenschaftliche Deutung anbelangt.

Die hier vorrangig interessierenden Territorien der Habsburgermonarchie, einschließlich der daraus hervorgegangenen Nachfolgestaaten, sind in der bisherigen historischen Tourismusforschung noch niemals zusammenhängend in vergleichender Perspektive untersucht worden, obwohl der Tourismus in dieser Region seit dem 19. Jahrhundert zunehmend an Bedeutung gewonnen hatte, auch wenn er sich zunächst vornehmlich im Rahmen der bestehenden Staatsgrenzen abgespielt hat, Reiseziele im Ausland bis zum Ersten Weltkrieg noch in weitaus geringerem Maße angesteuert worden sind und auch der Strom auswärtiger Gäste verhältnismäßig überschaubar und zudem nur auf wenige ausgesuchte Reiseziele konzentriert geblieben ist.[12]

Zwar gibt es mittlerweile eine Reihe überwiegend faktographisch angelegter Untersuchungen zu einigen klassischen österreichischen Tourismusorten und -gebieten, v.a. zur Alpenregion.[13] Themenfelder

---

12 Zum Folgenden noch einmal Börocz, S. 717–727; außerdem seien hier stellvertretend noch einige bemerkenswerte Beiträge aufgezählt, wie z. B. Jordan, Peter/Peršić, Milena (Hgg.): Österreich und der Tourismus von Opatija (Abbazia) vor dem Ersten Weltkrieg und zur Mitte der 1990er Jahre. Frankfurt a. M. 1998; Bauer, Ute: Der Fremdenverkehr im Burgenland – Entwicklung und Maßnahmen von 1921 bis 1938, in: Burgenländische Heimatblätter 64 (2002), S. 147–172, S. 323–339; Janša-Zorn, Olga: Der Tourismus in den slowenischen Alpen vom Ende des 18. Jahrhunderts bis zum Ersten Weltkrieg, in: Busset, Thomas/Lorenzetti, Luigi/Mathieu, Jon (Hgg.): Tourisme et changements culturelles/Tourismus und kultureller Wandel. Zürich 2004, S. 131–147; Gyenesei, István (Hg.): Reisekultur im pannonischen Raum von der Mitte des 19. Jahrhunderts bis zum Zweiten Weltkrieg. Kaposvár 2005; kontinuierlich befasste sich die von der Prager Handelshochschule herausgegebene Zeitschrift „Cestování včera a dnes" in den Jahrgängen 1–4 (2004–2007) mit einschlägigen kulturgeschichtlichen Themen und Fragestellungen.
13 Siehe beispielsweise Baier, Sieghard: Tourismus in Vorarlberg, 19. und 20. Jahrhundert. Graz 2003; Rogy, Heidi: Tourismus in Kärnten. Von der Bildungsreise zum Massentourismus (18.–20. Jahrhundert). Klagenfurt 2002; Kneifel, Herbert: Fremdenverkehrswerbung im 19. Jahrhundert am Beispiel von Enns, in: Oberösterreichische Heimatblätter 51 (1997),

wie beispielsweise der traditionsreiche Bädertourismus in Westböhmen sind hingegen immer noch weitgehend unerforscht.[14] Auch fehlt eine systematische und unter vergleichenden Gesichtspunkten vorgenommene Untersuchung derjenigen Institutionen und Organisationen, die sich der Förderung des Fremdenverkehrs in der Donaumonarchie angenommen haben, obwohl sich anhand der Geschichte solcher Agenturen zugleich die Entwicklungsetappen des gesamten Tourismus in diesem Raum nachzeichnen ließen.[15] Die ersten Initiativen gingen von lokalen „Verschönerungsvereinen", Hotelverbänden und Alpenvereinen aus. Hinzu traten aber auch schon bald spezielle Förderungsprogramme einzelner Kommunalverwaltungen. Um 1900 lässt sich bereits eine Vernetzung und Zentralisierung derartiger Aktivitäten auf überregionaler Ebene feststellen, wie z. B. in dem 1902 in Budapest gegründeten ungarischen Reisebüro *Ibusz*. Zur selben Zeit setzten auch Bemühungen zu einer systematischen Erfassung tourismusrelevanter Daten von staatlicher Seite ein und seit 1908 gab es sogar einen österreichischen „Fremdenverkehrsminister". Zu einer geregelten und intensiv betriebenen staatlichen Tourismuspolitik sollte es freilich erst nach dem Ersten Weltkrieg kommen, als die meisten Völker der ehemaligen Monarchie erstmalig über die entsprechenden institutionellen Rahmenbedingungen verfügten.

Wie in anderen Gegenden Europas hatte auch in diesem Großreich erst der Eisenbahnbau die entscheidenden infrastrukturellen Voraussetzungen für die Entwicklung des modernen Tourismus geschaffen.[16]

S. 251–256; sowie den Überblick bei Brusatti, Alois: 100 Jahre österreichischer Fremdenverkehr. Historische Entwicklung 1884–1984. Wien 1984.

14 Zu den wenigen eher faktographisch oder kursorisch angelegten Arbeiten zählen Karell, Viktor/Fitzthum, Martin: Das Egerland und seine Weltbäder: Franzensbad, Karlsbad, Marienbad. Frankfurt a. M. 1966; Fendl, Elisabeth (Bearb.): Das Egerländer Bäderdreieck. Eine Ausstellung im Haus der Heimat in Stuttgart. Stuttgart 1992; Canz, Sigrid (Bearb.): Große Welt reist ins Bad 1800–1914. Baden bei Wien, Badgastein, Bad Ischl, Franzensbad, Karlsbad, Marienbad, Teplitz. Eine Ausstellung des Adalbert Stifter Vereins in Schloß Grafenegg bei Krems. München 1980.

15 Zum Folgenden Aleksic, Ivica: Die Entwicklung des Österreichischen Fremdenverkehrs in der Zwischenkriegszeit – Bedingungen und Grundlagen für den späteren Massentourismus. MaSchr. Diplomarbeit Wien 2006, S. 11–29; Brusatti, Alois: 100 Jahre österreichischer Fremdenverkehr. Historische Entwicklung 1884–1984, S. 29–96.

16 Zum Folgenden Reisinger, Nikolaus: Veränderungen der Reisekultur im pannonischen Raum durch die Eisenbahn, in: Gyenesei, István (Hg.): Rei-

Bereits im Jahr 1856 hatte die „Kaiser Ferdinands-Nordbahn" Krakau erreicht, ein Jahr später stellte die „Südbahn" eine durchgängige Verbindung zwischen Wien, Triest, Venedig und Mailand her. Mit einer Zugverbindung von Wien über Budapest, Szeged und Temesvár war der Grundstein für den weiteren Ausbau des Eisenbahnnetzes in der Donaumonarchie gelegt. Das Reisen war auf diese Weise sicherer, bequemer und vor allem schneller geworden. Hatte 1833 eine Postkutsche von Wien nach Pest noch 35 Stunden, auf drei Tage verteilt, gebraucht, so verkürzte sich die Reisezeit bereits 1858 auf neun Stunden. Während in der Vor-Eisenbahnzeit vornehmlich nahe gelegene Ferienorte aufgesucht wurden, wie z. B. die so genannten „Sommerfrischen" in den österreichischen Kronländern und im Wiener Umland,[17] war es fortan möglich, auch ferner gelegene Gegenden des Reichsgebietes anzusteuern. Mit der Eisenbahn konnten außerdem viel größere Personengruppen verhältnismäßig kostengünstig auf einmal transportiert werden, was unweigerlich eine zahlenmäßige Ausweitung und soziale Demokratisierung des Reisepublikums zur Folge hatte, auch wenn rigide Urlaubsregelungen vor dem Ersten Weltkrieg verhinderten, dass auch die Masse der Arbeiterschaft in diesen Mobilisierungsprozess eingebunden werden konnte. Das Eisenbahnfahren veränderte außerdem die Wahrnehmung der durchreisten Landschaften in ähnlich radikaler Weise wie wenig später die „Automobilisierung des touristischen Blicks". In rascher Folge zogen unterschiedlichste visuelle Eindrücke an den Reisenden vorbei und fügten sich zu neuartigen, vorher nie gekannten Bildern zusammen.[18]

---

sekultur im pannonischen Raum von der Mitte des 19. Jahrhunderts bis zum Zweiten Weltkrieg. Kaposvár 2005, S. 105–116.

17 Siehe dazu v.a. Haas, Hanns: Die Sommerfrische – Ort der Bürgerlichkeit, in: Stekl, Hannes/Urbanitsch, Peter/Bruckmüller, Ernst (Hgg.): „Durch Arbeit, Besitz, Wissen und Gerechtigkeit". Bürgertum in der Habsburgermonarchie. Bd. 2. Wien 1992, S. 364–377; Haas, Hanns: Die Sommerfrische – eine verlorene touristische Kulturform, in: Ders./Hoffmann, Robert/Luger, Kurt (Hgg.): Weltbühne und Naturkulisse. Zwei Jahrhunderte Salzburg-Tourismus. Salzburg 1994, S. 67–75.

18 Siehe dazu Dienes, Gerhard M.: Südbahnliteratur, in: Reisekultur im pannonischen Raum von der Mitte des 19. Jahrhunderts bis zum Zweiten Weltkrieg. Kaposvár 2005, S. 117–125; außerdem Pagenstecher, Cord: Die Automobilisierung des Blicks auf die Berge. Die Grossglocknerstrasse in Bildwerbung und Urlaubsalben, in: Busset u. a. (Hgg.): Tourisme et changements culturels, S. 245–264.

Nahezu gänzlich fehlen Studien, welche Österreich-Ungarn als multiethnisches Empire insgesamt ins Visier nehmen, wie überhaupt die Länder im Osten und Südosten der Habsburgermonarchie bislang in unzureichendem Ausmaß von der tourismusgeschichtlichen Forschung thematisiert wurden.[19] Damit wurden Beobachtungsfelder vernachlässigt, die für die Frage der Wechselwirkung von Tourismus, Kultur und Identitätsbildung von erheblicher Relevanz sind, mithin für einen Aspekt, der für die Territorien der Habsburgermonarchie von konstitutiver Bedeutung gewesen ist, dessen Aufarbeitung aber darüber hinaus für die vergleichende kulturwissenschaftlich orientierte Tourismusforschung geradezu exemplarischen Charakter besitzt. Der Tourismus in Österreich-Ungarn und seinen Nachfolgestaaten erweist sich somit in mehrfacher Hinsicht als ein besonders lohnenswertes Forschungsfeld: Zwischen dem Zentrum Wien und Galizien, zwischen Prag, Czernowitz und Sarajevo lebte eine Vielfalt an Ethnien, die in einem permanenten interkulturellen Aushandlungsprozess miteinander standen, wobei sich verschiedene und teilweise gegenläufige Strategien von In- und Exklusion kreuzten, die ihre Brisanz wiederum aus einer Verquickung sozialer und ethnisch-nationaler Gemengelagen erhalten haben. Neben Verwaltung und Militär war es seit Ausgang des 19. Jahrhunderts vor allem der Tourismus, der die Bewohner der verschiedenen Reichsteile miteinander in Beziehung setzte. Die materiell meist besser gestellten Touristen trafen auf eine in der Regel ärmere und zudem ethnisch differente ländliche Bevölkerung, sodass Fremdheitserlebnisse und Spannungen nicht ausbleiben konnten. Auch wenn solche Konstellationen durchaus in Touristengebieten außerhalb der Habsburgermonarchie üblich gewesen sind, kam ihnen innerhalb der Doppelmonarchie doch eine besondere Bedeutung zu. Schließlich ging es hier um folgenschwere längerfristige, und nicht nur um temporäre Beziehungsmuster zwischen dominanten und nichtdominanten Nationalitäten innerhalb des gemeinsamen Staatsverbandes.[20] So sehr der

---

19 Vgl. dazu noch einmal die Literaturangaben in Anmerkung 12; außerdem Steward, Jill: Tourism in the late Imperial Austria. The development of tourist cultures and their associated images of place, in: Baranowski, Shelley/Furlough, Ellen (Hgg.): Being Elsewhere. Tourism, Consumer Culture and Identity in Modern Europe and North America. Ann Arbor 2001, S. 108–134; die einschlägigen Beiträge in Grimm, Frank-Dieter (Hg.): Tourismus und touristisches Potential in Südosteuropa. München 2000.
20 Vgl. auch zum Folgenden allgemein die Thesen von Lanfant, Marie-Françoise: International Tourism. Internationalization and the Change of

moderne Reiseverkehr geeignet ist, Neugier und Verständnis für fremde Kulturen zu wecken und zu fördern, so gewiss ist aber zugleich die ihm innewohnende Tendenz, diese Öffnung den Bewertungsmaßstäben der jeweils eigenen Kultur zu unterwerfen. Denn in der Fremde wurde und wird oftmals nur das gesucht und bewundert, was in der eigenen Kultur verschüttet zu sein scheint. Ebenso werden in der Fremde oftmals Alteritäten heraufbeschworen, um das Eigene deutlicher hervortreten zu lassen.[21] Der Tourismus diente dergestalt von Anfang an zugleich der Horizonterweiterung wie der Selbstpositionierung und kulturellen Abgrenzung.

Gerade dieser Gesichtspunkt musste für den Tourismus im großräumigen Vielvölkerstaat der Habsburgermonarchie enorme Bedeutung gewinnen. Die Donaumonarchie kann nämlich als ein in sich geschlossener touristischer Kosmos und Handlungsraum verstanden werden, in dem die Unterscheidung zwischen Binnentourismus und internationalem Reisen an Trennschärfe verloren hatte, weil die Bürger des plurikulturell zusammengesetzten Reiches die Staatsgrenzen gar nicht zu überschreiten brauchten, um Fremdes und Exotisches zu erkunden, sondern lediglich die Kronländer wechseln mussten, um ganz unterschiedliche Kulturen und Lebenswelten kennen zu lernen. Russische Verhältnisse konnten in Ostgalizien, der Balkan in Bosnien-Herzegowina und Italien in Triest erfahren werden, um nur einige markante Beispiele dieser Art zu nennen. Mitunter reichte sogar schon ein Besuch in einem anderen Stadtviertel, wie in den Metropolen Wien, Budapest oder Prag, oder in den zahlreichen ländlichen interethnischen Berührungszonen am Übergang von einem Dorf zum nächsten, um mit differenten Sprachen, Bräuchen und Lebenswelten in Berührung zu kommen bzw. konfrontiert zu werden.

Je nach Ausgangsposition der Reisenden konnte die Vielfalt der Landschaften, Ethnien, Bräuche und Religionen als ein unschätzbarer Reichtum begriffen werden oder aber abgrenzenden bis separatisti-

---

Identity, in: Lanfant, Marie-Françoise/Allcock, John B./Bruner, Edward M. (Hgg.): International Tourism. Identity and Change. London 1995, S. 24–43; Thiem, Marion: Tourismus und kulturelle Identität. Die Bedeutung des Tourismus für die Kultur touristischer Ziel- und Quellgebiete. Bern 1994.

21 Siehe dazu Botton, Alain de: Reisen ist die Suche nach etwas, das innerlich fehlt, in: Kulturaustausch 57 (2007), S. 11–19; Greenblatt, Stephen: Wunderbare Besitztümer. Die Erfindung des Fremden: Reisende und Entdecker. Berlin 1998.

schen Bestrebungen Vorschub leisten.[22] Die dominanten und zentripedalen Kräfte in den Metropolen des Reiches dürften mehrheitlich eher geneigt gewesen sein, voller Stolz auf das Ganze zu blicken und Genugtuung zu empfinden, soviel Verschiedenartiges innerhalb der eigenen Staatsgrenzen vereint zu sehen und barrierefrei die mondänen Hotels der bekannten Kurorte in Westböhmen oder an der Adria besuchen zu können. Die privilegierten Oberschichten aus Wien, Prag oder Lemberg, „ob sie Katholiken oder Juden waren, sprachen in der Regel deutsch miteinander, ihre Loyalität war übernational und kaisertreu, das gemeine, meist slawisch sprechende Volk der Umgebung bekam man nur bei den sporadischen Landpartien zu Gesicht".

Dieser Tourismus der gehobenen Klasse erwies sich gegen Ende der Habsburgermonarchie als eines der letzten verbliebenen gesamtösterreichischen Netzwerke. Doch im Unterschied zu den meisten anderen europäischen Staaten zeitigte der Tourismus in der Donaumonarchie keinesfalls nur homogenisierende Effekte, sondern entwickelte sich teilweise entlang der Nationalitätengrenzen. Insbesondere die Sprecher und Organisationen nichtdominanter Monarchievölker, wie z. B. der Tschechen, aber auch die sogenannten „Schutzvereine" der Deutschen in Böhmen, Kärnten oder der Steiermark nutzten und instrumentalisierten den Tourismus für ihre nationalpolitischen Ziele.[23]

Der Zerfall der Donaumonarchie hatte für den Tourismus insofern gravierende Folgen, als die nun allseits einsetzenden Autonomiebestrebungen der neu entstandenen Nachfolgestaaten auch in diesem Bereich spürbar wurden, da vordem inländische Reiseziele nunmehr im Ausland lagen. Für den Reiseverkehr bedeutete die Zäsur von 1918 u. a. eine radikale Veränderung der rechtlichen Situation: aufgrund der zahlreichen neuen Grenzen vervielfältigten sich die Visavorschriften für Auslandsreisen in die Nachbarländer. Einerseits waren die betref-

---

22 Zum Folgenden Lachnit, Peter: Tourismus und nationale Identität. Tourismus kann Vorurteile abbauen, aber auch den Nationalismus fördern, in: Dimensionen. Sendung von Ö1 Wien v. 05.06.2000, 3 MaSchr.-Seiten.
23 Siehe dazu Judson, Pieter M.: Guardians of the Nation. Activists on the language frontiers of imperial Austria. Cambridge, Mass. 2006, S. 141–176; Melanová, Miloslava: Putování do Jizerských hor a krokonoš v době zrodu organizované turistiky, in: Acta Universitatis Purkynianae. Philosophia et Historica 1997, S. 489–493; Wohlgemuthová, Renata: 120 let poctivé a neúnavané služby, in: Cestování včera a dnes 6 (2009), Nr. 2, S. 32f.; außerdem die Beiträge von Pieter M. Judson und Martin Pelc im vorliegenden Band.

fenden Bestimmungen einfacher geworden, andererseits aber auch stärkeren Kontrollen unterworfen.[24] Dessen unbeschadet blieb ein Fundus an Gemeinsamkeiten bestehen, die nun als das „Eigene im Fremden" wiedererkannt werden konnten, wenn nämlich hinter den enger gezogenen Grenzen der neu gegründeten Nachbarstaaten gemeinsame Prägungen und Traditionslinien offenkundig wurden, sei es in Gestalt einer immer wiederkehrenden franzisko-josephinischen Repräsentationsarchitektur, dem „Theresien-Gelb" barocker Bauernhäuser oder auch bei der Wahrnehmung grenzüberschreitender Essgewohnheiten. Denn die langen Zeitspannen der Kontaktmöglichkeiten unterschiedlicher Völker innerhalb der Donaumonarchie hatten u. a. zu einem regen Austausch von Speisen samt ihrer Zubereitungsarten geführt, die auch unter veränderten politischen Rahmenbedingungen als gemeinsamer Erfahrungsschatz erhalten blieben.[25]

Innenpolitisch kam es teilweise, wie beispielsweise in der Tschechoslowakei, zu einer Fortsetzung touristischer Konkurrenzkämpfe zwischen deutschen und tschechischen Touristenvereinen, die jetzt freilich unter umgekehrten Dominanzverhältnissen ausgetragen wurden und weiterhin von identitätspolitischen Gesichtspunkten gelenkt waren. Dem entsprachen auch Bestrebungen, aus dem berühmten „Karlsbad" ein tschechisches „Karlovy Vary" werden zu lassen.[26] Die Beziehungen zwischen Staatsvolk und Minderheiten konnten aber weitaus komplizierterer Natur sein. Man denke stellvertretend nur einmal an die Situation in Ungarn mit seinen zahlreichen nichtmagyarischen Minderheiten, die einerseits diskriminiert waren, andererseits aber als landestypisch touristisch vermarktet wurden.[27] Alle Nachfolgestaaten der Donaumonarchie, einschließlich die Republik Österreich, sahen sich indes gemeinsam vor die schwierige Aufgabe gestellt, die Koordinaten für den Tourismusbetrieb neu zu definieren und zu instal-

---

24 Vgl. zur Tschechoslowakei Rychlík, Jan: Pasové předpisy v habsburské monarchii a v Československu, in: Kaleta, Petr/Novosad, Lukáš (Hgg.): Cestování Čechů a Poláků v 19. a 20. století. Praha 2008, S. 9–22.
25 Vgl. dazu stellvertretend Etzlstorfer, Hannes: Das Küchenerbe der Donaumonarchie. Wie Buchteln, Dalken, Gulasch und Risotto eingemeindet wurden, in: Ders. (Hg.): Küchenkunst und Tafelkultur. Culinaria von der Antike bis zur Gegenwart. Wien 2006, S. 319–334.
26 Siehe dazu die polemische Notiz „Der tschechische Paria in Karlsbad", in: Deutsche Zeitung Bohemia v. 11.05.1927, S. 4.
27 Fügedi, Márta: „Das unterhaltsame Exotikum". Die Rolle einiger ungarischer Volksgruppen im Fremdenverkehr der Zwischenkriegsjahre, in: Acta Ethnographica Hungarica 44 (2000), S. 323–339.

lieren. Österreich hatte nach dem Zerfall der Habsburgermonarchie schließlich sein touristisches Hinterland im Osten und im Süden verloren und musste sich dementsprechend auch touristisch neu ausrichten.[28] Das erheblich reduzierte Staatsgebiet bildete somit den Ausgangspunkt für eine neue Selbstdefinition Österreichs als „Alpenrepublik", mit deren Hilfe sowohl eine neue Identität gewonnen wie auch nach außen hin touristisch geworben werden konnte. Sicher hatte es vor dem Ersten Weltkrieg Reisen außerhalb der Donaumonarchie gegeben wie umgekehrt bereits vor 1918 ausländische Touristen die Länder des Habsburgerreiches besucht hatten, doch stellte sich diese Herausforderung in der Zwischenkriegszeit in viel größerem Umfang.

Nicht viel anders erging es dem nunmehr verselbstständigten Ungarn mit einem um zwei Drittel verringerten Staatsterritorium. Auch hier kam es u. a. darauf an, diesen Verlust reisetechnisch zu verarbeiten und das Interesse teilweise auf innerungarische Destinationsorte zu lenken. Das hieß u. a. den verlorengegangenen Zugang zur Adria durch die Propagierung des Plattensees als „ungarisches Meer" zu ersetzen – analog zur Aufwertung des Neusiedler Sees als „Meer der Wiener". Gleichzeitig wurden Reisen in die magyarisch besiedelten Regionen der Nachbarstaaten gefördert und Versuche unternommen, im Ausland mittels touristischer Aktivitäten eine friedliche Revision der Verträge von Trianon zu betreiben. Staatlich unterstützte Organisationen, wie z. B. das seit 1902 bestehende Reisebüro *Ibusz* oder der 1928 gegründete *Ungarische Touristische Landesrat*, verfolgten u. a. das Ziel, Ungarn im Ausland als Reiseland attraktiv zu machen, in der Hoffnung, über solche Besucherkontakte eine größere Aufmerksamkeit und Verständnis für die prekäre Situation Ungarns zu gewinnen und auf diesem Wege die bedrückende internationale Isolation überwinden zu können.[29] Andernorts, etwa im neugegründeten Jugoslawien, versiegten nach dem Ersten Weltkrieg für geraume Zeit die traditionellen deutschen Besucherströme und wurden durch Gäste aus den südlichen Landesteilen des jungen südslawischen Gemeinschaftsstaa-

---

28 Vgl. auch zum Folgenden Aleksic: Entwicklung, S. 30–96; Békési, Sándor: Verklärt und verachtet. Wahrnehmungsgeschichte einer Landschaft: der Neusiedler See. Frankfurt a. M. 2007; sowie den Ausstellungskatalog von Maryška, Christa (Hg.): Willkommen in Österreich. Eine sommerliche Reise in Bildern. Wien 2012.

29 Vgl. dazu Jusztin, Marta: Tourismus und Werbung in Ungarn zwischen den Weltkriegen, in: Reisekultur im pannonischen Raum von der Mitte des 19. Jahrhunderts bis zum Zweiten Weltkrieg. Kaposvár 2005, S. 97–103.

tes der Serben, Kroaten und Slowenen ersetzt. Auch der wieder gegründete polnische Staat unternahm zahlreiche Anstrengungen, seine Position nach innen wie nach außen durch eine Förderung des Tourismus zu festigen. 1923 wurde beispielsweise in Lwów die erste professionelle Reiseagentur *Orbis* gegründet.[30]

Sowohl für die Monarchiezeit wie für die Jahrzehnte zwischen den beiden Weltkriegen stellen Reiseführer eine unerlässliche, weil schier unerschöpfliche Quelle für alle kulturwissenschaftlich ausgerichteten Fragestellungen der Tourismusforschung in diesem Raum dar, welche die Reisenden auf ihr Unternehmen vorbereitet und sie in der Fremde mit praktischen Ratschlägen begleitet haben.[31] Die am Ausgang des 18. Jahrhunderts aufkommenden und seit dem 19. Jahrhundert in ganz Europa verbreiteten Reiseführer informierten über die bereisten Länder, ihre Lebensverhältnisse, ihre Geschichte und Sehenswürdigkeiten. Sachdienliche Hinweise mischten sich dabei mit Wertungen, deren Maßstäbe den Wertesystemen und Erfahrungshorizonten der potenziellen Besucher entnommen waren, was einerseits der Verständnisbereitschaft dienen sollte, andererseits aber unweigerlich zu Verzerrungen in der Wahrnehmung des Fremden führen musste, weil sie den Blick auf das Fremde nach den jeweils eigenen Bedürfnissen modellierten und normierten.[32] Erstaunlich frühzeitig kam es dabei zu Spezialisierungen dieser Textsorte, wie ein über hundert Seiten umfangreicher, „unverkäuflicher" Reiseführer belegt, der für eine Fahrt des „Gesangvereines österreichischer Eisenbahn-Beamten von Wien nach Sarajevo, Mostar, Metković, Spalato und Pola vom 11. bis 20. Juni 1892" unter dem Leitspruch: „Frei die Bahn – Frei das Lied" von der Vereinsleitung

---

30 Vgl. in diesem Zusammenhang auch Jackowski, Antonin (Hg.): Studium Turyzmu Uniwersytetu Jagiellońskiego 1936–1939. Kraków 1992.
31 Siehe dazu grundlegend Lauterbach, Burkhart: Thesen zur kulturwissenschaftlichen Reiseführer-Forschung, in: Kramer, Dieter/Lutz, Ronald (Hgg.): Reisen und Alltag. Beiträge zur kulturwissenschaftlichen Tourismusforschung. Frankfurt a. M. 1992, S. 55–69; Müller, Susanne: Reisen nach Baedeker. Eine Medienkulturgeschichte des Reiseführers. Unveröffentl. Magisterarbeit Potsdam. Berlin 2006.
32 Vgl. dazu für die deutsch-polnische Kontaktzone und für den baltischen Raum Jaworski, Rudolf/Loew, Peter Oliver/Pletzing, Christian (Hgg): Der genormte Blick aufs Fremde. Reiseführer in und über Ostmitteleuropa. Wiesbaden 2011.

herausgegeben worden war.³³ Bemerkenswert an diesem Reiseführer ist vor allem sein terminbezogener Zweck, die präzise Benennung der angesteuerten Reiseziele sowie seine exklusive Bestimmung für ein ausgewähltes Reisepublikum. Ein unverwechselbares Profil wiesen die polnischen Reiseführer derselben Zeit auf, die seit Ende des 19. Jahrhunderts mehrheitlich in Krakau verlegt wurden und die über die Grenzen des Habsburgerreiches den Blick ihrer potenziellen Benutzer von vornherein auf alles Polnische lenkten. Im Vordergrund stand für sie also schon damals, das Eigene auch in fremden Herrschaftsbereichen zu entdecken und als Reiseziel zu empfehlen.³⁴

Neben Reiseführern dienten und dienen Ansichtskarten als ein kaum zu überschätzendes Instrument für die Popularisierung touristischer Zielorte und die Konstruktion symbolischer Stadt- und Landschaftsräume. Dieses Medium ermöglichte wie kein zweites erstmalig rasche und direkte, ins Private hinein verlängerte Rückkoppelungseffekte zwischen Reisenden in den Destinationen und den benachrichtigten Daheimgebliebenen in den Herkunftsländern. Der Erwerb und Versand der schon damals beliebten „Gruß-aus"-Karten erlaubte es nämlich schlagartig breitesten Bevölkerungskreisen, ihre Reiseziele zu dokumentieren und per Post mit ihren Heimatorten zu kommunizieren. Was vordem nur erzählt, beschrieben oder in wenigen bildlichen Darstellungen für ein relativ begrenztes Publikum festgehalten worden war, wurde auf einmal allgemein zugänglich und führte zu einem enormen visuellen Informationsschub. Mit der massenhaften Produktion und Verbreitung von Ansichtskarten seit Ausgang des 19. Jahrhunderts erweiterte und verfestigte sich zugleich der Blick auf Land- und Ortschaften in einer vorher nie da gewesenen Art und Weise, was der Tourismuswerbung wiederum zum Vorteil gereichte, da sie auf erprobte visuelle Klischees zurückgreifen konnte.³⁵ Zugleich war mit dem Medium der An-

---

33 Bretter, Robert: Reiseführer für die Fahrt des Gesangvereines österreichischer Eisenbahn-Beamten von Wien nach Sarajevo, Mostar, Metkovic, Spalato und Pola. Wien 1892.
34 Siehe dazu beispielsweise Orłowicz, Mieczysław: Przewodnik po ziemiach dawnej Polski, Litwi i Rusi. Warszawa/Kraków 1914; außerdem die Problemskizze von Opaliński, Dariusz: Propaganda w polskich dziewiętnastowiecznych przewodnikach turystycznych, in: Stepnik, Krzysztof/Rajewski, Maciej (Hgg.): Komunikowanie i komunikacja na ziemiach polskich w latach 1795–1918. Lublin 2008, S. 57–64.
35 Vgl. dazu Békési, Sándor: Die topografische Ansichtskarte. Zur Geschichte und Theorie eines Massenmediums, in: Relation N.F. 1 (2004), S. 402–426; Walter, Karin: Die Ansichtskarte als visuelles Massenmedium, in:

sichtskarte eine neue, massenwirksame Plattform individueller und kollektiver Erinnerungsstrategien geschaffen. Denn Ansichtskarten waren von Anfang an auch begehrte Erinnerungsstücke, die oftmals liebevoll in gesonderten Alben aufbewahrt und gesammelt oder einfach in der Wohnung ausgestellt wurden.

In plurikulturellen und mehrsprachigen Gebieten, wie in den hier besonders interessierenden Territorien spielten dabei Aufschriften und Objektauswahl eine hervorragende Rolle. Mit ihrer Hilfe wurden Reisende auf ihr Zielland optisch vorbereitet. Vor Ort waren sie ein Orientierungsmittel für als unerlässlich erachtete Sehenswürdigkeiten, während des Aufenthaltes an einem fremden Ort dienten sie, wenn sie verschickt wurden, als Anwesenheitsnachweis oder, wenn sie als Souvenirs unbeschrieben nach Hause mitgenommen wurden, als dauerhafte Erinnerungsträger an die Reise. Während der Zusammenhang von Reiseführern und Tourismusgeschichte keiner besonderen Erläuterung bedarf und dementsprechend häufig thematisiert worden ist, sind die funktionalen Verbindungen zwischen Ansichtskartenproduktion und Tourismus noch kaum erforscht, obwohl sich auch hier evidente Wechselwirkungen nachweisen ließen. So hatte der aufblühende Tourismus um die Wende vom 19. zum 20. Jahrhundert wesentlich zum Siegeszug der Postkarte als beliebtes Kommunikationsmittel beigetragen, wie sich umgekehrt die massenhafte Produktion von topografischen Ansichtskarten positiv auf die weitere Entwicklung des Tourismus ausgewirkt hat. Schließlich funktionierten Ansichtskarten mit Urlaubsgrüßen gleichsam wie frankierte Werbezettel für das betreffende Destinationsland. Im Unterschied zu Reiseführern wurden sie u. a. auch vor Ort produziert, und sie transportieren in ihrer Motivauswahl ein jeweils spezifisches Gemisch lokaler Selbstbilder und vorweggenommener Erwartungshaltungen der Reisenden. Die daraus resultierenden visuellen Klischees konnten durch die Ikonisierung bestimmter, als besonders markant empfundener Merkmale, wie z. B. der Prager Karlsbrücke oder der Budapester Kettenbrücke, zusätzlich unterstrichen werden.

Als drittes Medium kulturtouristischen Transfers sei hier schließlich noch das reiche Angebot folkloristischer Produkte angeführt, die als Werbeträger touristischer Orte und Landschaften fungieren, spezi-

---

Maase, Kaspar/Kaschuba, Wolfgang (Hgg.): Schund und Schönheit. Populäre Kultur um 1900. Köln 2001, S. 46–61.

ell für Touristen hergestellt, von diesen in ihre Heimatorte mitgenommen werden und dort das bereiste Land symbolhaft repräsentieren, auch wenn sie in ganz anderen Kontexten zur Schau gestellt werden.[36]

In der älteren tourismuskritischen Literatur war diesbezüglich häufig von Traditionszerstörung und Traditionsverfälschung in den Urlaubsländern die Rede. Zielpunkt solcher Attacken war hauptsächlich der durch die Tourismusindustrie stimulierte Folklorismus vor Ort, dem von vornherein jegliche Echtheit und Glaubwürdigkeit abgesprochen wurde, u. a. deswegen, weil die angebotenen Produkte und Inszenierungen ihrer ursprünglichen Funktionen und Kontexte beraubt und dem Geschmack der Reisenden angepasst waren. Inzwischen ist man mit derart harschen Urteilen etwas vorsichtiger geworden und sieht durchaus auch die traditionsfördernden sowie -transformierenden Aspekte folkloristischer Aktivitäten, unbeschadet nicht wegzuleugnender kommerzieller Bestimmungsfaktoren und verkitschter Erscheinungsformen.[37] Österreich und das östliche Zentraleuropa bieten für derartige Fragestellungen ein schier unbegrenztes und noch längst nicht aufgearbeitetes Forschungsfeld, zählt doch die Folklore hier in ihren unterschiedlichsten Erscheinungsformen bis zum heutigen Tage zu den wichtigsten Werbeträgern des Tourismus: Die bäuerlichen Schnitzereien in Südpolen, die bemalten Ostereier in den böhmischen Ländern, die Keramik- und Webkunst in Ungarn, die Trachten in Österreich und seinen Nachbarländern – um nur einige Beispiele zu nennen. Sie wären allesamt ohne die Impulse der Tourismusbranche wahrscheinlich längst verschwunden. Es wäre daher sicherlich lohnenswert, einmal auszuloten, wann und unter welchen Umständen sich der Übergang solcher bäuerlichen Gebrauchsgüter zum tourismustauglichen Warenangebot vollzogen hat und welche gestalterischen Veränderungen damit verbunden gewesen sind. Dies zu ergründen, entsprechend zu bewerten und einzuordnen, bedeutet ja noch lange nicht, die Instrumenta-

---

36 Vgl. dazu Bracher, Philipp/Hertweck, Florian/Schröder, Stefan (Hgg.): Materialität auf Reisen. Zur kulturellen Transformation der Dinge. Münster 2006; Thurnher, Ingrid: Das Souvenir als Symbol und Bedürfnis, in: Wiener völkerkundliche Mitteilungen N.F. 36/37 (1994/95), S. 105–120.
37 Zum Folgenden Luger, Kurt: Tradition, Ritual, Inszenierung. Kulturelles Erbe im Spannungsfeld von bewahrender Pflege und touristischer Vereinnahmung, in: Luger, Kurt/Wöhler, Karlheinz (Hgg.): Kulturelles Erbe und Tourismus. Innsbruck 2010, S. 20–40; Kappeller, Kriemhild: Tourismus und Volkskultur. Folklorismus zur Warenästhetik der Volkskultur. Ungedr. Phil. Diss, Graz 1990.

lisierungspraktiken im Zeitalter des Nationalismus und später im Staatssozialismus in irgendeiner Weise zu verleugnen.

Allen hier angesprochenen tourismusrelevanten Medien scheint – unabhängig vom unterschiedlichen Zeitpunkt ihres Auftretens und vom derzeitigen Stand ihrer wissenschaftlichen Erforschung – eines gemeinsam zu sein: Sie lassen sich relativ gut auf ihre intentionalen und programmatischen Hintergründe hin überprüfen, in ihre funktionalen Bezüge einordnen, aber nur selten in ihren rezeptionsgeschichtlichen Zusammenhängen untersuchen. Das hat wesentlich damit zu tun, dass es sich hierbei zwar um sehr handfeste Vermittlungsinstrumente (Reiseführer, Ansichtskarten, Souvenirs) des Tourismus handelt, die aber gerade, wenn sie erfolgreich waren, bis in die private Sphäre reichten und somit einer systematischen kulturwissenschaftlichen Analyse weitgehend entzogen bleiben.

Wie dem Inhalt des vorliegenden Bandes samt den Schwerpunkten seiner Einzelbeiträge unschwer zu entnehmen ist, reicht der zeitliche Horizont der gewählten Beobachtungsfelder von der Mitte des 19. Jahrhunderts mit Ausblicken bis in die Zwischenkriegszeit. Tourismus hat es selbstverständlich schon vorher und erst recht nach 1945 in den hier interessierenden Territorien gegeben. In der Zeit zuvor handelte es sich aber noch um Vorformen touristischer Aktivitäten, d. h. um verhältnismäßig wenig geplante und organisierte Anfänge, die zudem sozial auf vermögende Oberschichten beschränkt geblieben waren, geographisch auf die österreichischen Alpen- und Voralpenländer Tirol, das Salzkammergut, die westböhmischen Bäder, die dalmatinischen und istrischen Grenzregionen. Auch vom zahlenmäßigen Umfang der Reisenden her betrachtet erreichten diese Anfänge noch längst nicht jene Dimensionen, wie sie sich um 1900 abzeichneten und dann in der Zwischenkriegszeit zu beobachten waren.

Nach dem Zweiten Weltkrieg sollten – wie schon im Jahr 1918 – die Voraussetzungen für den Tourismus in den ehemaligen Territorien der Habsburgermonarchie wieder radikal revidiert werden. Im Zuge der neu abgesteckten makropolitischen Rahmenbedingungen und zahlreicher ethnischer Säuberungen konnte es in diesem Raum fortan nicht mehr vorrangig um die nachbarschaftliche Repräsentation des Fremden im Eigenen wie vor dem Ersten Weltkrieg oder um die Entdeckung des Eigenen im Fremden während der Zwischenkriegszeit gehen. Der Tourismus wurde nun maßgeblich von größer geschnittenen, blockpolitisch definierten Faktoren bestimmt und war selbst innerhalb der sozialistischen Staatengemeinschaft bestimmten Einschränkungen unterworfen.[38] Das hatte u. a. zur Folge, dass sich die Reiseströme in Zentraleuropa westlich des Eisernen Vorhangs für die nächsten Jahrzehnte von den vormals beliebten östlichen Tourismuszielen wegbewegten und fast ausschließlich auf das westliche Ausland oder auf Fernreisen verlagerten. Abgesehen von dauerhaften Tourismusmagneten wie Prag und Budapest blieb nur Jugoslawien ein beliebter und unproblematischer Ort der Begegnung zwischen Ost und West jenseits des Eisernen Vorhangs.[39]

In den Staaten des real existierenden Sozialismus wurde der Tourismus wiederum einer rigiden staatlichen Kontrolle und Reglementierung unterworfen, sowohl was die Wahl der Reiseziele, oder die Reisedauer, die Finanzierung oder selbst die Unterbringung betraf. Staatsmonopolistisch zentralisierte Reiseagenturen wie *Čedok* in der ČSSR, *Ibusz* in Ungarn oder *Orbis* in der Volksrepublik Polen machten das Reisen in und aus diesen Ländern zu einer staatlich gelenkten Veranstaltung,[40] auch wenn diese Strukturen und Reglementierungen stets unterlaufen worden sind, wie u. a. der nachweisbar lebhafte Zusammenhang von Tourismus und Schleichhandel im Ostblock deutlich macht.

Abermals völlig neue Rahmenbedingungen ergaben sich dann 1990/1991 mit dem Zusammenbruch des Ostblocks und der damit verbundenen Öffnung der zuvor hermetisch abgeschotteten Grenzen dies- und jenseits des nun nicht mehr existierenden Eisernen Vorhangs. Die Touristenströme sind seither keinerlei Reglementierungen mehr unterworfen. Sie folgen im Wesentlichen den Vorlieben, die schon vor dem Zweiten Weltkrieg für diesen Teil unseres Kontinents maßgeblich gewesen sind. Insbesondere in den ehemaligen Grenzregionen wurden alte Nachbarschaftsbeziehungen wieder entdeckt, gaben freilich verschiedentlich auch Anlass zu längst überwunden geglaubten Reiberei-

---

38 Vgl. dazu stellvertretend für die ČSSR Rychlik, Jan: Cestování do ciziny v habsburské monarchii a v Československu. Praha 2007, S. 26–109.
39 Siehe dazu v.a. Grandits, Hannes/Taylor, Karin: Yugoslavia's sunny side. A History of Tourism in Socialism, 1950s–1980s. Budapest 2010.
40 Siehe dazu beispielsweise Majowski, Marcin: Polska Ludowa zaprasza. Polityka turystyczna w czasach Edwarda Gierka. Warszawa 2008; und zum Folgenden Borodziej, Wlodzimierz/Kochanowski, Jerzy/von Puttkamer, Joachim (Hgg.): „Schleichwege". Inoffizielle Begegnungen sozialistischer Staatsbürger zwischen 1956 und 1989. Köln/Wien 2010.

en und Fremdheitserfahrungen.[41] Neu hinzugekommen sind seither Phänomene wie ein „Zahnersatz-Tourismus" in die durchwegs preisgünstigeren Länder Osteuropas oder touristisch getarnte, kurzfristige Arbeitsaufenthalte in die umgekehrte Richtung. Solche und ähnliche Erscheinungsformen und Problemstellungen des modernen Reisens seit dem Zweiten Weltkrieg erfordern allerdings schon wieder ganz anders angelegte Forschungsstrategien und Frageraster, als sie der vorliegenden Publikation zugrunde gelegt worden sind, und bieten somit einen Anreiz für weitere kulturwissenschaftliche Untersuchungsgänge in diesem Teil unseres Kontinents.

---

41 Vgl. dazu u. a. Grosser, Cornelia (Hg.): Genug von Europa. Ein Reisejournal aus Ungarn und Österreich. Wien 2000; Liebhardt, Karin: Neuentwürfe nationaler Identitäten im Prozess der europäischen Integration. Tourismus-Images und nationale Selbstbilder in Bulgarien, Österreich und Ungarn, in: Corbea-Hoisie, Andrei/Jaworski, Rudolf/Sommer, Monika (Hgg.): Umbruch im östlichen Europa. Die nationale Wende und das kollektive Gedächtnis. Innsbruck 2004, S. 149–162.

Visualisierungsstrategien im Tourismus in der Spätphase der Habsburgermonarchie
Postkarten, Plakate und andere Bildmedien

WERNER TELESKO

Bilder – materielle wie mentale – spielten im Tourismus von Anfang an eine zentrale Rolle. Sie fungieren als vor- und nachgeschaltete Elemente in der touristischen Aneignung von Landschaften sowie als essentielle Träger der Imagination. Die touristische Vorstellung „vom Fremden" entstand dabei im Zusammenwirken aller beteiligten Akteure und Gattungen – Reiseführer, Medien, Tourismusindustrie und Touristen – in gegenseitiger Beeinflussung. Hinsichtlich der nun vorzustellenden Visualisierungsstrategien spielen mehrere Problemkreise eine zentrale Rolle: Wie ist Stadt bzw. Landschaft medial vermittelbar, sodass sie gleichzeitig wiedererkennbar und einmalig, d. h. regional gebunden bleibt? Welchen Bildvorrat bzw. Symbolhaushalt rezipieren Plakate, Postkarten und Reiseführer im 19. Jahrhundert? An welchen traditionellen Medien orientiert sich die vergleichsweise „junge" Gattung der Tourismuswerbung? In welcher Weise werden die eingesetzten Bilder im Spannungsfeld von nationalen (regionalen) Narrativen und transnational verständlichen „Images" wirksam? Inwiefern kommen die auf Plakaten, Postkarten und Reiseführern vermittelten Bilder den präparierten Erwartungshaltungen der Touristen entgegen?

Zusammenfassend lässt sich dieses Fragenbündel, das im Rahmen der folgenden Ausführungen trotz einer markanten Forschungslücke hinsichtlich der Bedeutung der Visualisierungsstrategien im Tourismus des 19. Jahrhunderts lediglich stichwortartig behandelt werden kann, mit den vielfältigen Verbindungen zwischen dem Tourismus und kollektiven Identitätskonstruktionen umschreiben. Die Basis für entsprechende Visualisierungsstrategien im Rahmen touristischer Werbemaßnahmen war immer die künstlerische Entdeckung einer Landschaft, wie sie ab dem späten 18. Jahrhundert in vielen Regionen Europas einsetzte.[1]

DIE BILDPOSTKARTE ALS ERSTES VISUELLES MASSENMEDIUM

Besonders die Bildpostkarten[2] bildeten um die Jahrhundertwende eine wichtige Stufe in der zunehmenden visuellen Aneignung bzw. Bebilderung der Welt. Sie können praktisch als das erste visuelle Massenmedium angesehen werden, das für jeden erschwinglich und an jedem Ort verfügbar sowie zudem über den Postweg überall versendbar war. Diese Eigenschaft verhalf der illustrierten Postkarte zum Rang eines globalen Mediums, noch vor dem Telefon, dem Radio oder dem Fernsehen. Ihre weltweite Popularität konnte sie bis heute behalten, weil sie bestimmte gesellschaftliche Funktionen erfüllt, die sie auch den neuen Medien gegenüber konkurrenzfähig macht: Die leicht handhabbare und verfügbare Ansichtskarte dient für den Touristen vor der Reise als Mittel der Imagination, vor Ort zur Orientierung und in der Kommunikation mit den Daheimgebliebenen als Beleg und Nachweis der Anwesenheit.

---

1 Vgl. zu dieser Frage Weninger, Peter: Die malerische Entdeckung einer Landschaft, in: Kräftner, Johann (Hg.): Im Schatten der Weilburg. Baden im Biedermeier. Baden 1988, S. 105–111; Dopsch, Heinz/Hoffmann, Robert: Geschichte der Stadt Salzburg. Salzburg/München 1996, S. 413–422.
2 Grundlegend: Jaworski, Rudolf: Alte Postkarten als kulturhistorische Quelle, in: Geschichte in Wissenschaft und Unterricht 51 (2000), H. 1, S. 88–102; Tropper, Eva: Das Medium Ansichtskarte und die Genese von Kulturerbe. Eine visuelle Spurenlese am Beispiel der Stadt Graz, in: Csáky, Moritz/Sommer, Monika (Hgg.): Kulturerbe als soziokulturelle Praxis (Gedächtnis – Erinnerung – Identität, 6). Innsbruck/Wien/Bozen 2005, S. 33–56; Dies.: Medialität und Gebrauch oder Was leistet der Begriff des Performativen für den Umgang mit Bildern? Die Ansichtskarte als Fallbeispiel, in: Musner, Lutz/Uhl, Heidemarie (Hgg.): Wie wir uns aufführen. Performanz als Thema der Kulturwissenschaften. Wien 2006, S. 103–130.

Bildpostkarten haben freilich nichts mit einer wie immer gearteten Definition der dargestellten Region bzw. Landschaft zu tun; sie reproduzieren vielmehr den fremden Blick und eröffnen damit Bereiche eines hybrid verfassten Raumes, in dem das „Eigene" mit dem Blick des „Anderen" medial verkauft wird: So kann besonders an der Ansichtskarte, „[...] mit der ein jeweils verbindlicher Kanon kulturell wertvoller Objekte ausverhandelt wird [...]",[3] deutlich gemacht werden, dass die Geschichte touristisch vermarkteter Kulturlandschaften vor allem eine Geschichte der Blickrichtungen und -lenkungen ist und deshalb vordringlich als „Bildgeschichte" analysiert werden muss. Nicht zuletzt durch diese im Medium der Bildpostkarten gegenwärtigen vielfältigen Blicklenkungen kann „Landschaft" als solche aus der Natur herausgesehen bzw. herausgelöst werden, die Natur wird somit gleichsam durch menschliche Blickstrategien zur Individualität „Landschaft" umgeformt.[4]

Bildpostkarten, Plakate und Reiseführer sind in medialer Hinsicht als verschränkte Aufgabenstellungen zu betrachten. Die dabei verwendeten Bilder sind zu einem Großteil ursprünglich nicht eigens für die touristischen Bedürfnisse kreiert worden, sondern wurzeln motivisch vielmehr in den vielfältigen Gattungen der Landschaftskunst des 19. Jahrhunderts und hier insbesondere in der Druckgraphik. Ein instruktives Beispiel, wie diese Medienverbindung zwischen den illustrierten Reiseführern und den Bildpostkarten funktionieren konnte, ist etwa ein im Jahr 1911 erschienener Führer durch den Kurort Veldes (Bled) im heutigen Slowenien. Diese in der Serie der „Österreichischen Heller-Führer durch die Städte und Kurorte der Monarchie" unter der Redaktion von Emil Bayer erschienene Publikation[5] bildet in dem – eher bilderlosen und stark deskriptiv ausgerichteten – Genre der vorwiegend am Baedeker orientierten Reiseführer[6] eine Ausnahme.

---

3 Tropper: Ansichtskarte, S. 33f.
4 Simmel, Georg: Philosophie der Landschaft (1913), in: Susman, Margarete/Landmann, Michael (Hgg.): Brücke und Tür. Essays des Philosophen zur Geschichte, Religion, Kunst und Gesellschaft. Stuttgart 1957, S. 141–152.
5 Bayer, Emil: Offizieller Führer durch Kurort und Bad Veldes (Oberkrain) (Österreichische Heller-Führer durch die Städte und Kurorte der Monarchie, 2). Görz 1911.
6 Vgl. hier etwa: Schimmer, Karl Eduard: Wien in Wort und Bild. Illustrierter Führer durch Wien, seine Sehenswürdigkeiten und Umgebungen. Wien 1900.

Bei den dabei eingestreuten Aufnahmen handelt es sich durchwegs um Sujets, die immer wieder auch auf Bildpostkarten vorkommen, wie etwa ein Vergleich zwischen einer Seite dieser Publikation mit der Darstellung der auf dem Bleder See befindlichen Marienkirche mit einer beliebigen Ansichtskarte dieser Zeit zu zeigen vermag.[7]

Neben der explizit touristischen Funktionalisierung ist von Bedeutung, dass Bildpostkarten in der Anfangszeit noch nicht als ausschließlich touristisch imprägnierte Medien angesehen werden können, sondern zusätzlich die Aufgabe einer Bildergalerie der „kleinen Leute" besaßen. Sie boten somit die Möglichkeit, Bilder des eigenen Lebensumfelds zu erwerben. Was die Bildpostkarten von der Jahrhunderte langen Tradition der Landschaftskunst freilich fundamental unterscheidet, ist der bewusste Einsatz der Montage als essentielles Konstruktionsprinzip: Die mit Rahmungen, Verzierungen und Staffagefiguren verfremdeten, aber noch als solche erkennbaren Sujets sind dabei ein Ausweis der bewussten „Gemachtheit",[8] die mehr oder minder eindeutig auf den jeweiligen visuellen Inszenierungsgrad der Bildpostkarten hindeutet, wie etwa eine Innsbrucker Karte mit der Ansicht der Maria-Theresien-Straße (1909) unter Ausnutzung aller Möglichkeiten der inhaltlichen Besetzung eines extrem verbreiterten und stillebenartig „gefüllten" Rahmens deutlich demonstriert. Diese Art der bewussten Montage, Inszenierung und Verfremdung von Motiven verbindet die Bildpostkarte grundsätzlich mit anderen touristischen Medien, unterscheidet sie aber, wie angedeutet, von den flächendeckend konzipierten topographischen Landschaftsaufnahmen und landeskundlichen Unternehmungen, wie sie im 19. Jahrhundert praktisch durchgehend für alle Regionen in Gebrauch waren[9]. Etliche publizierte „Wegweiser", „mahlerische Streifzüge", wie sie beispielsweise für Wien in den zahlreichen Produkten der Wiener Kunstverleger Dominik Artaria (1775–1842) und Tranquillo Mollo (1767–1837) nachweisbar sind,[10] bewegen sich hinsichtlich der Auswahl der Motive im Grenzbereich

---

7 Bayer: Führer, S. 32.
8 Tropper: Ansichtskarte, S. 36.
9 Z. B. Joseph Wagner, Hochosterwitz, in: Ansichten aus Kärnten, Klagenfurt 1844, vgl. Rogy, Heidi: Tourismus in Kärnten. Von der Bildungsreise zum Massentourismus (18.–20. Jahrhundert) (Archiv für vaterländische Geschichte und Topographie, 87). Klagenfurt 2002, S. 71 (Abb.).
10 Békési, Sándor: Die aufgeräumte Stadt. Urbaner Wandel und Wiens Image-Produktion bei Artaria im 18. Jahrhundert, in: Schöne Aussichten. Die berühmten Wien-Bilder des Verlags Artaria. Wien 2007, S. 28–42.

zwischen Landschaftsaufnahme und früher Fremdenverkehrswerbung: Alexandre de Labordes (1773–1842) illustrierte „Voyage pittoresque en Autriche" (1821) ist hier ein erstes wichtiges Beispiel für die gattungsmäßige Grenzüberschreitung zwischen topographischer Aufgabenstellung und einsetzender Popularisierung prominenter Sujets.

Zudem existieren im Rahmen der umfassenden Projekte der „Landschaftsaufnahme" im 19. Jahrhundert wichtige Vorläufer für die in der Produktion von Bildpostkarten nachweisbare Konstruktion und Herauslösung bestimmter Motive. Die unter der Leitung von Erzherzog Johann stehenden „Kammermaler" waren ab dem Jahr 1811 dazu ausersehen, eine systematische Landesaufnahme der Steiermark durchzuführen.[11] Im Zentrum standen dabei umfassende gesellschaftliche Gesichtspunkte wie das Leben der Bauern, die industrielle Produktion oder die Aufnahme der Trachten, der Alpenflora etc. Das Hauptanliegen der erzherzoglichen Aufträge an die Künstler war eine nüchterne Dokumentation des gegenwärtigen Zustandes des Landes, des tatsächlichen Erscheinungsbildes und der landschaftlichen Gegebenheiten als Grundlage für seine künftige Förderung und Entwicklung. Obwohl Erzherzog Johann nicht primär an eigenständigen Bilderfindungen, sondern an einer nüchternen und umfassenden „Bildstatistik" mit einer klaren, dokumentarisch orientierten Strategie interessiert war, verraten Landschaftsdarstellungen im Zusammenhang mit den jeweiligen ihn persönlich betreffenden Szenen durchaus auch persönliche Zielsetzungen des Erzherzogs. In diesem Sinn verschmelzen Umgebung und figurale Szene gleichsam zu einer scheinbar bruchlosen (naturgegebenen) Einheit, was besonders im berühmten um 1824/1825 entstandenen Aquarell „Erzherzog Johann und Anna Plochl im Kahn"[12] zum Ausdruck kommt. Aufgrund der sensiblen privaten Geschichte des Erzherzogs handelt es sich hierbei um ein hochpersönliches Sujet, das aber auch in den so genannten Ranftbechern Verbreitung fand.

Charakteristisch für die Bildpostkarte ist nicht zuletzt ihre Serialität, da sie per Wiederholung einen bestimmten bildwürdigen „Kanon" erzeugt und solcherart gewisse visuelle „Standards" setzt, wie bestimmte Orte unter publikumstauglichen (touristischen) Gesichtspunk-

---

11 Vgl. Telesko, Werner: Kulturraum Österreich. Die Identität der Regionen in der bildenden Kunst des 19. Jahrhunderts. Wien/Köln/Weimar 2008, S. 430–436.
12 Telesko: Kulturraum, S. 553, Anm. 156.

ten gesehen werden sollten.[13] Gerade dieser Aspekt ist von zentraler Bedeutung, da durch diese Bedeutungszuweisung und Inszenierung des jeweiligen Gegenstands eine touristische „Orientierungshilfe"[14] entstehen konnte. In der ersten großen Konjunktur des Mediums Ansichtskarte, zwischen etwa 1895 und dem Ende des Ersten Weltkriegs, sind nicht nur später wirksam gebliebene Bereiche des „Bildwürdigen" definiert, sondern auch Motive abgebildet worden, die weit über den Altstadtkern der touristisch vermarkteten Orte hinausgingen und somit nicht dem enger gefassten Kanon des touristisch eigentlich „Interessanten" entsprechen. So wird in einer geographischen Ansichtskarte von Brünn (1899) von Wilhelm Knorr, Bürgerschuldirektor in Grottau, eine Montage unterschiedlichster Motive, die vom Dom bis zur Tuchfabrik reicht, somit ein umfassendes kulturgeschichtliches Bild Mährens, geboten (Abb. 1). Heraldisch wird dies einerseits durch die entsprechenden Landeswappen und -farben unterstützt – andererseits mit der Darstellung der berühmten Tätigkeit Kaiser Josephs II. als Pflüger (1769) und dem Hinweis auf die 1770 erfolgte Gründung der „k.k. mährisch-schlesischen Gesellschaft zur Beförderung des Ackerbaues, der Natur- und Landeskunde". Mit beiden letzteren Ereignissen werden Gründungsdaten physiokratischer Bestrebungen sowie des Landesbewusstseins ins Zentrum gerückt. Letztere Darstellung bringt mittels ihrer medaillenähnlichen Form ein klassisches und äußerst traditionsreiches Medium der Herrschaftsrepräsentation ins Spiel und illustriert anschaulich, in welcher Weise die solcherart montageartig komponierte Postkarte zum Sammelplatz unterschiedlicher und sich überkreuzender medialer Strategien werden konnte. Die beliebte Bildtechnik der Montage, Überblendung und Rahmung trat im Laufe der Jahrzehnte allerdings immer mehr zugunsten eines stärker ausgeprägten „Kanons" an einheitlich gestalteten, fokussierten und gleichsam visuell „monographisch" herausmodellierten touristischen Motiven zurück.

Am Beispiel des vielbereisten Kurortes Karlsbad kann dieser Prozess gut nachvollzogen werden, wurde doch die Vielfalt der Motive, die sich auf den Kuraufenthalt beziehen[15], im Laufe der Jahre immer stärker auf Ansichten der architektonisch eindrucksvollen, 1878 vom

---

13 Tropper: Ansichtskarte, S. 38f.
14 Ebd., S. 39.
15 Vgl. Postkarte, 1898, Ottmar Zieher, München.

Abbildung 1: Geographische Ansichtskarte der Stadt Brünn (1899) von Wilhelm Knorr (© Autor).

Architektenduo Fellner und Helmer realisierten Sprudel-Kolonnade reduziert, deren innovative Guss- und Schmiedeeisen-Konstruktion mit einem basilikalen Querschnitt verbunden ist und in der Folge zu einem der am meisten reproduzierten Karlsbad-Motive wurde[16].

Es ist gerade dieses visuelle Spannungsfeld von gleichsam panoramatischen und weitwinkelig konstruierten Ansichten auf der einen Seite und gleichsam „herausgezoomten" Objekten auf der anderen Seite, das im Wesentlichen die Breite der Produktion der Bildpostkarten bestimmte. Für beide Traditionslinien bot die Landschaftskunst des 19. Jahrhunderts entsprechende Ansatzpunkte, wofür etwa das im Rahmen der berühmten „Guckkastenserie" Kaiser Ferdinands I. von Österreich entstandene Aquarell der Teynkirche als anschaulicher Beleg dienen kann.[17] Bei den Bildpostkarten musste die Autonomie der ausgewählten Motive stärker gewahrt bleiben, um den gewünschten Vermittlungs- und (Wieder-)Erkennungseffekt erzielen zu können. Unabhängig vom gewählten Sujet waren die Techniken der Montage

---

16 Postkarte, 1900, Friedrich Kirchner, Kunst-Anstalt, Erfurt.
17 Telesko, Werner: Kaiser Ferdinands habsburgischer Kosmos. Zur Bedeutung der kaiserlichen „Guckkastenserie" im Rahmen der Vedutenkunst des 19. Jahrhunderts, in: Schröder, Klaus Albrecht/Sternath, Maria Luise (Hgg.): Jakob und Rudolf von Alt. Im Auftrag des Kaisers. Wien 2010, S. 11–22.

und Verzierung, die wie erwähnt die artifizielle „Gemachtheit" dieses Mediums indizieren, so einzusetzen, dass der Verfremdungseffekt das solcherart visualisierte Motiv im Kern nicht beeinträchtigen konnte.

DAS PLAKAT –
EIN MEDIUM ZWISCHEN FUNKTIONALITÄT
UND ALLEGORISCHER ÜBERHÖHUNG

Im Fall des Plakats ist die Situation insofern etwas anders, als der Montagecharakter wesentlich intensiver eingesetzt werden konnte, um die appellative Funktion entsprechend zu erhöhen. Reklamemarken, die auch der Städtewerbung gewidmet sein konnten, fungieren hier als mediale Berührungspunkte zwischen Bildpostkarten und den Plakaten.[18] Im Plakat zur Tiroler Landesausstellung des Jahres 1893[19] (Abb. 2) wurden in motivischer und inhaltlicher Hinsicht mehrere Ebenen übereinandergeschoben, die jeweils bestimmte Aufgaben zu erfüllen hatten: Die Personifikation des Landes, die „Tyrolia", weist einen jungen Tiroler auf das wie ein Panorama in das Plakat geschobene Ausstellungsgelände hin. Mit dem Titel und der heraldischen Ebene im oberen Bereich kontrastieren im unteren Teil Symbole und Attribute, die auf die mit dem Land verbundenen Tätigkeiten hinweisen und ihr Pendant in einer ausführlichen Beschreibung von Inhalt und Zweck der Exposition rechts finden. In inhaltlicher Hinsicht findet hier somit ein komplexer Vorgang des Verschränkens von heraldischen, gegenständlichen und topographischen Verweisen statt, wobei der von der „Tyrolia" gegebene Verweis auf das Gelände der Ausstellung – der eigentlich auf den Betrachter zu beziehen ist – so gewählt ist, dass damit ein Ausschnitt eines nach links weiterlaufenden Panoramas in den Mittelpunkt gerückt wird: Die „Tyrolia" fixiert in dieser Hinsicht eine bestimmte Szene einer durchlaufenden und panoramaartig konzipierten Tirol-Ansicht. Sowohl eine Medaille von Carl von Marr als auch eine Postkarte zur Landesausstellung zeigen, dass die im Plakat vorgenommene Ansicht des Ausstellungsgebäudes einem durchgehenden Standard entsprach, wie er ebenfalls in anderen Gattungen rezipiert wurde.

---

18 Müller, Robert: Fremdenverkehrswerbung in Österreich. Historische Beispiele seit 1884. Wien 1984, S. 128 (Abb.).
19 Ebd., S. 98 (Abb.).

Abbildung 2: Plakat zur Tiroler Landesausstellung des Jahres 1893, Druck: C. A. Czichna, Kunstanstalt Innsbruck (© Autor).

In fast allen Plakaten, die eine touristische Funktion beanspruchen, wird der jeweilige topographische Sachverhalt auf eine allegorische Ebene gehoben. Ein markantes Beispiel hierfür ist ein Plakat für den Kurort Bad Vöslau (1885)[20], auf dem die integrierten kleinformatigen

---

20 Ebd., S. 105 (Abb.).

Darstellungen der Stadtvedute, des Badeeingangs, des Kursalons und des Bades selbst mit einer über einer Quelle stehenden Hygieia (mit Schlangenattribut) verbunden sind. Hier ist es offensichtlich die Tradition der Buchillustration, die insbesondere in Bezug auf die arabeskenartigen Rankenmotive mit Blumen und Delphinen als entscheidender gattungsmäßiger Anreger fungiert. Die in der Mittelachse positionierten Darstellungen der Hotels Back und Hallmayer deuten hier ebenso wie die freie Fläche rechts unten, die für Eindrucke variabel gehalten werden konnte, auf die zunehmend an Bedeutung gewinnenden handfesten kommerziellen Aspekte des Tourismus, die auch in eigenen Hotelplakaten[21] Ausdruck fanden (Abb. 3). Die Ansichten der Hotels wurden wiederum zumeist so konstruiert, dass damit eine optimale Verortung im Stadtbild bzw. der Landschaft möglich war. Parallel dazu verlief die Entwicklung der wissenschaftlichen Auseinandersetzung mit der Fremdenverkehrswerbung, die in Hugo Achs' Buch „Reklame für Fremdenverkehrsbetriebe" [...] (Graz 1911)[22] einen Höhepunkt fand.

In Plakaten ist es zumeist eine als Hauptfigur anzusprechende, großformatig wiedergegebene Personifikation, die sich auf das vorgestellte Land, die Region oder die intendierte touristische Absicht beziehen kann. Sie erfüllt in der Regel eine bildimmanente Funktion als bündelnder Katalysator der unterschiedlichen im Plakat vorhandenen inhaltlichen Aspekte. Diese bildbeherrschende Personifikation, deren Aufgabe es ist, neben der Organisation der Bildregie gleichsam dem Fremden einen Platz zuzuweisen, fungiert als erste Ansprechstation für den Betrachter und tritt demgemäß nicht ohne Grund häufig in Tracht auf.[23] Die Kleidung will als kulturelles Analogon zu der (in diesem Fall fiktiv gegebenen) Naturdarstellung verstanden werden und ist häufig auf Ansichtskarten zu finden. In künstlerisch deutlich avancierter Hinsicht besticht Alfred Rollers (1864–1935) Plakat der niederösterreichischen Bahn auf den Schneeberg aus dem Jahr 1897,[24] in dem jeder Vedutencharakter gänzlich zugunsten einer Allegorisierung der technischen Kraft der Bergbahn in Gestalt eines geflügelten und die Dampfkraft symbolisierenden Mannes, auf dem eine Gruppe von Städtern steht (!), zurücktritt (Abb. 4).

---

21 Goldener Greif, Innsbruck, um 1910; Hotel Fischer, Reichenau, um 1895, vgl. ebd., S. 112 (Abb.).
22 Vgl. ebd., S. 124 (Abb.).
23 Plakat, Bad Hall in Oberösterreich, 1908, vgl. ebd., S. 106 (Abb.).
24 Ebd., S. 122 (Abb.).

Abbildung 3: Plakat Südbahn-Hôtel Semmering, Entwurf von Gustav Jahn, 1904, Tusch-Druck (Nachdruck) (© Wien, Österreichische Nationalbibliothek, Plakatsammlung, Nr. 16306124).

Abbildung 4: Plakat Schneeberg-Bahn bei Wien, Entwurf von Alfred Roller, 1897, Druck: Lithographische Kunstanstalt Friedrich Sperl (© Wien, Österreichische Nationalbibliothek, Plakatsammlung, Nr. 16308775).

Wesentlich funktionelleren Charakter besitzen hingegen jene Plakate, welche – zumeist auf Bahnhöfen, in Wartesälen bzw. in Hotels affichiert – die beworbene Fortbewegungsart in den Vordergrund stellen (Abb. 5). Hier sind in erster Linie Bahnplakate zu nennen, die neben dem imposanten Hauptmotiv vor allem als logistische Unterstützung betreffend Streckennetz und Fahrplan zu lesen sind, wie etwa ein Plakat der niederösterreichisch-steirischen Alpenbahn[25] verdeutlicht. Dies

---

25 Ebd., S. 115 (Abb.).

Abbildung 5: Plakat Tauernbahn, Entwurf von Gustav Jahn, 1907, Druck: Hof- und Staatsdruckerei Wien (© Wien, Österreichische Nationalbibliothek, Plakatsammlung, Nr. 16305500).

betrifft auch ein Werbeplakat für den oberösterreichischen Attersee (um 1900),[26] bei dem der bildliche Verfremdungsprozess der visualisierten Landschaft bereits soweit durch die Notwendigkeiten der Funktionalisierung bestimmt wird, dass die Landschaft als „morphologische

---

26 Ebd., S. 117 (Abb.).

Karte" wiedergegeben ist und die Fahrtrouten am See penibel markiert sind.

Eine gegenläufige Entwicklung, der die Plakatgestaltung seit dem späten 19. Jahrhundert unterlag, wurde insbesondere durch Verbindungen zur zeitgleichen Landschaftskunst bestimmt. Sie kann ausgehend von den französischen Bildplakaten Frédéric Hugo d'Alesis als eine Tendenz zur Abkehr von kleinteiliger Gestaltung verstanden werden:[27] So war der Blick des Malers und Alpinisten Gustav Jahn (1879–1919), der diese künstlerische Richtung in Österreich vertritt, vornehmlich durch dessen Bergleidenschaft geprägt. In diesem Sinn zeigt auch sein Wachau-Plakat[28] (Abb. 6) neben Hinweisen auf die touristischen Eck- bzw. Anfangs- und Endpunkte der Region, Melk und Krems, im Hauptmotiv nicht die im 19. Jahrhundert quasi-kanonische Ansicht des ehemaligen Stiftes Dürnstein vom gegenüberliegenden Donauufer aus, sondern einen steil nach unten fluchtenden Blick mit der Ruine und dem Stift als Hauptmotiven. Offensichtlich wird hier die romantische Bildtradition bemüht, wie sie etwa Tobias Dionys Raulino (1785–1839) mit seinem Aquarell „Blick auf die Burgruine Dürnstein" (1825)[29] vertritt. Auch bei den, ähnlich wie bei den Bildpostkarten, häufig aus mehreren Bildmotiven mosaikartig zusammengesetzten Plakaten, etwa dem vom Kunstmaler Jakob Jehly (1854–1897) hergestellten ersten Sommerplakat Vorarlbergs (1894)[30], wird bei näherer Betrachtung deutlich, in welcher Weise die eigene künstlerische Herangehensweise einer vornehmlich kulissenartig und traditionell nach Bildgründen aufgebauten Malerei die Landschaftsauffassung auf dem Plakat bestimmt.

---

27 Denscher, Bernhard: Aus dem Bilderbuch der Monarchie. Österreichische Eisenbahnplakate um 1900, in: Maryška, Christian/Pfundner, Michaela (Hgg.): Willkommen in Österreich, Österreichische Nationalbibliothek. Wien 2012, S. 77–92, hier S. 77f.
28 Müller: Fremdenverkehrswerbung., S. 118 (Abb.).
29 Vgl. Telesko: Kulturraum, S. 440, Abb. 13.
30 Baier, Sieghard: Tourismus in Vorarlberg: 19. und 20. Jahrhundert (Schriften der Vorarlberger Landesbibliothek, 8). Graz/Feldkirch 2003, S. 46–48.

VISUALISIERUNGSSTRATEGIEN IM TOURISMUS | 45

Abbildung 6: Plakat Wachau, Entwurf von Gustav Jahn, um 1910, Druck: Hof- und Staatsdruckerei Wien (© Autor).

STRATEGIEN DER VISUALISIERUNG IN DEN MEDIEN DES TOURISMUS UND DIE LANDSCHAFTSKUNST

Ein die hier vorgestellten touristischen Medien zusammenführendes Strukturmerkmal der Visualisierung im Tourismus besteht vor allem in der sukzessiven „Kanonisierung" bestimmter Motive. In diesem Sinn demonstriert eine im Jahr 1902 erschienene Kärntner Werbebroschüre[31] neben der unübersehbaren Integration der Tracht als Ausweis des angeblich unverfälscht Regionalen die Konzentration auf das wohl prominenteste, Kultur und Landschaft gleichsam vereinigende Sujet Kärntens, die Kirche von Heiligenblut mit dem dahinter befindlichen Großglockner. Es ist nur konsequent, hier den Endpunkt einer Entwicklung zu sehen, deren bildlichen Ursprünge in habsburgischen Landesenzyklopädien[32] zu suchen sind.

Die spezifischen Bildstrategien des Tourismus können in dieser Hinsicht einmal mehr als Zuspitzung und Funktionalisierung der unterschiedlichen Möglichkeiten, wie sie in der Landschaftskunst des 19. Jahrhunderts angelegt waren, verstanden werden. Die Visualisierungsstrategien in den vergleichsweise jungen touristischen Medien entwickelten sich somit zu einem großen Teil vor dem Hintergrund und auf der Basis des Motivvorrats der traditionellen und entwickelten Gattungen der Vedutenkunst. Besonders Postkarten und Plakate demonstrierten an der Wende zum 20. Jahrhundert in anschaulicher Weise, wie Motive unter dem Einfluss des Tourismus gleichsam verfügbar gemacht wurden und in welcher Hinsicht den touristischen Gattungen eine neue, vornehmlich funktionell bestimmte Struktur eingeschrieben werden konnte.

---

31 Rogy: Tourismus, S. IV (Abb.).
32 Z. B. Anton von Ruthner, Das Kaiserthum Oesterreich in malerischen Originalansichten [...], Wien/Darmstadt 1871, vgl. Telesko: Kulturraum, S. 439, Abb. 11.

Die Hoferei und 200 Jahre Tourismusgeschichte in Tiroler Museen

KONRAD KÖSTLIN

Seit „Kafkas Prag" die Stadt überschreibt, nachzulesen etwa in dem klugen Text von Klaus Wagenbach[1], sind neue Spuren ausgelegt und neue Wege und für manche sogar neue Gangarten angesagt. Andere mögen die Stadt als den Ort der „unerträglichen Leichtigkeit des Seins" lesen und dem „Prager Frühling" folgen. Weiteren wieder ist das rudolfinische oder das jüdische Prag kartiert. Europäer werden die Stadt anders als Amerikaner lesen. Junge Menschen folgen anderen Handreichungen als ältere. Jiří Gruša hat für Prag eine Gebrauchsanweisung verfasst.[2] Diskurse, Architekturen und Literaturen, Sammlungen und zeitgenössische theoretische Positionen schaffen und modifizieren Wissensräume, kreieren Aspekte des Orts und schaffen so nach und nach in Lesarten und Marken neue Schichten eines immer neuen Ortes.

Seit das brandenburgische Neuruppin als Fontane-Stadt beworben wird, verfügt die kleine Stadt über einen Satz neuer Facetten. Und seit es in Lübeck ein Buddenbrook-Haus gibt, illustriert die Stadt den Roman Thomas Manns. Das Haus der Familie in der Mengstraße 4 wird begehbarer Roman. Solcherart skizzierte Deutungs- und Wahrnehmungsangebote, über die Stadt ausgelegte Spuren führen zu vielfältig geschichteten Überschreibungen eines Ortes. Das Erlebnis, das die

---

1 Wagenbach, Klaus: Kafkas Prag. Ein Reiselesebuch. Berlin 1993.
2 Gruša, Jiří: Gebrauchsanweisung für Tschechien und Prag. München/Zürich 1999.

Spurensuche verspricht, zeitigt hier Rotspon, Marzipan und Günther Grass; dessen Spuren kann man auch in seinem Blechtrommel-Danzig nachgehen. In Feldkirch versucht man, Bloomsday und James Joyce zu installieren, der dort wichtige Impulse empfangen habe[3]. Nicht immer gehen diese Rechnungen auf. Ganz im Osten der Slowakei, in Medzilaborce, hat man sich auf Andy Warhol besonnen, dessen Eltern von dort stammten. So ist dort, wie die *Süddeutsche Zeitung* notiert, das „einsamste Pop-Art-Museum Europas" entstanden. Aus dem Ort gehen Menschen zur Apfelernte nach Südtirol.[4] Dort in Meran kurten Franz Kafka und Stefan Zweig. Und Sigmund Freud schrieb 1900 von dort in ungewohnt aufgeräumtem Ton, der Tannenwald sei schöner als bei Aussee, man habe „gestern fast ohne zu suchen 18 Stück Herrenpilze gefunden". Weiter reise man nach Riva, „das noch österreichisch ist [...]. Von dort schicke ich als Vorläufer meine schmutzige Wäsche zurück. Schmutzige Wäsche nach Italien einführen, heißt ja Eulen nach Athen tragen."[5]

MUSEALISIERUNG ALS PRAXIS DER MODERNE

Die Musealisierung hat die Grenzen des Museums überschritten. In den Alpen werden diese selbst an vielen Stellen thematisiert und nicht nur in Museen in ihren diversen Facetten ausgelotet. Jede Bergbahn dokumentiert ihre Geschichte, wie das auch die Hütten des Alpenvereins tun. Wege entlang alter Steige haben die Namen historischer Themen, etwa des Saccharin- und Salzschmuggels, zuerkannt bekommen.[6] Den Tourismus der Jahrhundertwende zeigen – so die Netzpräsentation – die Schrunser *Taube*, das *Rössle* in Gaschurn und das *Hotel Madrisa* in Gargellen im Tourismusmuseum in Gaschurn. Ein erster

---

3 http://de.wikipedia.org/wiki/Bahnhof_Feldkirch (Zugriff am 10.08.2011).
4 Fraunberger, Richard: Andys Leute, in: Süddeutsche Zeitung vom 11.01.2005.
5 Freud, Sigmund: Unser Herz zeigt nach dem Süden, Reisebriefe 1895–1923. Hrsg. von Christfried Tögel unter Mitarbeit von Michael Molnar. Berlin 2002), S. 128f. (Brief aus Lavarone an Martha Freud vom 01.09.1900).
6 Tschofen, Bernhard: Tourismus als Alpenkultur? Zum Marktwert von Kultur(kritik) im Fremdenverkehr, in: Luger, Kurt/Rest, Franz (Hgg.): Der Alpentourismus im Spannungsfeld von Kultur, Ökonomie und Ökologie. Innsbruck u. a. 2003, S. 87–104.

Schrunser Prospekt und Werbung aus dieser Zeit, Dokumente, Wanderkarten, Bilder von Schutzhütten und diverse Ausrüstungsgegenstände sollen die Entwicklung des Tourismus anschaulich machen. Das Museum zeigt, wie die Erschließung der Berge durch den Alpenverein den Fremdenverkehr beförderte.[7]

Derartige Museen wie auch die historisierenden Verweise in der Landschaft und die dazu erzählten Geschichten, die man heute Narrationen nennt, konstituieren neue Wissensräume.[8] Der Feldkircher Bahnhof erinnert seit dem Bloomsday 1994 mit einer Tafel an James Joyce. Das Museum, oft als „Speicher" gedeutet[9], übersteigt aber die Speicherfunktion, weil es selbst schon als Einrichtung neue Deutungen anzettelt und damit auch der Glorifizierung des Eigenen dienen mag. Als Institution kann es – wie das Gedächtnis und die Erinnerung – seine Materialien neu anordnen und neue Deutungen als Wissen generieren. Solches Wissen wird neu formatiert, mit neuen Akzenten versehen und neuen gesellschaftlichen Diskursen unterworfen, etwa in der Thematisierung der Rolle der Frau in den Alpen. Nur Puristen weisen das Museum noch als einen Schauplatz der Wissenschaft aus. Andere deklarieren es als Ort der Produktion von Identitäts- und Orientierungswissen. Sammlungen und Präsentationspraktiken werden danach ausgerichtet, *mission statements* entlang einer regionalen Programmatik zu formulieren. Zwischen Tempel und Erlebnispark angesiedelt, kann immerhin Raum geschaffen werden für zivile Partizipation.

In der Regel steht die Musealisierung einer Sache am Ende einer Entwicklung, oft an einem in mehrfacher Hinsicht kritischen Punkt. In Landau (Pfalz), einer Stadt der Schuhfabriken, wurde der letzte dort produzierte Schuh umgehend ins zeitgleich eröffnete Schuhmuseum verfrachtet. Die vielen Bauern- und Freilichtmuseen und inzwischen auch Industriemuseen sind Orte der Inszenierung einer untergegangen, im Nachhinein homogenisierten Kultur. Nicht nur Volkskundler wissen, dass Museen Symptom und Ergebnis einer Krise sind, die wir Moderne nennen und als reflexive verstehen. Auch im Meraner *Touriseum* war die Frage nach neuen Impulsen, die Sorge um das einträgli-

---

7 http://www.alpenmagazin.org/index.php?option=com_content&view=section&layout=blog&id=27&Itemid=192 (Zugriff am 10.08.2011).
8 Derzeit bietet die Museumsakademie Joanneum eine Tagung an: „Hineinlesen. Das Museum als Wissensraum".
9 Csáky, Moritz/Stachel, Peter (Hgg.): Speicher des Gedächtnisses. Bibliotheken, Museen, Archive. 2 Bde. Wien 2000–2001.

che Geschäft Tourismus, verknüpft mit dem Aufruf zur Notwendigkeit einer neuen Orientierung. Dazu musste eine neue Geschichte geschrieben werden oder eine Geschichte neu geschrieben werden. Von der „Erfindung der Tradition"[10] sprach man in den historischen Wissenschaften und meinte dies, lange und gelenkt vom Echtheitsfetischismus, eher abfällig. Dieses Erfinden, das Neuschreiben als Überschreiben einer alten Geschichte, die allein nicht mehr zu tragen scheint, zielt auf ein neues, konsensfähiges Narrativ. Doch jedes dieser Narrative nutzt sedimentierte Schichten alter Klischees, die ja nicht einfach wegzudenken sind, und baut ganz bildlich auf ihnen auf. Es nutzt sie, auch kontrastiv, als notwendige Voraussetzung für identifikatorisches Wiedererkennen, welches das Sehen leitet. Anders funktionieren Erkennen und Erkanntwerden nicht.

Das Touriseum in Meran, 2003 eröffnet, ist, so die Selbstbeschreibung, „das erste Museum des Alpenraums, das sich in großem Stil an die Geschichte und Gegenwart des Alpenraums wagt [...]". Dort werde mit „Ironie und historischem Feingefühl [...] die Sichtweise der Gäste [...] ebenso eingefangen wie die der Einheimischen".[11] Damit wird bereits signalisiert, dass das Touriseum zum einen eine Reverenz vor der wichtigsten Branche der Provinz sein soll, die euphemistisch als „weiße Industrie" bezeichnet worden ist. In solch kalmierender Formel sind die Zerstörungen, Störungen und Verstörungen aufgehoben. Das intelligente Zeitalter einer Vergangenheitsbesessenheit des Futurismus, der uns seit dem Ende des 20. Jahrhunderts leitet, spendete dazu die Formel: „Zukunft braucht Herkunft"[12]. Daneben aber ist das Museum, sind die Museen des Landes Südtirol, Bestandteil einer Neupositionierung dieses neuen Landes. Sie nimmt mit dem Sissi-Schloss Trauttmannsdorf eine punktuelle k.u.k.-österreichische Beziehung auf. Die Kaiserin verbrachte hier mehrere Aufenthalte. Das Schloss, innerhalb des neuen botanischen Gartens untergebracht, profitiert mit seinen 250.000 Besuchern von der Klientel der höchst attraktiven Gärten.

---

10 Hobsbawm, Eric/Ranger, Terence (Hgg.): The Invention of Tradition. Cambridge 1992.
11 Rösch, Paul: Eine faszinierende Zeitreise. 200 Jahre alpine Tourismusgeschichte im Touriseum, in: Südtirol in Wort und Bild 49 (2005), H. 4, S. 1–6. Siehe dazu auch Tschofen, Bernhard: Zwischenbilanz im Hotel Tirol. Das Touriseum auf Schloss Trautmannsdorf bei Meran. Eine Ausstellungskritik, in: Geschichte und Region/Storia e regione. Zeitschrift der Arbeitsgruppe Regionalgeschichte 12 (2003), H. 2, S. 213–222.
12 Marquard, Odo: Zukunft braucht Herkunft. Stuttgart 2003.

Museen, die sich den Formen und Ausprägungen regionaler Kultur widmen, sind einem spannungsreichen Spagat ausgesetzt. Sie sollen, und das stand bei der Gründung des Touriseums im Vordergrund, Einheimische und Touristen, Bereiste und Reisende informieren; und das sollten sie auf unterhaltsame Art tun. Solches „Infotainment" wird oft als Light-Version des Museums kritisiert. Museen haben, vor allem wenn sie durch öffentliche Gelder finanziert werden, auch „außerschulischer Lernort" zu sein; hier meint das insbesondere Schüler und Lernende im Gastgewerbe. Dieser Verbund drückt sich u. a. darin aus, dass eine internationale Tagung und eine Sonderausstellung zum Thema „Kellner" stattfanden.[13] Diese Verbindung zur Praxis des Beherbergungsgewerbes beinhaltet einen identitätsstiftenden Auftrag, der ihre Finanzierung öffentlich und parlamentarisch zu rechtfertigen hilft. Auch Reinhold Messner, in Funktion und Aussehen ein moderner Ötzi, dem die wohlhabende Provinz dafür Immobilien wie die Burg Sigmundskron überlässt, bietet an fünf Standorten Museen als Vergleichswelten insbesondere zum Himalaja an.[14] Homogenisierte Alpen – die Alpen seien, das hatte schon Erzherzog Johann träumerisch formuliert, ein zusammenhängender Bogen einheitlicher Prägung: „Unsere Alpen haben, was ich bedarf, sie haben ein unverdorbenes Volk, welches Gott so erhalten möge; vom Jura bis an den Neusiedler See zieht sich ein Gürtel, welcher diese Völker enthält, er ist meines Erachtens das beste in unserem erschöpften Welttheile"[15]. Geht es um die Alpen, dann bleiben meist deutschsprachige Diskurse dominant, welche die Alpen als Solitär behandeln.[16] Insbesondere seit der verkleinernden Metamorphose Österreichs von der Donaumonarchie zur Alpenrepublik sind die Alpen als gemeinschaftsbildende Symbolik eingesetzt und bewirkten mit dieser Reverenz auch eine Verdeutschung Österreichs. Deutschsprachige Ethno-Musikologen haben in den 1970ern eine eigene Gattung kreiert, die „Musica Alpina"; „Alpenbräuche" gab es als Buch und kürzlich erschien ein Kochbuch mit dem

---

13 Köstlin, Konrad/Leonardi, Andrea/Rösch, Paul (Hgg.): Kellner und Kellnerin. Eine Kulturgeschichte. Cinisello Balsamo 2011.
14 Vgl. zu dieser naturhaften Affinität der beiden Höhenwelten Alpen und Himalaja auch die Arbeiten von Kurt Luger.
15 Zit. nach Geramb, Viktor von: Ein Leben für die Anderen. Erzherzog Johann und die Steiermark. Wien 1959, S. 99.
16 An die sektorale Wahrnehmung der Ostalpen in der Zeitschrift „Alpes Orientales" sei erinnert; ebenso an die Bedeutung des Alpinen in der antibalkanischen West-Argumentation Sloweniens.

Titel „Alpenküche". Und da gab es bereits früh und schweizerisch unverdächtig den „alpinen Menschen" als eigene Gattung, immerhin „in der Krise der Gegenwart".[17]

DAS MERANER TOURISEUM ALS INSZENIERUNG EINER BRANCHE

Man könnte auch anders einsetzen: Da war ein Schloss in einem Terrain, das einen Garten mit einer Vegetation aus der ganzen Welt beherbergen sollte, als touristischer Selbstgänger geplant. Es war abzusehen, dass der „alte" Tourismus einer Transformation, einer neuen Erzählung bedurfte. Die Generation der Deutschen mit ihren karierten Hemden und Bundhosen war am Vergehen. Noch angeweht vom Ethno-Tourismus der „stillen Hilfe für Südtirol"[18], der immerhin einmal Alfons Goppel, der bayerische Ministerpräsident vorstand, stammte die Organisation aus einer Zeit, in der das Wort Südtirol im Lande selbst nicht verwendet werden durfte und dadurch zur besonderen touristischen Marke, ja zum Bekenntnis wurde. Wenn Touristiker heute als Regisseure alpiner Erlebnisse bezeichnet werden[19], dann drängt sich der Begriff der Inszenierung auf. Das gilt auch für das Museum: es inszeniert eine Geschichte – die eigene Geschichte eines alpin intonierten Wirtschaftszweiges, der der Vorgabe des Alleinstellungsmerkmals folgt. Anders als in der Schweiz, die den Weltrekordhalter in direkter Demokratie (und des Alpentourismus) gibt, setzt der Mythos Südtirols erst mit einer Retrospektive auf Andreas Hofer ein. Sie stimmt den Kanon einer langdauernden Leidensgeschichte Tirols an. Die historisch greifbare Person Andreas Hofer hatte die deutsche Studentenschaft zum deutschen Freiheitshelden gemacht. Der deutsche Burschenschaftler Julius Mosen hat das Andreas-Hofer-Lied „Zu Man-

---

17 Weiss, Richard: Alpiner Mensch und alpines Leben in der Krise der Gegenwart, in: Schweizerisches Archiv für Volkskunde 58 (1962), S. 232–254.
18 Eine der bayerischen CSU nahestehende Organisation www.suedtirolerfreiheit.com/content/view/406/72/ (Zugriff am 12.08.2011).
19 Müller, Hansruedi: Die inszenierten Alpen. Vortrag, gehalten 2011. Vgl. <portal.wko.at/wk/sn_detail.wk?AngID=1&DocID...DstId...> (Zugriff am 12.08.2011).

tua in Banden" verfasst.[20] Noch vor dem Ersten Weltkrieg erreichte der Tourismus einen glanzvollen Höhepunkt. Danach hat wohl keine andere touristische Alpenregion Krieg und Diktaturen so intensiv und wechselnd erlebt: Die Frontlinie von 1915 veränderte malerische Regionen in Schreckenslandschaften. Italienischer Faschismus und später deutscher Nationalsozialismus mit der Abwanderung vieler Menschen „ins Reich" zwangen die dort lebende Bevölkerung zu schweren Entscheidungen. Die gegen Italien gerichtete Feuernacht von 1961 ließ italienische Urlauber ausbleiben und veranlasste österreichische und deutsche Reisende, in einer Art Ethno-Tourismus Südtirol durch Besuche zu unterstützen. Österreich gab die Schutzmacht Südtirols, die andere, eher symbolische, wollten die Bayern nicht nur mit ihrer „stillen Hilfe" sein.

Bis heute grundiert die Hoferei eine anti-italienische Erzählung, die sich in das Narrativ einer anderen, neuen Nation Südtirol einmischt. Sie äußert sich 2011 darin, dass man Front gegen die staatlichen Feierlichkeiten zur Einheit Italiens macht. In Südtirol, so der Landeshauptmann, gebe es nichts zu feiern und der Obmann der Schützen bezeichnet Südtirol als „lediglich italienische Kriegsbeute"[21], eine Formel, die sich auch im *Messner Mountain Museum* findet. Dennoch, das Land, „ganz schön nah", wie kürzlich eine österreichische Zeitung schrieb, gibt sich heute mit einem Schuss Italianità als neu erfunden. Knödelberge (und eine Knödelakademie in Bozen) und Kastelruther Spatzen sind zwar weiterhin als veritable Restformen da. Doch gibt sich das Land sowohl offen für Traditionen aller Art, neue

---

20 „Zu Mantua in Banden der treue Hofer war, in Mantua zum Tode führt ihn der Feinde Schar. Es blutete der Brüder Herz, ganz Deutschland, ach, in Schmach und Schmerz, mit ihm sein Land Tirol, mit ihm sein Land Tirol." Roland Girtler hat auf die Herkunft des Dichters aus einer jüdischen Familie hingewiesen. Vgl. <matrei.ruso.at/dokumente/06_fremd_girtler.pdf> (Zugriff am 10.08.2011). Zu Mosen siehe auch Emmrich, Brigitte: Mosen (bis 1844 Moses), Julius August, in: Sächsische Biografie. Online-Ausgabe: http://www.isgv.de/saebi/ (Zugriff am 26.02.2012). Das Lied ist in (Nord-)Tirol seit 1948 offizielle Landeshymne; in Südtirol hat es der Landtag 2004 abgelehnt, das Lied zur Landeshymne zu erklären. Es gilt dort als „inoffizielle Landeshymne" und soll bei „offiziellen Anlässen" gesungen werden. Vgl. Tiroler Tageszeitung vom 03.03.2010: http://www.tt.com/csp/cms/sites/tt/Tirol/367181-2/hofer-lied-weiter-nur-inoffizielle-landeshymne-s%C3%BCdtirols.csp?CSPCHD=00e00001000049apvi0C000000ff W8y_mKVFQbGoKgQIH3rw--.
21 „Südtiroler Schützen: ‚Fühlen uns nicht als Italiener'.", in: Die Presse (Wien) vom 12.02.2011.

Formen der Architektur, die sich an jene Vorarlbergs anlehnt etc. Vor allem aber stellt sich Südtirol als ein autonomes Musterland dar. Man spielt die Mehrsprachigkeit – und das tun die Ladiner und Deutschen besser als die Italiener. Im mediterranen Mikroklima Merans oder Bozens gedeihen Palmen nicht nur in den Gärten von Trauttmannsdorf. Das Land Südtirol ist nicht nur weitgehend autonom, sondern auch reich. Seine Küche steht längst – nun auch explizit – dafür, den Norden mit dem Süden zu vereinen. Die 300 Sonnentage tun nicht nur dem Vernatsch, dem ikonischen Wein des Landes, gut. Und die Leiche des Ötzi, vor 20 Jahren zeitgerecht aus dem Eis gekommen, gibt um seine Finder und Bearbeiter inzwischen mindestens ebenso viel Stoff für Legenden und Mutmaßungen wie der Fund selbst.

DAS INNSBRUCKER „TIROL PANORAMA" ALS HELDISCHER ENTWURF

Dies alles, so scheint mir, ist nicht zu verstehen, unterschlüge man den stillen Konflikt zwischen Nord- und Südtirol. Das neue Innsbrucker Museum *Tirol Panorama*, ein „Tempel des Tirolertums", wurde am 12. März 2011 „mit Schützenhilfe", wie die *Tiroler Tageszeitung* vermerkte, eröffnet.[22] „Die Firma Spar ist mit einem abwechslungsreichen Tiroler Würstelbuffet vor Ort"[23] als das *Tirol Panorama* eröffnet wird.[24] In das neue Museum auf dem Bergisel wurde ein Leinwandbild von 1000 qm Fläche, das so genannte Riesenrundgemälde, das die dritte Schlacht auf dem Bergisel darstellt, transloziert. Das von dem Münchner Maler Zeno Diemer gefertigte Stück war seit 1907 in einer Rotunde am rechten Innufer beheimatet gewesen. Das Bundesdenkmalamt hatte das historische Ensemble, den Rotundenbau mit dem Panorama, als Zeugnis für einen bedeutenden Typus des 19. Jahrhunderts gewertet und sich gegen die Translozierung ausgesprochen. In den neuen Museumskomplex, konzipiert als „Museum der Tiroler Wehr-

---

22 http://www.tt.com/csp/cms/sites/tt/Tirol/2361335-2/im-tempel-des-tiroler tums.csp (Zugriff am 12.03.2011).
23 http://www.tiroler-landesmuseen.at/html.php/de/das_tirol_panorama (Zugriff am 12.03.2011).
24 Es benennt die Themen Religion (Frömmigkeit und Aberglaube, Religion und Politik), Tirolbild (Vermarktung und Klischees), Natur (Geschichte der Auseinandersetzung mit dem Gebirge).

haftigkeit", ist das Innsbrucker Kaiserjägermuseum inklusive seiner Andreas-Hofer-Galerie mit Bildern von Franz Defregger und Albin Egger-Lienz eingegliedert. Die Exhumierung des in Mantua erschossenen Bauernführers Hofer ist rekonstruiert. Das Zelebrieren der altartigen Tiroler Wehrhaftigkeit und der Männlichkeit der Kultur dominiert.

Das Touriseum in Meran ist, wie das Mercedes-Benz Museum in Stuttgart oder die VW-Welt in Wolfsburg, weit mehr als ein Ort der Information. Es ist auch als Ort ein Symbol. Ein Leuchtturm, den man nicht einmal betreten muss, um zu verstehen, dass es sich um einen symbolischen Ort handelt. Und es ist die Reverenz des Landes vor dem Tourismus, das Anerkennen eines ökonomischen Faktums, das hier kulturell unterfüttert wird.

So zeigt dieses Museum, wie andere auch, eine vom Ende her konstruierte Geschichte. Während das neue Innsbrucker Museum zum Hofer-Jubiläum 2009 die Alpen als Kulisse und Erklärung für das Tiroler Heroentum präsentiert und die Sprengung von 40 italienischstaatlichen Strommasten (durch die von Österreich unterstützten „Bumser") in der Herz-Jesu-Feuernacht 1961 in Südtirol monumentalisiert, dient die touristische Performanz im Meraner Touriseum (auch) dazu, Südtirol als den serenen und erfolgreicheren Teil Tirols zu präsentieren und damit eine Form der Autonomie Südtirols als Nation eigener, kultureller Art zu dokumentieren und zu befördern. Denn das Museum bildet die Welt des Tourismus nicht ab, sondern schafft eine neue Welt. Es trägt dazu bei, ein neues Bild und Selbstbild zu etablieren. Anders als der männliche Norden gibt der Süden nun das Land der Mildheit.

Ereignisse wie das Hofer-Jubiläum von 2009 lassen sich zwar als gemeinsame Invention begreifen, die Erlebnisräume schaffen und Aufmerksamkeit konzentrieren wollen: mit dem Panorama in Innsbruck einerseits und der lockeren Ausstellung „der mit dem Bart" im Touriseum[25] und einer neuen, dem Helden pfiffig nachspürenden Präsentation beim Sandwirt in Passeier andererseits.[26] Gerade in modernen Gesellschaften ist das Erzählen mit den Inhalten der (weit gefass-

---

25 Rösch, Paul/Köstlin, Konrad (Hgg.): Andreas Hofer ein Tourismusheld?! Un eroe del turismo (Tourismus und Museum, 3). Innsbruck/Wien/Bozen 2009.
26 Rohrer, Josef: Helden & Hofer. Als Andreas Hofer ins Museum kam. Passeier 2009.

ten) Folklore wichtig. Darin liegt die grandiose Brauchbarkeit der Volkskundler, Historiker und Ethnologen. Sie praktizieren die kultische Wiederholung im Jubiläum, das sich gegen den Verfall wehrt. Was bei anderen Magie oder Religion heißt, firmiert bei uns als Forschung, Diskurs, Kommunikation und Kunst. Die Nachgeborenen machen die Helden und verweben sie und sich durch ihre Deutungen und Umgangsweisen in die Deutungsgeschichte. Die dann „eigen" genannte Geschichte hält, ähnlich wie die Theologie, an tradierten Paradigmen und Dogmen fest. Ethnisch einschlägige und homogenisierende Identität als das Eigene im umgebenden Fremden zu generieren, hatte sich nach dem Ersten Weltkrieg für Südtirol in besonderer Dringlichkeit gestellt. Das gegenwärtige und weitgehend ungerichtete nationale Projekt Südtirol ist eine junge und kurze Erfolgsgeschichte. Das Land scheint gegenüber abweichenden Erinnerungen immunisiert. Hofer wird nach langer Leidensgeschichte eingebaut in einen Mythos, der das Land als einen späten, aber dafür beharrlich-glückhaften Aufsteiger beschreibt. Er ist zur gebrochenen Leitfigur eines neuen Nationalbewusstseins geworden, das Südtirol als eigene Nation erscheinen lässt.

Immer ausdrücklicher wurde Hoferisches (auch in bärtigen Nachfolgegestalten wie Messner) zum Südtirolischen. Trotz oder gerade wegen des Panoramas und Bergisel, der in Telfs stationierten Dornenkrone[27], die Ausflugsziel der Schützenkompanien bleibt, ist Südtirol auf dem Weg, sich als eigene und (nicht nur) kulturelle Nation zu etablieren. Das erfolgreiche, regional-autonome Südtirol grenzt sich kulturell faktisch ab. Hofer in seiner historisch-kulturellen Kolorierung wird ein spielerisches Signet Südtirols, eingebaut in eine kulturelle, ökonomisch gut unterfütterte Erfolgsgeschichte einer Nation neuen Stils. Sie grenzt sich mit diesem deutsch akzentuierten Mann von Italien ab; die Symbolik der gemeinsamen Schützenvergangenheit der drei Tirols wird wohl weiter mit zelebriert. Doch verblasst sie angesichts der ökonomischen Unterschiede, der sozialen Infrastruktur und all der Innovationen, die angetan sind, eine neue nationale Identität begründen. Die

---

27 Die Tiroler Tageszeitung vom 22.09.2006 berichtet über den Kompanieausflug der Schützenkompanie Vahrn und bildet die Kompanie unter der Dornenkrone in Telfs ab, die man aufgesucht hatte, bevor man sich zum „Mittagessen mit Siegfried Steger" – so der rot gesetzte Titel der Meldung – zusammensetzte. Steger und Josef Forer werden als ehemalige Freiheitskämpfer charakterisiert, die seit 40 Jahren in Nordtirol leben.

Gewinner spielen mit dem Mythos, der dazu beiträgt, die effektive Ökonomisierung des Landes als human-kulturell zu kaschieren. Heimatbewusstsein, Tradition und Katholizismus als die starr-störrischen Säulen des Südtiroler Selbstverständnisses werden oft bloß noch ironisch zitiert.

Der alte Mythos geht in eine klare, spätmoderne Nationalgeschichtsschreibung ein. So gesehen wird Hofer zum Bestandteil des Umbaus einer Vor- und Frühgeschichte, aus der nach Bedarf Bestände entliehen werden, Erklärung des jetzigen, nur verhohlen-triumphalen Soseins in einer deutsch-österreichischen Geschichtserzählung, in der die Südtiroler manchmal sogar als „Altösterreicher" auftreten – mit einem Begriff, den man in Österreichs Medien bisher gerne für emigrierte und noch lebende Nobelpreisträger nutzte.

Die Gedächtniskultur um Andreas Hofer war in Südtirol lange in Gefahr, religiös zu werden, und auch die abschüssige Bahn zum Kitsch war ausgelegt. Dieses ist vielfach aufgeklärter Ironie gewichen. Der Themenpark als ein Satz an Identitätsmarkern, zu dem auch die Bestände der Volkskultur gehören, hat eine eigene Geschichte. Ansätze der demokratischen Geschichtsschreibung haben bisherige Bilder säkularisiert oder gar parodiert. Die Inszenierungen und Rituale um das gemeinsame Verschweigen von Vergangenem und die kaum unterdrückten Tänze um den neuen Wohlstand des Südtirol-Wunders hat den „deutschen", dann tirolischen Helden hier in einen südtirolischen verwandelt.

„Eigen" und „fremd" sind dann nicht mehr die Kategorien, sondern Aneignungsprozesse und der Umgang mit der Andersartigkeit markieren neue Fragequalitäten. Das nur scheinbar Entfremdete, das doch zugleich das bessere Eigene spielt, findet sich traditionell in den Alpen, die sich als nur scheinbar entlegener Erholungsraum in der Moderne etabliert haben. Das historisch Eigene im Fremden kann die eitle Sehnsucht nach dem Nicht-Seriellen, Nicht-Industriellen, sein, die nach dem Vorschein des reinen Handwerklichen, nach den guten Dingen, die es noch gibt[28]. Sie kann aber auch das Ausgesetztsein als Idee der Gesicherten bedeuten. Ein Kontrastprogramm ist offenbar vonnöten. Mit ihm lässt sich im serenen, zufriedenen Südtirol, das nur bei Bedarf seine Fäden zu Österreich, der „Schutzmacht", zieht, durchaus

---

28 Das Handelshaus Manufactum verspricht: „Es gibt sie noch, die guten Dinge." Vgl. http://de.wikipedia.org/wiki/manufactum (Zugriff am 17.01.2012).

reflektierend und Widersprüche bewusst taktierend leben. Zu diesen Widersprüchen gehört als Preis die offensive Präsentation der Provinz Bozen als neuer Nation. Die spielt – als Eigenes im Fremden – den Minderheitenstatus in Italien, einer Minderheit, die in der Provinz selbst zur machtvollen Mehrheit wird. 200 Jahre Tourismusgeschichte will auch sagen: vorher gibt es ihn nicht, den Tourismus für die Vielen, und auch nicht ihr Museum. Nicht nur in ihm wird die Tourismusgeschichte nun zur Nationalgeschichte. Das Museum ist in der Jetztzeit angekommen – als Ort der Selbstauslegung und der Beschreibung des Eigenen wie des Anderen.

Reisebeschreibungen in der „Südmark" und die Idee der deutschen Diaspora nach 1918

PIETER M. JUDSON

Im Jahr 1923 erschien in der Zeitschrift des deutschnationalen Vereins *Südmark* in Österreich ein Artikel von Hans Winter, einem der regelmäßigen Beiträger, mit dem Titel „Vier Wochen in der Zips".[1] Darin berichtet Winter über eine Reise, die ihn erst kürzlich in das von den „Zipser Deutschen" besiedelte Gebiet rund um die Stadt Poprad in der Slowakei geführt hatte. Eine sudetendeutsche Sektion des Wandervogels hatte ihn eingeladen, an einer vierwöchigen kulturerzieherischen Mission in dieser Region teilzunehmen. Seine Erlebnisse bei der Arbeit mit dieser Organisation bildeten die Basis seines Reiseberichts. Die Aktivisten der Wandervogelbewegung sahen ihre Aufgabe darin, die Deutschen in diesen Siedlungsgebieten mit Hilfe eines „Dornröschenkusses" (wie Winter es nannte) zu ihrer nationalen Identität „auf[zu]erwecken". In der alltäglichen Kulturarbeit bestand dieser metaphorische Kuss darin, den in der Fremde lebenden Deutschen traditionelle Formen von Volkskultur zu vermitteln, um den Mangel an nationalem Identitätsgefühl zu beheben.

Winters Dornröschen-Metapher für die Weckung des nationalen Bewusstseins bildet das Grundmotiv deutschnationaler Aktivitäten in

---

1 Winter, Hans: Vier Wochen in der Zips, in: Die Südmark. Alpenländische Monatsschrift für deutsches Wesen und Wirken 8 (1923), S. 392–395. Alle Zitate in diesem und den folgenden Absätzen sind diesem Artikel entnommen.

den 1920er Jahren. Dieses Erwecken war in einem doppelten Sinn zu verstehen, zum einen betraf es die Subjekte des touristischen Interesses – in diesem Fall die Zipser Deutschen –, zum anderen die Leser dieser Artikel. Winters Gebrauch des Dornröschen-Motivs impliziert, dass die deutschsprachigen Zipser während der Jahrhunderte der Isolation von der Volksgemeinschaft ihr deutsches kulturelles Erbe zum Teil vergessen hätten. Dieses mangelnde Bewusstsein hätte sie in einem gefährlichen Maß anfällig dafür gemacht, der Denationalisierung seitens feindseliger Regierungen zu erliegen. Auf einer anderen Ebene machte diese Reiseerzählung eine in der nationalen Frage ebenso unwissende – oder auch gleichgültige – Leserschaft mit den angeblich so ausdauernden Trägern des Deutschtums, die sich vor Jahrhunderten am Fuße des Tatra-Gebirges angesiedelt hatten, bekannt. Nach Auffassung der Deutschnationalen hatten diese Bauern jahrzehntelang darum gerungen, ihre deutsche Identität angesichts des Assimilierungsdruckes durch Ungarn, in jüngerer Zeit auch durch die Tschechoslowakei, zu bewahren. Die logischen Widersprüche innerhalb dieses singulären Narrativs spiegeln Spannungen – wie auch kritische Schwächen – in den nationalistischen Bewegungen wider. Verkörperten die Zipser Deutschen die Tugenden des kämpfenden deutschen Volkes wirklich besser als jene Großstädter, die Berichte über sie lasen? Oder musste nicht vielmehr den Zipsern ihre wahre Identität erst wieder nahegebracht werden? In diesem Narrativ schienen beide Behauptungen zu funktionieren. Winter berichtete davon, wie die Zipser Deutschen mit ihrem deutschen Erbe wieder vertraut gemacht wurden. Und gleichzeitig gab er den Lesern der *Südmark* Gelegenheit, etwas über jene weitgehend unbekannte Minderheit zu erfahren, die, weit außerhalb Deutschlands angesiedelt, nach 1918 einen Teil der großdeutschen Nation bildete.

Im Folgenden werde ich zwei kleine Beispiele für Reiseberichte in der *Südmark* aus den frühen 1920er Jahren über Regionen, die einst zu Österreich-Ungarn gehörten, untersuchen. Meine Absicht besteht darin, jeweils symptomatische Strategien zu beleuchten, durch welche diese Literatur dazu beitrug, ein neues Konzept der deutschen Volksgemeinschaft zu erschaffen. Dieses besteht im Wesentlichen aus einer Idee, die ich als „deutsche Diaspora" bezeichne. Die Vorstellung einer Diaspora resultiert aus den Erfahrungen des Ersten Weltkrieges und ist als Antwort auf die territorialen Veränderungen der Nachkriegszeit zu verstehen. Ihrem Kern lag der Neuentwurf der Beziehung zwischen

Volk, Territorium und Demografie zugrunde, vor allem in den Ländern der ehemaligen Habsburgermonarchie. Mit ihrer geografischen und kulturellen Perspektive, gemeinsam mit dem Unterhaltungswert, wurde Reiseliteratur als besonders geeignet erachtet, diesen neuen Gedanken zu popularisieren.

Vor dem Krieg hatte der überwiegende Teil der Deutschnationalen in Cisleithanien im Deutschen Reich einen wichtigen Verbündeten gesehen, der mit Österreich durch die gemeinsamen Bande kultureller Tradition und der Geschichte eng verbunden war. Nach 1918 gelangten jedoch viele in Deutschland ebenso wie in den Ländern der ehemaligen Habsburgermonarchie zur Vorstellung einer deutschen Volksgemeinschaft, deren über ganz Mittel- und Zentraleuropa verstreuten Teile eine Diaspora darstellten. Begriffe wie *Streudeutsche* oder *Sprachinsel*, die vor dem Krieg rein beschreibend eingesetzt worden waren, dienten nun dazu, sowohl die Zersplitterung der deutschen Nation wie auch deren Verhältnis zu ihrem neuen Bezugspunkt Deutschland zu illustrieren.

Die Idee einer deutschen Diaspora diente schließlich auch dazu, revisionistische deutsche Ansprüche auf fremdes Staatsgebiet zu legitimieren sowie zu popularisieren. Die neu geschaffene Weimarer Republik bestärkte beispielsweise Deutschsprachige, die in den an Polen abgetretenen Gebieten lebten, nicht nach Deutschland auszuwandern. Diese Politik verhinderte nicht nur den Kollaps des deutschen Sozialsystems durch eine Flüchtlingswelle, sondern half auch, den revisionistischen Anspruch auf die verlorenen Provinzen zu wahren. In einer Epoche, in der territoriale Verschiebungen auf Basis des nationalen Selbstbestimmungsrechts legitimiert wurden, hätte wenig Aussicht bestanden, erfolgreich Gebiete von Polen zurückzufordern, wenn diese nicht mehr von deutschsprachiger Bevölkerung bewohnt waren.[2] Viele Nationalisten – wie auch jene von der *Südmark* – gaben sich allerdings nicht mit dem Gedanken zufrieden, nur verlorene Gebiete und deren Bevölkerung zurückzugewinnen. Zunehmend beanspruchten sie deutsch besiedelte Gebiete, die nie zum Deutschen Reich gehört hatten. Um ihren Forderungen wirkungsvoll Nachdruck zu verleihen, sahen sie sich zwei schwierigen Aufgaben gegenüber. Auf der einen Sei-

---

2 Sammartino, Annemarie: The Impossible Border. Germany and the East, 1914–1922. Ithaca, NY 2011, bes. S. 96–137; auch: Chu, Winson: The German Minority in Interwar Poland. New York, NY 2012.

te mussten sie deutschsprachige Minderheiten – welche sich nicht unbedingt mit Deutschland identifizierten – davon überzeugen, sich selbst als Teil einer größeren deutschen Nation zu betrachten, deren Interessen am besten von dieser gewahrt wurden. Gleichzeitig wollten sie die Deutschen und Österreicher im Mutterland über jene abgelegenen deutschen Volksgruppen unterrichten, mit welchen sie angeblich Eigenschaften und Charakteristiken teilten, die sie alle zu Gliedern der deutschen Volksgemeinschaft machten. Die Reiseliteratur in Zeitschriften, Zeitungen und Journalen, die von Organisationen wie der *Südmark* in Österreich publiziert wurden, bildeten daher einen entscheidenden Faktor, um unter den Vorzeichen einer Diaspora ein populäres Verständnis einer gemeinsamen Nation zu konstruieren.

NATIONALISMUS UND REISELITERATUR VOR DEM ERSTEN WELTKRIEG

Vor dem Ersten Weltkrieg bemühten sich politische Aktivisten, die Menschen mit der Vorstellung von eigenen Nationen vertraut zu machen und diese an jeweils bestimmte Territorien *innerhalb* der Habsburgermonarchie zu koppeln. Besonders ab dem letzten Drittel des 19. Jahrhunderts hatten Nationalisten aller Spielarten (zunächst Tschechen und Deutsche, später auch Italiener, Polen, Slowenen und Ukrainer) damit begonnen, Netzwerke von so genannten „Schutzvereinen" innerhalb der Monarchie zu organisieren, deren Aufgabe es war, auf örtlicher Ebene nationale Gemeinschaften aufzubauen und diese bestimmten Gebieten zuzuordnen.[3] Zur selben Zeit versuchten sie in diesen Gebieten, die hinsichtlich ihrer nationalen Zugehörigkeit großteils indifferente Bevölkerung in ihrem Sinne zu beeinflussen. Dies geschah, indem der Unterricht in der jeweiligen Sprache, besonders wenn sich diese lokal in einem Minderheitenstatus befand, gefördert oder mit Geldspenden das Abwandern ökonomisch benachteiligter Schichten verhindert wurde. Die Gleichgültigkeit bezüglich der nationalen Zugehörigkeit, besonders in vielsprachigen Regionen, auf die sie

---

3   Haslinger, Peter (Hg.): Schutzvereine in Ostmitteleuropa. Vereinswesen, Sprachenkonflikte und Dynamiken nationaler Mobilisierung 1860–1939. Marburg 2009. Die Genderaspekte dieser Idee werden behandelt in Zettelbauer, Heidrun: „Die Liebe sei Euer Heldentum." Geschlecht und Nation in völkischen Vereinen der Habsburgermonarchie. Frankfurt a. M. 2005.

häufig trafen, bestärkte die nationalistischen Organisationen darin, sich gerade dort so viel Einfluss wie nur möglich im privaten wie öffentlichen Leben zu sichern. Wo immer es durchführbar war, besetzten sie den öffentlichen Raum, indem sie mittels Mehrheit in Gemeinderäten die für Straßenschilder verwendete Sprache, die Errichtung von Denkmälern für bedeutende nationale Ereignisse sowie die Veranstaltung von öffentlichen Feiern zu deren Gedenken durchsetzten.[4] Außerdem versuchten sie, die Kriterien zur Einstellung von Personal, die Einkaufsgewohnheiten ganzer Familien sowie die Organisation von Wohlfahrtseinrichtungen zu beeinflussen, um dadurch ein Bekenntnis zu einer im Grunde frei gewählten Volkszugehörigkeit zu ermuntern.[5]

Gleichzeitig ermutigten die Nationalisten die Menschen, über ihren Tellerrand hinauszublicken und sich selbst als Teil einer überregionalen Gemeinschaft innerhalb des Habsburgerstaates zu erkennen, indem sie deren Aufmerksamkeit auf die historischen und kulturellen Gemeinsamkeiten zu lenken trachteten, die vorgeblich alle Mitglieder einer Volksgruppe über das ganze Reich hinweg miteinander verbanden. Als Teil dieses Konzepts begannen etwa deutsche und tschechische Nationalisten seit den 1880er Jahren, den Tourismus als vielversprechende neue Strategie zur Verbreitung eines nationalen Identitätsgefühls im Habsburgerreich zu fördern. Das Entstehen moderner Transport- und Kommunikationsmittel öffnete immer weiteren Schichten den Zugang zu touristischen Aktivitäten, insbesondere in den westlich gelegenen Regionen Österreichs.[6] Die Nationalisten argumentier-

---

4   Beispiele in Nemes, Robert: The Once and Future Budapest. DeKalb, IL 2005; Wingfield, Nancy: Flag Wars and Stone Saints. How the Bohemian Lands Became Czech. Cambridge, MA 2007; Wingfield, Nancy/Paces Cynthia: The Sacred and the Profane: Religion and Nationalism in the Bohemian lands, 1880–1920, in: Judson, Pieter M./Rozenblit, Marsha (Hgg.): Constructing Nationalities in East Central Europe. New York 2005, S. 107–125; Judson, Pieter M.: Guardians of the Nation. Activists on the Language Frontiers of Imperial Austria. Cambridge, MA 2006, S. 19–65, S. 177–218.
5   Über die nationalistische Ausrichtung der Wohlfahrtseinrichtungen vgl. Zahra, Tara: Kidnapped Souls. National Indifference and the Battle for Children in the Bohemian Lands, 1900–1948. Ithaca, NY 2008, S. 65–78, S. 95–105.
6   Die Anzahl nationalistischer Reiseführer oder Unterkünfte spielte im Habsburgerreich im Vergleich zu ihren nicht national ausgerichteten Gegenstücken eine nur sehr geringe Rolle. Über die Reiseindustrie in Österreich-Ungarn vgl. Judson, Pieter M.: ‚Every German visitor has a völkisch obligation he must fulfill': Nationalist Tourism in the Austrian Empire,

ten, dass erst dadurch mehr Wissen über die Brüder in den anderen Landesteilen sowie die kulturellen Errungenschaften des ganzen Volkes ermöglicht werde.[7]

Seit den 1890er Jahren finanzierte der tschechische nationalistische *Národní Jednota Pošumavská* (Nationalverein für den Böhmerwald) jährlich Schulausflüge nach Prag, damit die Kinder ihr nationales Erbe kennenlernen könnten. Exakt zur selben Zeit begann der *Deutsche Böhmerwaldbund* damit, aktiv den Böhmerwald als eine attraktive Destination für deutsche Touristen und Sommerfrischler zu bewerben. Die national gefärbten Reiseführer empfahlen, dass Touristen ihre Volksgenossen in den von Nationalitätenkonflikten betroffenen Gebieten durch die Übernachtung in deren Gasthöfen und Hotels sowie durch Einnahme ihrer Mahlzeiten in deren Restaurants ökonomisch unterstützen sollten.

Gelegentlich wird hier über die Strenge geschlagen, wenn etwa das Handbuch von Wilhelm Rohmeder einleitend darauf hinweist, „daß das nachstehende Verzeichnis kein Reiseführer sein will, und daß es deshalb auch nicht nach touristischen, sondern nach nationalen Gesichtspunkten zusammengestellt ist". Rohmeder war sichtlich besorgt, dass deutsche Touristen sich mehrheitlich weigerten, zur Kenntnis zu nehmen, dass „jeder deutsche Gast in diesen national so heiß umkämpften Gebieten zugleich Träger einer völkischen Aufgabe ist, die er zu erfüllen hat".[8] Vor dem Weltkrieg blieb ein derart nationalistischer Ton in Reiseführern allerdings die Ausnahme.[9] Die meisten national gefärbten Reisebeschreibungen vermieden es, die politischen

---

1880–1918, in: Koshar, Rudy (Hg.): Histories of Leisure. Oxford/New York 2002, S. 147–168.

7 Für eine eingehende Untersuchung der Nutzung des Tourismus für nationalistische Zwecke in Österreich-Ungarn vgl. Judson, Guardians of the Nation, S. 141–176.

8 Rohmeder, Wilhelm: Gasthäuser in den sprachlichen Grenzgebieten Südtirols, welche deutschen Reisenden zu empfehlen sind, in: Alldeutsche Blätter, Sonder-Abdruck, Bd. 25 (undatiert), S. 1–12, hier S. 2. Vgl. auch Wedekind, Michael: La politicizzazione della montagna; borghesia, alpinismo e nazionalismo tra Otto e Novecento, in: Archivio Trentino 2 (2000), S. 19–52.

9 Einige nationalistische Vereine in Tirol waren besorgt, dass der Ruf des Extremismus die aufblühende Tourismusindustrie unterminieren könnte, siehe Bozner Zeitung, 10.01.1907, S. 3. Die Zeitung berichtete, dass der auftretende Radikalismus deutscher und italienischer Nationalisten in jüngster Zeit Touristen abgeschreckt und Hotels in den Bankrott getrieben habe.

Auseinandersetzungen zu erwähnen – die wohl eher potenzielle Touristen abgeschreckt hätten – und betonten anstelle dessen die landschaftliche Schönheit oder die geschichtsträchtige Bedeutung einer Region.[10] Eine explizite Thematisierung der Konflikte sucht man vergeblich.[11]

DIE *SÜDMARK* UND DAS NACHKRIEGSKONZEPT NATIONALER IDENTITÄT

Im Spektrum der deutschnationalen Organisationen war die *Südmark* bereits vor dem Krieg eine der radikalsten gewesen. Der 1889 in Graz gegründete Verein definierte in der Selbstdarstellung seine Aufgaben mit dem Schutz und der (Neu-)Ansiedlung deutscher Minderheiten in den gemischtsprachigen Gebieten Kärntens, der Steiermark und später Niederösterreichs.[12] Die Schriften der *Südmark* waren im Ton merklich aggressiver als jene des *Böhmerwaldbundes,* und im Gegensatz zu diesem definierte der Verein *Südmark* das Deutschtum nach rassischen Kriterien, um Juden davon auszuschließen. Seine Proponenten hätten daher mit den radikalen Auslassungen Rohmeders sicher sympathisiert. Obwohl der Verein mit Strategien wie der Auflistung empfohlener Pensionen und Gasthöfe in deutschem Besitz (was immer das hei-

---

10 Als der *Deutsche Böhmerwaldbund* bedeutende Mittel in die touristische Entwicklung der Region rund um Budweis/Budějovice investierte, rühmten seine Reiseführer die natürliche Schönheit der böhmischen Wälder, die Möglichkeiten für Wanderungen und zum Schifffahren sowie das Angebot an authentischer bäuerlicher Kultur. Durch Deutschböhmen, Eger/Wien o. J.; Führer durch den Böhmerwald, Budweis 1909. Vgl. Judson, Pieter M.: The Bohemian Oberammergau. Nationalist Tourism in the Austrian Empire, in: Judson/Rozenblit (Hgg.): Constructing Nationalities in East Central Europe, S. 89–106.

11 Die Schriften des Böhmerwaldbundes erwähnen die Tschechen kaum, außer in der wiederkehrenden Behauptung, dass viele heutige „slawische" Siedlungen in den gemischten Regionen auf deutsche Ursprünge zurückzuführen seien. Dumreicher, Armand Freiherr von: Südostdeutsche Betrachtungen. Eine nationale Denkschrift. Leipzig 1893, S. 38.

12 Über die Südmark vgl. Staudinger, Eduard: Die Südmark: Aspekte der Programmatik und Struktur eines deutschen Schutzvereins in der Steiermark bis 1914, in: Rumpler, Helmut/Suppan, Arnold (Hgg.): Geschichte der Deutschen im Bereich des heutigen Slowenien, 1848–1941. Wien 1988, S. 130–54; Judson, Guardians of the Nation, bes. S. 100–140, S. 251–254; Kiyem, Sigrid: Der deutsche Schulverein Südmark 1918–1938, Diplomarbeit Universität Wien 1995.

ßen mochte) in Kärnten und der Steiermark experimentierte, wurde niemals ernstlich erwogen, in die Tourismusindustrie für Deutsche einzusteigen. Man publizierte zwar wiederholt Artikel über die angebliche Bedrohung der nationalen Identität vieler so genannter deutscher Gebiete, förderte aber weder den Tourismus an sich, noch veröffentlichte der Verein eigene Reiseführer.[13]

Nach dem Krieg erschienen von Seiten der *Südmark* mehr Reiseberichte als je zuvor, zunehmend auch um die Ansichten seiner Vertreter zur jüngsten Diaspora des Deutschtums zu verbreiten. Mit dem Untergang des Habsburgerreiches waren die gemischtsprachigen Gebiete, in welchen der Schwerpunkt der Aktivitäten gelegen hatte, an die Nachfolgestaaten verloren gegangen. Der Verein brachte seine Ziele ganz offen mit verwandten nationalistischen Organisationen im Altreich auf Linie und forderte den Anschluss Österreichs an Deutschland. Nach 1918 sahen viele Österreicher keinen zwingenden Grund mehr für die unabhängige Weiterexistenz ihres Staates. Sie bezweifelten, dass das kleine, frisch entstandene Land im neu geordneten Europa überleben und seine Grenzen gegen die potenziellen Aggressionen seiner Nachbarn verteidigen könne. Zudem hatten sie die Befürchtung, der Kleinstaat könne keine wirkungsvolle Revision der Friedensverträge anstrengen. Die in den Augen der Deutschnationalen ungerechte Abtretung von Grenzgebieten (Südtirol, Untersteiermark und Sudetenland) hatte in deren Augen die Unterdrückung der dort ansässigen deutschsprachigen Bewohner zur Folge.[14] Als weiteres Argument wurde die beliebte Metapher eines Bollwerks bemüht, als welches das gebirgige Österreich den natürlichen Schutzwall des Reiches gegen die Länder des Ostens bildete.[15]

Es ist wichtig, sich vor Augen zu halten, welche neue Qualität in diesen Nachkriegsforderungen zutage tritt. Keine der gemäßigten deutschnationalen Strömungen hatte vor dem Krieg Deutschland als die natürliche Heimat der Österreicher betrachtet. Allerhöchstens hat-

---

13 Judson, Guardians of the Nation, S. 156f.
14 Low, Alfred D.: The Anschluss Movement and the Paris Peace Conference, 1918–1919. Philadelphia 1974; Suval, Stanley: The Anschluss Question in the Weimar Era: A Study of nationalism in Germany and Austria 1918–1932. Baltimore/London 1974.
15 Wandlungen des deutschen Nationalgefühles, in: Die Südmark. Alpenländische Monatsschrift für deutsches Wesen und Wirken (1922), S. 145; Gedanken zur Volksgemeinschaft, in: Die Südmark (1922), bes. S. 6f.; Judson, Guardians of the Nation, S. 251–254.

ten Deutschnationale die kulturellen Gemeinsamkeiten mit dem Deutschen Reich zelebriert und die engen politischen Bande beider Staaten betont. Die volkstümliche Loyalität gegenüber den Habsburgern, das Gefühl, eine kulturelle Aufgabe in den Ländern Südost- und Osteuropas zu erfüllen, eine ausgeprägte regionale Identität sowie die nachwirkende Erinnerung an die Verfolgung der katholischen Minderheit durch das Deutsche Reich unter Bismarck während des Kulturkampfes – all dies musste überwunden werden, um angesichts der Diaspora die Nachkriegsvision einer geeinten deutschen Nation zu verwirklichen.

Gleichzeitig kämpften die Nationalisten gegen die lauwarme Begeisterung, um nicht zu sagen demonstrative Gleichgültigkeit, ihrer Landsleute, die diese gegenüber ihrer vermeintlichen Verpflichtung zum Deutschtum zeigten.[16] Diese Herausforderung sei nach dem Untergang des Reiches keine geringere geworden, merkten zahlreiche Autoren der *Südmark* in den frühen zwanziger Jahren mit bitterem Unterton an. Vielmehr schien die veränderte politische Landschaft sogar die Gleichgültigkeit gegenüber der nationalen Zugehörigkeit zu begünstigen. Zur Verwirrung mancher Schreiber in der *Südmark* betrachteten sich etliche deutschnationale Aktivisten in Österreich und der Tschechoslowakei zwar als Deutsche, hegten aber kein Verlangen, in einem deutschen Nationalstaat aufzugehen.[17] Andere deutschsprachige Minderheiten, wie die oben erwähnten Zipser Deutschen, waren sich ihrer Bedeutung für das Deutsche Reich so wenig bewusst, dass ihr nationales Bewusstsein erst „erweckt" werden musste. Die *Südmark* beklagte sich darüber hinaus über die allgemeine Unwissenheit in Deutschland hinsichtlich Österreichs. „Man weiß im Deutschen Reich sehr wenig von uns", beklagte sich ein Autor im Jahr 1923. „Ebenso wie man nur gar zu oft unser Graz nach der Tschechoslowakei verlegt, so weiß man fast nichts von unserer politischen, völkischen und kulturellen Arbeit."[18] Um wie viel herausfordernder würde es dann sein, nicht nur Deutsche und Österreicher, sondern auch deutschsprachige Menschen in der Tschechoslowakei, Italien, Polen, den baltischen Staaten oder Jugoslawien von ihren Gemeinsamkeiten zu überzeugen?

---

16 Zahra, Kidnapped Souls, bes. Kapitel 5.
17 Erst jüngst über alternative Konstruktionen deutscher Identität in der Tschechoslowakei siehe Cornwall, Mark: The Devil's Wall. The Nationalist Youth Mission of Heinz Rutha. Cambridge, MA 2012.
18 Die Südmark 5 (1923), S. 219.

Die Reiseliteratur stellte ein wichtiges Medium dar, um Deutsche in Österreich und Deutschland über die jeweils andere Gruppe zu unterrichten: dies geschah durch Beifall für grenzüberschreitende Beziehungen, den Kampf gegen Desinteresse gegenüber der Volkszugehörigkeit, und später auch durch die Instruktion von Touristen, selbst jener Leser, die gar nicht über die finanziellen Mittel für Reisen verfügten.[19] Die Narrative bestimmter Reisetouren folgten in den frühen 1920er Jahren klar definierten Schemata und wiederholten die immer gleichen, wenn auch mitunter widersprüchlichen Argumente über jene verstreuten deutschsprachigen Minderheiten, die nicht nur der Unterstützung, sondern auch der nationalen Erweckung bedurften. In jedem Fall lag aber das Augenmerk der Verfasser darauf, in Zentral- und Osteuropa einen gemeinsamen Sinn für das Deutschtum über alle Staaten hinweg zu schaffen und zu festigen. Besuche deutscher Siedlungen im Ausland oder in Grenzregionen sollten die Wahrnehmung der Wesenszüge jenes Deutschtums bestätigen, das die Besucher mit den Besuchten verband.

Um dieses Ziel zu erreichen, war es jedoch erforderlich, dass Reisende wie Leser jene Gebiete in den eng gefassten kulturellen und politischen Begriffen wahrnahmen, die von der nationalistischen Ideologie vorgegeben waren. Sie mussten dazu angeleitet werden, über die oberflächlichen Unterschiede des Dialekts und der Landschaften hinwegzusehen, um das tiefere Wesen eines Ortes zu erkennen, der seine deutsche Identität bewahrt hatte. Nach diesem Erlebnis würden die Reisenden mit dem Gefühl nach Hause zurückkehren, der Einheit der zersplitterten Nation auf das Tiefste verpflichtet zu sein. So beschreibt eine deutschnationale Zeitschrift die Wirkung der Grenzlandfahrten auf die österreichische Jugend: „Die Jugend, die auf Grenzlandfahrt zog, kommt anders heim als sie aufbrach, sie ist härter und ernster geworden."[20] Aber auch jene Leser, die – nach der Lektüre über die eine oder andere deutsche Minderheit im Osten – wieder an ihre alltägli-

---

19 Rudy Koshar hebt hervor, dass viele Europäer, die keine Reisen machen konnten, begierig Reiseberichte verschlangen. „There was a strong interest in travel before transportation improvements brought the possibility of tourism into every bourgeois home." Koshar, Rudy: German Travel Cultures. Oxford 2000, S. 23.
20 Zit. in: Amstädter, Rainer: Der Alpinismus. Kultur, Organisation, Politik. Wien 1996, S. 251.

chen Verrichtungen gingen, sollten in ihrer nationalen Begeisterung bestärkt werden.

Die *Südmark* empfahl aber nicht nur Reisen zu den verstreuten Inseln deutscher Kultur außerhalb Deutschlands und Österreichs bzw. die Lektüre darüber, sondern auch zu so genannten „verwundbaren Gebieten" innerhalb der Republik. An jenen Orten, wo eine fremdsprachige Minderheit präsent war, wie beispielsweise die Kärntner Slowenen oder die Kroaten und Ungarn im Burgenland, sah man die Identität der lokalen deutschsprachigen Bevölkerung bedroht. Mit dieser Sprachregelung verdrehten die Deutschnationalisten die internen Realitäten der Macht innerhalb des Staates, indem sie sich als die Opfer einflussreicher, skrupelloser und vom Ausland finanziell unterstützter fremdsprachiger Minderheiten innerhalb ihres eigenen Staates darstellten.[21] Gleichzeitig gab die *Südmark* damit aber implizit das mangelnde Nationalbewusstsein der deutschsprachigen Bevölkerung in den angeblich bedrohten Gebieten zu.

VERANSTALTUNG EINER REISE IN DAS NEUE GRENZLAND

Im Juni 1924 organisierte die *Südmark* für Delegierte, die an einer gemeinsamen Konferenz des Vereins mit dem *Deutschen Schutzbund für die Grenz- und Auslandsdeutschen* teilnahmen, eine zweitägige Reise in das jüngste Bundesland Burgenland. Die Reise sollte sowohl das Wissen der Besucher über eine bis dahin wenig bekannte deutsche Volksgruppe fördern, die in der Habsburgermonarchie der ungarischen Reichshälfte angehört hatte, als auch in der regionalen Bevölkerung das Gefühl der Zugehörigkeit zum Deutschtum stärken. Der Bericht von Robert Sieger über diese Reise in der *Südmark*-Bundeszeitung stellt die Erlebnisse der Touristen unter dem Blickpunkt des verbindenden Volkstums mit der besuchten Bevölkerung dar.[22] In dem Arti-

---

21 Zur parallel dazu laufenden Opferdynamik unter tschechischen Nationalisten siehe Zahra, Kidnapped Souls, bes. Kapitel 4 und Haslinger, Peter: Nation und Territorium im tschechischen politischen Diskurs 1880–1938. München 2010, bes. S. 358–383.
22 Der Bericht und alle Zitate stammen aus Sieger, Robert: Die Burgenlandfahrt des Deutschen Schutzbundes, in: Südmark-Bundeszeitung 9 (1924), S. 3f.

kel werden Landschaftsbeschreibungen, historische Architektur, Nationalitätenkonflikte der jüngeren Zeit und die vorgebliche Einstellung der Bevölkerung so verquickt, dass beim Leser kein Zweifel am urdeutschen Charakter dieser Grenzregion aufkommen konnte. Der Bericht betont wiederholt die bunte regionale Herkunft der deutschen Touristen ebenso wie deren Fähigkeit, die durch die unterschiedlichen Dialekte verursachten sprachlichen Hürden zu überwinden, um sich der Gemeinsamkeiten mit der von ihnen besuchten Bevölkerung zu erfreuen. Im Gegensatz zu Winters Beschreibung seines Aufenthalts bei den Zipser Deutschen handelt es sich hier um eine richtige Reise von echten Touristen und nicht um die schablonenhafte Beschreibung einer isolierten deutschen Volksgruppe. Daher reicht es nicht aus, Siegers Bericht zu lesen; es muss der Ablauf der Reise selbst betrachtet werden, um anhand dessen die Methoden der *Südmark* zu analysieren, mit denen diese das touristische Erlebnis beeinflussen und den Teilnehmern einen ganz bestimmten Eindruck vom Burgenland vermitteln wollte.

Von Beginn an lenkten die Organisatoren die Aufmerksamkeit der Touristen auf historische Stätten, die sie als deutsch deklarierten – insbesondere zu Schauplätzen des jüngsten Nationalitätenkonflikts als Zeugnis der Bedrohung des Volkstums – sowie auf die angebliche Begeisterung der lokalen Bevölkerung über die deutschen Besucher. Diese wurden zu minutiös geplanten Zusammenkünften gebracht, wo sie mit den Burgenlanddeutschen in Kontakt treten konnten. Diese gesellschaftlichen Anlässe sollten den Touristen Gelegenheit bieten, bei der Rückkehr nach Hause aus erster Hand über die nationale Begeisterung der Bevölkerung zu berichten, was sie damit als wahre Kenner der Situation im Burgenland auswies. Hinter den Kulissen waren es aber die *Südmark*-Funktionäre, die gemeinsam mit ihren lokalen Kontakten den Ablauf steuerten, die einzelnen Treffen planten und die sozialen Interaktionen überwachten.

In Heiligenkreuz beispielsweise, dem ersten Aufenthalt der Gruppe, hatten sich hunderte Menschen versammelt, um der Begrüßung der Reisenden durch den Bürgermeister zu lauschen. Im Anschluss folgte eine feierliche Parade durch die Stadt zum Kriegerdenkmal, wo ein kleines Mädchen aus dem Ruhrgebiet, das sich hier auf Erholung befand, ein Gedicht aufsagte, weitere Reden gehalten wurden sowie Repräsentanten der örtlichen deutschen Vereine in Formation aufmarschierten. Im weiteren Tagesverlauf zogen die Besucher zu einem

Gasthof, dessen Name „Festung" die Erinnerung an die Grenzkämpfe wach halten sollte, in welche die Bevölkerung vorgeblich seit Jahrhunderten verwickelt war. Hier boten die Ortsansässigen ein Theaterstück mit dem Titel „Eines Volkes Rache" dar, das den Aufstand der örtlichen Bauern gegen ihre magyarischen Grundherren im 17. Jahrhundert zum Inhalt hatte. Der Eindruck des Stückes wurde noch dadurch verstärkt, berichtet Sieger, dass echte Bauern in die Rollen geschlüpft waren. Die scheinbar authentischen Einschüsse von Gewehrkugeln im Gebälk dienten als handfeste Beweise für die reale Bedrohung der nationalen Identität. Wieder zurück beim Kriegerdenkmal betonte ein Redner aus Berlin die neue Einheit zwischen den Deutschen in Österreich und Deutschland, die im Krieg blutig geschmiedet worden sei. Gerührt stimmten die Touristen in den Gesang der Einheimischen „Ich hatte einen Kameraden" ein, während man gemeinsam das Denkmal schmückte. Der Abend brachte noch mehr Reden, Gesang, einheimischen Wein und ein Feuerwerk. Besonders detailliert beschreibt der Bericht, wie sich Repräsentanten des Schutzbundes aus ganz Europa (vom Elsass bis an die Wolga) in spontanen Ansprachen an die versammelten Teilnehmer wandten. Sieger schreibt über diesen erhabenen Moment nationaler Einheit: „Die Stimme aller deutschen Gaue klang da zusammen zu einem gewaltigen Lied von deutscher Not allenthalben, aber auch von deutscher seelischer Wehrhaftigkeit allerorten." Er schildert die Freude der Anwesenden über die jüngste Befreiung dieses kleinen Stückchens deutscher Erde, und die damit verbundene Hoffnung auf die zukünftige Vereinigung aller Deutschen in einem großdeutschen Vaterland.

Am folgenden Tag gab es Gelegenheit, an einer geführten Ausflugsfahrt in die nähere Umgebung teilzunehmen. In Güssing, wo sie trotz eines Werktages von einer Volksmenge begrüßt wurden, genossen die Ausflügler ein Frühstück im schattigen Garten, besichtigten das Schloss und lauschten dem ausführlichen Vortrag eines lokalen deutschnationalen Historikers über die Grenzregion. Nach dem festlichen Mittagsmahl besuchten die Reisenden die Klosterbibliothek, in der protestantische Schriften die Gegenreformation überdauert hatten. Als Kontrapunkt dazu verwies Sieger auf alarmierende Anzeichen einer andauernden Bedrohung der deutschen Identität. In den engen Gassen stießen die Besucher auf zahlreiche Schilder in ungarischer Sprache, die Dienstleitungen lokal ansässiger Ungarn und Juden bewarben. Am Abend erreichte die Gruppe die steirische Stadt Fürstenfeld. Hier hatte die Ortsgruppe der *Südmark* einen Begrüßungsabend in der örtlichen Brauerei vorbereitet. Trotz der späten Stunde, notiert Sieger, habe sich spontan eine große Menschenmenge versammelt, um die Besucher willkommen zu heißen.

In der Brauerei stellten die Touristen Betrachtungen über den tieferen Sinn ihrer Reise an. Delegierte aus verschiedenen Regionen Österreichs und Deutschlands rekapitulierten die tiefen Eindrücke, welche die Erlebnisse der vergangenen zwei Tage hinterlassen hatten. Als Karl Wollinger, Gründer der *Großdeutschen Volkspartei* in Burgenland, der Gruppe für ihren Besuch dankte, versicherten ihm deren Vertreter, dass diese „schöne Kundgebung für die deutsche Einheit", die sie erleben durften, „aus dem Herzen des Volkes kam". Einer der Sprecher verlieh der Hoffnung Ausdruck, dass dies nicht das letzte Mal gewesen sei, dass Schutzbund-Vertreter „befreites deutsches Land" besuchen durften. Sieger betonte zwei Schlussfolgerungen aus dieser Reise. Zum einen hatte sie Patrioten aus allen deutschsprachigen Regionen das neue Bundesland eines deutschen Österreich vorgestellt: „Vertreter freier und geknechteter Lande brachten ihm ihren Gruß." All jene Deutschen, die weiterhin unter dem Joch fremder Unterdrückung seufzten, konnten Hoffnung aus der jüngst erfolgten Befreiung des Burgenlandes schöpfen. Zum anderen brachte sie die einhellige Ansicht der Teilnehmer zum Ausdruck, dass die Deutschen ein einiges Volk seien, obwohl sie über ganz Zentral- und Osteuropa verstreut lebten. Die Abgesandten von deutschsprachigen Orten aus diesem Raum erkannten in den Erfahrungen des Burgenlandes ihr eigenes Schicksal als bedrohte Grenzlanddeutsche wieder. Welche Schikanen wegen ihres Bekenntnis hatten die Männer und Frauen aus deutschsprachigen Orten im benachbarten Ungarn wohl auf sich genommen, reflektierte Sieger, um die Grenze zu überqueren und an den Feierlichkeiten teilzuhaben? Spiegelte sich darin nicht die Erfahrung vieler Deutscher in vielen Teilen Europas, die jenseits der Grenzen in feindlich gesinnten Staaten gefangen waren? Und was, wenn nicht der Sinn für eine Schicksalsgemeinschaft mit den Menschen in Deutschland und Österreich vermochte ihnen Hoffnung auf einen Platz in einem zukünftigen Deutschen Reich zu geben? Nur das Erlebnis der Reise selbst, oder zumindest dessen Lektüre, konnte diesem abstrakten Anspruch eine reale, unmittelbare und vertraute Form verleihen.

EIN BESUCH IN EINER DEUTSCHEN DIASPORA

Kehren wir zurück zum Bericht von Hans Winter über seine vierwöchige Reise in die Gemeinden der Zipser Deutschen. Diese Mission war von dem böhmischen Studenten-Aktivisten Karl Wild (Leiter des Volksbildungsvereins in Lobositz) gemeinsam mit dem Volksbildungs-Komitee der in der nordöstlichen Slowakei gelegenen Zipser Stadt Kesmark (Kežmarok/Késmárk) organisiert worden. Wie schon einleitend erwähnt, verkörpert dieser Bericht die fundamentalen Widersprüche besorgter Deutsch-Nationalisten im Europa der Zwischenkriegszeit. Auf der einen Seite waren sie überall im Osten Europas beständig auf der Suche nach Landsleuten, auf der anderen Seite bedauerten sie deren Mangel an nationalem Bewusstsein, der die Gefahr ihrer Auslöschung als Deutsche in sich trug. Folgerichtig oszilliert die Darstellung zwischen einer belehrenden Beschreibung deutschen Lebens in einer entlegenen Sprachinsel und der politischen Absicht des *Wandervogels*, das Deutschtum in diesen Menschen zu erwecken. Winter pries den Germanisierungseifer *(Dornröschenkuss)* der Wandervögel, die – wie die ins Burgenland gereisten Schutzbund-Mitglieder – aus allen Teilen Deutschlands und Österreichs dorthin kamen. Sie gaben vor, die deutschsprachigen Zipser vor dem Verlust ihrer deutschen Identität retten zu wollen, aber es wäre wohl zutreffender zu sagen, dass sie die Absicht hatten, in den Zipsern überhaupt erst eine deutsche Identität zu wecken.

„Die Aufgabe bestand darin, das Deutschtum [...] sozusagen aufzuerwecken, zu stärken und es wieder mit dem deutschen Liede, dem deutschen Tanz und überhaupt mit der gesammten deutschen Kultur bekannt zu machen."[23] Gleichzeitig lobte Winter mehrfach die Zipser, deren Tugend der Bescheidenheit ein unschuldiges und ursprüngliches Deutschtum widerspiegelten und deren Bräuche und Sitten ein idyllisches deutsches Ideal verkörperten:

Die Bauernschaft in der Zips kann einem wirklich ehrlich Freude machen [...] unberührt vom Gifte der Stadt, sind sie doch keineswegs zurückgeblieben, was Bildung und Arbeitsart betrifft. Der Alkohol ist ihnen im allgemeinen fremd. An Sonntagnachmittagen fand sich die erwachsene Jugend auf freien Rasenplätzen zu Spiel und Tanz ein.[24]

---

23 Winter, S. 392.
24 Ebd., S. 394.

Im Poprader Landkreis hätten die Oberschichten ihre deutschen Wurzeln und Bräuche großteils vergessen, erklärt Winter, und sie seien im Lauf der vergangenen Jahrzehnte wie jene im Burgenland magyarisiert worden. Der Aktivismus der Wandervögel richtete sich daher darauf, den in den unteren Schichten der Region noch lebendigen Sinn für eine deutsche Identität zu nähren. Dies erforderte die Förderung des Lesenlernens in deutschsprachigen Schulen sowie die Ermunterung zur Lektüre von deutschen Büchern, Zeitschriften und Zeitungen. Eine der Aufgaben, die sich Winter während seines Aufenthaltes selbst gesetzt hatte, war daher die Einrichtung einer Volksbibliothek für die örtliche Bevölkerung.

Ein weiteres merkwürdiges Paradox kennzeichnet Winters Schilderung seiner vier Wochen in Poprad. Als Reisebericht widmet sich der Artikel – mitunter äußerst detailliert – der Landschaftsbeschreibung. Um die fremden Gefilde dem heimischen Leser als typisch deutsch erscheinen zu lassen, zergliedert Winter sie in für den Leser fassbare deutsche Begriffe: Hügel, Täler, Wälder, Flussufer, Weiden, kleine Dörfer und mondhelle Nächte. Gleichzeitig betont er aber mehr als nur einmal, dass die natürliche Schönheit der Gegend unwichtig sei, verglichen mit der Notwendigkeit, das nationale Bewusstsein der Menschen in diesem deutschen Außenposten zu bewahren. „Über landschaftlich Schönes (Hohe Tatra) und kulturell Wertvolles wäre freilich auch manches zu sagen gewesen", bemerkt er im abschließenden Absatz. „[D]arauf muss ich aber verzichten", erklärt Winter, und fügt hinzu, dass er stattdessen die Aufmerksamkeit der Leser vielmehr auf die wertvolle Arbeit des *Wandervogels* lenken möchte. Er habe die Region nicht aufgesucht, um die Berge der Tatra zu genießen, sondern um mit der örtlichen deutschen Bevölkerung zu arbeiten. Und doch ist es genau die Besonderheit der Landschaft gemeinsam mit der ursprünglichen Kultur ihrer Bewohner, welche das Deutschtum hervorbrachte, das sie interessant machte.[25]

Abschließend beschreibt Winter ein Heimatfest, das vom *Wandervogel* zum Ende des Aufenthalts für das ganze Tal organisiert wurde. Neben dem Lob für den Festzug, die Trachten und Lieder – alle unverkennbar deutsch – notierte Winter wohlgefällig die letzten Zeilen eines Liedes, das von den Bewohnern angeblich mehrfach wiederholt wurde und explizit die Verbundenheit der Zipser mit der großen natio-

---

25 Ebd., S. 395.

nalen Gemeinschaft artikulierte: „Es lebe unser Zipser Land, mit ihm das ganze deutsche Land." Der langfristige Erfolg der nationalistischen Anstrengungen würde an dem Ausmaß gemessen werden, mit welchem sich die Zipser Bevölkerung dem Deutschtum verbunden fühlte, betont Winter, selbst wenn sich sowohl Reisende wie auch Leser schwer täten, diese ihnen wenig vertrauten Volksgruppen und Orte auf ihren mentalen Landkarten der Nachkriegszeit einzuordnen.

FAZIT

Die Wirkung der nationalistischen Reiseliteratur von Organisationen wie der *Südmark* lässt sich für die Jahre nach dem Ersten Weltkrieg sowohl im Allgemeinen wie im konkreten Fall nur schwer abschätzen. Die schlechte wirtschaftliche Lage und die strikten neuen Grenzen hinderten Österreicher wie Deutsche weitgehend an Reisen. Sosehr die *Südmark* an ihre Mitglieder appellieren mochte, im Urlaub bei bedrohten deutschsprachigen Minderheiten zu logieren, sahen sich am Höhepunkt der Inflation wohl nur wenige zu Urlaubsfahrten in der Lage. Von Bedeutung sind aber zweifellos die von der *Südmark* und anderen Vereinen genutzten Methoden, um eine spezifische Sicht auf das deutsche Volkstum in Zentral- und Osteuropa zu konstruieren. Wenn sich in den frühen 1920er Jahren auch nur wenige Menschen leisten konnten, auf Reisen zu gehen, so spielte doch die populärwissenschaftliche Länderkunde und Reiseliteratur eine entscheidende Rolle darin, eine neue Vision des deutschen Volkstums im Osten zu erzeugen, das verstreut und aufgesplittert in den feindlich gesinnten Staaten Osteuropas existierte. Jede dieser Sprachinseln musste einer breiten Öffentlichkeit zur Kenntnis gebracht werden, um gemeinsamen revisionistischen Fantasien zu dienen. Jede musste ihren Platz auf der Karte verlorenen deutschen Gebiets einnehmen, auch wenn sie niemals Teil des deutschen Nationalstaates gewesen war.[26] Die deutschen Minderheiten vom Baltikum bis zum Balkan wurden damit Objekte regen Wissensdurstes, von Reisetouren und vor allem von ausführlichen Beschrei-

---

26 Für die neuen kartografischen Denkansätze des Deutschnationalismus nach dem Ersten Weltkrieg siehe Herb, Guntram Henrik: Under the Map of Germany. Nationalism and Propaganda 1918–1945. London/New York 1996; auch Kristin Kopp, Germany's Wild East: Constructing Poland as Colonial Space. Ann Arbor 2012.

bungen in nationalistischen Zeitschriften und Broschüren der Zwischenkriegszeit. Die Schilderung dieser Gemeinschaften als Teile der deutschen Diaspora rief zweifellos unter Reisenden einiges Interesse hervor, und es gibt Hinweise darauf, dass sich seit Ende der 1920er Jahre einige dieser Orte in nationalistischen Zeitschriften als besonders geeignete Reiseziele für deutschsprachige Touristen empfahlen. Aber je mehr die Reisefreudigkeit der Österreicher und Deutschen wieder zunahm, sahen sich Organisationen wie die *Südmark* mit neuen Herausforderungen konfrontiert. Nicht selten befanden sie es für notwendig, einzelne ihrer Mitglieder zur Ordnung zu rufen, indem sie darauf hinwiesen, wie schlechtes und undeutsches Benehmen ihren Ruf unter den Auslandsdeutschen schädige.[27] Auch beklagten sie sich erbittert darüber, dass größere Reiseveranstalter in Deutschland und Österreich in der Bewerbung von Reisen in die feindseligen Nachfolgestaaten deutsche Sprachinseln sträflich vernachlässigten.[28] Diese Reiseliteratur trug schließlich maßgeblich dazu bei, in Europa und der ganzen Welt die Chimäre einer einheitlichen deutschen Volksgemeinschaft zu popularisieren. Diese Sicht sollte wenige Jahre später nicht zuletzt dazu dienen, die imperialistischen Ziele des Dritten Reiches, insbesondere in Osteuropa, zu rechtfertigen.

Aus dem Englischen von Josef Schiffer

---

27 Vgl. z. B. „Auslandsfahrten inlanddeutscher Jugend" und „Richtlinien für die Gruppenfahrten ins Ausland", in: Grenzland. Zeitschrift des Deutschen Schulvereines Südmark, April 1929, S. 80f.
28 Vgl. „Weiß der A.D.A.C. vom Auslandsdeutschtum nichts?", in: Grenzland, Februar/März 1933, S. 35.

Das edle Bedürfnis sich zu bereichern

Der Werdegang der Krakauer Kommune
zum Tourismuszentrum (1870–1939)

HANNA KOZIŃSKA-WITT

Krakau gehörte bis zur Mitte des 19. Jahrhunderts zu den weniger bedeutenden Städten der Habsburgermonarchie; sie war „eine arme Stadt, in deren Mitte auf dem Marktplatz die Ruine der Tuchhallen herausragte und wo das Schloss Wawel verkam. Auf dem historischen Markt häuften sich Abfälle an, spazierten Kühe und Tauben, und ringsherum standen Verkaufsstände – es gab viele Juden."[1] Die existierenden Reisebeschreibungen der Stadt beweisen jedoch, dass Krakau trotz des erwähnten Zustandes von polnischen Reisenden besucht wurde.[2] Es gab zudem besondere Anlässe, die Besucher regelmäßig zum Aufsuchen der Stadt veranlassten. Diese Besuche waren durch den traditionellen Wallfahrtskalender bestimmt.[3] Religiöse Riten zogen vorwiegend bäuerliche Pilger an, die in den Kirchen und Klöstern bewirtet wurden.

Am Beginn der modernen touristischen Entwicklung stand, wie anderswo auch, die Eisenbahn. Die Bahnverbindungen lieferten die Voraussetzungen für „Bildungsreisen bei Gelegenheit", die als Proto-

---
1 Das Zitat stammt aus „Kraj" 13 (1869). Zit. nach Homola, Irena: Józef Dietl i jego Kraków. Kraków 1993, S. 188. Alle im Original polnischen Zitate wurden von der Verfasserin ins Deutsche übertragen.
2 Kwaśniak, Maria: Przewodniki po Krakowie i jego okolicach (Od najstarszych do 1945 r.), in: Krzysztofory 19 (1992), S. 164–175.
3 Kantor, Ryszard: Krakowiacy. Kraków 1988, S. 107f.

Kulturtourismus bezeichnet werden können. Die Reisen führten in die zahlreichen Heil- und Luftbäder des ehemaligen Westgalizien, deren wirtschaftliche Nutzung gerade begann.[4] Diese Ortschaften wurden auch von Kurgästen aus der in den anderen Teilungsgebieten lebenden Schicht der *Inteligencja* besucht. Diese unterbrachen ihren Sommerurlaub für ein paar Tage, um die Denkmäler in Krakau, die polnische Hochkultur, aber vielleicht auch einfach das großstädtische Flair zu genießen. Es war dem Anschein nach ein vergangenheitsorientierter „Verlusttourismus": die Ausflüge dienten der Verbildlichung der polnischen Vergangenheit und verfestigten das Image von Krakau als einer altertümlichen und traditionellen Stadt.[5] Da die Bahnverbindungen zwischen der Stadt und den Kurorten in den achtziger Jahren des 19. Jahrhunderts ausgebaut wurden, kann man erst gegen Ende des Jahrhunderts von steigenden Besuchen in der Stadt sprechen.[6] (Abb. 1) Die Eisenbahn trug auch dazu bei, dass sich die Besuche durch Bauern intensivierten. Diese pilgerten in der Regel in das am Rande der Beskiden gelegene *Kalwarya* (Kalwaria Zebrzydowska) mit seinen zahlreichen Kapellen und Klöstern, und machten nun häufiger einen Abstecher, um zusätzlich die Heiligtümer in Krakau zu besichtigen. Die spürbare Zunahme der Stadtbesuche stellte die Kommune vor neue Herausforderungen.

Die Leitfrage dieses Artikels bezieht sich auf die Gewichtung der Touristik in Stadtentwicklungskonzepten für Krakau, sowohl in der galizischen Periode als auch in der Zweiten Polnischen Republik. Ich möchte erstens die Frage beantworten, wann die Krakauer Selbstverwaltung entdeckt hat, dass der Tourismus eine lukrative Einnahmequelle für die Kommune sein könnte, und zweitens, welche Strategien sie anwandte, um ihre Pläne umzusetzen.

---

4   Purchla, Jacek: Matecznik, polski. Pozaekonomiczne czynniki rozwoju Krakowa w okresie autonomii galicyjskiej. Kraków 1992, S. 62.
5   Als Image werden öffentlich kommunizierte Stadtbilder, die als Wunschoder Idealbild in der Selbstdarstellung und im Stadtmarketing sowie als Fremdbilder in der Wahrnehmung der Außenstehenden anzutreffen sind, bezeichnet. Vgl. Giese, Torben: Moderne städtische Imagepolitik in Frankfurt a. M., Wiesbaden und Offenbach. Frankfurt a. M. 2010, S. 49.
6   Kiełbicka, Aniela: Izba Przemysłowo-Handlowa w Krakowie 1850–1950. Kraków 2003, S. 40f.

Abbildung 1: Der Krakauer Eisenbahnknoten am Anfang des 20. Jahrhunderts, in: Bieniarzówna, Janina/Małecki, Jan M. (Hgg.): Dzieje Krakowa. Bd. 3: Kraków w latach 1796–1918. 3. Aufl., Kraków 1994, S. 309.

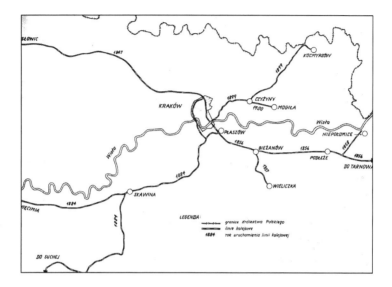

DIE PHASE DER KOMMUNALEN PASSIVITÄT

Die Intensivierung des Besucheraufkommens ging mit steigenden Ausgaben für den Bereich „Kultur" seit der zweiten Hälfte des 19. Jahrhunderts einher. Dies hing mit der Herausbildung einer konservativen Stadtelite zusammen, den Krakauer Konservativen (Stańczycy). Diese bildete ein geschlossenes, intellektuelles Milieu und konstruierte ihre Stadt als ein elitäres Kultur- und Bildungszentrum.[7] Deswegen engagierte sie sich für die Denkmalpflege und die Gründung von Museen und Bildungseinrichtungen. Die *Stańczycy* lehnten jedoch jegliche Masseninitiativen ab.

---

7 Kozińska-Witt, Hanna: Wielkomiejska Galicja w oczach konserwatystów krakowskich: Kraków i Lwów w „Przeglądzie Polskim" (1866–1913), in: Kwartalnik Historyczny 68 (2011), S. 453–480.

Der Hegemonialanspruch der Konservativen mobilisierte eine Opposition in der *Inteligencja*, die egalitär und demokratisch gesinnt war. Da es damals keinen polnischen Staat gab, erklärte diese Gruppe in der zweiten Hälfte des 19. Jahrhunderts die Kommune zu einer Stätte der para-staatlichen Zeremonien, die breite Bevölkerungsschichten anzogen. Das demokratische Milieu konzipierte und propagierte seine Stadt als einen polnischen Erinnerungsort und begrüßte eine nationale Mobilisierung „des Volkes" (lud). In diesem Kontext entwickelte sich Krakau zu einem Zentrum des „Polentums": einer Stadt des Gedenkens an die Königskrönungen und zu einer Nekropole der Könige, nationalen Helden und Dichter.

Das Angebot an Volksausflügen wurde ausgeweitet.[8] Die ehrenamtlichen Betreuer stammten aus der lokalen *Inteligencja* und waren häufig Lehrer von Beruf. Manchmal verloren die religiösen Wallfahrten ihren ursprünglichen Charakter und wurden mit nationalen Inhalten vermischt. Es bildete sich langsam eine neue Kategorie von „nationalen Wallfahrten" heraus. Man nutzte Schulen als Übernachtungsmöglichkeiten, die Verpflegung wurde aus Spenden finanziert.

Trotz dieser Entwicklung nahmen die Stadtväter Krakau weiterhin nicht als Tourismuszentrum wahr. Die Demokraten, die Krakau als Erinnerungsort propagierten, besaßen in der Kommune keine reale Macht, denn im Stadtparlament dominierten die Konservativen und die Kommunalliberalen.[9] Diese Parteien entwarfen zeitgleich zwei gegenläufige Entwicklungskonzepte: ein konservatives, das die Stadt als Bildungszentrum betrachtete, und ein wirtschaftsliberales, das Krakau zu einem Industrie- und Handelszentrum entwickeln wollte.

In der Stadtverwaltung hatten die Anhänger des Kommunalliberalismus mit dem ihm immanenten Laissez-faire-Prinzip das Übergewicht. Demnach sollte die Kommune ausschließlich einen rechtlichen und infrastrukturellen Rahmen für die Stadtentwicklung schaffen, sich jedoch nicht zu sehr einmischen, um das Privatgewerbe nicht um seine Verdienstmöglichkeiten zu bringen. Die Stadtwerbung war somit Aufgabe der Krakauer Bürgerschaft und nicht der kommunalen Bürokratie. In den Aufgabenbereich der Stadt fielen allein die Denkmalpflege

---

8 Borelowski, K[azimierz]: Pątnictwo narodowe. Kraków 1912 (Odbitka z „Przewodnika Oświatowego" za czerwiec 1912 r.).

9 Kozińska-Witt, Hanna: Krakau in Warschaus langem Schatten. Konkurrenzkämpfe in der polnischen Städtelandschaft 1900–1939. Stuttgart 2008, S. 65f.

– verstanden als Ordnungspflege –, die Verkehrsinfrastruktur und rechtliche Erleichterungen für Fremdenverkehrsinitiativen.

Verdeutlichen kann man diese Tendenz am ersten Stadtentwicklungskonzept, dem „Großen Programm", das der erste autonome Stadtpräsident Józef Dietl (1866–1874) im Jahr 1871, kurz nach der Zuerkennung der so genannten galizischen Autonomie, entwickelte. Dietl zeichnete Krakau vor allem als ein Zentrum der Wissenschaft, Bildung, der Industrie und des Handels.[10] Der Tourismus blieb im Programm unerwähnt. Das Ziel war eine saubere, gesunde und ansehnliche Stadt – ein Dienstleistungszentrum für die Region. Im Rahmen der Aufräumaktion sollten auch die historischen Denkmäler saniert werden, wie z. B. die Tuchhallen.

Auch für den letzten Stadtpräsidenten während der galizischen Autonomie, Juliusz Leo (1904–1918), spielte der Tourismus als ein munizipaler Entwicklungsfaktor weiterhin keine Rolle. In diesem Sinne ging Leo in seiner Antrittsrede zwar auf die Denkmal-, Traditions-, Kunst- und Bildungspflege als Aufgaben der Kommune ein, ließ die „Touristik" in jeder Form jedoch unerwähnt.[11] Die Pflicht der Stadtverwaltung sei es, die Stadt zu modernisieren und die Lebensqualität der Stadtbewohner erträglicher zu machen. Die kommunale Budgetierung sah jedenfalls keine direkten Ausgaben für die Touristik vor.[12] Diese Einstellung wurde in der letzten Antrittsrede von Leo im Jahr 1914 wiederholt.[13] Da während seiner Stadtpräsidentschaft umfangreiche Eingemeindungen vorgenommen wurden, flossen alle Investitionen in die Integration der neuen Wohnviertel, wovon man sich eine Chance auf wirtschaftliche Neuentwicklung der Kommune versprach.[14]

Gemäß der intendierten Aufgabenverteilung zwischen der Stadtverwaltung und der Bürgerschaft entwickelte Letztere ein lokales Bewusstsein, das mit einem starken Lokalpatriotismus verbunden war. So entstand die elitäre, mit dem konservativen Milieu eng verbundene *Gesellschaft der Liebhaber der Geschichte und Denkmäler Krakaus*

---

10 Zum Programm von Dietl siehe auch Koźmian Stanisław: Przegląd polityczny, in: Przegląd Polski (1873), S. 134f.
11 Leo, Juliusz: Przemówienie prezydenta miasta dra Leo. [Kraków 1914].
12 Poszczególne działy budżetu, in: Dziennik Rozporządzeń dla stoł., królewskiego Miasta Krakowa (1924), S. 61 [Im Folgenden: Dz.R.].
13 Leo: Przemówienie, S. 12–18.
14 Rolle, Karol: Wstęp, in: Ders. (Hg.): Kraków. Rozszerzenie granic 1909–1915. Kraków 1931, S. VIf.

(Towarzystwo Miłośników Historii i Zabytków Krakowa), die sich für die Erforschung der Vergangenheit und den Erhalt der historischen Denkmäler einsetzte.[15] Die Gesellschaft gab Fremdenführer heraus und regte die Gründung des *Polnischen Touristischen Verbandes* (Polskie Towarzystwo Turystyczne) im Jahr 1907 an. Das Bewusstsein der Bürgerschaft leitete zugleich einen Meinungswechsel innerhalb der Stadtverwaltung ein. Im Jahr 1902 wurde eine Kommission beim Magistrat gegründet, die Fremde zum Besuch Krakaus ermuntern wollte.

Im Zusammenhang mit der großen Grunwaldfeier 1910 setzte sich letzten Endes die Wahrnehmung der Stadt als Erinnerungsort endgültig gegenüber der des elitären Kultur- und Bildungszentrums durch, was aus der Demokratisierung und dem politischen Abgang der Konservativen resultierte.

Die Demokraten forderten ein größeres Engagement des Stadtparlaments bei Massenveranstaltungen ein. Ein Vertreter der Demokraten, Władysław Turski, monierte im Jahre 1909, dass die Stadtverwaltung verstärkt bei der Veranstaltung von Volksausflügen mitwirken solle.[16] Daraufhin übernahm die Stadt beispielsweise die Kosten der Grunwaldfeier, die Übernachtungskosten für die Bauern und Sokół-Mitglieder[17] sowie die Belastungen durch die Volksfeste und Feldküchen.[18] Man verstand diese Investitionen allerdings eher als ein Darlehen und wollte die Ausgaben zurückerstattet bekommen, indem man einen fünfprozentigen Aufschlag auf die direkte Steuer erhob. Dies löste heftige Debatten im Stadtparlament aus. Man betrachtete offensichtlich den Festtourismus als Belastung für die Stadtkasse, wahrscheinlich weil überschüssiges Geld von den eher wenig betuchten Teilnehmern solcher Feierlichkeiten nicht zu erwarten war.

Zur gleichen Zeit stiegen die Bemühungen, Krakau in einen größeren territorialen Verband einzubinden und seine Qualitäten als Denkmal in einem breiteren kronländischen Kontext hervorzuheben. Seit

---

15 Dieser Verein wurde 1896 gegründet. Siehe Towarzystwo Miłośników Historii i Zabytków Krakowa, in: Adamczewski, Jan: Mała Encyklopedia Krakowa, Kraków 1997, S. 540f.; Kwaśnik: Przewodniki, S. 167f.
16 Mowa r. m. Turskiego, in: Dz.R. (1909), S. 68.
17 Der Verein Sokół, der 1867 nach dem Vorbild des tschechischen Sokol in Lemberg gegründet wurde, diente der Popularisierung diverser Sportarten samt der Pflege der nationalen Kultur. Siehe http://pl.wikipedia.org/wiki/Polskie_Towarzystwo_Gimnastyczne_Sok%C3%B3%C5%82 (Zugriff am 25.04.2012).
18 Obchód Grunwaldzki, in: Dz.R. (1910), S. 39.

1909 saß ein Deputierter des galizischen Touristikverbandes (Krajowy Związek Turystyczny) im Stadtparlament. Der Touristikverband hatte viel mehr Kapazitäten und Möglichkeiten, Stadtmarketing und den Ausbau der touristischen Infrastruktur zu betreiben. Seine Aktivitäten führten z. B. zur Gründung des Busbahnhofs- und Fremdverkehrsinformationsbüros.[19] Die Konferenzen des Touristikverbandes[20], diverse Regatten und Wettkämpfe des Sokół-Verbandes[21] wurden von der Kommune subventioniert. Um 1912 entstanden erste Pläne, ein kommunales Volkshaus zu bauen, um die bäuerlichen Pilger unterbringen zu können.[22]

KOMMUNALE BEMÜHUNGEN ZUR STEIGERUNG DES TOURISMUS

Auch nach der Gründung der Zweiten Republik Polen gab es in der Krakauer Kommune weiterhin zwei Gruppen, die unterschiedliche Konzepte verfolgten. Die eine propagierte Krakau als ein Bildungs- und Kulturzentrum und die zweite betrachtete die Stadt als ein Industrie- und Wirtschaftszentrum.[23] Allerdings hatte sich in der Zwischenzeit die Einstellung zum Tourismus geändert. Die Aufwertung des Tourismus zu einem lukrativen Wirtschaftssektor hatte mit der Gründung eines souveränen polnischen Staates sowie dessen Zusammenwachsen und Zentralisierung zu tun. Unter diesen Bedingungen entstand 1927 der *Polnische Touristikverband* (Polski Związek Turystyczny), der sich aus 17 regionalen Vereinen zusammensetzte.[24] Man arbeitete an einem allgemeinen Touristikkonzept für den ganzen Staat. Schon allein aus diesem Grund verstärkte die Stadt ihre Bemühungen, sich einen aussichtsreichen Platz in der Hierarchie der Reiseziele zu erkämpfen.

---

19 Der Verband wurde 1906 gegründet. Siehe http://www.wikipasy.pl/ Krajowy _Zwi%C4%85zek_Turystyczny (Zugriff am 25.04.2012); Kozińska-Witt: Krakau, S. 99; Polskie Towarzystwo Turystyczno-Krajoznawcze (PTTK), in: Adamczewski: Mała Encyklopedia, S. 403f.
20 Sprawozdanie sekcyi szkolnej, in: Dz.R. (1911), S. 170.
21 Sekcya II, in: Dz.R. (1912), S. 171.
22 Mowa referenta generalnego, in: Dz.R. (1912), S. 49.
23 Przemówienie generalnego sprawozdawcy budżetowego wiceprez. M. Dr. Piotra Wielgusa, in: Dz.R. (1927), S. 171.
24 Umiński, Janusz: Związek Popierania Turystyki w Bydgoszczy, Anm. 1. Siehe http://khit.pttk.pl/index.php?co=tx_zptwb (Zugriff am 25.04.2012).

Bis in die 1920er Jahre hinein haben jedoch interne Schwierigkeiten auf kommunaler Ebene, wie z. B. die Auflösung des Krakauer Stadtparlamentes, eine Ausarbeitung des Stadtentwicklungsprogramms verhindert. Das gesellschaftliche und wirtschaftliche Ansehen des Tourismus ist nichtsdestotrotz in dieser Zeit erheblich gewachsen, denn schon im Vorfeld der Stadtpräsidentschaftswahl im Jahr 1926 wurde über diesen Wirtschaftszweig heftig diskutiert. Die Krakauer Kommune befand sich jedoch in einer speziellen Situation. Der Kommunalpolitiker Franciszek Klein bemerkte damals:

Krakau kann weder ein Handels- noch Großindustriezentrum werden. Es gab diese Möglichkeit in der Vergangenheit, aber sie ist unwiderruflich verschwunden. [...] Wir müssen heute danach streben, aus Krakau ein Zentrum der touristischen Bewegung für das ganze Land zu machen.[25]

Der Tourismus wurde also von manchen kommunalen Aktivisten als Kompensation für die schlechte wirtschaftliche Lage verstanden.

Klein klagte, die Krakauer Kommune verstehe nicht, dass der Tourismus nicht nur Ausgaben verursache, sondern auch Einkünfte brächte, und kritisierte die übertriebene Gastlichkeit gegenüber ausländischen Besuchern.[26] Diese würden ungerechtfertigt kostenlos bewirtet. Diese Kritik findet sich auch in den Erinnerungen des Stadtpräsidenten Karol Rolle (1924–1931), der schrieb, dass die Krakauer Stadtverwaltung alle ausländischen Gäste, etwa Teilnehmer von Delegationen, Konferenzen und Kongressen, auf eigene Kosten zu bewirten pflege.[27] Obwohl es sich quasi um Staatsgäste handelte, bekam die Stadt selten Gelder für deren Bewirtung. Es handelte sich hierbei offensichtlich um eine Art elitären Kulturtourismus, bei dem staatliche Repräsentation und Inszenierung eine herausragende Rolle spielten. In den 1920er Jahren kamen andere Gruppen nach Krakau:

Später fing eine Serie von großen touristischen Ausflügen an: es kamen Alte und Junge, Veteranen, Orchester, Frauenverbände, Amerikaner und Polen aus Amerika, alles einfache Leute, die von Reden gelangweilt waren, Bier tranken, Zigarren rauchten, die Jacketts auszogen und nur darauf warteten, dass man zu

---

25 Klein, Franciszek: O program Krakowa po wojnie. Kraków 1926, S. 13.
26 Ebd., S. 15f.
27 Rolle, Karol: Wspomnienia. Bd. 13: Okres mojej prezydentury, 1926–1931 (Typoskript), S. 183f.

tanzen anfangen konnte. Die Jugend sprach Englisch miteinander [...] Die Stadt ließ sie gleichgültig. Das Nationalmuseum war ihnen total egal, der Wawel erweckte schon mehr Interesse, aber am meisten die Salinen in Wieliczka und das Ghetto.[28]

Die große Zahl dieser Besuche und die Unkultiviertheit der Besucher trugen wahrscheinlich dazu bei, dass man von der Tradition der „polnischen Gastlichkeit" abrückte und überlegte, sich für die Bewirtung der unempfänglichen Proto-Massentouristen gut bezahlen zu lassen.

Klein forderte eine klug durchdachte Stadtmarketingstrategie, die von einem speziellen Beamten in der Selbstverwaltung und einem *Städtischen Touristikbüro* (Miejskie Biuro Turystyczne), nach dem Vorbild des deutschen Verkehrsvereins, organisiert und kontrolliert werden sollte.[29] Man dürfe diese Aktion mitnichten dem schwachen Touristikverband überlassen, als Hauptnutznießer müsse die Kommune aktiv werden. Bevor man jedoch stärker auf ausländische Gäste abziele, so Klein in Anlehnung an Thomas Cook, müsse man den heimischen Tourismus beleben. In diesem Zusammenhang sollte der Besuch in Krakau zur nationalen Pflicht erhoben werden. Die Krakauer Kommunalpolitiker hatten offenbar nicht den Eindruck, dass ein Besuch in ihrer Stadt zum patriotischen Kanon gehöre und eine Selbstverständlichkeit sei. Die Gründung eines souveränen polnischen Staates hat hier offensichtlich nicht viel bewirkt, vielleicht auch deswegen, weil Krakau weiterhin schlecht zu erreichen war (Abb. 2) und in der Regel keine wohlhabenden Besucher anzog. Klein empfahl, eine gezielte Imagekampagne zu organisieren, um einheimische Touristen zu gewinnen.

Touristen aus dem Ausland wollte Klein dagegen erreichen, indem er Krakau in einen Zusammenhang mit anderen ostmitteleuropäischen Metropolen, nämlich Prag und Wien stellte. Er forderte außerdem die Einführung einer sommerlichen Touristiksaison mit speziellen Veranstaltungen, die mit ermäßigten Bahnfahrten schmackhafter gemacht werden sollten.

Die Postulate von Klein trafen im Stadtparlament auf offene Ohren, denn inzwischen gab es dort Kräfte, die verstärkt auf die Entwicklung

---

28 Ebd., S. 189f.
29 Klein: O program, S. 15f.

des Tourismus setzten.[30] Der Stadtpräsident Karol Rolle gehörte etwa zu diesem Personenkreis. Er war der erste Stadtpräsident, der die Entwicklung des Tourismus in seiner Antrittsrede 1926 erwähnte. Er sprach damals vom finanziellen Potenzial dieses Wirtschaftszweiges:

> Ich möchte, dass man mich überall hört, und dass alle, sogar die meist materialistisch denkenden Mitbürger, mir den Glauben schenken: das schöne Aussehen, das Aufbewahren der interessanten Denkmäler, die überall – auf den Plätzen, in den Häusern, in den Gärten und in den Planty-Anlagen – herrschende Sauberkeit, das ist nicht nur das ideale Kapital unserer Stadt, sondern auch ihr materielles Kapital, wovon wir große Gewinne herleiten können, falls wir die touristische Bewegung ausbauen.[31]

Für Rolle war Krakau eine Stadt, in der kulturelle und wirtschaftliche Interessen eng miteinander verflochten waren. Ihre Kultur sollte den Einwohnern große finanzielle Vorteile bringen.[32] Rolle verband also die beiden entgegengesetzten Entwicklungskonzepte miteinander, indem er ein drittes kreierte, das beide Schwerpunkte umfasste. Der dritte Punkt seines Stadtentwicklungsprogramms lautete: „Krakau, die Stadt als solche, die zugleich das Eingangstor zu den schönsten Teilen der polnischen Landschaft – den Beskiden, der Tatra und den Kurorten – bildet, soll ein wichtiger touristischer Stützpunkt werden."[33] Bei Rolle stand nicht mehr der Gesundheitstourismus im Vordergrund; Krakau entwickelte sich zu einem Besuchermagneten und leitete die Touristen weiter in die Berge und in die Kurorte.[34] Zeitgleich intensivierte die Krakauer Industrie- und Handelskammer, deren Vertreter im Stadtparlament saßen, ihre Bemühungen um die Modernisierung des traditionellen Gesundheitstourismus in den Heilbädern.[35] Im Jahr 1931 initiierte die *Gesellschaft der Liebhaber* die Herausgabe eines „modernen" Fremdenführers, der sowohl fachmännisch geprüfte Informationen über die

---

30 Ebd., S. 12.
31 Mowa Prezydenta miasta inż. Karola Rollego, in: Dz.R. (1926), S. 156.
32 Exposé budżetowe Prezydenta miasta, in: Dz.R. (1927), S. 153; Rolle, Karol: Obrady nad Budżetem miejskim roku 1928/29, in: Dz.R. (1928), S. 160; Ders.: Z zagadnień struktury i administracji samorządu Gminy m. Krakowa, in: Dz.R. (1928), S. 390.
33 Mowa Prezydenta miasta, S. 153.
34 Przemówienie Prezydenta Rollego, in: Dz.R. (1931), S. 94.
35 Kiełbicka: Izba, S. 74f.

Abbildung 2: Die Eisenbahnverbindungen in den polnischen Ländern im Jahr 1914, in: 20-lecie komunikacji w Polsce odrodzonej. Hg. v. Ilustrowany Kuryer Codzienny. Kraków 1939, S. 10.

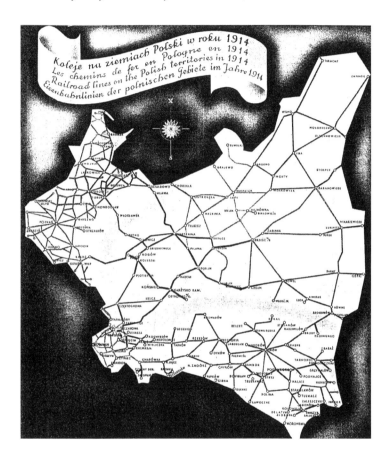

Stadt als auch nützliche Auskünfte für den Besucher garantierte.[36] In dieser Periode entstand im Rahmen der gezielten Imagesuche eine städtische Selbstdarstellung, die nachhaltig die Krakauer Selbstwahrnehmung und Identität beeinflusste. Im Vordergrund der mo-

---

36 Bochnak, Adam: Nowy przewodnik po Krakowie, in: Przegląd Współczesny 114 (1931), S. 153–155.

dernen städtischen Imagepolitik stand das traditionelle Krakau.[37] Im Unterschied zum früheren Vergangenheitstourismus handelte es sich jetzt um eine Stadt, die sich durch die Entwicklung des Tourismus zukunftsorientiert gab.

Wenig später verkündete Stadtpräsident Rolle: „Krakau soll das Zentrum der Touristikbewegung in Polen werden. In diese Richtung geht hiesige Kommunalpolitik, um diese Position für die Stadt zu erobern und befestigen, denn sie entscheidet über die Krakauer Zukunft."[38] Rolle verschränkte die Stadtverwaltung und die staatlichen Touristikveranstaltungen miteinander, indem er die Leitung des *Touristikverbandes* dem Krakauer Vizepräsidenten Witold Ostrowski übertrug. Rolle beabsichtigte, den Tourismus in einen größeren, überregionalen Rahmen zu stellen. Die Krakauer Kommune würde auf diese Weise von der Gründung eines souveränen polnischen Staates touristisch profitieren.

Der Stadtpräsident sprach sich für finanzielle Hilfen an alle Initiativen aus sowie für administrative und infrastrukturelle Vereinfachungen.[39] Die Stadtverwaltung hat unter seiner Leitung eine Umfrage zur Tourismusentwicklung durchgeführt, um die touristische Bewegung in Krakau und Kleinpolen zu beleben.[40] Dadurch wurden die Bemühungen der Touristikkommission auf Wojewodschaftsebene unterstützt, die einer Verbesserung des Zustands der Straßen, der Verkehrsanbindungen, der Sicherheit auf den Straßen, der Sauberkeit in Hotels und Gaststätten sowie der Neugründung eines Busbahnhofs in Krakau galten. Die intensivsten Bemühungen konzentrierten sich auf die Bahnverbindungen: Man sprach von der Einführung von Schnellzügen, Schlafwagen, Preisnachlässen auf Bahnfahrkarten und der Verstärkung des Wochenendverkehrs.[41] Da die Kommune nicht auf staatliche Gelder rechnen konnte, begann sie in eigener Regie, die Verbindungen zu den touristisch interessanten Orten in der Nähe auszubauen.

---

37 Giese berichtet von einer ähnlichen Geschichtsfixierheit in Bezug auf die Frankfurter Imagepolitik im Jahr 1932, in: Giese: Moderne städtische Imagepolitik, S. 236.
38 Przeorski, Tadeusz: Kraków w ostatniem dziesięcioleciu, in: Dz.R. (1928), S. 363.
39 Rolle: Z zagadnień struktury i administracji, in: Dz.R. (1928), S. 391.
40 Sprawozdanie administracyjne Magistratu za cza od lipca 1924 do czerwca 1926, in: Dz.R. (1926), S. 205.
41 Przeorski, Tadeusz: Drogi rozwoju m. Krakowa, II, in: Dz.R. (1927), S. 116.

Stadtpräsident Rolle nannte vor allem die Schuljugend als eine touristische Zielgruppe, durch die man „Provinztouristen" (turystyka prowincjonalna) gewinnen wollte.[42] Eine weitere Zielgruppe bildeten ausländische Touristen, insbesondere aus der Tschechoslowakei und der Weimarer Republik.[43] Offensichtlich spielten Besuche aus eigener Initiative immer noch eine wichtigere Rolle, als die von der Kommune betriebenen propagandistischen Aktionen. Die Verfasser des Werkes „Krakau und Krakauer Land" stellten im Jahr 1934 fest, dass seit der Gründung des unabhängigen Polen ganze Scharen von Ausländern Krakau besuchten. Sie kamen als Teilnehmer internationaler Kongresse oder im Rahmen von individuellen Ausflügen und wissenschaftlichen Programmen, und dies viel häufiger als in der galizischen „Zeit der Unfreiheit": „[...] Der Besuch in Krakau ist die beste Propaganda für unsere historischen Werte im Ausland, die man sich nur denken kann."[44]

Man setzte sich auch für den Sporttourismus ein, indem man im Jahr 1928 den Bau von Schiloipen, einer Schlittenbahn, einer Schlittschuhbahn und eines Stadions verlangte.[45] Die Kommune verwaltete zwischen 1922 und 1930 außerdem das *Städtische Ausflugshaus* (Miejski Dom Wycieczkowy)[46], das trotz der Weltwirtschaftskrise beständig einen Zuwachs an Übernachtungen vorweisen konnte.[47] Es ist die erste Institution dieser Art in Polen gewesen. Das Konzept von Rolle schien aufzugehen, denn er erwähnte, dass während der Feierlichkeiten zu Ehren Jan III. Sobieski im Jahr 1933 „eine ganze Menge Geld in der Stadt geblieben war".[48]

Für den Nachfolger von Karol Rolle, den Stadtpräsidenten und Anhänger der *Sanacja* Mieczysław Kaplicki (1933–1938), war es schon eine Selbstverständlichkeit, dass seine Stadt eine Tourismusstadt war: „Krakau ist eine Tourismusstadt, die viele Fremde in sich versam-

---

42 Rolle, Z zagadnień struktury i administracji, S. 391.
43 Przeorski, Drogi rozwoju m. Krakowa, II, S. 116.
44 Grodecki, Roman u. a.: Kraków i Ziemia krakowska, Kraków 1934, S. 279.
45 Plan inwestycyjny, in: Dz.R. (1928), S. 7.
46 Miejski Dom Wycieczkowy siehe http://pl.wikipedia.org/wiki/Oleandry (Zugriff am 24.04.2012).
47 Z działalności wzorowej placówki turystycznej, in: Dz.R. (1935), S. 90f.
48 Rolle: Wspomnienia, S. 196.

melt", behauptete er 1933 in seiner Antrittsrede.[49] Kaplicki baute das Programm von Rolle aus, ohne diesen allerdings zu erwähnen, und sprach von Krakau als „ein[em] Eingangstor zu den Kurorten und zum Gebirge".[50] Deswegen sollte der Tourismus künftig eine wichtige Einnahmequelle für Krakau und seine Bewohner werden. Unter den dreizehn Kommissionen, die aus den Stadtdeputierten gebildet wurden, gab es auch eine *Propaganda-Kommission* (Komisja Propagandy),[51] die sowohl diverse Feierlichkeiten vorbereitete als auch wissenschaftliche Exkursionen und Vorträge veranstaltete. Die Imagepolitik lag nun nicht mehr in der Verantwortung des Fremdenverkehrsvereins, sondern der Stadtverwaltung.[52] Man dachte im Stadtparlament beispielsweise darüber nach, professionelle Fremdenführer auszubilden. Wie früher standen die Verkehrsanbindungen und der Ausbau der Eisenbahn, vor allem des Bahnhofs, sowie die Einführung des Flugverkehrs im Fokus.

Darüber hinaus sollte die Kommune ein Ziel für Eventtouristen werden, indem jährlich ein großes Fest (impreza) veranstaltet werden sollte.[53] Die Stadtverwaltung musste für die notwendige wirtschaftliche Infrastruktur sorgen. Die Zielgruppe wurde auf zig tausend Besucher geschätzt. Seit 1936 bildeten die „Krakauer Tage" dieses Event. Sie dauerten einen ganzen Monat lang, schlossen die gesamte Stadt mit ein und bestanden sowohl aus einem regionalen Festival als auch aus kirchlichen und patriotischen Feiern. Die Stadt, an erster Stelle die Propaganda-Kommission, plante diese Veranstaltung und wirkte dabei als eine ordnende Kontrollinstanz. Sie vermarktete selbstverständlich die Veranstaltungen zu propagandistischen Zwecken.

Kaplickis Zugehörigkeit zur *Sanacja* trug dazu bei, dass die Konkurrenz zwischen der aktuellen politischen Hauptstadt Warschau und der ersten Hauptstadt, Krakau, beigelegt wurde.[54] Man kreierte dagegen eine „Hauptstadt im Doppelpack". Infolge dessen wurde Krakau von Warschau als zusätzliche Repräsentationsstadt (miasto repre-

---

49 Kaplicki, Mieczysław: Przemównie prezydenta miasta, in: Dz.R. (1934), S. 85.
50 Ebd., S. 87.
51 Preliminarz budżetowy Gminy m. Krakowa na rok 1936/37, in: Dz.R. (1936), S. 44f.; Komisja Propagandowa, in: Dz.R. (1936), S. 186.
52 Giese: Moderne städtische Imagepolitik, S. 36f.
53 Kamińska-Chodurska, Elżbieta: Dzieje obchodów „Dni Krakowa", in: Małecki, Jan M. (Hg.): Kraków międzywojenny. Kraków 1988, S. 121–131.
54 Kozińska-Witt: Krakau in Warschaus langem Schatten, S. 145f.

zentacyjne) und traditionelle Stätte der staatlichen Zeremonien akzeptiert. Warschau hingegen blieb der Titel der modernen politischen Hauptstadt vorbehalten.

Die bekannteste dieser Zeremonien war das Begräbnis von Marschall Józef Piłsudski im Mai 1935. Sein Grab auf dem Wawel entwickelte sich zu einem neuen touristischen Anziehungspunkt in der Kommune. Ähnliche Hoffnungen verbanden sich mit dem Bau des Piłsudski-Hügels in einem benachbarten Wald, auch er sollte zum Anziehungspunkt für unterschiedliche Touristengruppen werden und damit die Kommune bereichern.[55] Außerdem wurde bei dieser Gelegenheit aus Regierungsmitteln ein stadtnahes Erholungsgebiet angelegt und bewirtschaftet.

Der Generalreferent der Finanzkommission, Bolesław Czuchajowski, fasste die Entwicklung 1935 folgendermaßen zusammen:

Es ist sichtbar, dass sich der Stadtvorstand darum bemüht, den Charakter der Stadt als eines Reliquiars der Nationalandenken, der Stadt der Denkmäler und des Kulturzentrums für das möglichst große Gebiet zu bewahren, was eine grundsätzliche Bedeutung für die Zukunft der Stadt hat. Jede Investition dafür wird sicherlich der Kommune nützen und zur Erhöhung des Einkommens der Einwohner beitragen. [...] Der Vorstand bemüht sich, aus Krakau ein Touristik- und Ausflugsziel zu machen. Dafür ist eine Zuarbeit der munizipalen und der staatlichen Stellen, aber vor allem der Bahnverwaltung notwendig.[56]

Zwei Jahre später spitzte der inzwischen zum Stadtvizepräsidenten avancierte Czuchajowski dies noch zu:

Spezifische Bedienungen, in denen unsere Stadt verweilt, ihr wissenschaftlicher und denkmalhafter Charakter, ihre Lage am südwestlichen Rand der Republik, und die damit verbundenen Verkehrserleichterungen mit dem Westen, woher Touristen und Wissenschaftler kommen könnten, ihre Lage auf dem Weg zu unseren besten und schönsten Luft- und Kurbädern, das alles muss eine schnelle und mächtige Entwicklung ermöglichen, falls alle, die einen Einfluss auf das Leben der Stadt, d. h. sowohl der Stadtpräsident mit der Vorstand

---

55 Sprawa wzniesienia kopca im. Marszałka Józefa Piłsudskiego na Sowińcu w Lesie Wolskim, in: Dz.R. (1934), S. 197.
56 Przemówienie Generalnego Referenta Dra Czuchajowskiego, in: Dz.R. (1935), S. 10.

als auch das Stadtparlament konsequent und mit Nachdruck die Momente beachten werden, die zur Verwirklichung dieses Zieles führen werden.

Im Jahr 1938 wurde dem Tourismus in der Planung der Stadtentwicklung sogar eine übergeordnete Bedeutung zugewiesen: Kaplicki sprach davon, dass Krakau wahrscheinlich nie ein Industriezentrum werde, sondern ein Verwaltungs- und Tourismuszentrum bleibe.[57] Der Tourismus avancierte zur einer der wichtigsten Entwicklungsstrategien der Stadt.[58] Auch verkehrstechnisch war die Stadt für die Besucher besser erreichbar geworden (Abb. 3).

FAZIT

Die Krakauer Kommune entdeckte erst in den 1920er und 1930er Jahren den Tourismus, von dem sie sich Gewinn erhoffte, als wichtige Komponente ihrer Stadtentwicklungsplanung. Dies deckt sich mit der generellen Entwicklung in Mitteleuropa. Die zeremoniellen Traditionen Krakaus lieferten eine Grundlage für den Eventtourismus, in dessen Rahmen man sowohl religiöse Zeremonien als auch nationale und regionale Geschichte zu vermarkten versuchte.

Einerseits hing die Entwicklung des Tourismus mit der Gründung des unabhängigen polnischen Staates und seinem Zentralismus zusammen. In diesem Zusammenhang wurde das Bildungssystem vereinheitlicht und ein nationaler Kulturkanon gebildet. Krakau bekam einen festen Platz in diesem Kanon zugewiesen. Wesentliche Bedeutung hatten dabei der Andrang von Touristen neuen Typs, der Massentouristen, und der mentale Paradigmenwechsel, z. B. bezüglich der polnischen Gastlichkeit, die zur bezahlten Dienstleistung mutierte. Andererseits bedeutete die Hinwendung der Krakauer Kommune zum Tourismus eine Abkehr vom Liberalismus. Im Zuge dessen wurden diverse Privatbetriebe, das Elektrizitätswerk, die Verkehrsbetriebe usw. durch touristische Privatinitiativen von der Stadt übernommen und kommunalisiert. Während der Zweiten Republik Polen kämpfte dieser Kommunalismus gegen den Etatismus an, bis sich diese beiden

---

57 Mowa prezydenta Kaplickiego, in: Dz.R. (1938), S. 57.
58 Ebd., S. 61.

Abbildung 3: Die Eisenbahnnetze der Polnischen Staatsbahnen am Ende vom Jahr 1938, in: 20-lecie komunikacji w Polsce odrodzonej. Hg. v. Ilustrowany Kuryer Codzienny. Kraków 1939, S. 140.

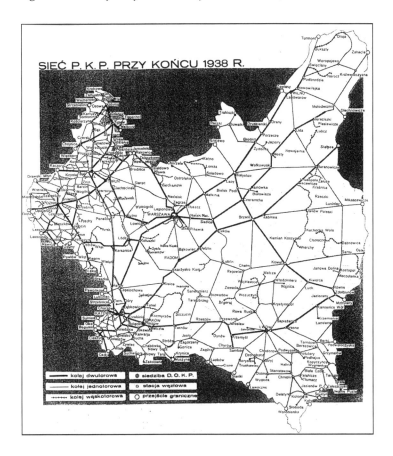

Positionen infolge der Verteilung der staatlichen repräsentativen Aufgaben auf beide Städte, Krakau und Warschau, schließlich miteinander einigermaßen arrangierten.

Darüber hinaus kann man die Entstehung des Tourismus als Wirtschaftszweig, der sowohl kulturelle als auch wirtschaftliche Komponenten in sich vereinigte, als ein Zusammenwachsen städtischer Milieus interpretieren, denn die bis dahin konkurrierenden Entwicklungskonzepte von Bildungszentrum und Wirtschaftszentrum sind in der Zweiten Polnischen Republik zu einem Konzept eines Tourismuszentrums vereinigt worden.

Reisen nach „Halb-Asien"
Galizien als binnenexotisches Reiseziel

CHRISTOPH MICK

Asien repräsentierte in Europa über Jahrhunderte hinweg das Andere und Fremde und konnte je nach Standpunkt negative oder positive Assoziationen hervorrufen. Auf der einen Seite stand die Vorstellung von der „asiatischen Despotie" als besonders repressivem Typus politischer Herrschaft, die Furcht vor „den Türken" oder vor der „gelben Gefahr"[1], der Überflutung Europas durch einen neuen „Mongolensturm"; auf der anderen Seite faszinierte Asien als exotisches Gegenbild und inspirierte unzählige Objekte der Hoch- und Alltagskultur. Die „Weisheit asiatischer Hochkulturen" flößte Respekt ein, und Philologen und Philosophen studierten chinesische, japanische und indische Philosophie und Mythologie.

Doch die meisten Europäer stellten sich im 19. Jahrhundert Asien wohl – wie der Schriftsteller Karl Emil Franzos (1848–1904) dies tat – als rückständig, arm und schmutzig vor. In kaum einer Galizienanthologie fehlt folgende Geschichte aus dem Jahr 1871: Franzos saß im Abteil eines Zuges, der von Lemberg nach Czernowitz, seine Heimatstadt, fuhr. Bald nachdem der Zug die galizische Landeshauptstadt verlassen hatte, fragte eine Dame: „Bitte mein Herr, ist die asiatische

---

1 Gollwitzer, Helmut: Die gelbe Gefahr: Geschichte eines Schlagworts. Studien zum imperialistischen Denken. Göttingen 1962. Ernst Nolte fragte gar, ob Hitlers Verbrechen als „asiatische Tat" zu verstehen seien. Nolte, Ernst: Die Vergangenheit, die nicht vergehen will. Ein Rede, die geschrieben, aber nicht gehalten werden konnte, in: Frankfurter Allgemeine Zeitung vom 06.06.1986.

Grenze schon passiert?" „Wo denken Sie hin", antwortete Franzos, „erst am Ural [...]." Die Dame gab sich mit dieser Antwort aber nicht zufrieden: „Ja – wie diese Geographen sagen. Aber blicken Sie doch hinaus [...]". Das tat Franzos:

> Es war hinter Lemberg. Der Zug wand sich durch ödes, ödes Haideland. Zuweilen war ein abscheuliches Hüttchen zu sehen; das modrige Strohdach stand dicht über der Erde auf: eine rechte Troglodyten-Höhle. Zuweilen ein Ochs vor einem Karren oder ein Haufe halbnackter Kinder. Und wieder die unendliche Oede der Haide, und der graue Himmel hing trostlos darüber [...] ‚Wir sind bereits in Asien', wiederholte sie [die Dame, C.M.] mit größter Bestimmtheit.[2]

Franzos ist sich einig mit anderen Reisenden, die im 19. Jahrhundert nach Galizien kamen: das Kronland Galizien und Lodomerien war an den Maßstäben der österreichischen Kernlande gemessen rückständig und arm. Reisende aus dem deutschen Sprachraum machten für etwaige Fortschritte die Reformen Kaiser Josephs II. und die Segnungen der österreichischen Verwaltung verantwortlich, während polnische Reisende jeden Fortschritt – besonders nach 1867 – polnischem Unternehmungsgeist und polnischer Kultur zuschrieben.[3] Doch lag selbst um 1900 noch vieles im Argen und der zivilisatorische Rückstand zu den anderen Kronländern Cisleithaniens war beträchtlich. Unterschiedlicher Meinung waren die Autoren über die Gründe des „galizischen Elends", wie es der Ölunternehmer Stanisław Szczepański in seiner gleichnamigen Schrift aus dem Jahr 1888 nannte.[4] War es die Vernachlässigung seitens des Reichszentrums, das Galizien als interne Kolonie behandelte, als Absatzgebiet für industrielle Produkte aus den Kernlanden nutzte und deswegen die industrielle Entwicklung nicht förderte, lag es an der Unbildung der Bevölkerung, lag es am polnischen „Volkscharakter" oder waren schlicht und einfach die Juden

---

2 Bei diesen und bei allen folgenden Zitaten habe ich die zeitgenössische Orthographie beibehalten. Franzos, Karl Emil: Von Wien nach Czernowitz, in: Aus Halb-Asien. Kulturbilder aus Galizien, der Bukowina, Südrußland und Rumänien. Bd. 1. Leipzig 1876, S. 93.
3 Berg, Anna de: „Nach Galizien". Entwicklung der Reiseliteratur am Beispiel der deutschsprachigen Reiseberichte vom 18. bis zum 21. Jahrhundert. Frankfurt a. M. 2010, S. 55–80.
4 Szczepański, Stanisław: Nędza Galicji w cyfrach i program energicznego rozwoju gospodarstwa krajowego. Lwów 1888.

schuld, wie die Antisemiten behaupteten? An dieser Debatte beteiligte sich auch Karl Emil Franzos.

Im ersten Teil werde ich Franzos' Reiseerfahrungen in Galizien und der Bukowina nachgehen und untersuchen, was er mit der Verwendung dieses Etiketts bezweckte. Der zweite Abschnitt führt in die Jahre vor dem Ersten Weltkrieg. Die Bezeichnung Halb-Asien war an Galizien hängengeblieben und die polnischen Eliten arbeiteten an einer Rehabilitierung des Landes. Ich werde untersuchen, wie im ersten polnischsprachigen Reiseführer und im Galizien-Sonderheft der *Modernen Illustrierten Zeitschrift Reise und Sport* um Touristen geworben wurde und welche nationalpolitische Botschaft sich darin verbarg.

GALIZIEN UND DIE BUKOWINA IM FOKUS DER SCHRIFTEN VON KARL EMIL FRANZOS

Karl Emil Franzos wurde 1848 in Czortków in Galizien als Sohn deutsch-assimilierter, ursprünglich sephardischer Juden geboren; sein Vater war Arzt. Franzos besuchte das deutsche Gymnasium in Czernowitz, er stand fest zu seinem jüdischen Glauben, national sah er sich als Deutscher. Er studierte Rechtswissenschaft in Wien und Graz, erwarb den Doktortitel, arbeitete aber vor allem als Schriftsteller. Er schrieb Romane und Erzählungen über das ostjüdische Leben und wurde berühmt als Autor ethnographischer Reisebeschreibungen, die er für die Wiener *Neue Freie Presse* verfasste.[5]

Franzos geht es nicht darum, die Zustände im Deutschen Kaiserreich oder in den westlichen Teilen der Habsburgermonarchie zu kritisieren. Auf seinen Reisen findet er, abgesehen vielleicht von den Huzulen in den Ostkarpaten, keine „edlen Wilden", sondern geistige und materielle Armut, die es zu bekämpfen galt:

Noch gibt es Gegenden in jenen Ländern, wo der Mensch im Naturzustande lebt, nicht im paradiesischen und idyllischen, sondern im Zustand tiefsten Dunkels, dumpfer, thierischer Rohheit, in ewiger kalter Nacht, in welche kein Strahl der Bildung, kein warmer Hauch der Menschenliebe dringt. Und schon

---

5   Zu Franzos jetzt Ludewig, Anna-Dorothea: Zwischen Czernowitz und Berlin. Deutsch-jüdische Identitätskonstruktionen im Leben und Werk von Karl Emil Franzos (1847–1904). Hildesheim/Zürich/New York 2008.

gibt es Gegenden dort, über welchen die volle warme Sonne der Cultur leuchtet, wo fremdes Wissen und einheimische Kraft sich harmonisch verbunden [...].[6]

Asien befindet sich noch ganz im Dunkeln, Halb-Asien in einer Zwischenlage: „[...] im allgemeinen sind Galizien, Rumänien und Südrußland weder so gesittet, wie Deutschland, noch so barbarisch, wie Turan, sondern eben ein Gemisch von beiden – Halb-Asien!"[7]

Die Grenzen Halb-Asiens decken sich nicht mit Verwaltungs- und politischen Grenzen, sondern sind bewegliche, zivilisatorische Grenzen. Für Franzos „laufen die Grenzen beider Welttheile sehr verwickelt ineinander."

Wer zum Beispiel den Eilzug von Wien nach Jassy[8] benützt, kommt zweimal durch halbasiatisches, zweimal durch europäisches Gebiet. Von Wien bis Dzieditz[9] Europa, von Dzieditz bis Śniatyn[10] Halbasien, von Śniatyn bis Suczawa[11] Europa, von Suczawa bis zum Pontus oder zum Ural Halbasien, tiefes Halbasien, wo Alles Morast ist, nicht blos die Heerstraßen im Herbste. In diesem Morast gedeiht keine Kunst mehr und keine Wissenschaft, vor Allem aber kein weißes Tischtuch mehr und kein gewaschenes Gesicht.[12]

1875 reiste Franzos nach Czernowitz, um den 100. Jahrestag der Zugehörigkeit der Bukowina zur Habsburgermonarchie zu begehen und die Gründung der deutschsprachigen Franz-Josefs-Universität zu feiern. Schon bald nach der Abfahrt vom Wiener Nordbahnhof erreichte Franzos die Grenze europäischer (Ess-)Kultur:

Prerau! [...] [eine Kleinstadt 22 km südöstlich von Olmütz, C.M.] der letzte Pfeiler europäischer Speisecultur [...] für Jeden, welcher den Krakauer Eilzug benützt. Hier sind noch die Tischtücher weiß, die Gläser rein, die Speisen genießbar.[13]

---

6 Franzos: Einleitung, in: Halb-Asien. Bd. 1, S. IVf.
7 Ebd., S. V.
8 Heute Iaşi im Nordosten Rumäniens (Bukowina).
9 Heute Czechowice-Dziedzice in Polen (an der Grenze zwischen Schlesien und Galizien).
10 Heute Snjatyn im Gebiet Iwano-Frankiwsk (Ukraine).
11 Heute Suceava im Nordosten Rumäniens (Bukowina).
12 Franzos: Von Wien nach Czernowitz, S. 95f.
13 Ebd., S. 103.

Der Reisekomfort wird zum Gradmesser des kulturellen und zivilisatorischen Entwicklungsstandes. Schon auf den Bahnhöfen vor Dzieditz kann Franzos kein Essen und keine Getränke mehr kaufen.

Dzieditz – ein kleines Nest, aber als Grenze Europas bemerkenswerth. [...] In Dzieditz fängt ‚Halb-Asien' an. Nur zögernd habe ich mich zur Schaffung dieses eigenthümlichen geographischen Terminus entschlossen. Er ist aber nothwendig. Manches erinnert in Galizien allerdings an Europa: zum Beispiel das wahrhaft kunstvoll ausgebildete System der Wechselreiterei, das nicht minder kunstvolle Steuersystem und was solcher Kultursegnungen mehr sind. Aber ein Land, in welchem man auf so schmutzigen Tischtüchern ißt, von anderen Dingen ganz abgesehen, kann man unmöglich zu unserem Welttheile rechnen [...].[14]

Dies ist scherzhaft gemeint, die Aussage ist aber typisch für Franzos' Blick. Er kommt immer wieder auf Sauberkeit und Gerüche zurück. Europa ist für ihn wohlriechend, sauber, ordentlich und effizient. Deswegen mag er auch die alte Hauptstadt Polens nicht. Krakau riecht seiner Meinung nach zu schlecht. Er gibt ihr den Beinamen „Cracovia la stincatoria". Doch während andere Reisende den schlechten Geruch ausschließlich im jüdischen Viertel verorten, diskriminiert Franzos nicht:

Warum es in Krakau so fürchterlich duftet, darüber sind die Bewohner verschiedener Ansicht, und zwar je nach ihrer Confession. Die Juden behaupten, das sei Schuld der Klöster, insbesondere der Bettelmönche. Die Christen behaupten, das jüdische Proletariat mit Kaftan und Schmachtlöcklein sei daran schuldig. Der Streit könnte wahrlich ruhen, denn sie haben Beide Recht [...].[15]

Franzos denunziert alles, das den Einfluss deutscher Kultur und Sprache einzuschränken droht: „Seit die Polen die deutschen Bildungsanstalten vergewaltigt [haben], sprechen sie statt eines guten Deutsch ein erbärmliches Deutsch [...]." Die nationale Kultur, setzt er ironisch hinzu, mache „herrliche" Fortschritte.[16] Sein Eindruck von den (nicht assimilierten) osteuropäischen Juden ist nicht besser. Ihnen empfiehlt

---

14 Ebd., S. 104.
15 Ebd., S. 105.
16 Ebd., S. 106.

Franzos, sich ganz der deutschen Kultur zu öffnen. Nur sie bringe Fortschritt, Wohlstand, Ordnung und Sauberkeit; polnische Kultur bedeute dagegen Stillstand, Armut, Unordnung und Schmutz. In der Bahnhofsvorhalle geriet Franzos in

> ein[en] Knäuel streitender, schmeichelnder, brüllender, flüsternder, stoßender, zerrender Gestalten. Juden in Kaftan und Schmachtlöcklein, so fürchterlich schmutzig, daß du kaum begreifst, warum sie nicht aneinander kleben bleiben, sobald sie zusammenstoßen.[17]

Die Juden bieten an, ihn auf den Wawel zu führen oder nach Wieliczka zu bringen, andere möchten Geld wechseln oder seine Uhr beleihen. Franzos ist entsetzt, als ihm auch noch Prostituierte angetragen werden, und er ruft aus: „Halb-Asien! In Europa hätte doch wohl die Polizei der schamlosen Kuppelei im Bahnhofe zu steuern gewußt."[18]

Franzos ist froh, Krakau schließlich zu entkommen. Doch ist die Fahrt nach Lemberg nicht geeignet, seine Stimmung zu heben:

> Denn einen trostloseren Anblick hat man kaum aus dem Coupé irgend einer Bahn des Kontinents. Oede Haide, spärliches Gefild, zerlumpte Juden, schmutzige Bauern. Oder irgend ein verwahrlostes Nest und auf dem Bahnhofe ein paar gähnende Local-Honoratioren, einige Juden und einige andere Geschöpfe, denen man kaum noch den Titel Mensch zuwenden kann. Wer auf dieser Bahn, welche übrigens derzeit sehr gut administrirt ist, bei Tage reist, wird vor Langeweile sterben, wenn er nicht vor Hunger stirbt.[19]

Das einzig Gute ist das moderne Transportmittel selbst, die Karl-Ludwigs-Bahn. Die Bahn ist österreichisch, europäisch und hat daher nur wenig mit dem Land zu tun, durch das sie führt. Während Franzos die armen Juden als Menschen gelten lässt, sieht er auch „Geschöpfe, denen man kaum noch den Titel Mensch zuwenden kann". Da Franzos sich immer noch in Westgalizien befindet, kann er damit nur Angehörige der polnischen Bevölkerung meinen.

Franzos kommt morgens in Lemberg an und wieder ist es der mangelnde Reisekomfort, der ihn gegen die Stadt einnimmt:

---

17 Ebd., S. 107.
18 Ebd., S. 108.
19 Ebd.

Ich habe selten irgendwo einen so verwahrlosten Raum gefunden, als die Restauration zu Lemberg. Und diese verschlafenen Kellner, die in ganz unsäglichen Toiletten verdrießlich einherschlurfen! Und diese Tassen, aus denen man den Kaffee trinken muß! [...] Himmel, was für Menschen kann man da sehen [...]. Da sitzen Bojaren aus der Moldau mit schwarzen verschmitzten Gesichtern, schweren Goldringen und Uhrbehängen und mit ungewaschenen Händen. Da sitzen feine, glatte, elegant gekleidete Herren, welche drei Brote nehmen und eines ansagen und dann vielleicht einen Gulden Trinkgeld geben. Da sind herrliche, dunkeläugige Frauen in schweren Seidenkleidern und schmutzigen Unterröcken. Dazwischen civilisirte Reisende aus Deutschland und England, emancipirte polnische Juden, welche gern jüdische Polen sein möchten und in der Speisekarte vor Allem nach dem Schweinebraten suchen; langbärtige, ruthenische Popen in fettglänzenden Kaftanen, elegante Husaren-Officiere, abgeblühte Cocotten [...]. Und sie Alle essen á la carte aus der französischen Hexenküche des jüdischen Restaurants und zahlen ein Heidengeld dafür.[20]

Die Multiethnizität Lembergs stößt Franzos ab. Sie ist ihm zu laut und chaotisch: jüdische Obstweiber schreien, jüdische Mädchen und Knaben treiben Handel. Glotzend und teilnahmslos stehen russische [sic!] Bauern und Kleinbürger hinter Verkaufsbuden. Daneben sieht Franzos

schmutzstarrende polnische Juden mit langen Bärten und Hängelöckchen – unter denen euch oft in typischer Schärfe ein edler Christuskopf in die Augen sticht oder ein grinsender Judaskopf: streitende, schreiende italienische Bahnarbeiter; stumpfe, gleichmüthig vor sich hinstarrende podolische Landleute [...]. Kurz – ein Hexensabbath und ein Höllenconcert.[21]

Franzos hält sich nicht lange in der Landeshauptstadt auf, sondern fährt weiter nach Czernowitz. Die Reise führt durch tiefes Halb-Asien: alles ist trostlos und langweilig: „kahle Haide, die ärmlichen Hütten, den Mangel jeglicher Industrie und Kultur". Die Langeweile wird vermehrt durch einen Mangel an Lesestoff. Franzos kann seine Reisebibliothek in Lemberg nicht aufstocken: die angebotenen Bücher enthalten entweder Obszönitäten oder hetzen gegen die Juden: „Man hält eben auf Lager, was Absatz findet! Aber wie charakteristisch ist der kleine Broschürenschatz für die Verhältnisse in Halb-Asien!" Franzos

---

20 Ebd., S. 110.
21 Ebd., S. 110f.

leidet. Es gibt nichts zu essen, in Stanislau (Stanisławów) findet er nur ein Stück Brot und etwas Schnaps.[22]

Das ist aber auch die letzte Prüfung. Die Haide bleibt hinter uns, den Vorbergen der Karpathen braust der Zug entgegen und über den schäumenden Pruth in das gesegnete Gelände der Bukowina. Der Boden ist besser angebaut und die Hütten sind freundlicher und reiner. Nach einer Stunde hält der Zug im Bahnhofe zu Czernowitz. Prächtig liegt die freundliche Stadt auf ragender Höhe. Wer da einfährt, dem ist seltsam zu Muthe: er ist plötzlich wieder im Westen, wo Bildung, Gesittung und weißes Tischzeug zu finden. Und will er wissen, wer dies Wunder vollbracht, so lausche er der Sprache der Bewohner: sie ist die deutsche.[23]

Nach der Reise durch die galizische „Wüste" kommt Franzos damit in seinem gelobten Land an. Galizien ist noch Teil Asiens, die Bukowina schon Teil Europas. Franzos' Motive für diese Zuordnung liegen auf der Hand. Er kann der polnischen Kultur nichts abgewinnen, sie hindert aus seiner Sicht die Entwicklung des Landes und stellt Rückständigkeit und Armut auf Dauer. Für ihn hört Europa dort auf, wo der Einfluss deutscher Kultur endet. Die Bukowina gehört deswegen nicht zu Halb-Asien, weil dort der deutsche Einfluss spürbar ist:

Als ein Hauptmotor des Erfolgs ist endlich die rührige Kulturarbeit der eingewanderten Deutschen zu betrachten, welche selbst für ihr Volksthum sorgten und nicht dem lieben Gott, noch der lieben Regierung Alles überließen [...]. Es ist interessant und hocherfreulich, zu sehen, wie sich unter diesem milden starken Einfluß germanischer Cultur während eines Säculums österreichischer Herrschaft alle Verhältnisse des Ländchens zum Guten oder doch zum Bessern gewandelt [haben] [...]. Der Lehmhüttenhaufe, der vor hundert Jahren ‚Tschernauz' hieß, ist heute die freundliche, zivilisirte deutsche Stadt Czernowitz.[24]

Anders als in Galizien toleriert Franzos in der Bukowina das Völkergemisch und die kulturelle Vielfalt: „Huzulen und Mongolen, Rumänen, Ruthenen, Deutsche – auch dies Gewühle wäre verwirrend genug. Aber was Alles kann man hier nicht noch außerdem tanzen und johlen

---

22 Ebd., S. 112.
23 Ebd., S. 112f.
24 Franzos: Ein Culturfest (1875), in: Aus Halb-Asien. Bd. 1, S. 143f., S. 147.

hören!"[25] Selbst die Steppe ist jetzt nicht mehr asiatisch, sondern mutet amerikanisch an: „Aber nicht weit davon liegt ein Stück Amerika [...]. Dicht hinter den Häusern des Platzes [Austriaplatz, C.M.] beginnt die unbewohnte Haide und dehnt sich meilenweit."[26]

Franzos setzt große Hoffnungen auf die neue Universität als Vermittlerin deutscher Kultur:

Aber nicht blos als eine Erhalterin und Mehrerin der deutschen Kraft im Osten kommt die neue Hochschule in Betracht, auch als eine Erhellerin den anderen Völkern. Und hierin liegt wohl ihre Hauptbedeutung. Das politische Moment, welches ihr innewohnt, ist kein allzu bedeutendes, aber das culturhistorische Moment ein unermeßliches. Dem Ruthenen aus Galizien, dem Rumänen aus Siebenbürgen oder den Donaufürstenthümern, dem Südrussen aus Bessarabien und Volhynien wird die neue Hochschule die Ergebnisse deutscher Wissenschaft vermitteln und ihn somit nicht seinem Volke entreißen, sondern zu einem doppelt nützlichen Sohne desselben herausbilden.[27]

Empfiehlt Franzos damit, wie Andrei Corbea-Hoisie meint, die „Aufhebung der kulturellen Differenz durch Nachahmung"?[28] Laut eigener Aussage ging es Franzos gerade nicht um eine vollständige Aufhebung kultureller Differenz. Die deutsche „Mission" bestand für Franzos darin, das zivilisatorische Niveau zu heben:

Ich wünsche den Osten weder germanisiert noch gallisiert – beileibe nicht! Ich wünsche ihn bloß kultivierter, als er derzeit ist, und sehe keinen anderen Weg dazu, als wenn sich der Einfluß und die willige Pflege westlicher Bildung und des westlichen Geistes steigert.[29]

Diese Vorstellungen, die einer deutschen kulturellen Hegemonie in Osteuropa das Worte reden, weisen allerdings starke Parallelen zum kolonialen Diskurs in Frankreich oder England auf. Der Kolonialismus wurde damit gerechtfertigt, dass es Aufgabe der europäischen Mächte

---

25 Ebd., S. 175.
26 Ebd., S. 164.
27 Ebd., S. 157.
28 Corbea-Hoisie, Andrei: Jüdische Identität bei Karl Emil Franzos. Glossen zu einem Manuskript aus dem Jahre 1868, in: Wallas, Armin (Hg.): Jüdische Identitäten in Mitteleuropa. Literarische Modelle der Identitätskonstruktion. Tübingen 2002, S. 159–170.
29 Franzos: Einleitung, S. VIII.

wäre, die indigenen Bevölkerungen zu „zivilisieren". „The White Man's Burden" (Rudyard Kipling) entsprach in Osteuropa eine „Bürde des deutschen Mannes".[30] Franzos hält die deutsche Kultur am besten für diese Mission geeignet, weil

> Deutschland eines der gebildetsten Länder der Welt ist und daneben dasjenige, in dem die Durchschnittsbildung die relativ höchste ist, weil im Wesen des deutschen Geistes eine gewisse Selbstlosigkeit und Anschmiegsamkeit liegt, weil der Deutsche besser als der Franzose und Engländer zum Lehrer taugt, weil der eigentümlichste Vorzug unserer deutschen Bildung, die schlichte Gründlichkeit, zugleich derjenige ist, der den Völkern der Ostens am wenigsten innewohnt und daher am meisten not thut, aus allen diesen Gründen erschien uns eine breitere und tiefere Einwirkung unserer Kultur auf die Halb- und Unkultur des Osten für diesen heilsam.[31]

Franzos verlangte nichts weniger von den osteuropäischen Völkern als den Verzicht auf eigene nationale Hochkulturen und damit auf die Bildung moderner Nationen. Franzos war zwar ein deutscher Patriot, ihm lag aber auch Österreich-Ungarn am Herzen, dessen Existenz durch nichts mehr bedroht war als durch die Nationalismen seiner Völker.

Die Czernowitzer Universität erfüllte Franzos' Erwartungen jedoch nicht. Sie war unterfinanziert und zog nur wenige erstklassige Gelehrte an. Im Vorwort zu einer späteren Auflage der *Kulturbilder* gibt Franzos deshalb einen pessimistischen Ausblick auf die Zukunft:

> Das Deutschtum im Westen sehr bedrängt, liegt im Osten völlig zu Boden; jene edle Saat, die der größte Habsburger Joseph II. ausgestreut und die auch seine nächsten Erben nie ganz vernachlässigt haben, wird heute zerstampft und vernichtet, während das Unkraut frech und fröhlich emporschießt. Kein Zweifel, der Traum vom deutschen Kulturstaat Österreich scheint wirklich zu Ende.[32]

---

30 Berg: Nach Galizien, S. 88.
31 Franzos: Vorwort, in: Aus Halb-Asien. Kulturbilder aus Galizien, der Bukowina, Südrußland und Rumänien. Erster Band und zweiter Band in einem. 4. gänzlich umgearbeitete Aufl., Berlin 1901, S. VIIIf.
32 Ebd. Siehe dazu ausführlich Vorzsák, Orsolya: Das Europakonzept im Vorwort zu *Aus Halb-Asien* von Karl Emil Franzos. Vortrag auf der X. Rodosz Konferenz, 13.–15. November 2009 in Kolozsvár (http://www.rodosz.ro/files/Vorzsak%20Orsolya.pdf [Zugriff am 16.02.2014]).

Während in der Bukowina der Einfluss deutscher Kultur dennoch stark blieb, entwickelte sich Galizien nach den Reichsreformen der 1870er Jahre zum polnischen „Piedmont". Kultur- und Bildungswesen im gesamten Kronland wurden polonisiert. Auch in der Verwaltung gewann das Polnische nach und nach die Oberhand über das Deutsche. In Ostgalizien wurde die Dominanz der polnischen Kultur jedoch durch die ruthenisch-ukrainische Nationalbewegung herausgefordert. Polnische Autoren sahen im Unterschied zu Franzos nicht in der deutschen, sondern in der polnischen Kultur den Schlüssel zu Europa, den Motor für Fortschritt und Verbesserung. Besonders deutlich wird dies in Landesbeschreibungen und Reiseführern, die nach der Jahrhundertwende für Investitionen und für den Tourismus in Galizien warben.

GALIZIEN IN DER REISELITERATUR DES BEGINNENDEN 20. JAHRHUNDERTS

Die unvorteilhafte Charakterisierung in Franzos' populären Werken blieb an Galizien haften und schadete Investitionen und dem Fremdenverkehr. Im Februar 1913 beschwerte sich der *Landesverband der galizischen Bade- und Kurorte*, dass unglaubliche Geschichten über das Kronland kursierten. Verantwortlich dafür machte der Verband Karl Emil Franzos und ähnliche Schriftsteller, die Galizien als ein „unkulturelles, unmodernes, vollständig vernachlässigtes Land, quasi ‚Halbasien' darstellten, in welchem Kulturmenschen nicht leben können". Dies sei der Grund dafür gewesen, dass früher „Fremde es nicht einmal wagten, Galizien zu betreten". Die wenigen, die kamen, waren überrascht, „hier geordnete Verhältnisse, schöne Städte, modern mit Komfort eingerichtete Hotels und Wohnhäuser, eine kulturell hochstehende Nation – die eine selten schöne Literatur, Musiker, Maler, Bildhauer von Weltruf besitzt – zu finden".[33] Gemeint war damit natürlich die polnische Nation, die in Franzos' Publikationen so schlecht weggekommen war.

---

33 Landesverband der galizischen Bade- und Kurorte in Lemberg, in: Moderne Illustrierte Zeitung Reise und Sport 13, H. 3 (01.02.1913): Sonder-Nummer Galizien. Seine kulturelle und wirtschaftliche Entwicklung, S. 72f.

Dem schlechten Image Galiziens abzuhelfen, diente die Galizien-Sondernummer der *Modernen Illustrierten Zeitung Reise und Sport*, die im Februar 1913 in Wien und Berlin erschien. Die Zeitschrift war das offizielle Organ des *Landesverbandes für Fremdenverkehr in Kärnten* und einer Reihe weiterer Tourismusverbände in Österreich und Süddeutschland. Gefördert wurde die Sondernummer vom Ministerium für Galizien. Das Heft sollte dazu dienen, das Image Galiziens zu verbessern, und dem investitionshemmenden Stereotyp der galizischen Armut entgegenzuwirken, oder in den Worten des Herausgebers, „unsere Leser über die Verhältnisse Galiziens auf den verschiedenen Gebieten von Kunst und Wissenschaft, Handel und Verkehr zu informieren und dem Lande neue Freunde zu werben".[34] Damit sollte mit „gewissen – es sei offen gesagt – ungerechtfertigten Vorurteilen" aufgeräumt werden, die nur auf die ungenügende Kenntnis des Landes zurückzuführen seien.[35]

Die Crème de la Crème der galizischen Politik und Wissenschaft (fast ausschließlich Polen) beteiligte sich an der Publikation. Unter den Autoren wimmelte es nur so von Ministern, Hofräten, Archiv- und Bibliotheksdirektoren sowie Universitätsprofessoren. Nur wenige Beiträge enthielten touristische Informationen im engeren Sinne, weitaus mehr waren landeskundlicher Natur. Die ökonomische Ausrichtung zeigte sich in Werbeanzeigen und zahlreichen Selbstdarstellungen galizischer Banken und Unternehmen.

Drei Botschaften stehen im Mittelpunkt: Galizien ist ein erstrangiges Touristenziel mit vielen Sehenswürdigkeiten und das Land ist reich an unerschlossenen Bodenschätzen. Investitionen lohnen sich und – last, but not least – Galizien ist polnisches Kulturland. Ukrainern/Ruthenen und Juden ist zwar jeweils ein ethnographischer Artikel gewidmet, in den anderen Aufsätzen kommen sie aber gar nicht oder nur am Rande vor. Das Heft ist reich bebildert und enthält zahlreiche Fotografien bedeutender galizischer Persönlichkeiten. Kein einziger ukrainischer Politiker oder Künstler ist abgebildet, sieht man vom griechisch-katholischen Erzbischof Andrij Graf Šeptyc'kyj ab. Einige Persönlichkeiten jüdischen Glaubens wurden aufgenommen, aber ausschließlich solche, welche die polnische Kultur und Wissenschaft re-

---

34 Vorrede, in: ebd.
35 Ebd.

präsentierten. Die anderen Bilder zeigen fast ausschließlich Zeugnisse der polnischen Kultur.

Lediglich ein Artikel ist dem Fremdenverkehr gewidmet. Bevor der Autor, der Krakauer Universitätsprofessor und Mediziner Stanisław Ponikło (1854–1915), die Schönheiten des Landes preist, gibt er die vorherrschende polnische Deutung der historischen Mission Galiziens wieder. Er sieht die Region keineswegs als Teil Asiens oder Halb-Asiens, sondern im Gegenteil als traditionelle „Vormauer des Abendlandes gegen die Anstürme des Ostens". Galizien habe „unaufhörliche Kämpfe zur Verteidigung der westlichen Kultur" ausgefochten und sei „von großartigen geschichtlichen Erinnerungen durchweht, die in altertümlichen Baudenkmälern [...] versinnbildlicht sind". Der Aufsatz preist die Naturschönheiten, die Bodenschätze und die Attraktivität als Industriestandort, bevor er konkrete Vorschläge für Touristenreisen macht. Krakau, Zakopane, Tarnów, Neu-Sandez, Alt-Sandez, das Stahlbad Krynica, Biecz, die Burg Odrzykoń, Przemyśl, Jaroslau, Łańcut und natürlich Lemberg sind eine Reise wert. Im Osten werden Ausflüge in die Ostkarpaten, in das Huzulengebiet und in die podolische Ebene empfohlen. Galizien war laut Ponikło erst in den 1890er Jahren an den internationalen Fremdenverkehr angeschlossen worden. Die Werbetätigkeit des galizischen Verbandes für Fremden- und Reiseverkehr habe mittlerweile große Wirkung gezeigt und die Besucherzahlen seien gestiegen. Es werden aber nur Zahlen für Krakau genannt. 1909 hatte die Stadt 100.000 Übernachtungsgäste, davon 40.000 aus dem Ausland.[36]

Neben dem schlechten Image behinderte auch der Mangel an Reiseführern den Tourismus in Galizien. Polnische Reisende mussten sich im 19. Jahrhundert mit deutschsprachigen Reiseführern behelfen. Viel konnten sie darin nicht über das Kronland erfahren. Die 29. Auflage des Baedeker für Österreich-Ungarn aus dem Jahr 1913 beispielsweise widmete Galizien und der Bukowina zusammen ganze 16 (von 550) Seiten. Keiner anderen der vorgestellten zehn Regionen wird weniger Platz eingeräumt. Das Meiste weiß der Führer noch über Krakau zu sagen, das – wie wir von Franzos gehört haben – bereits in den 1870er Jahren Touristen angelockt hatte. Bergwandern und Skifahren in der Tatra und den Karpaten galten als Hauptattraktionen. Die empfohlenen Routen orientieren sich an den Hauptbahnlinien, der Tourist erfährt

---

36 Ponikło, Stanisław: Der Fremdenverkehr in Galizien, in: ebd., S. 65–67.

nur wenig über Orte abseits dieser Strecken. Ein kleines deutsch-polnisches Glossar soll dem Reisenden helfen, sich der einheimischen Bevölkerung verständlich zu machen. Doch glaubt der Baedeker, dass man in Galizien im Großen und Ganzen mit Deutsch gut zurecht käme.[37] Interessant ist der Blick des Baedeker auf die ethnische und religiöse Zusammensetzung der Bevölkerung. Wenn viele Juden in einer Stadt leben, wird oft ihr Anteil an der Stadtbevölkerung genannt. Der Baedeker differenziert dagegen nicht zwischen Polen und Ruthenen. Letztere werden nicht als eigenständige Gruppe wahrgenommen.[38]

Es dauerte bis zum Jahr 1914, bis der erste polnischsprachige Reiseführer zu Galizien und zur Bukowina veröffentlicht wurde.[39] Herausgegeben wurde der Führer von dem Lemberger Juristen und Geographen Mieczysław Orłowicz (1881–1959), der zum Pionier des polnischen Tourismus wurde.

Tourismusvereine gab es vor 1906 nur in Krakau (seit 1873), Wieliczka, Babia Góra, Zakopane, Szczawnica und für die Pieninen, im östlichen Teil des Kronlandes für den Czarnahora und in Podhorce. Im Jahr 1906 gründete daraufhin die akademische Jugend in Lemberg einen *Akademischen Touristischen Klub*. Mieczysław Orłowicz war Initiator und erster Vorsitzender des Vereins. Der Klub trat unter der Losung an: Kenne Dein Land! Der Reiseführer wollte dabei helfen, das Land über Krakau, Lemberg und die Berge hinaus touristisch zu erschließen. Gewidmet ist er der polnischen Jugend.[40] Orłowiczs Mitarbeiter bereisten planmäßig und systematisch das ganze Land, reisten bis in die Bukowina und selbst über die russische Grenze. Nationalpolitische Motive spielten eine große Rolle:

Mit Bedauern haben wir in den letzten Jahren gesehen, wie angesichts des Fehlens eines polnischen Führers für Polen, Polen das eigene Land mit einem Füh-

---

37 Baedeker, Karl: Österreich-Ungarn nebst Cetinje, Belgrad, Bukarest. Handbuch für Reisende. 29. Aufl., Leipzig 1913, S. 361.
38 Ebd., S. 361–376.
39 Orłowicz, Mieczysław: Illustrowany Przewodnik po Galicyi. Bukowinie, Spiżu, Orawie i Śląsku Cieszyńskim. Lwów 1914. Die Kapitel über Galizien wurden gleichzeitig in einer deutschsprachigen Ausgabe zusammen mit einem Anhang zu Ost-Schlesien veröffentlicht. Orłowicz, Mieczysław/ Kordys, Roman: Illustrierter Führer durch Galizien. Mit einem Anhang: Ost-Schlesien. Wien/Leipzig 1914.
40 Orłowicz: Illustrowany Przewodnik, S. 7.

rer in deutscher Sprache besichtigen mussten, obwohl von polnischen Autoren ausgearbeitet und vorwiegend mit polnischem Geld finanziert.[41]

Orłowicz orientiert sich an Bahnlinien, aber er erwähnt auch Orte an Nebenlinien und empfiehlt bisweilen sogar Ausflüge abseits der Bahngleise. Einen prominenten Platz erhielten – wie im Baedeker – Skifahren, Wandern und Kurbäder. Anders als der Baedeker gibt Orłowicz für jeden Ort die ethnische Zusammensetzung an. Ruthenen gehen nicht in der polnischen oder „slavischen" Bevölkerung auf, sondern sind eine eigene ethnische Kategorie. In Galizien differenziert er zwischen Polen, Ruthenen und Juden, manchmal gibt der Reiseführer auch die Zahl der deutschen Einwohner an. Praktische Hinweise nehmen einen großen Teil des Führers ein. Anders als für den Baedeker ist für Orłowicz Polnisch die *lingua franca* Galiziens. Nur im Osten, besonders in den Dörfern der Karpaten, hält er Ruthenischkenntnisse für erforderlich. In ungarischen Städten dagegen werde fast ausschließlich Ungarisch, manchmal noch Deutsch gesprochen, in Dörfern sei die Kenntnis slawischer Sprachen nur in Gesprächen mit Bauern nützlich.[42]

Besonders komfortabel, dies macht der Reiseführer deutlich, ließ sich in Galizien abseits der Hauptstrecken nach wie vor nicht reisen. In den dreißig Jahren, seit Franzos durch das Land gereist war, hatte Galizien keinen touristischen *take-off* erlebt. Weite Teile des Landes wiesen keine touristische Infrastruktur auf. Von der Benutzung der Waggons dritter Klasse riet der Führer dringend ab. Die Wagen – heißt es weiter – seien wie überall in Österreich sehr schmutzig. Der Schmutz wird nicht ausdrücklich, aber indirekt mit Juden assoziiert. Diese machten die Mehrzahl der Passagiere dieser Klasse aus. Die Hotels waren in der Regel teurer und weniger komfortabel als in Westeuropa. Erstklassige Hotels gab es nur in Krakau, Lemberg, Biała, Przemyśl, Stanislau und Zakopane. In kleineren Orten waren die Hotels allenfalls zweitklassig und oft recht schmutzig. Häufig mussten Reisende in einer Dorfkneipe oder in einer Dorfkate nächtigen. Genügend Restaurants gab es nur in größeren Städten; in Kleinstädten, selbst in Kreishauptstädten waren oft gar keine Gaststätten vorhanden. Dort gab es bestenfalls einen Platz zum Frühstücken oder Orte, an denen man das

---

41 Ebd.
42 Ebd., S. 46.

Essen Stunden im Voraus bestellen musste. In manche Städtchen musste man gar sein Essen mitbringen. In den zahlreichen Kaffeehäusern lagen Zeitungen aus. Andere Zerstreuungsmöglichkeiten waren rar. Theater und Varieté gab es nur in Lemberg und Krakau. In kleineren Städten tauchten ab und zu Wanderbühnen auf.[43]

Diese Informationen waren nicht unbedingt dazu angetan, Touristen nach Galizien zu locken, mochten die Kulturdenkmäler noch so sehenswert sein. Doch komfortabler als das Reisen auf dem Land war der Aufenthalt in den Kurbädern und in den großen Städten, besonders in Krakau und Lemberg.[44] Die empfohlenen Routen beginnen in der Regel in Lemberg, Krakau oder Stanislau und enden in einer größeren Provinzstadt. Die Dominanz polnischer Kultur im Reiseführer drückt sich auch in den Abbildungen aus. Vereinzelt werden Synagogen oder griechisch-katholische Kirchen abgebildet, meist werden aber polnische Denkmäler und Museen gezeigt. Die Einträge ändern sich, sobald die Grenze zur Bukowina überschritten wird. Anders als bei Franzos ist es kein Heimkommen, den polnischen Autoren des Reiseführers ist die Bukowina fremd.[45] Es wird nun für jeden Ort gesagt, ob es dort Polen gibt, oder ob man dort Polnisch spricht. Häufig wird jetzt auch die Zahl der Rumänen, Deutschen und Tschechen genannt. Orłowicz bestätigt, dass in Czernowitz die deutsche Sprache dominiert, aber überall könne man sich auch auf Polnisch verständigen.

Sobald die polnischen Touristen in den Karpaten die ungarische Grenze überschritten, wurde das Reisen zu einem Abenteuer. Orłowicz warnt seine Leser ausdrücklich vor der ungarischen Gendarmerie. Die Gendarmerie sei schnell dabei, jemanden der Spionage oder der panslavistischen Propaganda zu beschuldigen. Touristen machten sich schon verdächtig, wenn sie sich mit ungarischen Huzulen und Bojken auf Ruthenisch unterhielten oder mit Góralen Polnisch sprachen. Orłowicz legte seinen Lesern nahe, auf den empfohlenen Routen zu bleiben und Dörfer mit Gendarmeriestationen zu meiden.[46]

---

43 Ebd., S. 48f.
44 Ebd., S. 51–79.
45 Ebd., S. 171–179.
46 Ebd., S. 188.

FAZIT

Franzos und Orłowicz sind sich in einer Hinsicht einig: abseits der Hauptbahnlinien waren Reisen in Galizien beschwerlich. Touristisch war das Land auch 1914 – von Krakau, Lemberg und dem Berg- und Bädertourismus abgesehen – nur wenig erschlossen. Franzos fand in Galizien aber auch sonst wenig Sehenswertes, während Orłowicz seinen Lesern die Denkmäler der polnischen Kultur nahezubringen versuchte.

Was man weder bei Franzos noch sonst in der sonstigen Reiseliteratur zu Galizien findet, ist der Versuch, die Reise für die Gesellschaftskritik zu Hause zu nutzen. Zu weit scheinen die Lebenswirklichkeiten voneinander entfernt, zu groß war die galizische Armut. Wenn überhaupt von „Exotik" die Rede ist, dann – und darin ist sich die untersuchte Literatur einig – ist sie in den Bergen zu finden bei den Góralen, Bojken, besonders jedoch bei den Huzulen, die als eine Art europäische „Indianer" beschrieben werden.

Franzos ist von Galizien abgestoßen, das für ihn Halb-Asien schlechthin verkörpert. Die traditionelle Lebensweise der galizischen Juden lehnt er ab, die polnische Bevölkerung ist für ihn zu nationalistisch und die polnische Kultur als Transportmittel europäischer Bildung ungeeignet. Seine ganzen Hoffnungen ruhen auf der deutschen Kultur. In der Bukowina sieht er deutschen Einfluss wirken, auch wenn die Universität in Czernowitz seine Erwartungen schließlich nicht erfüllt. Für Franzos ist Galizien fremd, die Bukowina Heimat. Orłowicz hingegen betrachtet die Bukowina als Fremde, Galizien dagegen als Teil der polnischen Heimat. Für Karl Emil Franzos erstreckt sich Europa im Osten, soweit der deutsche kulturelle Einfluss reicht. Sauberkeit und eine Infrastruktur für Reisende gehen für ihn mit diesem Kultureinfluss Hand in Hand. Deshalb ist für ihn Galizien mehr in Asien, die Bukowina mehr in Europa. Franzos glaubt, dass die deutsche Kultur für die osteuropäischen Völker der Passepartout zu Fortschritt, zur Hebung des kulturellen und materiellen Niveaus und zum Anschluss an Europa sei. Ohne dass ihm dies unbedingt bewusst ist, vertritt Franzos aber auch ein imperiales Projekt. Dieses Projekt verbindet widersprüchliche deutschnationale und österreichisch imperiale Elemente. Man könnte es – um einen später im österreichischen Ständestaat der 1930er Jahre populären Ausdruck zu benutzen – als „Österreichs deutsche Mission" bezeichnen, den deutschen Kultureinfluss auf dem Reichsgebiet und in den angrenzen Ländern zur Geltung zu bringen und die dort lebende Bevölkerung dadurch zu „kultivieren" und zu „zivilisieren".

Die polnischen Autoren glauben ebenfalls an eine Mission. Für sie ist Galizien fester Bestandteil Europas, ja die *Antemurale Christianitatis*, die Vormauer des Abendlandes gegen den Osten, gegen Asien. Es war und ist die polnische Mission, die europäische Zivilisation im Land zu bewahren und gegen „Asien" zu verteidigen. Es sind polnische Kultur und Gewerbefleiß, die das Land voranbringen werden. Die jüdische und die ruthenisch/ukrainische Kultur werden marginalisiert und allenfalls als Folklore thematisiert. In diesem Zusammenhang hat der Tourismus nicht nur eine ökonomische Funktion, sondern ist auch eine nationale Aufgabe: den Reisenden soll Galizien als polnisches (Kultur-)Land vermittelt werden.

Die Bukowina und Czernowitz – Hybrider Kulturraum und Faszinosum

ANDREI CORBEA-HOISIE

Wenige Tage vor einem Besuch des österreichischen Ministerpräsidenten Ernest von Koerber in Czernowitz erschien in der Wiener *Neuen Freien Presse*[1] ein Reisebericht aus der Bukowina, auf den die Czernowitzer Öffentlichkeit mit Entrüstung reagierte. Verfasser war der Budapester Journalist Adolf Agay, der im September 1904 die Bukowina bereist hatte. Die Reaktionen, die in einem telegraphisch gesendeten Protest des Bürgermeisters und anderer Honoratioren gipfelten und einen versöhnlichen Widerruf seitens der Redaktion des Wiener Blattes bewirkten[2], verweisen in ihren journalistischen Formulierungen auf eine Besorgtheit der „Kommunikatoren" des östlichsten Kronlandes um dessen Image in Wien und in den anderen Teilen der Donaumonarchie.[3] Während die kurze Notiz in der *Bukowinaer Rundschau* feststellt, dass die *Neue Freie Presse* sich „über unser schönes

---

1 Porzo [Adolf Agay]: Aus der Bukowina, in: Neue Freie Presse, Nr. 14.374, 31.08.1904, S. 1–3; Nr. 14.375, 01.09.1904, S. 1–4.
2 [Czernowitz], in: Neue Freie Presse, Nr. 14.378, 04.09.1904, S. 8. Selbst der Autor entschuldigte sich in einem Brief an die Redaktion für die „unbeabsichtigte Kränkung" der Bukowiner Leser, in: Neue Freie Presse, Nr. 14.385, 11.09.1904, S. 5.
3 Vgl. u. a. Corbea-Hoisie, Andrei: Czernowitzer Geschichten. Über eine städtische Kultur in Mittel(Ost)-Europa. Wien/Köln/Weimar 2003, S. 117–130; Ders.: Czernowitz 1892. Die imagologische Projektion einer Epochenschwelle, in: Fischer, Wladimir u. a. (Hgg.): Räume und Grenzen in Österreich-Ungarn 1867–1918. Kulturwissenschaftliche Annäherungen. Tübingen 2010, S. 35–48.

Buchenland lustig" gemacht habe⁴, und ein Mitarbeiter der *Czernowitzer Allgemeinen Zeitung* sich hauptsächlich darüber ärgert, dass der Autor in Czernowitz überall Juden zu sehen meint⁵, wird im *Czernowitzer Tagblatt* die anscheinende Diffamierung einer langen und mühseligen „Kulturarbeit" durch einen hochmütigen „Westeuropäer" gerügt, der alte, nicht mehr zutreffende Vorurteile über die Bukowina wiedergäbe.⁶ Die *Bukowinaer Post* zieht daraus die Schlussfolgerung, dass „damit [...] alle Bestrebungen zur Hebung des Fremdenverkehrs zu Schanden gemacht [werden]", sodass die Vereine, die sich um den Anstieg des lokalen Tourismus kümmern sollten, aufgefordert wurden, die „Erdichtungen" des besagten Reiseberichts „ehestens richtigzustellen".⁷ Dass sich zu der üblichen Rhetorik des Beklagens über die „stiefmütterliche" Behandlung der Bukowina durch das „Zentrum"⁸ auch ganz prosaische Berechnungen über die Nachteile gesellten, die derartige negative „Streiflichter" für das Ansehen des Landes bei potenziellen Besuchern bewirken konnten, war zu diesem Zeitpunkt nicht zufällig.

Bald nach der Gründung einer lokalen Sektion des *Österreichischen Touristenklubs* im Jahr 1888, die sich zunächst vornahm, den Sinn der Einheimischen „für Naturschönheiten und für touristische Betätigung" zu schärfen, lenkte 1902 eine Initiative des Czernowitzer Gemeinderats die Aufmerksamkeit der Behörden auf das bisher wenig beachtete Reservoir von Attraktionen, die die Bukowina im Zuge der rasanten Entwicklung des Reisens als Freizeitverhalten bürgerlicher Schichten den in- und ausländischen Touristen anbieten könnte. Ein neugeschaffener *Landesverband für Fremdenverkehr* entwarf damals ein umfangreiches Programm von erwünschten Maßnahmen, die neben allgemeinen Empfehlungen, wie der „Errichtung von Unterkunfts- und Verpflegsstätten" oder der „gastfreundliche[n] Aufnahme der durchreisenden Touristen", auch sehr konkrete Projekte, z. B. die „Erwir-

---

4   Vgl. Bukowinaer Rundschau, Nr. 4.584, 04.09.1904, S. 4.
5   Da-bin-ich, Jakob: Wovon man spricht, in: Czernowitzer Allgemeine Zeitung, Nr. 206, 04.09.1904, S. 4f.
6   Ein „Westeuropäer" über die Bukowina, in: Czernowitzer Tagblatt, Nr. 478, 03.09.2004, S. 4.
7   Vgl. Bukowinaer Post, Nr. 1.655, 03.09.1904, S. 5.
8   Die Episode des Artikels von Agay in der *Neuen Freien Presse* galt für das *Czernowitzer Tagblatt* als eine erneute Bestätigung jener Mentalität im „Westen" der Monarchie, wo „alles abgetan [wird], was dem ‚Osten' entstammt, jenem Osten, welcher die Bezeichnung alles Halbgebildeten und alles geistigen Parvenütums enthalten soll". Vgl. Wir und die anderen, in: Czernowitzer Tagblatt, Nr. 485, 11.09.1904, S. 1f.

kung eines direkten Personenzuges nach Dornawatra" und die „Herausgabe eines illustrierten Führers durch die Bukowina", umfassten.[9] Jenseits der ökonomischen Erwartungen an den touristischen Aufschwung veränderte sich der Diskurs, der das Interesse eines auswärtigen Publikums für den entlegenen Landzipfel an der russisch-rumänischen Grenze zu wecken hatte. Die Hervorhebung des pflanzlich-tierisch-menschlich Exotischen, des orientalisch Fremdartigen und folgerichtig der offensichtlichen kulturellen Distanz im Verhältnis zum „zivilisierten Westen" in den hauptsächlich geo- und ethnographisch konzipierten Darlegungen, deren Lektüre dazu führte, dass man trotz der seit 1866 bestehenden Eisenbahn zwischen Wien und Czernowitz eine Reise dorthin einer abenteuerlichen Entdeckungsexpedition gleichzusetzen pflegte, machte allmählich einer Argumentation Platz, die ausgerechnet die Gegensätze, die die „östliche" Differenz betonten, hintan stellte. Diejenigen, die in der Bukowina den ökonomischen Nutzen des modernen Fremdenverkehrs sehr früh erkannten und sich um die ersten touristischen Dienstleistungen bemühten, gehörten zu derselben sozialen Kategorie wie die anvisierte Kundschaft, die das weite Reisen als eine private, „zweckfreie" und mit Muße verbundene Aktion betrachtete. Die neue Darstellung beschrieb eine Bukowina, die ein bevorzugtes Reiseziel „westlicher" Besucher sein sollte und daher den homogenisierend modernen, die „westlichen" Metropolen nachahmenden Habitus, den sich die urbanen Schichten in der Bukowina anzueignen anstrebten, ebenfalls als „Ware" anbot. Sie unterstützte die Integration der lokalen Wirtschaftszweige in einen sich formierenden österreichischen Gesamtmarkt[10] und beeinflusste das bürgerlich geprägte Bukowiner Landesbewusstsein, das – parallel zu einem „Recht

---

9 Mittelmann, Hermann: Gemeinnütziges und Belletristisches, in: Porubsky, Franz/Mittelmann, Hermann: Heiteres und Ernstes aus der Bukowina. Czernowitz 1906, S. 153–283, hier S. 157–161. Bereits zwischen 1894 und 1896 erschien ein *Bukowinaer Curblatt* mit dem Untertitel „Saison-Zeitschrift für Bäder, Luftcurorte und Sommerfrischen der Bukowina" als Beilage der Czernowitzer *Bukowinaer Rundschau*.
10 Sandgruber, Roman: Ökonomie und Politik. Österreichische Wirtschaftsgeschichte vom Mittelalter bis zur Gegenwart. Wien 1995, S. 283–287. Zur Geschichte des Fremdenverkehrs in der Donaumonarchie vgl. Burkert, Günter R.: Der Beginn des modernen Fremdenverkehrs in den österreichischen Kronländern. Graz 1981. Zur Problematik der Bukowiner Wirtschaft vor dem Ersten Weltkrieg vgl. Buszko, Jozef: Zum Wandel der Gesellschaftsstruktur in Galizien und in der Bukowina. Wien 1976; Good, David: Der wirtschaftliche Aufstieg des Habsburgerreiches. Wien/Köln/Graz 1986.

auf *image*", wie es eben die Reaktion auf den Reisebericht in der *Neuen Freien Presse* dokumentiert – die institutionelle Gleichbehandlung mit den anderen Provinzen der Habsburgermonarchie einforderte. Im Vergleich zu den zahlreichen ethnographischen Beiträgen über die Bukowina, deren Beginn unmittelbar nach dem Anschluss der Provinz an Österreich 1774 durch eine umfangreiche, von General Gabriel Splényi von Miháldy redigierte Beschreibung des Landes und seiner Bewohner markiert wurde[11], ist die Bukowina erst relativ spät von den Reiseführern der ersten Hälfte des 19. Jahrhunderts entdeckt worden. Die 2. Auflage des *Handbuches für Reisende in dem österreichischen Kaiserstaate* von Rudolph von Jenny aus dem Jahr 1836 verzeichnet als Postkutschenrouten auch die Strecken von Lemberg nach Czernowitz und von Czernowitz über Suczawa (Suceava) und Bistritz (Bistriţa) bis nach Hermannstadt in Siebenbürgen (Sibiu)[12], wobei auch den Standorten Czernowitz und Suczawa recht informative Abschnitte gewidmet sind. Die Einbeziehung des geografisch entfernt vom Zentrum liegenden „Besitzes" der Habsburger in das Kommunikationsnetz der Donaumonarchie wurde damit sichtbar. Dass man mit dem Handbuch eine ganz andere Art von Leserschaft als diejenige der gelehrten Zeitschriften ansprechen wollte, deutet sich besonders in dem Versuch an, in den beiden Städtebildern die Divergenz zwischen der mehrfach zu beobachtenden ethnisch-kulturell-religiöse Verschiedenheit, und der für den „Westler" bekannten österreichischen Präsenz in Form von Bauwerken, die symbolisch für den Schutz vor möglichen Bedrohungen dieser fremden Welt zu sorgen hatten, auszugleichen. Der Bremer Stadtbibliothekar Johann Georg Kohl, der in jenen Jahren Russland und Polen sowie die Bukowina durchwanderte, illustriert diese neu einsetzende Art von Wahrnehmung eines zur farbigen Kulisse gezähmten „Ostens" aus der Perspektive eines nach Vergnügen und geborgenen Komfort suchenden Reisenden: In einer zunächst bedroh-

---

11 Splényi von Miháldy, Gabriel: Beschreibung der Bukowina. Czernowitz 1893.
12 Schmidl, Adolf: Reisehandbuch durch das Königreich Böhmen, Mähren, Schlesien, Galizien, die Bukowina und nach Jassy, in: Rudolph von Jenny's Handbuch für Reisende in dem österreichischen Kaiserstaate. Bd. 3. 2. Aufl., Wien 1936. Die Postkutschen-Strecken von Lemberg nach Czernowitz und von Czernowitz nach Hermannstadt werden hier sehr genau dargestellt; ebenfalls werden ausführliche Beschreibungen der Städte Czernowitz (S. 292) und Suczawa (S. 299) aufgenommen. Vgl. auch Corbea-Hoisie: Czernowitzer Geschichten, S. 13–29.

lich erscheinenden „natürlichen" Landschaft, die sich sowohl in der rauen Natur als auch in der Arbeitsscheu der Einheimischen widerspiegele, freut sich der Gast, die ihm vertrauten Zeichen der Zivilisation vorzufinden. Das Paradiesische eines Raumes, wo „der Honig [...] vo[m] Himmel [ricsclt] und die Butter [...] fix und fertig aus den Wolken herab[regnet]", genießt er, wohl wissend, dass die Felder „stark" bebaut sind, und dazwischen Orte liegen, deren „Physiognomie ganz die der kleinen deutschen Städte" ist, wobei Czernowitz ihm „nicht anders als eine Vorstadt von Wien" vorkommt, trotz (oder vielleicht sogar wegen) der Völkermelange von Deutschen, Ungarn, Polen, Armeniern, Juden und Wallachen, mit denen man fröhlich in den Wirtshäusern tafeln konnte.[13] Wenn dieser offensichtliche, von den begeisterten Kohl'schen Ausführungen überspitzte Topos von der Bukowina als einem „imaginierten Westen im Osten" eine wichtige Rolle für das politische Schicksal der Region spielte,[14] so war seine Wirkung auf den Fremdenverkehr allerdings erst einmal wenig spürbar. In der Edition von *Baedekers Reisehandbuch für Österreich* von 1846, in dem als östlichste Route innerhalb der Habsburgermonarchie jene von Krakau nach Lemberg angegeben wird, bleibt die Bukowina unerwähnt.

Die Kenntnisnahme eines wirtschaftlich immer interessanter werdenden Gebiets wurde nach dem Eisenbahnanschluss der Landeshauptstadt Lemberg an Wien unvermeidlich, umso mehr, als die Strecke Lemberg–Czernowitz bis zur rumänischen Grenze in Suczawa und zur russischen in Nowoselitza verlängert wurde, um eine direkte Verbindung zu den nächsten Zentren Jassy (Iași) und Bukarest bzw. Kischinew (Chișinău) und Odessa herzustellen.[15] Karl Emil Franzos' bekannte Beschreibung der Bahnreise von Wien nach Czernowitz im Jahr 1875, in der der damalige Feuilleton-Korrespondent der *Neuen Freien Presse* der „halb-asiatischen" Landschaft Galiziens mit ihren „ärmlichen Hütten" und dem „Mangel jeglicher Industrie und Kultur" den „prächtigen" Anblick der Stadt Czernowitz gegenüberstellte, wo man sich „wieder im Westen" fühle, hat „dies blühende Stücklein Eu-

---

13 Kohl, Johann Georg: Reisen im Inneren von Russland und Polen. Bd. 3. Dresden 1841, S. 1–17.
14 So z. B. bei der Entscheidung, die Provinz um Czernowitz 1848 von Galizien zu trennen und zum eigenen Kronland zu erheben. Vgl. Corbea-Hoisie: Czernowitzer Geschichten, S. 13–29.
15 Ziffer, Emanuel: Die Localbahnen in Galizien und der Bukowina im Anschlusse an die k.k. priv. Lemberg-Czernowitz-Jassy-Eisenbahn. Wien 1891–1908.

ropa" als einen beispielhaften Sieg des urbanen Mitteleuropa gegen den patriarchalisch-ländlichen Osten interpretiert.[16] Symptomatisch ist die Tatsache, dass zum Streitgegenstand zwischen fremden, meist deutschnational gesinnten Berichterstattern, die den Bukowiner „Osten" der österreichischen Öffentlichkeit noch als ethnisch fremd und widerspenstig vorführten, und verschiedenen Vertretern des liberalen deutsch-jüdischen Bürgertums in Czernowitz, die die „Europäisierung" in den Vordergrund rückten, ausgerechnet die angeblich vorherrschende Präsenz orthodoxer Juden im Czernowitzer Straßenbild wurde. Während die einen in Czernowitz einen Knotenpunkt des traditionell rückständigen Ostjudentums sahen, waren die anderen, wie z. B. Adolf Agay in seinem Reisebericht, davon irritiert. Selbst in den Baedeker-Editionen, die die Bukowina lediglich in den 1870er Jahren thematisieren und die in ihrer Behandlung verschiedener Aspekte – von der galizischen Landschaft rund um den Schienenweg nach Czernowitz („unförmiges Flachland und elende Ruthenendörfer")[17] bis zu den Preisen der Hotels in der Landeshauptstadt, deren urbane Wahrzeichen im Unterschied zu anderen Orten in Österreich „sämtlich neuen Ursprungs" seien[18] – nüchterner wirken, wird lange die Zahl der dort lebenden Juden, ähnlich wie in dem oben erwähnten Reisehandbuch von Schmidl aus dem Jahr 1836, gesondert von der gesamten Einwohnerzahl angegeben. Trotz ständiger Aktualisierungen des Czernowitz gewidmeten Vorstellungstextes in den folgenden Baedeker-Ausgaben, in dem die aus den modernen städtischen Landschaften vertrauten Elemente (Hotels, Cafés, Straßenbahn, Theater, Universität, Schiller-Denkmal, Austria-Monument) im Vergleich zu den Emblemen lokaler Fremdheit („interessante Volkstrachten")[19] überwiegen, wurde bis weit nach 1900 nicht auf den Hinweis auf die Juden – wenn auch in einer vageren Formulierung – verzichtet.

Ebenso deutlich artikuliert sich der Kontrast zwischen der intensiven Beschäftigung mit der „polyethnischen" Bevölkerung des Kronlandes einerseits und der auf ein Mindestmaß beschränkten Behand-

---

16 Franzos, Karl Emil: Von Wien nach Czernowitz, in: Aus Halb-Asien. Culturbilder aus Galizien, der Bukowina, Südrußland und Rumänien. Bd. 1. Leipzig 1876, S. 91–113, hier S. 113.
17 Österreich-Ungarn. Handbuch für Reisende von Karl Baedeker. 20. Aufl., Leipzig 1884, S. 322.
18 Ebd., S. 323.
19 Österreich-Ungarn nebst Cetinje, Belgrad, Bukarest. Handbuch für Reisende von Karl Baedeker. 29. Aufl., Leipzig 1913, S. 373.

lung derjenigen Aspekte, die mit dem kulturell-technologischen Fortschritt verbunden waren, andererseits in zwei anderen Werken: in dem 1899 erschienenen Bukowina-Band des *Kronprinzenwerkes*[20] und in dem 1907 von Hermann Mittelmann im Auftrag des *Landesverbandes für Fremdenverkehr* herausgegebenen *Illustrierten Führer[s] durch die Bukowina*.[21] Der Czernowitzer Autor, der zu jener „jüdischen Intelligenz" gezählt werden konnte, deren Verdienste er (bestimmt nicht zufällig) als „einen wichtigen Kulturfaktor im Lande" hervorhebt, begeisterte sich auch für die bisher ungeahnten Möglichkeiten, die Mobilität der Individuen durch technische Neuerungen zu erhöhen. Er träumte von einer Zahnradbahn von Kimpolung (Câmpulung Moldovenesc) bis auf den Berg Rarau (Rarău) und von Reisen, die binnen 30 Stunden von Czernowitz nach Klein-Asien führen sollten,[22] und er wies ziemlich früh auf die Bedeutung des Landesmuseums in Czernowitz oder der Bukowiner Klöster[23] als lokale Sehenswürdigkeiten hin. Vielleicht auch deswegen gelang es ihm, sein 150 Seiten starkes, mit vielen Inseraten bestücktes Büchlein recht modellhaft für die damals noch halbwegs in Regeln festgelegte Sachbuchgattung abzufassen: Der Diskurs wird völlig an die Erwartungen von meist bürgerlichen Konsumenten angepasst, die sich erfahrungsgemäß auf diese Weise zum Reisen in die Weite überzeugen ließen. Im Unterschied zum unpersönlich-„objektiven" Stil der Baedeker-Reiseführer verwendet der Autor in seiner „Bilder"-Abfolge eine Überredungsrhetorik, in der sich die beeindruckende Fülle der Einzelheiten mit dem enthusiastischen Ton ihrer Beschreibung mischt, um die Botschaft zu vermitteln, dass die Bukowina über alles verfüge, was sich ein damaliger Tourist an bewundernswerten Natur- und Kulturschätzen, und dazu noch an Bequemlichkeit und Sicherheit nur wünschen konnte – von „Sommerfrischen" bis zu „Jagdgelegenheiten" und von „Kirchen" (darunter auch die „mit Fresken verzierten") bis zum „Telephonwesen".

---

20 Die Österreichisch-Ungarische Monarchie in Wort und Bild. Bukowina. Wien 1899.
21 Mittelmann, Hermann: Illustrierter Führer durch die Bukowina. Czernowitz 1907/1908. [Nachdruck: Wien 2001].
22 Vgl. Mittelmann: Gemeinnütziges und Belletristisches, S. 167–170, S. 205–209.
23 Der für die künstlerische Pflege der Klosterkirchen Beauftragte des Bukowiner orthodoxen Religionsfonds war Hugo von Rezzori, der Vater des Schriftstellers Gregor von Rezzori.

Ob Mittelmanns Reiseführer dem Fremdenverkehr im Land tatsächlich diente, kann man nur erraten. Das plötzliche Interesse des damals noch jungen Geografen Johann Sölch, 1911 Czernowitz zu besuchen, spricht jedoch für den Trend einer wachsenden Integration der Region in das touristische Bewusstsein der Epoche vor dem Ersten Weltkrieg.[24] Gewiss ist allerdings die Tatsache, dass die Aufnahme von Czernowitz in die Liste der „besuchenswerten Orte und Touristenstationen" eines in den Jahren 1911 und 1912 veröffentlichten *Österreichisch-Ungarischen Reisehandbuchs* hauptsächlich der ständigen Verbesserung des Eisenbahnverkehrs zwischen der östlichen Provinz und dem Zentrum Wien zu verdanken war. Außer Czernowitz, das man vom Wiener Nordbahnhof aus in 18 Stunden sogar im Schlafwagen auf direktem Weg erreichen konnte, wird darin auch Dorna-Watra (Vatra Dornei), der Bade- und Kurort in den Waldkarpathen, erwähnt. Er wurde 1902 an das dichte Netz der Bukowiner Lokalbahnen angeschlossen[25] und in einer gesonderten Liste der Heilbäder u. a. gemeinsam mit Franzensbad, Karlsbad oder Marienbad verzeichnet. Das Reisehandbuch zeichnete ein positives Bild vom Ort: „mit allen modernen Einrichtungen versehene [...] elegante [...] Kuranstalten", „internationales Kurleben", „starker Touristenverkehr", „ueberall modernster Betrieb".[26] Die Informationslage über die Bukowina als touristisches Ziel hatte allerdings erhebliche Fortschritte zu verzeichnen: 1908 wurde als „Organ für die gesamten Interessen des Kurortewesens und zur Förderung des Fremdenverkehrs in der Bukowina" eine *Bukowiner Illustrierte Kurortenzeitung* veröffentlicht, während die in einem „Landesverband" vereinigten Hoteliers des Kronlandes kurz vor dem Ersten Weltkrieg eine *Bukowiner Gastgewerbe-Zeitung* herausgaben; in Czernowitz erschien zwischen 1911–1914 auch eine monatliche *Reise- und Verkehrszeitung*.

Die Strategie der für die damalige Zeit sehr insistenten Werbung für Dorna-Watra basierte ebenfalls auf der Unterstreichung der Effekte einer angeblichen Versöhnung zwischen den sich noch im wilden Zu-

---

24 Das Ergebnis dieser „Entdeckungsreise" war Johann Sölchs Artikel „Tschernowitz" (sic!), erschienen in: Deutsche Rundschau für Geographie 34 (1911/1912), S. 365–369.
25 Die Entwicklung des Eisenbahnnetzes der Bukowinaer Lokalbahnen. Wien 1902, S. 7–12.
26 Rosenstein, N. (Hg.): Österreichisch-Ungarisches Reise-Handbuch. Wien 1912, S. 210. Auf der dort angegebenen Liste der empfohlenen Hotels der Monarchie erscheint auch, neben zwei Hotels in Czernowitz („Schwarzer Adler" und „Zentral"), das „Bahnhotel" in Dorna-Watra (S. 373).

stand befindlichen Naturschätzen und dem zivilisatorischen Werk der österreichischen Verwaltung. Das sich wiederholende Motiv in den zahlreichen, von Arthur Loebel – dem Chefarzt der Badeanstalt, der an der Entwicklung des Kurortes entscheidend mitgewirkt hatte – verfassten Büchern und Broschüren über Dorna[27] war die Verknüpfung wohltuender Modernisierung und „der explosiven Elementargewalt der triebfähigen Naturkraft", wobei das Vorhaben „trotz mancher atavistischen Neigungen" der Lokalbevölkerung die „kleinlichen Rückständigkeiten" durchbrechen konnte.[28] Dorna-Watra entwickelte sich innerhalb einer relativ kurzen Zeitspanne, wenn man bedenkt, dass noch 1901 der „Wegweiser durch die Sommerfrischen Österreichs"[29] den Ort, der schon seit Mitte der 1880er Jahre „Badegäste" empfing, schlichtweg ignorierte. Die Bekanntheit der heilkräftigen Mineralquellen, die diejenigen von Marienbad, Franzensbad oder Bad Pyrmont zu übertreffen schienen, wuchs zügig dank einer klugen und mutigen Strategie der Markteroberung, die sich aller Mittel – vom systematischen Inserieren im deutschen Sprachraum[30] bis zu der Publikation eines *Dornaer Curblattes*[31] während der Badesaison – bediente. Von 1896 bis 1905 konnte dadurch die Zahl der Besucher auf bis zu 2.144 Personen vervierfacht werden,[32] wobei zwei Drittel von ihnen aus der Bukowina und Galizien, der Rest meist aus Rumänien und nur wenige

---

27 Vgl. u. a. Stahlbad Dorna (1885); Das Klima in Dorna (1886); Geschichtliche Entwicklung des Eisenbades Dorna nach archivalischen Studien (1895); Das Bukowinaer Eisenbad Dorna und seine Kurmittel (1900); Gewinnung und Verwendung der Dornaer Moore (1904); Die Rekonstruktionsepoche des Eisenbades Dorna (1906) usw.

28 Loebel, Arthur: Entwicklung, technische Einrichtung und therapeutische Bedeutung des Bades Dorna. Wien 1906, S. 1f.

29 Der *Wegweiser*, herausgegeben von Gustav Platt, war das „Zentralorgan für den gesamten Reiseverkehr Österreichs" und erschien zweimal pro Monat. Auch in dem als Beilage des *Fremdenblatts* erschienenen „Illustrierten Wegweiser durch die österreichischen Kurorte, Sommerfrische und Winterstationen", der sich allerdings auf die westösterreichischen Länder, einschließlich Dalmatien, Mähren und Schlesien konzentrierte, blieb Dorna-Watra bis 1909 unerwähnt.

30 Sogar in der Czernowitzer Zeitschrift *Die Wahrheit*, die gelegentlich Arthur Loebel mit antisemitischen Parolen angriff, stößt man auf Inserate der Dornaer Badeanstalten.

31 Die Österreichische Nationalbibliothek besitzt etliche Nummern der Publikation aus dem Jahr 1898, die als 5. Jahrgang angegeben wird. Auch in Lopuszna wurde 1894 versucht, unter dem Titel *Lopuszner Chronik* eine Zeitung für die Kurgäste zu publizieren.

32 Loebel: Entwicklung, S. 22f.

aus anderen Teilen der Donaumonarchie oder anderen Ländern stammten. Das Übergewicht mittelständischer Reisender unter dem Kurpublikum in Dorna-Watra³³ deutet abermals darauf hin, dass – wie es in der schwärmerischen Diktion Arthur Loebels heißt – „der kulturerweckende Fortschritt, die weltumspannende Verkehrstechnik", wodurch die urwüchsige Natur der Gegend, einschließlich ihrer Menschen, „bezwungen" werde,³⁴ dem „Badeplatz" ein interessantes Profil verlieh. Dieses zog insbesondere jene soziale Schicht an, die sich im Laufe des 20. Jahrhunderts zum Träger eines ökonomisch effizienten Tourismus entwickelte.³⁵

In der Bukowina vor dem Ersten Weltkrieg hatte der Fremdenverkehr erst eine Chance, als die Faszination der pittoresken „Wildromantik", die etwa das *Kronprinzenwerk* noch als Anreiz des Landes gepriesen hatte,³⁶ und seine symbolische Entfernung „von den volkreichen Städten"³⁷ Europas und ihrer technologisch bedingten Modernität an Bedeutung verloren hatten.

---

33 Während der Badesaison wurde wöchentlich eine „Kurliste von Dornawatra" zweisprachig (deutsch und rumänisch) veröffentlicht.
34 Loebel: Entwicklung, S. 23. Derselbe Autor beschreibt nicht ohne literarisches Pathos seinen ersten Besuch 1884 in der noch ganz den Naturmächten ausgelieferten Gegend „bei bedrohlich hängendem Massengewölk", vorbei „an den bleigrau verschleierten Gebirgskämmen, den menschenleeren Waldtälern, den traurigen und durch entblätterte und vertrocknete Baumäste trostlos aneinandergeketteten Bauernhöfen mit den lugfenstrigen, holzgefügten Bauernhütten und Viehstallungen, die in endlosen Zickzacklinien zwischen den parallellaufenden Höhenzügen, wie grabversenkte Särge" usw., in: Ders.: Die Reconstructionsepoche des Eisenbades Dorna. Leipzig/Wien 1899, S. 2.
35 Arthur Loebel bemühte sich kurz nach dem Ersten Weltkrieg, auch die Gunst der neuen rumänischen Behörden der Bukowina für den Badeort Dornawatra zu gewinnen. Er hielt u. a. am 25. Juli 1919 einen von der Presse vielbeachteten Vortrag in Czernowitz über „Die antituberkulösen Wertigkeiten der Dornaer kalk- und kieselsäurenhältigen Quellprodukte", vgl. Czernowitzer Morgenblatt, Nr. 377, 02.08.1919, S. 2.
36 Die Österreichisch-Ungarische Monarchie in Wort und Bild, Bukowina, S. 192. Die rasante Entwicklung des Fremdenverkehrs gerade in dieser für die Bukowina typischen Berglandschaft fand erst in dem Jahrzehnt vor dem Ersten Weltkrieg statt. Zu den Verdiensten des Forstrats Franz Bittner, damaliger Leiter des Touristenklubs, der 1919 von Pozoritta nach Brodina versetzt wurde, zählten die Errichtung „des Reptaschutzhauses auf dem Rareu, der Strasse durch Isvorul Alb", einer meteorologischen Station und eines „Alpengürtels", wie auch „unzählige[r] Wegemarkierung[en]" in den „Urwäldern", wodurch „tausende von Touristen in jene Berge gewandert sind". Vgl. Czernowitzer Allgemeine Zeitung, Nr. 645, 23.09.1919, S. 2.
37 Loebel: Entwicklung, S. 23.

Die Nation im Schaukasten

Binnentourismus und Nationswerdung auf der
Budapester Milleniums-Ausstellung 1896*

ALEXANDER VARI

Das Jahr 1896 wurde in der ungarischen Hälfte Österreich-Ungarns als das „große Jahr" begrüßt, in welchem „das konstitutionelle Ungarn das erste Jahrtausend seiner Existenz vollendet[e]", ein Ereignis, das die „nationale öffentliche Meinung" – den Blick gleichermaßen in die Vergangenheit wie auf die Gegenwart gerichtet – mit einer Industrieausstellung sowie mehreren ganzjährigen Festlichkeiten feiern wollte.[1] In Wahrheit stellte die Millenniums-Ausstellung den Höhepunkt der Bemühungen der autonomen Budapester Regierung nach dem Ausgleich von 1867 dar, aus dem Vielvölkergemisch eine magyarische Nation zu schmieden. Seit den 1890er Jahren standen in dem Staat, in dem sich weniger als die Hälfte der Bewohner selbst als Ungarn bezeichneten, ethnische Assimilationszwänge im Mittelpunkt der Nationsbildung.[2] Wenig beachtet wurde bislang jedoch die Verbindung

---

* Der Autor dankt Patrice M. Dabrowski und Thorsten Daum für wertvolle Kommentare und Anregungen.
1 Vgl. A „nagy esztendő' kezdetén, in: Vasárnapi Ujság, 05.01.1896.
2 Nach dem Zensus von 1891 umfassten diese 48,53 % der Bevölkerung von Ungarn. Die übrigen ethnischen Gruppen bestanden aus Deutschen (13,12 %), Slowaken (12,51 %), Rumänen (17,08 %), Ruthenen (2,50 %), Kroaten (1,28 %), Serben (3,27 %) und übrige (1,71 %). Der Zensus berücksichtigte nicht das kroatische Slawonien, jedoch die Stadt Fiume. Vgl. A Magyar Korona országaiban 1891 év elején végrehajtott népszámlálás eredményei. Bd. 1. Budapest 1893.

zwischen Tourismus und Nationswerdung anlässlich der Milleniums-Ausstellung. Neuere Arbeiten über den ungarischen Nationalismus betrachten diese als Teil eines breiten Diskurses und als Ideologie[3], sagen aber nur wenig darüber aus, wie sie zu ihrer Zeit konkret in die Praxis umgesetzt wurde. Mein zentrales Argument lautet, dass die Werbung des Ausstellungstourismus einen entscheidenden Faktor für die ungarische Nationswerdung darstellte. Die ungarische Geschichte und die zeitgenössischen Errungenschaften der magyarischen Nation wurden 1896 an Plätzen ausgestellt und gefeiert, die von zahlreichen ausländischen und einheimischen Besuchern aufgesucht wurden und an denen die nationalistische Propaganda wirksam werden konnte. Die Erbauer der Nation instrumentalisierten den Tourismus, um die ungarische nationale Identität zu stärken, die ethnische Assimilierung in der ungarischen Reichshälfte voranzutreiben und die Stellung Budapests als Hauptstadt zu stärken, von der aus die Segnungen der ungarischen Zivilisation in die entferntesten Winkel des Landes ausstrahlten. Zum Erreichen dieser Ziele war es notwendig, dass Budapest und die Ausstellung im *Városliget* (Stadtwäldchen) ständig im Blickfeld der Menschen blieben. Der Tourismus und damit verbunden die hohe Anzahl von Besuchern der Millenniums-Ausstellung waren die Säulen, auf denen der Erfolg des ganzen Unternehmens ruhte.[4]

TOURISMUSWERBUNG UND ANREIZE ZUM BESUCH DER MILLENIUMS-AUSSTELLUNG VON 1896

Die Milleniums-Ausstellung hatte mehrere Vorgänger, wobei die 1842 vom Industrieverein (*Országos Iparegyesület*) in Pesth organisierte erste Industrieschau einen vergleichsweise noch sehr bescheidenen

---

3   Vgl. Gyurgyák, János: Ezzé lett magyar hazátok. A magyar nemzeteszme és nacionalizmus története. Budapest 2007.
4   Nach den offiziellen Statistiken (zit. in: Révai Nagy Lexikona. Bd. 11. Budapest Révai Testvérek 1914, S. 590) wurde die Milleniums-Ausstellung zwischen dem 2. Mai und 3. November 1896 von 5,8 Millionen Besuchern gesehen. Diese Zahl schließt offensichtlich jene mit ein, die zu dieser Zeit in Budapest wohnten, ebenso wie jene, die die Ausstellung mehrfach besuchten, denn die Zahl der Reisenden, die aus ganz Ungarn nach Budapest kamen, wurde auf ungefähr 4 Millionen geschätzt. Vgl. Kőváry, László: A millennium lefolyásának története s a millenáris emlékalkotások. Budapest 1897.

Umfang hatte.⁵ Beide Veranstaltungen verbindet, dass sie in Zeiten eines übersteigerten Nationalgefühls stattfanden. Sie sollten demonstrieren, dass die heimische ungarische Industrie mit der starken Konkurrenz von Industrieerzeugnissen und Handelsgütern aus der österreichischen Reichshälfte und dem Ausland mithalten konnte. Nach der Einschätzung des Industrierates, der 1884 von Handelsminister Gábor Baross, zugleich dessen Vorsitzender, ins Leben gerufen worden war, konnte die ungarische Industrie allerdings noch nicht eine solche Leistungsfähigkeit vorweisen, um im Rahmen einer Weltausstellung⁶ mit ausländischen Produkten Schritt halten zu können. Daher entschied die Regierung, dass auf der Ausstellung, die am 2. Mai 1896 eröffnet wurde, nur in Ungarn, Kroatien bzw. Slawonien und Bosnien-Herzegowina produzierte Waren ausgestellt werden sollten.⁷

Obwohl es sich um kein internationales Ereignis handelte, wurde die Milleniums-Ausstellung im Ausland mit beträchtlichem Aufwand beworben. Mehr als zehn Millionen Briefmarken mit den Porträts der Fürsten der sieben ungarischen Stämme, die sich der Legende nach 896 in Ungarn niedergelassen hatten, wurden ab Oktober 1895 in Umlauf gebracht, und praktisch jeder Brief ins Ausland wurde damit frankiert.⁸ Mehr als eine Million Postkarten mit Motiven aus der ungarischen Geschichte, Sehenswürdigkeiten und öffentlichen Gebäuden Budapests sowie repräsentativen Bauwerken der Ausstellung wurden in die ganze Welt gesendet. Eine ähnlich hohe Anzahl von Etiketten, die für die Ausstellung warben, war auf für den Export bestimmten Wein-, Sekt-, Cognac-, Bier- und Mineralwasserflaschen sowie Pralinenschachteln angebracht. Weiters wurden für diesen Anlass mehr als eine Million Bögen Briefpapier mit 30 verschiedenen Motiven von Bauwerken der Ausstellung gedruckt und an die wichtigsten Finanz-

---

5 Zur Geschichte der Industrieausstellungen zwischen 1842 und 1896 in Ungarn vgl. Alice Freifeld, Marketing Industrialism and Dualism in Liberal Hungary: Exhibitions, 1842–1896, in: Austrian History Yearbook 29 (1998), S. 63–91.
6 An dieser Stelle sei angemerkt, dass es in den Jahren 1890 und 1891 verschiedentlich Vorschläge gab, das Millennium in Form einer Weltausstellung zu begehen. Für einen der bemerkenswerteren Vorstöße vgl. Zichy, Jenő: Országos vagy világkiállítás kell-e nemzetünk ezeréves ünnepére? Budapest 1891.
7 Matlekovits, Sándor (Hg.): Magyarország közgazdasági és közművelődési állapota ezeréves fennálásakor és az 1896 ezredéves kiállítás eredménye. Bd. 3. Budapest 1897, S. 2f.
8 Ebd., S. 167.

und Handelsunternehmen geschickt mit der Bitte, diese für die internationale Korrespondenz zu verwenden.[9] Aus den verwendeten Bildern und Symbolen wird die Absicht deutlich, die übrige Welt über die historischen Wurzeln und die modernen Errungenschaften der ungarischen Nation aufzuklären.

Im Dezember 1895 wurde in Budapest im Vorfeld der großen Ausstellung eine internationale Eisenbahnkonferenz abgehalten, an der 64 Reiseveranstalter teilnahmen. Auf dieser war man übereingekommen, dass Personen, die von deutschen, dänischen, holländischen, norwegischen, schwedischen, englischen, französischen, italienischen, belgischen, serbischen, rumänischen, bulgarischen und weiteren osteuropäischen Eisenbahnstationen aus nach Budapest reisten, zwischen 30 und 50 % Ermäßigung auf den Fahrpreis erhalten sollten. Ähnliche Rabatte wurden Reisenden gewährt, die per Bahn aus der österreichischen Reichshälfte oder Bosnien-Herzegowina nach Budapest kamen. Außerdem wurden mehrere Sonderzüge für die Wiener Mitglieder des Demokratischen und des Liberalen Klubs sowie für die Teilnehmer eines anlässlich der Ausstellung stattfindenden internationalen Kongresses angemietet.[10] Um ausländischen Besuchern die Prüfung der ausgestellten Produkte zu erleichtern, wurde der offizielle Ausstellungskatalog ins Deutsche und Französische übersetzt.[11]

Gleichzeitig unternahm man umfangreiche Anstrengungen, um die ländliche Bevölkerung in die Ausstellung zu locken. Die Ungarische Staatseisenbahn senkte die Fahrkartenpreise auf allgemein erschwingliche Sätze. Personen, die nach Budapest fuhren, um Kongresse, Konferenzen und andere Festereignisse zu besuchen, bekamen spezielle Rabatte. Weitere Ermäßigungen gab es für die Mitglieder von Gewerbevereinen und ländlichen Genossenschaften, wenn sie in Gruppen anreisten. Ähnliche Anreize galten für Grundschullehrer aus dem ganzen Land, wenn sie gemeinsam mit einer Gruppe von mindestens zehn Schülern die Eisenbahn benutzten. Zusätzlich konnten Lehrer mit einem jährlichen Gehalt von unter 400 Forint Freifahrten beanspruchen.[12]

Bauern und Arbeiter gehörten ebenso zu den Zielgruppen: Um arme Landarbeiter und Tagelöhner aus dem ganzen Land anzulocken

---

9 Ebd., S. 168.
10 Ebd., S. 146.
11 Ebd., S. 144.
12 Ebd., S. 144f.

und deren Unterbringung zu ermöglichen, wurden auf Staatskosten in unmittelbarer Nähe des Ausstellungsgeländes fünf große Holzbaracken errichtet, in denen je 250 Personen nächtigen konnten. In der Barackensiedlung konnten Mitglieder der einkommensschwachen Schichten günstige Mahlzeiten kaufen. Landarbeiter, die auf Empfehlung lokaler Beamter, Lehrer oder Priester anreisten, bekamen verbilligte Eintrittskarten und diejenigen, die kein Ungarisch beherrschten, erhielten Führungen in ihrer jeweiligen Muttersprache. Rund 80.000 Bauern und Tagelöhnern wurde auf diesem Wege der Besuch der Ausstellung ermöglicht.[13] Um weiteren Besuchern mit beschränkten finanziellen Mitteln den Aufenthalt zu ermöglichen, wurden Klassenräume in Budapester Schulen in billige Übernachtungsstuben umgewandelt.[14] Besuchergruppen, deren Mitglieder der Unterschicht angehörten, strömten während der Ausstellung von Mai bis November 1896 aus allen Ecken Ungarns in die Hauptstadt – monatlich bis zu 30.000 Menschen.[15]

DIE NATIONALISIERUNG DER MASSEN: BINNENTOURISMUS AUF DER MILLENIUMS-AUSSTELLUNG

Die Tatsache, dass zahlreiche Menschen aus dem ganzen Land und den verschiedensten Gesellschaftsschichten angezogen wurden, schürte bei der Regierung Hoffnungen, nicht nur einen repräsentativen Querschnitt der ungarischen Bevölkerung in die Hauptstadt zu bringen, sondern durch diesen Tourismus auch die Idee einer „imagined community" zu nähren. Die Gebäude und Pavillons der Milleniums-Ausstellung sollten zu bevorzugten Zielen für alle Reisenden werden. Hier erlebten die Touristen als Massenpublikum die Botschaft der Nationswerdung, einerseits in den historischen und industriellen Bauwerken der Ausstellung, die Beispiele für die Bedeutung der ungarischen Geschichte und die wirtschaftliche Leistungsfähigkeit der Nation darstellten, andererseits bei den historischen Festzügen und Feierlichkeiten in Budapest und an anderen Orten.

---

13 Ebd., S. 155–157.
14 Ebd., S. 147.
15 Vgl. die statistische Darstellung für September 1896 in: ebd., S. 161–163.

Die Versammlungen der unterschiedlichsten historischen Vereine und Berufsverbände, die 1896 in der Hauptstadt stattfanden, wurden ebenso vor den Karren des Projekts der Nationswerdung gespannt. Einige dieser Treffen hatten eine klare nationalistische oder militaristische Ausrichtung – mit einem Akzent auf der körperlichen Ertüchtigung für die Herausforderungen der Zukunft –, wie z. B. der große Turnerwettbewerb, der am 2. und 3. Juni in Budapest stattfand. An diesen beiden Tagen zogen 600 junge Turner eine große Menge Schaulustiger aus Budapest und der Provinz an.[16] Tausende Zuschauer verfolgten den Umzug der Turner in ihren Schuluniformen und mit ungarischen Fahnen, begleitet von den Trompeten und Pauken einer Militärkapelle, auf den neuen Budapester Boulevards. Der Schauwettbewerb lockte viele Besucher an, da er auf einem eigens dafür bestimmten Areal in der Nähe des Ausstellungsgeländes stattfand.[17] Die Exkursion von rund 1.000 Schülern aus dem Komitat Torontál, dessen Bewohner mehrheitlich deutsch-, serbisch- und rumänischsprachig waren, am 16. Juni zur Ausstellung und weitere, die noch folgen sollten, wurden als bedeutender Schritt auf dem Weg zur Assimilation der nichtmagyarischen Minderheiten im Lande gefeiert.[18]

Die vom Zentrum der Nation wie von einem Magneten angezogenen Touristenströme fanden ihr Gegenstück in den Reisen von Regierungsvertretern aufs Land und in die Grenzregionen, um der Einweihung von Millenniums-Denkmälern beizuwohnen. Ermöglicht wurden diese Reisen durch ein dichtes Schienennetz, das seit den 1890er Jahren ganz Ungarn überzog und praktisch jede Stadt und Ortschaft mit der Hauptstadt verband. Um die Tausendjahrfeier der Ankunft der sieben Stämme und deren Landnahme in der ungarischen Tiefebene feierlich zu würdigen, beschloss man, fünf Gedenksäulen an den um 1900 bestehenden Grenzen des Landes (bei Dévény, Brassó, Munkács, Zimony und am Berg Zobor in der Nähe von Nyítra) sowie zwei weitere im Landesinnern, bei Pannonhalma und Pusztaszer, zu errichten. Pusztaszer war der Überlieferung nach der Ort, an dem die erste Versamm-

---

16 Die Begeisterung für solche Turnveranstaltungen war nichts Neues in Österreich-Ungarn. Die tschechische Sokol-Bewegung etwa nutzte in Böhmen öffentliches Schauturnen erfolgreich, um ihre Ziele der Nationswerdung anlässlich der Jubiläums-Industrieausstellung des Jahres 1891 in Prag zu bewerben. Vgl. Nolte, Claire: The Sokol in the Czech lands to 1914: Training for the Nation. Basingstoke 2002.
17 Az ország ifjúsága Budapesten, in: Vasárnapi Ujság, 07.06.1896.
18 Ezer iskolás gyermek, in: Vasárnapi Ujság, 21.06.1896.

lung der magyarischen Stämme abgehalten wurde. Der Sinn dieser neu geschaffenen *lieux de mémoire* galt nicht nur dem Gedenken an diese Ereignisse, sondern auch der Markierung und symbolischen Inbesitznahme jener Landstriche, welche die Magyaren 896 erobert hatten. Die Enthüllung der einzelnen Monumente zog sich vom Sommer bis in den Herbst des Jahres 1896 hinein. Jeder dieser Festakte veranlasste nicht nur zahlreiche Amtsträger und Touristen, nach Pusztaszer und in die anderen Orte zu reisen, sondern löste auch jedes Mal eine Welle lokaler Ausflugsaktivitäten aus.

Die Nationalisierung der Massen sollte durch die räumliche und geografische Gestaltung gestärkt werden. Während große internationale Ausstellungen mit ihren Länderpavillons die Illusion der großen Welt an einem Ort erzeugten, versuchten die Organisatoren der Millenniums-Ausstellung von 1896 einen ähnlichen Effekt zu erzielen, indem sie alle Regionen nach Budapest holten. Ein Ausstellungsdorf (*A kiállítás faluja*), das aus einem Freilichtgelände mit mehr als 20 Gebäuden unterschiedlicher regionaler Baustile bestand, stellte das Land mitten in der Hauptstadt exemplarisch nach.[19] Obwohl die Besucher hier – als Ausdruck der ethnischen Vielfalt des Landes – nicht nur magyarische, sondern auch siebenbürgendeutsche, donauschwäbische und slowakische Bauernhäuser besichtigen konnten, drückten die monumentalen Gebäude der Ausstellung und der sie umgebenden modernen Hauptstadt die kulturelle Überlegenheit der magyarischen Kultur gegenüber allen ethnischen Minderheiten im Lande aus.

Ein weiteres Instrument zur Magyarisierung war ein farbenprächtiger historischer Umzug am 8. Juni 1896. An diesem Tag zogen mehr als 1.000 Angehörige des Adels sowie Repräsentanten aus 89 Landkreisen auf Pferden und in zeremonielle ungarische Gewänder (*díszmagyar* – Nationaltracht aus vorhabsburgischer Zeit) gekleidet von Buda nach Pesth. Der Festumzug wurde von mehreren hunderttausend Zuschauern verfolgt, von denen viele eigens zu diesem Ereignis angereist waren.[20] Durch die historischen Trachten der Teilnehmerinnen und Teilnehmer sowie die Zurschaustellung der Komitate wollten die Veranstalter die Bedeutung der ungarischen Geschichte und die Traditionen der verschiedenen Regionen hervorheben. Die Route führte

---

19 Für eine zeitgenössische ethnografische Beschreibung des Dorfes vgl. Jankó, János: Az ezredéves országos kiállítás néprajzi faluja. Budapest 1897.
20 A mi díszmenetünkről, in: Vasárnapi Ujság, 21.06.1896.

durch die Innenstadt, vorbei an älteren Bauwerken, wie z. B. der Széchenyi-Kettenbrücke, und solchen, die erst kurz zuvor für die Milleniumsfeiern fertig gestellt worden waren, etwa das Parlament und die Mátyás-Kirche, und bot auf diese Weise eine wirkungsvolle Kombination von Motiven der Nationswerdung, Großstadttourismus sowie buntem Spektakel. Sie sollte nicht nur den magyarischen Charakter des Landes, sondern auch die Modernität der Hauptstadt betonen.

HERAUSFORDERUNGEN DER NATIONSWERDUNG: VERGNÜGUNGSPARKS UND DIE HABSBURGERDYNASTIE

Der Plan der national orientierten Organisatoren, die Milleniums-Ausstellung in den Dienst der Magyarisierung des Landes zu stellen, zog Schwierigkeiten nach sich. Eine davon ergab sich aus der dualen Rolle Franz Josephs als Kaiser von Österreich und König von Ungarn sowie aus dem Status des Landes als Teilstaat der 1867 gegründeten Doppelmonarchie Österreich-Ungarn.[21] Die feierliche Eröffnung und der Abschluss der Ausstellung sowie etliche Festveranstaltungen fanden im Beisein Franz Josephs und zahlreicher anderer Mitglieder des Herrscherhauses statt. Den ungarischen Nationalisten machten sie ihre Anwesenheit bei den Millenniumsfeiern schmackhaft, indem sie oft in ungarischer Nationaltracht auftraten. Um von der Tatsache abzulenken, dass Ungarn kein eigenständiger Staat, sondern nur ein Teil eines föderalen Gebildes war, betonte die Presse unentwegt, wie der König, die Königin, die Erzherzöge und andere Mitglieder der königlichen Familie an den Feiern regen Anteil nähmen. Der König wurde für seine Schirmherrschaft über die Millenniumsfeiern, seine Teilnahme an den Feierlichkeiten sowie seine zahlreichen Besuche der Ausstellung

---

21 Zur ausführlichen Diskussion über die konfliktgeladene Beziehung zwischen Franz Joseph und den Ungarn bis zum Jahr 1867 sowie dessen spätere öffentliche Wahrnehmung als König von Ungarn während des Dualismus vgl. Gerő, András: Emperor Francis Joseph, King of the Hungarians (East European Monographs, DLXVI). New York 2001. Zur wirtschaftlichen und politischen Rolle Ungarns innerhalb der Doppelmonarchie vgl. Hanák, Péter: Magyarország a Monarchiában: Tanulmányok. Budapest 1975.

unablässig gelobt.[22] In einem Zeitungsartikel wurde er sogar als der „eifrigste und aufmerksamste Besucher" der Ausstellung bezeichnet.[23] Eine weitere Herausforderung sahen die Organisatoren, die einen ausschließlich ungarischen Charakter der Milleniums-Ausstellung und -feiern wünschten, in der Initiative privater Unternehmer, den Städtern und Touristen in zwei großen Vergnügungsparks, die ebenfalls 1896 eröffnet wurden, das Fremdländische und Exotische darbieten zu wollen. Der eine Park, *Ős-Budavára* (Alte Festung von Buda), war eine Art Themenpark, der die Stadt in ihrem Zustand unter der türkischen Herrschaft von 1540 bis 1686 wiedererstehen ließ. *Ős-Budavára* lag in unmittelbarer Nähe des Ausstellungsgeländes und war mit diesem durch eine Hängebrücke verbunden. Der Park wurde am selben Tag eröffnet und zog bald ebenso viele Besucher an wie die offizielle Ausstellung. Mitglieder des ungarischen Parlaments kritisierten *Ős-Budavára*, weil die wenig heroische Zeit der türkischen Fremdherrschaft der Nation einen schlechten Dienst erweise.[24]

Der andere Vergnügungspark, *Konstantinápoly Budapesten* (Konstantinopel in Budapest), lag viel weiter südwestlich vom Millenniumsgelände, im Stadtteil Lágymányos auf der anderen Seite der Donau. Die Besucher gelangten sehr bequem entweder mit dem Dampfboot von der Pesther Seite über den Fluss oder mit dem Zug oder der Tramway aus anderen Stadtteilen dorthin. Im Gegensatz zu *Ős-Budavára*, wo trotz osmanischer Architektur und Szenerie mit Muezzins und Derwischen ein großes ungarisches Orchester unter der Leitung von János Serly in ungarischer Nationaltracht täglich Lieder aus der Zeit des Unabhängigkeitskrieges gegen die Habsburger unter Franz Rákóczi II. spielte[25], zog *Konstantinápoly Budapesten* seine Besucher hauptsächlich durch internationale Sensationen an. Abgesehen von der Nachschöpfung des Zentrums des Osmanischen Reiches an den Ufern der Donau forderte *Konstantinápoly Budapesten* vor allem die Puristen magyarischer Kultur heraus: Touristen fanden dort Gelegenheit, italienischen Straßensängern zu lauschen, orientalische Bauchtänzerinnen

---

22 Nach Sándor Matlekovits besuchte Franz Joseph das Gelände 13 Mal. Die meisten dieser Besuche fanden in der Zeit vom Mai bis zum Juni sowie im Oktober 1896 statt. Vgl. Matlekovits, Magyarország közgazdasági és közművelődési állapota, S. 230.
23 A király a kiállításon, in: Vasárnapi Ujság, 21.06.1896.
24 Vgl. Kepviselőházi Napló, 659 országos ülés, 03.10.1896, S. 196.
25 Serly zenekara Ős-Budaváraban, in: Vasárnapi Ujság, 09.08.1896.

zu bewundern, spanische und kongolesische Ballettdarbietungen zu verfolgen, die ersten Kinofilme zu sehen sowie auf Mauleseln, Kamelen oder Elefanten zu reiten.[26]

Wie Peter Fritzsche mit Blick auf das Berlin um 1900 schrieb, boten in der Hauptstadt des wilhelminischen Deutschland „[...] die Ausbreitung und die homogenisierenden Effekte kommerzialisierter Massenkultur eine plausible Alternative zu dem radikalen nationalen Projekt"[27]. Mit den Attraktionen *Ős-Budavára* und *Konstantinápoly Budapesten* erlebte Budapest 1896 eine ähnliche Situation. Die Nationalisten sahen mit wachsendem Unmut die negativen Folgen ihrer Strategie, den Ausstellungstourismus in Sinne der Nationswerdung zu nutzen.

SCHLUSSFOLGERUNG

Im 19. Jahrhundert waren es „nationale Rituale und Zeremonien, Bücher und Zeitungen, Symbole und Geschichten, Landkarten und Postkarten, Reisen und Ausstellungen, die erfolgreich unterschiedliche und nicht selten widersprüchliche Vorstellungen" nationaler Identität in den ethnischen Gruppen und Völkern Europas verankert hatten.[28] Diese Mittel bildeten des Weiteren wichtige Werkzeuge für die Erbauer der ungarischen Nation. In den 1890er Jahren hofften nationalistische Vereine, wie z. B. *Magyar Turista Egylet* (Ungarische Tourismus-Vereinigung), Interesse für die nationale Identität bei den ungarischen Landsleuten zu wecken, indem man sie ermunterte, jeden fernen Winkel des Landes zu bereisen.[29] Ebenso hätten die Millenniums-Ausstellung und die sie begleitenden Feierlichkeiten ohne die enge Allianz zwischen Tourismus und *Nation-Building* nicht zu einem Hö-

---

26 Vgl. die Werbeanzeigen für Konstantinápoly Budapesten, in: Vasárnapi Ujság, 26.07.1896 und 02.08.1896.
27 Vgl. Fritzsche, Peter: Reading Berlin 1900. Cambridge, MA 1996, S. 133.
28 Berger, Stefan: Ethnic Nationalism Par Excellence? Germany 1789–1914, in: Baycroft, Timothy/Hewitson, Mark (Hgg.): What is a Nation? Europe, 1789–1914. Oxford 2006, S. 42–62, hier S. 58.
29 Vgl. mein Kapitel From Friends of Nature to Tourist-Soldiers: Nation Building and Tourism in Hungary, 1873–1914, in: Gorsuch, Anne/Koenker, Diane (Hgg.), Turizm: The Russian and Eastern European Tourist under Capitalism and Socialism. Ithaca, NY 2006, S. 64–81.

hepunkt in der Geschichte des ungarischen Nationalismus werden können. Obwohl die Millenniums-Ausstellung und -feiern 1896 in Budapest wegen ihres starken nationalen Akzents nicht den Stellenwert eines internationalen Großereignisses erreichten[30], zogen sie Millionen ethnischer (Magyaren) und nicht-ethnischer Ungarn an, wobei insbesondere der Zustrom letzterer mittels staatlicher Hilfe angeregt und finanziell unterstützt wurde. Die Organisatoren der Ausstellung wollten die Bedeutung der ungarischen Geschichte ebenso wie die Modernität von Budapest betonen, indem sie die Hauptstadt und die kulturellen, wirtschaftlichen und technischen Errungenschaften Ungarns in der Millenniums-Ausstellung als nachahmenswertes Modell für den Rest des nach wie vor größtenteils multiethnischen Landes präsentierten. Der Tourismus in der Hauptstadt und zur Millenniums-Ausstellung wurde auf diese Weise zu einem mächtigen Instrument für die Nationalisierung der magyarischen und nichtmagyarischen Massen. Die Architekten einer ungarischen Nation benutzten die Anwesenheit von mehreren Millionen Besuchern und moderne Marketingstrategien, um die Größe ihrer Geschichte, die Leistungen der Wirtschaft sowie die Modernität der ungarischen Hauptstadt gekonnt in Szene zu setzen. Sie erreichten ihr Ziel, indem sie Budapest zu einem attraktiven Schauobjekt für die reisenden Massen machten.

Aus dem Englischen von Josef Schiffer

---

30 Die Gesamtanzahl von 152.567 Gästen, die 1896 in den Budapester Hotels registriert wurde, lag weit unter den ursprünglichen Erwartungen. Die meisten dieser „Fremden" waren tatsächlich Touristen aus Ungarn oder der österreichischen Reichshälfte, während die meisten anderen Länder nur in Größenordnungen von 10.000 bis 15.000 Besuchern vertreten waren. Vgl. Révai Nagy Lexikona. Bd. 4. Budapest 1912, S. 50.

Die Badekultur und die Badevereine als Träger des Tourismus am Süd-Balaton (1890-1944)

SÁNDOR BŐSZE

Obwohl der Balaton (Plattensee) bereits in der ersten Hälfte des 19. Jahrhunderts für den Tourismus „entdeckt" worden war, gab es dort damals lediglich zwei Ortschaften mit geringer touristischer Infrastruktur, nämlich Füred und Keszthely. Der See wurde erst seit den 1880er Jahren verstärkt von Badetouristen aufgesucht, und um diese Zeit begann auch der Ausbau der später beliebten Badeorte: der Begriff „Seegegend" erlebte nach der Jahrhundertwende eine rasche Ausdehnung. Nach dem Ersten Weltkrieg nahm der Anteil des Balaton am ungarischen Tourismus immer mehr zu.[1] In dieser dynamischen Entwicklung spielten die diversen Vereine und Gesellschaften eine erheblich Rolle, von denen insbesondere die Badevereine zur Förderung des „Balaton-Kultes" beitrugen.

Sozialer Hintergrund der Entstehung dieser Badekultur war die Herausbildung einer modernen Freizeitkultur als Bestandteil der bürgerlichen Lebensform. Darüber hinaus bedurfte es des Vorhandenseins sozialer Schichten bzw. Berufsgruppen, wie z. B. Rechtsanwälte, Offiziere, Gymnasiallehrer, Universitätsprofessoren, Beamte in höheren Besoldungsgruppen, die über ausreichende Freizeit, entsprechende Bedürfnisse und finanzielle Möglichkeiten verfügten. Es gibt gute Grün-

---

1 Wlassics, Tibor (Hg.): Balatoni kalauz [Balaton-Reiseführer]. Budapest 1925, S. 111.

de für die Annahme[2], dass die Pflege des Balaton-Kultes an der Schnittstelle diverser nationaler, regionaler und lokaler Interessen lag, die einander verstärkten und neue Energien freisetzten. Eine dieser Schnittstellen waren die Badevereine. Im Untersuchungszeitraum wurden in den drei Komitaten um den See nicht weniger als 58 Badevereine gegründet[3]: in Somogy: 24, in Veszprém: 13 und in Zala: 21. Während man in Somogy und Veszprém in allen Ortschaften um den See einen Badeverein ins Leben rief, gab es in sieben See-Gemeinden des Komitats Zala keinen derartigen Verein. Bis Ende des 19. Jahrhunderts war die Badekultur des Nordufers viel besser entwickelt als die des Südufers, doch dies begann sich um die Jahrhundertwende zu ändern.[4] Grund dafür war eben die Gründung von Badevereinen. Die ersten entstanden zwischen 1894 und 1902 am Südufer (Balatonboglár, Balatonföldvár, Balatonberény, Balatonkeresztúr, Fonyód). Sie setzten sich „die Förderung der Entwicklung der Badeorte" und „die Vertretung der Interessen der Badegäste" zum Ziel.[5] Ihre Satzungen unterschieden sich freilich in den

---

2   Bősze, Sándor: Egyesülettípusok a dualizmus kori Somogyban [Vereinstypen im Komitat Somogy zur Zeit des Dualismus], in: Kanyar, József (Hg.): Somogy megye múltjából [Aus der Vergangenheit des Komitats Somogy]. Kaposvár 1987, S. 279.
3   Somogy Megyei Levéltár [Komitatsarchiv Somogy] (im Folgenden: SML) Egyesületi alapszabályok gyűjteménye [Sammlung der Vereinssatzungen] (im Folgenden: E. asz.); Akten des Vizegespans (im Folgenden: ai.) 764/1905, 2897/1907, 2389/1923, 24257/1929, 6182/1934, 2833/1940, 14869/1940; Fonyód-Bélatelepi Fürdőegyesület [Akten des Badevereins (im Folgenden: BV) Fonyód-Bélatelep] (im Folgenden: Fonyód-Bélatelepi); Briefwechsel (im Folgenden: L) 1933, B.boglári Fe. iratai [Akten des BV Balatonboglár]; B.máriafürdő képviselő-testületi jegyzőkönyv [Protokolle des Gemeinderates von Balatonmáriafürdő] (im Folgenden: képvt. jkv.) 26. kgy/1931; Tóth, Lajos/Sági, Ernő Miklós (Hgg.): Balatoni könyv és balatoni címtár [Adressbuch Balaton]. Budapest 1940, S. 97–129; Andrássy, Antal: Boglárlelle az ellenforradalmi rendszer idején (1919–1944) [Boglárlelle zur Zeit des konterrevolutionären Systems (1919–1944)], in: Laczkó, András (Hg.): Boglárlelle. Boglárlelle 1988, S. 280; Szaplonczay, Manó: A somogyi Balaton-part községei, mint nyaraló és fürdőhelyek [Die Gemeinden am Somogyer Balatonufer, als Freien- und Badeorte]. Kaposvár 1896, S. 13.
4   Szaplonczay: A somogyi Balaton-part községei, S. 10; Gertig, Béla: A Balaton déli (somogyi) partja üdülővendég-forgalmának alakulása [Die Entwicklung des Fremdenverkehrs am Südufer (Somogy) des Balaton]. Földrajzi Értesítő 15. 1964. 4, S. 474.
5   SML. ai. 24257/1929, 14869/1940. Alle im Original ungarischen Zitate wurden vom Verfasser ins Deutsche übertragen. – Zu den Badevereinen siehe Bősze: Egyesülettípusok, S. 279; Bősze, Sándor: A Somogy megyei egyesületek története a dualizmus idején [Die Geschichte der Vereine im

Zielsetzungen. In Balatonszemes legte man beispielsweise großen Wert auf die Verbesserung des öffentlichen Gesundheitswesens,[6] der Badeverein von Balatonboglár hatte die Absicht,

> das Gefühl der Zusammengehörigkeit in der Feriensiedlung zu pflegen, das Wohlbefinden der Urlauber zu fördern [...] und sich um all jene [...] Bedürfnisse zu sorgen, die auf die Förderung und Verschönerung von Boglár als Badesiedlung zielen und zur Entwicklung zum ordentlichen Badeort geeignet sind.[7]

Da sich die Lage des Landes bzw. der Seegegend nach 1918 grundsätzlich veränderte, wurde es notwendig, die Satzungen älterer Badevereine den neuen Umständen anzupassen. Sie wurden nach 1929 in erster Linie deswegen modifiziert, weil der ungarische Innenminister die Befugnisse und Aufgaben der Ferienorts-Kommissionen auf die jeweiligen Ausschüsse übertrug.[8] Auch mehrere Badevereine erhielten

---

Komitat Somogy zur Zeit des Dualismus], in: Kanyar, József (Hg.): Somogy megye múltjából. Kaposvár 1985, S. 406; Bősze, Sándor: A délbalatoni fürdőegyesületek történetéből (1890–1944) [Aus der Geschichte des Badevereine am Südbalaton (1890–1944)], in: Kanyar, József (Hg.): Somogy megye múltjából. Kaposvár 1989, S. 218; Kanyar, József: Fonyód fürdőkultúrájának történeti korszakai [Die historischen Epochen der Badekultur von Fonyód], in: Ders. (Hg.): Fonyód története [Geschichte von Fonyód]. [Fonyód] 1985, S. 183. Siehe auch: Balatonszemesi Fürdőegyesület [Badeverein Balatonszemes]. Centenáriumi Emlékkönyv. [Budapest] 2009; Kovács, Emőke: A 19. századi Balaton világa [Die Welt des Balaton im 19. Jahrhundert]. Budapest 2010; Bősze, Sándor: Die Rolle der Vereine im Leben der ungarischen Gesellschaft im 19. und 20. Jahrhundert, in: Zeitschrift des Historischen Vereins für Steiermark 10 (2009), S. 445–460; Halász, Imre: Somogy turizmusáról „*Az utas könyve*" turisztikai kínálata alapján [Über den Tourismus in Somogy anhand des touristischen Angebotes in „Das Buch des Reisenden"], in: Bősze, Sándor (Hg.): Somogy megye múltjából. Kaposvár 2005, S. 217–227; Kúcs, Márta: A dél-balatoni fürdőkultúra fejlődése a polgári korban, különös tekintettel a fürdőegyesületek szerepére [Die Entwicklung der Badekultur am Südbalaton in der bürgerlichen Epoche, unter besonderer Berücksichtigung der Rolle der Badevereine]. Magisterarbeit. Pécs 2001.
6   Satzungen des BV B.szemes. Budapest 1909.
7   SML. ai. 764/1905.
8   Im Sinne der damals gültigen Rechtsnormen fungierten die Ausschüsse der Badevereine auch als Ferienorts-Kommissionen, und als solche verwalteten sie die Einnahmen des Badeortes. Sie erhoben außerdem Gebühren am Ferienort und entschieden über ihre Verwendung, sie beobachteten ständig die Entwicklungen am Badeort und arbeiteten im Sinne der Förderung seiner moralischen und materiellen Interessen: Über ihre Aktivitäten und Erfahrungen fertigten sie einen Jahresbericht an, der von den Munizipal-

diese Kompetenzen, wie z. B. Balatonlelle, Balatonfenyves, Balatonföldvár, Balatonszárszó, Balatonmária und Balatonújhely.

Jene Badevereine, die erst nach dem Ersten Weltkrieg gegründet worden waren, legten ihre Ziele von Anfang an konkreter und differenzierter fest.[9] Zu den früheren Zielsetzungen kamen nun neue hinzu, etwa der Ausbau der Infrastruktur (Entwicklung der öffentlichen Beleuchtung und Kanalisation, Regelung der Straßen, Parks und Badestrände), Interessenvertretung der Anrainer, Organisation einer günstigen Lebensmittelversorgung, Werbung für den Tourismus und die Verbreitung des Balaton-Kultes.

Bis zur Jahrhundertwende lebten 97 % der Einwohner der Dörfer um den Balaton von der Landwirtschaft. Die Veränderung der Ortschaften durch das Badeleben wurden vom Pfarrer von Balatonlelle rückschauend folgendermaßen beurteilt:

Der Aufschwung des Badelebens brachte die Entwicklung des Gewerbes und Handels mit sich. Die Landwirte konnten ihre Produkte besser verkaufen, die Gewerbetreibenden und Händler fanden ebenfalls Existenzmöglichkeiten, und der Bau der Villenzeile gab Arbeit für die Tagelöhner.

Die Dorfbevölkerung änderte ihre Gewohnheiten, „[...] sogar die Dienstbotinnen und die Töchter, die jungen Frauen der Gemeinde tragen Hüte und Mützen anstatt Kopftücher. Die Wiege ist aus der Mode gekommen, stattdessen gibt es Kinderwagen." Sitte und Moral begannen zu verfallen – so der Autor. Der Verfasser führt dies darauf zurück, dass die

[...] Kleinlandwirte sich weigerten, ihre Töchter mit Kleinlandwirten zu verheiraten, und eher die Eheschließung mit einem Gendarmen, Polizisten, Eisenbahnbeamten usw. anstrebten. Die Söhne von Kleinlandwirten wollten in den Städten Beschäftigung und Arbeitsstelle finden. Sie flüchteten vom Land und somit gelangten die Grundstücke der Kleinlandwirte allmählich in die Hände der Neuansiedler (Villenbesitzer).[10]

---

behörden an das Ministerium für Arbeit und Volkswohlfahrt weitergeleitet wurde. Den Ausschüssen, die über die Kompetenzen der Ferienorts-Komissionen verfügten, mussten der Kurarzt, der Amtsarzt, der Vertreter des Vizegespans, zwei Vertreter des Gemeinderates sowie je ein Vertreter der örtlichen Gastwirte und der Anrainer der Feriensiedlung angehören.

9 SML. E. asz., Zala Megyei Levéltár [Komitatsarchiv Zala]. E. asz.
10 Horváth, József: Balatonlelle története [Die Geschichte von Balatonlelle]. Veszprém 1943, S. 107f.

Die Zeilen spiegeln jene Vorbehalte wider, mit denen man den ersten Fremden begegnete, und die anfangs noch deutlich spürbar waren. Eine solche Einstellung war aber im Kreise der Alteingesessenen nie dominierend, vor allem nachdem man die ökonomischen Chancen, die der Fremdenverkehr eröffnete, erkannt hatte. Das Verhältnis zwischen den Badevereinen und den Gemeindevorstehern war gut: in mehreren Ortschaften traten die Gemeinderäte – in Funktion von Rechtspersonen – als unterstützende Mitglieder den Vereinen oder einem den Balaton-Kult fördernden regionalen Verband bei. Die Arbeitsteilung zwischen den Badevereinen und den Gemeinderäten nahm mehrere Formen an: Eine war die Aufstellung von Ferienorts-Kommissionen, die Vereinsmitglieder übten aber auch als Immobilienbesitzer Einfluss auf die Gemeinderäte aus. Die Gemeindevorstände unterstützen die Badevereine, z. B. indem sie ihnen Steuern und Gebühren erließen oder die Vereine anderweitig finanziell förderten.[11]

Die Vizegespane der Anrainerkomitate des Balaton kümmerten sich um die Badekultur und standen somit ebenfalls in enger Verbindung mit den Badevereinen. Sie beaufsichtigten zudem den Fonds des Balaton-Kultes und waren Mitglieder des *Balaton Verwaltungsausschusses* (BIB), eines Organs, das 1929 zur einheitlichen Verwaltung der am See befindlichen Kur- und Erholungsorte gegründet wurde. Auch die Somogyer Komitatsversammlung sowie einer der wichtigsten Würdenträger des Komitats, der Vizegespan, förderten das Badeleben durch verschiedene Erlässe und Anordnungen.[12] Bereits 1892 wurde eine Anordnung bezüglich der Badestrände am Balaton erlassen, die auf die Förderung des Tourismus abzielte.

Das Volumen des Fremdenverkehrs blieb allerdings vorläufig hinter den Erwartungen zurück. Daher wurde die heimische Werbung in verschiedenen Foren, so z. B. von dem 1904 zur Pflege des Balaton-

---

11 SML. ai. 19286/1905, K 3164/1930, 14869/1940; képvt.: B.boglár: 14.04.1926; B.máriafürdő: 04.06.1926; 25.11.1931; B.öszöd: 12.01.1912, 30.06.1912; B.szemes: 01.12.1918 19/1918, 07.03.1930 22/1930, 10.-11.07.1931; 18-19/1931; B.lelle: 06.07.1921, 08.09.1940; 26.04.1943 13/1943; Fonyód-Bélatelepi. L 1934; Andrássy: Boglárlelle az ellenforradalmi rendszer idején, S. 274; Kanyar: Fonyód fürdőkultúrájának történeti korszakai, S. 185; Kanyar, József: Boglárlelle fürdőkultúrájának történetéből [Aus der Badekultur von Boglárlelle], in: Laczkó (Hg.), Boglárlelle; Kanyar: Boglárlelle fürdőkultúrájának történetéből, S. 479, S. 481, S. 493; Schoedl, Ervin: Balatonszemes Fürdőegyesület 1908–1933 [Badeverein Balatonszemes 1908–1933]. Budapest 1934, [o. V.] S. 73.
12 SML. ai. 24257/1929.

Kultes gegründeten *Balaton Verband* oder vom *Badeverein Balatonfüred* heftig kritisiert, da sie nicht imstande wäre, der Tourismuswerbung der Adriastrände Paroli zu bieten. 1923 forderte man die Verabschiedung eines neuen Badegesetzes, mit dem man hoffte, dem Adriatourismus besser Konkurrenz machen zu können. Und noch in den 1930er Jahren wurde vom BIB das Fehlen eines umfassenden Konzepts und einer einheitlichen Leitung für die Förderung des Balaton-Tourismus bemängelt.[13] Die demographischen Daten sowie die Zahlen zum Fremdenverkehr belegen tatsächlich, dass derartige Reformmaßnahmen dringend notwendig gewesen wären.

Während es um die Mitte des 19. Jahrhunderts am Südufer nur elf Siedlungen mit einer Bevölkerungszahl von 7.071 Personen gab (durchschnittliche Einwohnerzahl pro Ort: 643), zählte man um 1900 16 Gemeinden mit einer Bevölkerung von 18.329 Personen (durchschnittliche Einwohnerzahl pro Ort: 1.146).[14] Nach der Jahrhundertwende entstanden weitere Ortschaften und in jenen, in den Badevereine tätig waren, stieg die Bevölkerungszahl bis 1930 um 60 %. Auch die Anzahl der Badegäste wuchs kontinuierlich an: von 1890 bis 1907 stieg sie etwa um das Fünffache. Diesen Anstieg des Fremdenverkehrs belegen die über die Meldepflicht von Ortsfremden in den Gemeinden und Feriensiedlungen am Balaton nachvollziehbaren Daten, die auf eine Anordnung des Komitats-Munizipialausschusses von 1912 zurückgehen. Der Fremdenverkehr wuchs bis 1937, von da an ging die Zahl der Touristen – mit Ausnahme einiger weniger Ortschaften – jedoch zurück, vor allem die Ausländer blieben nun weg.[15] Der Anstieg der Zahl der Badegäste ging mit der

---

13 SML. ai. 742/1925, 24257/1925, 16245/1930, 24257/1939, K 3164/1930, 14869/1940, 24257/1940; Fonyód-Bélatelepi. L. 1933; B.lelle képvt. 06.07.1921. Veszprém Megyei Levéltár [Komitatsarchiv Veszprém] (im Folgenden: Ve. ML). Bfüredi Fe. iratai, [Akten des BV Balatonfüred]. Választmányi jkv [Protokoll der Ausschuss-Sitzung]. 25.03.1925; Balatoni könyv, S. 66; Lukács, Károly: Balaton. 2. Aufl., Budapest 1940, S. 52f.

14 Kanyar, József: A dél-balatoni fürdőkultúra kialakulásának történeti korszakai [Historische Epochen der Herausbildung der Badekultur am Südbalaton], in: Ders. (Hg.): Somogy megye múltjából. J. Kaposvár 1978, S. 141, S. 145.

15 SML. ai. 24 257/1929, 14 869/1940; Bősze: A dél-balatoni fürdőegyesületek történetéből, S. 220f.; Schoedl: Balatonszemes Fürdőegyesület, S. 84. Margittay, Rikárd: Balatonzamárdi község és üdülőtelep vázlatos ismertetése [Skizzenhafte Darstellung der Gemeinde und Feriensiedlung Balatonzamárdi]. (Balatonzamárdi) 1942, S. 6–8; Andrássy: Boglárlelle az ellenforradalmi rendszer idején, S. 280; Gertig: A Balaton déli, S. 475; Kanyar: A dél-balatoni fürdőkultúra, S. 154.

Errichtung von zahlreichen Ferienhäusern einher. Zwischen 1890 und 1922 erhöhte sich die Anzahl von Ferienhäusern in manchen Dörfern, wie z. B. in Balatonboglár, Balatonföldvár, Balatonlelle, Balatonszemes und Fonyód, um ein Vielfaches. Im Jahr 1921 gab es insgesamt 1.960, im Jahre 1941 bereits 8.000 Villen rund um den Balaton. Zu dieser Entwicklung trug die organisatorische Tätigkeit der Badevereine ganz entscheidend bei.[16]

Die Badevereine trugen direkt an den Stränden zur Hebung des Niveaus der Badekultur bei. Eine ihrer wichtigsten Tätigkeiten war die Einrichtung von Badestränden, was auch von den Gemeinden unterstützt wurde. An den Stränden selbst übernahmen diese häufig die Ordnungs- und Wartungsarbeiten, u. a. errichteten und warteten sie die Badekabinen am Strand.

Die Gäste, die den Balaton Ende des 19. Jahrhunderts aufsuchten, wurden noch unter ziemlich einfachen Verhältnissen untergebracht. In Balatonszemes beispielsweise transportierte man das Gepäck der Badegäste mit Ochsenwagen vom Bahnhof ins Dorf. „Sie brachten Bettwäsche, Küchenzubehör, Lebensmittel, Gewürze mit sich, denn in dem kleinen Laden von Szemes konnte man kaum etwas kaufen. Die guten Bürger von Szemes zogen für den Sommer in die Kammer oder in die Scheune", schrieb Schoedl.[17] Obwohl es zu dieser Zeit bereits in allen Gemeinden Gaststätten gab, wurden diese von den Gästen kaum genutzt, man kochte entweder zu Hause oder bei den Gastgebern. Die ersten Hotels entstanden um das Jahr 1896, z. B. jenes in Fonyód. In den ersten Jahrzehnten des 20. Jahrhunderts nahm die Anzahl der Unterkünfte sprunghaft zu, in manchen Ortschaften gab es sogar schon mehrere Hotels, etwa in Siófok und Balatonboglár. Die Badevereine trugen in den 1920er Jahren wesentlich zum weiteren Ausbau der Unterkünfte bei. In den 1930er Jahren konnte man allerdings noch große Unterschiede im Niveau und in der Dichte der Hotels und Pensionen feststellen, die beliebteren und größeren Badeorte hatten auf diesem Gebiet einen großen Vorteil. Ein Teil der Hotels war komfortabler

---

16 SML. ai. 742/1925, 24257/1929, 14869/1940; Akten der Balatoni Hajózási Üzemigazgatóság [Balaton-Schifffahrts-Betriebsdirektion] (im Folgenden: BHÜ), 258; Cséplő, Ernő (Hg.): Balaton. A Balatoni Szövetség kalauza [Reiseführer des Balaton Verbandes]. 5. Aufl., Balatonfüred 1929, S. 122. Kanyar: A dél-balatoni fürdőkultúra, S. 151; Szaplonczay: A somogyi Balaton-part községei; Lukács: Balaton, S. 55.
17 Schoedl: Balatonszemes Fürdőegyesület, S. 20.

ausgestattet, in ihnen gab es bereits eine Warmwasserversorgung, Zentralheizung, einen Aufzug usw. Auch bei den Preisen der Unterkünfte und Gaststätten gab es große Unterschiede. Balatonföldvár, Siófok und Balatonlelle zählten zu den teuersten Badeorten, Zamárdi, Balatonszárszó und Balatonújhely galten dagegen als günstig. Um 1890 waren die Lebensmittelpreise in Balatonboglár ebenfalls sehr hoch. Anfangs galt Balatonszemes noch als erschwinglich; innerhalb kürzester Zeit wurde dann dort alles ebenfalls sehr teuer. Da die allzu hohen Preise weniger begüterte Touristen teilweise abschreckten, begannen die Badevereine mit einer Preis- und Qualitätskontrolle der Dienstleistungen. Sie versuchten, die kontinuierliche Versorgung der Badegäste mit frischen Lebensmitteln zu gewährleisten,[18] wobei die wichtigsten Lieferanten anfangs die Anwohner und die Gutsherrschaften in der Umgebung waren. Die ersten größeren Versorgungsschwierigkeiten gab es während des Ersten Weltkriegs und während der Revolutionen in den Jahren danach. Später stellte die große Anzahl der Touristen ein Problem dar, weil das Südufer die steigende Nachfrage nicht mehr decken konnte. Während des Zweiten Weltkriegs gab es erneut große Versorgungsprobleme.

Die Amtsträger der Komitatsverwaltung begannen, zeitgleich mit dem Erscheinen der ersten Badegäste Kontrollen auf dem Gebiet der öffentlichen Gesundheit und des Umweltschutzes am Balatonufer durchzuführen.[19] Die Stuhlrichter der angrenzenden Verwaltungsbezirke, die zusätzlich als Badebeauftragte fungierten, standen schon von Amts wegen in enger Beziehung zum Erholungsgebiet. Sie fühlten sich verantwortlich für dieses Gebiet und arbeiteten deshalb gewissenhaft im Sinn der Förderung der Badekultur. Aus ihren Jahresberichten geht klar hervor, dass es in den einzelnen Gemeinden anfangs noch zahlreiche Mängel gab, weshalb man bereits Ende des 19. Jahrhun-

---

18 SML. BHÜ. 234; ai. K 3160/1930, 14 869/1940, Fonyód-Bélatelepi. L. 1936/1937; Ve. ML. B.füredi Fe. iratai [Akten des BV Balatonfüred]. Választmányi jkv. [Protokoll der Ausschuss-Sitzung] 10.03.1925; Balatoni könyv 103-104, S. 116; Kanyar: A dél-balatoni fürdőkultúra, S. 168-171.
19 SML. ai. 10076/1904, 742/1925, 24257/1927, K. 3160/1930, 14869/1940, E. asz.; B.boglári Fürdőegyesület iratai [Akten des BV Balatonboglár], BHÜ. 258, Fonyód-Bélatelepi. kgy. jkv. [Protokoll der Vollversammlung] (im Folgenden: kgy. jkv.). 19.08.1923, L. 1931, 1933; Schoedl: Balatonszemes Fürdőegyesület, S. 60–62; Balatoni könyv, S. 101–124; Andrássy: Boglárlelle az ellenforradalmi rendszer idejé, S. 280; Kanyar: Boglárlelle fürdőkultúrájának történetéből [Aus der Badekultur von Boglárlelle], in: Laczkó (Hg.): Boglárlelle, S. 495.

derts mit der rechtlichen Reglementierung begann. Das Innenministerium forderte im Sommer 1903 von den Stuhlrichtern die Erstellung eines umfassenden Lageberichtes zur Vorbereitung der so genannten „Balaton-Konferenz". Aus diesem Bericht erhält man einerseits ein Bild über die Wassernutzung durch Viehhaltung, die Wasserverschmutzung und die Verschlammung, man erfährt andererseits aber auch, dass man hier – im Gegensatz zur vorherrschenden zeitgenössischen Auffassung –, das Tragen von Ganzkörper-Badeanzügen wegen der Erkältungsgefahr für gesundheitsschädlich hielt. 1922 führte man erneut eine umfangreiche Gesundheits- und Hygienekontrolle am Balaton durch, deren Ergebnisse deutlich zeigten, dass die bereits früher konstatierten Mängel und Probleme, insbesondere das Fehlen von Mülltonnen und -deponien und einer Abwasserkanalisation, die geringe Zahl artesischer Brunnen, die fehlende Straßenpflasterung, unhygienische Unterkünfte sowie die Viehhaltung am Seeufer, weiterhin bestanden. Obwohl die ärztliche Versorgung in den Badeorten inzwischen geregelt war, verbesserten sich die gesundheitlichen Zustände nur langsam. Aus diesen Gründen wurde 1934 auf Basis einer Verordnung des Innenministeriums erneut eine gesundheitliche Kontrolle durchgeführt. Der Stuhlrichter von Marcali beispielsweise musste in seinem Bezirk allerdings auch diesmal noch sehr ernsthafte Mängel feststellen, während sein Amtskollege vom benachbarten Bezirk Lengyeltóti dagegen große Fortschritte vermelden konnte.

Die Badevereine beschäftigten sich häufig mit Fragen der Hygiene, wobei die Reinheit des Wassers ein ständig wiederkehrendes Problem war. Wegen der infolge der Entwässerung und Trockenlegung eintretenden Wasserstandsenkung wuchs die Gefahr der Verschlammung und Verschmutzung. Die Badevereine protestierten seit Ende des 19. Jahrhunderts wiederholt dagegen, dass man mitten zwischen den Badegästen immer noch Viehherden in den See trieb. Gefordert wurde daher eine gesetzliche Regelung der Viehhaltung. Die Vereine beschäftigten sich auch mit der Frage der Müllabfuhr und der regelmäßigen Entrümpelung, die sie manchmal auf eigene Kosten verrichten ließen. In Zusammenarbeit mit den Gemeindevorständen ließen sie überdies die Verkehrswege reinigen. Die Badvereine förderten zudem die Anpflanzung von Bäumen, die gegen Staub und starke Sonneneinstrahlung schützen sollten. Insgesamt wurden im ersten Drittel des 20. Jahrhunderts in Balatonföldvár, Balatonszemes, Fonyód-Bélatelep,

Zamárdi und Balatonboglár mehrere zehntausend Bäume und Zierpflanzen angepflanzt sowie zahlreiche Parks errichtet.

Pläne zur Errichtung von Kanalisationssystemen und Wasserwerken fassten die Badevereine erst nach dem Ersten Weltkrieg, die Realisierung schritt allerdings nur sehr langsam voran.[20] Auf dem Gebiet der Elektrifizierung konnte man dagegen größere Erfolge verbuchen. Dank dem Vereinsvorstand in Fonyód-Bélatelep war Fonyód seit Anfang der 1930er Jahre mit elektrischem Strom versorgt. Der Badeverein Balatonszemes plante die Elektrifizierung seit dem Ersten Weltkrieg, in Balatonlelle organisierte der Badeverein 1927/28 die Stromversorgung, und der Ausschuss des Badevereins *Fonyódliget* informierte die Vollversammlung im Jahr 1938 über den Anschluss der Feriensiedlung an das Stromnetz. Die Quellen berichten zudem über die Erweiterung der Straßenbeleuchtung in Balatonszéplak und Fonyód-Sándor-telep durch die örtlichen Badevereine.[21]

Die großen Wasserstandsschwankungen des Balaton machten den Urlaubern oft das Leben schwer. Auch der Ausbau des Schleusensystems des Sió im 19. Jahrhundert löste das Problem nicht zufriedenstellend, da es nicht hinreichend funktionierte. Die Villenbesitzer in Zamárdi litten besonders unter dem hohen Wasserstand. Der Leiter der Hafenwache, Dezső Nagy, schrieb dazu:

Das Ministerium für Landwirtschaft erkennt die ökonomische Bedeutung des Balaton an, und es fördert aus dem ihm zur Verfügung stehenden Kredit die Kultur am Balaton. Es ist aber nicht imstande, die gesetzmäßig festgelegten Wasserstände am Balaton dermaßen herabzusenken, dass diese zudem den Interessen der tiefer gelegenen Grundstücke in Zamárdi entsprechen würden, da in diesem Fall bei einer größeren Verdampfung im Sommer der Fall eintreten könnte, dass am Südufer des Balaton anstelle des seichten Wassers eine mehrere hundert Meter breite Sandwüste entsteht. Die Probleme in Zamárdi können

---

20 SML. E. asz. 206; B.lelle képvt. 26.4.1943; Fonyód-Bélatelepi. L.; B.boglári Fe. iratai [Akten des BV Balatonboglár]; Balatoni könyv, S. 101–120, S. 122–124.
21 SML. Fonyód-Bélatelepi. 1. Aktenordner, ungeordnete Akten. 28.10.1910, kgy. jkv. 19.08.1923, 15.08.1928 L. 1933, ai. K 3160/1930, E. asz. 206; Andrássy: Boglárlelle az ellenforradalmi rendszer idején, S. 280; Horváth: Balatonlelle története, S. 111, S. 154; Balatoni könyv, S. 108, S. 116, S. 122–124.

durch die Absenkung des Wasserstandes nicht gelöst werden, dort sollte man sich um entsprechende Deichbausysteme bemühen.[22]

1930 wurden die Pläne des Badevereins *Balatonzamárdi* zum Uferschutz mit einem Gutachten von Nagy ans Landwirtschaftsministerium weitergeleitet, in dem dieser die Anfertigung eines Gesamtplanes und Budgets zur Uferregulierung vorschlug. Wegen Kapitalmangels konnte man die Pläne nicht einmal an den am meisten gefährdeten Uferabschnitten umsetzen.[23] Der Badeverein von Fonyód sowie jene von Balatonszemes, Máriafürdő, Őszöd, Csehi und Földvár gaben sich aber große Mühe, die Ortschaften vor Hochwasser zu schützen.[24]

Eine der wichtigsten Bedingungen des Aufschwungs des Tourismus am Balaton war die Verbesserung der Verkehrsinfrastruktur. In den Berichten der Badevereine werden oft Straßen- und Wegebau bzw. Straßenpflege und die Errichtung von Gehwegen erwähnt, wie z. B. in Balatonújhely, Balatonlelle, Balatonszemes, Balatonboglár, Zamárdi, Balatonfenyves und Fonyód. Die Badevereine nahmen auch mit den Eisenbahngesellschaften, d. h. der Südbahn und den Ungarischen Staatsbahnen, Kontakt auf, damit die Badeorte einfach und bequem erreicht werden konnten. Sie forderten die Errichtung neuer Bahnhöfe, die Änderung der Fahrpläne, die Einrichtung von Anlegeplätzen für Boote und Dampfschiffe und sie beteiligten sich aktiv am Ausbau und an der Wartung von Haltestellen und Anlegeplätzen.[25]

Der Kontakt zwischen den Badevereinen und den Ministerien war gut: Die Leiter und Beamten der einzelnen Ressorts waren nicht nur von Amts wegen, sondern auch als Liegenschaftsbesitzer am See oder als Vereinsmitglieder an der Förderung des Wirtschaftsstandorts Balaton interessiert. Die diversen Ministerien griffen nicht nur administrativ ins Leben der Vereine ein, sie gewährten zusätzlich bedeutende

---

22 SML. BHÜ. 229.
23 SML. BHÜ. 258; ai. K 3160/1930, 14541/1939, 14869/1940.
24 SML. BHÜ. 229, 234-233; E. asz. 74, 206, képvt.: B.szemes 08.04.1925; Fonyód 14.09.1945; B.máriafürdő 30.12.1931; Schoedl: Balatonszemes Fürdőegyesület, S. 55f., S. 68f., S. 86; ai. 14541/1939; Tabi j. fszb. [Akten des Stuhlrichters Tab] (im Folgenden: Tabi j. fszb.) 4285/1941; 33/1931; Fonyód-Bélatelepi. 1 Aktenordner, ungeordnete Akten, kgy. jkv. 12.08.1934; L 1942; Bősze: A dél-balatoni fürdőegyesületek történetéből, S. 229.
25 SML. E. asz. 64; ai. 394/1887, 14541/1939; Fonyód-Bélatelepi. kgy. jkv. 23.08.1925, 15.08.1926, 15.08.1929, 10.08.1930; Balatoni könyv, S. 111, S. 118f.; Kanyar: Fonyód fürdőkultúrájának történeti korszakai, S. 191; Schoedl: Balatonszemes Fürdőegyesület, S. 54, S. 63.

finanzielle Förderungen, in Form von Steuerermäßigungen oder – was viel häufiger der Fall war – Gewährung von günstigen Krediten. Fast alle Vereine erhielten – oft mehrmals – Kredite in Höhe von mehreren zehntausend Pengő für Pflasterungs-, Sanierungs- und Bauarbeiten.

Die Anfänge des organisierten Sports am Balaton gehen bis in das 19. Jahrhundert zurück. Am See wurden sowohl nationale als auch internationale Sportereignisse organisiert. Ein herausragendes Ereignis war die seit 1928 organisierte Balatoner Sportwoche, an der in der zweiten Hälfte der 1930er Jahre bereits mehr als 500 Sportler teilnahmen.[26] Die Badevereine beteiligten sich an der Errichtung von Sportanlagen bzw. Beschaffung von Sportgeräten. Mit der Entwicklung des Badelebens wurden die Wassersportarten immer beliebter, insbesondere das Segeln.[27] Außer den Wassersportarten fand besonders Tennis regen Zulauf: Mit großer Sorgfalt wurden Tennisplätze gebaut und gepflegt.

Mit dem Aufschwung des Tourismus und der Entwicklung der Infrastruktur änderte sich auch das Wirtschaftsleben der Gemeinden. Jene, die sich Ende der 19. Jahrhunderts Sorgen um die Zukunft des Sees machten, meinten, dass das Somogyer Ufer solange nicht beliebter würde, „bis die Eigentümer dem Privatkapital freie Bahn geben, um mit den Bauprojekten zu beginnen".[28] 1899 waren die entsprechenden Veränderungen bereits zu verspüren:

Der Tourismus in den Badeorten am Balaton wuchs in den letzten Jahren erheblich. Dank der großen Anzahl der Badegäste, die diese Orte aufsuchen, wurde die materielle Lage der Kleinlandwirte in diesen Badeorten am Balaton besser [...] weil sie ihre Produkte gut absetzen konnten.[29]

Es stellt sich damit auch die Frage, inwiefern die Badevereine das wirtschaftliche Leben in den Ortschaften beeinflussen konnten. Der Fremdenverkehr hat bekanntlich saisonalen Charakter, den die Vereine durch ihre Tätigkeit auch stärkten, mit allen positiven und negativen

---

26 A Balatoni Sporthét fejlesztése 1933–1941 [Die Entwicklung der Balatoner Sportwoche 1933–1941]. [Budapest 1942], S. 6–16.
27 SML. E. asz. 45, 206, Fonyód-Bélatelepi, kgy. jkv. 17.08.1941, Tabi j. fszb. 4285/1941; BHÜ.234; Kanyar: A dél-balatoni fürdőkultúra, S. 160; Schoedl: Balatonszemes Fürdőegyesület, S. 49, S. 64f.; Kleindin, Hugó: A Balatoni Yacht Club 25 éves története 1912–1937 [25 Jahre Yachtklub Balaton 1912–1937]. Budapest 1937, S. 118.
28 Szaplonczay: A somogyi Balaton-part községei, S. 10.
29 SML. Főispáni iratok [Akten des Obergespans]. 203/1899.

Auswirkungen. Der steigende Tourismus bot gute Absatzmöglichkeiten für die lokalen Landwirte, die allerdings wegen der Labilität der Agrarproduktion und des saisonalen Charakters den Bedarf nicht ausreichend decken konnten, zumal am See keine industrielle Lebensmittelproduktion mit entsprechenden Konservierungsmöglichkeiten vorhanden war.[30]

Die Errichtung von öffentlichen Werken, die Uferregulierungs- und Uferschutzarbeiten, die Verbesserung des Verkehrs und des Postdienstes durch die Badevereine bzw. der Bau von Villen waren Faktoren, die zur Stärkung der lokalen Industrie und des örtlichen Gewerbes beitrugen. Diejenigen, die im Fremdenverkehr arbeiteten, konnten sich einen ordentlichen Profit erwirtschaften, der saisonale Charakter der Tourismuswirtschaft engte allerdings die Möglichkeiten der Gewerbetreibenden erheblich ein, was sich in Zeiten wirtschaftlicher Krisen, z. B. nach dem Ersten Weltkrieg bzw. während der großen Wirtschaftsdepression, negativ auswirkte.[31] Als möglicher Ausweg aus der Krise wurde von den Kleingewerbetreibenden der erneute Aufschwung der Badekultur erachtet, der beispielsweise den Villenbau wieder gefördert hätte. Die Zahl der Gewerbetreibenden nahm von 1920 bis 1929 langsam zu, was auf den wachsenden Fremdenverkehr zurückzuführen war. Nach der Krise 1930 wuchs der Tourismus neuerlich, aber die Zahl der Gewerbetreibenden stagnierte vorläufig, sie wuchs erst am Ende des Jahrzehnts plötzlich um das Doppelte an. Der Dienstleistungssektor dominierte, daneben boomte das Bauwesen, da der saisonale Charakter hier nicht so bestimmend war. Dies stabilisierte teilweise die lokale Wirtschaft, weil auch vor und nach der Badesaison eine gewisse Nachfrage vorhanden war.

Zwischen den Badevereinen und den lokalen Grundbesitzern entwickelte sich ein eigenartiges Verhältnis, und zwar nicht nur auf wirtschaftlichem Gebiet. Letztere erkannten die Möglichkeit, die der wachsende Tourismus bot, und wollten aus den steigenden Grundstückspreisen und dem Lebensmittelhandel ihren Nutzen ziehen. Die Grundbesitzer am See profitierten von der Parzellierung sowie der Aufstellung und Vermietung von Badekabinen. Da der Personenver-

---

30 Kanyar: A dél-balatoni fürdőkultúra, S. 168–170.
31 SML. Kéthely és vidéke Ipartestület iratai, jkv. [Akten der Handwerkergenossenschaft Kéthely und Umgebung, Protokoll] 26.08.1923, Bboglári Ip. test., jkv [Akten der Handwerkergenossenschaft Balatonboglár, Protokoll] 12.04.1931, 3/1949.

kehr anstieg, wurden mehrere Bahnhöfe errichtet, was wiederum den Gutsherrschaften zu Gute kam, weil diese dadurch ihre Produkte besser auf den Markt bringen konnten. Die Grundbesitzer vergaben bestimmte Teile des Balaton als Erbpacht bzw. stellten Grundstücke für gemeinnützige Zwecke, z. B. Sportplätze, Strände und Eisgruben, zur Verfügung. Sie unterstützten die Vereine beim Ausbau der öffentlichen Bauwerke und gaben ihnen zahlreiche Vergünstigungen. Die Grundbesitzer förderten die Badevereine in vielerlei Hinsicht, wozu sie auch ihre sozialen Netzwerke nutzten.[32]

Der soziale Hintergrund der Mitgliedschaft der Badevereine am Südufer sah folgendermaßen aus: Die größte Gruppe unter den Mitgliedern stellten die Verwaltungsbeamten, die zweitgrößte setzte sich aus Elementar- und Mittelschullehrer bzw. Universitätsprofessoren zusammen. Erst dahinter folgten die lokalen Gewerbetreibenden und Händler, was auf den Umstand verweist, dass die regionale Bevölkerung sich insgesamt nur in geringem Maß an der Arbeit der Badevereine beteiligte: Ihr Mitgliederanteil lag unter 25 %. Etwa gleich hoch war der Anteil an Juristen (Anwälte, Richter usw.), Mitgliedern von Organen der öffentlichen Sicherheit (Soldaten, Polizisten, Gendarmen) sowie Verkehrs- und Postbeamten. Geringer war der Anteil an Ärzten, Tierärzten und Apothekern, noch kleiner jener der Ingenieure, zumeist lokalen Grundbesitzer, Bankiers und Priester. Die Bevölkerung vor Ort war überdies auch durch Gutsverwalter und wenige Kleingrundbesitzer vertreten. Unter den Mitgliedern gab es vereinzelt ebenfalls Künstler, Journalisten, Museologen, Bibliothekare und Archivare. Aus den Statistiken geht hervor, dass die Vereinsmitglieder aus nicht weniger als 178 verschiedenen Gemeinden kamen. Abgesehen von jenen, die selbst unmittelbar am See wohnten, stammten die meisten aus Budapest, darüber hinaus kamen viele Mitglieder aus Kaposvár und Pécs. Die Vereinsmitglieder, die von weither kamen, hatten ihren Wohnsitz in Besztercebánya, Losonc, Eperjes, Rozsnyó, Kassa, Beregszász, Nyíregyháza, Debrecen, Kolozsvár, Nagyvárad, Szeged, Sopron, Pozsony, aber auch aus Wien und Zagreb kamen vereinzelt Mitglieder der Badevereine. Die Entwicklung des Balaton erlangte durch diese Mitgliedschaften eine landesweite Öffentlichkeit. Hinsichtlich ihrer sozialen Zusammensetzung waren die Vereinsvorstände wesentlich homo-

---

32 SML. ai. 14257/1929, K 3165/1930, 14869 1940, Fonyód-Bélatelepi. 1. Aktenordner, ungeordnete Akten.

gener beschaffen.³³ Die lokalen Interessen vertraten hier die Verwaltungsbeamten der Gemeinden, die Lehrer, die Pfarrer, die Angestellten der Gutsherrschaften und die Grundbesitzer. Oft bemühte man sich auch darum, möglichst prominente Personen für den Vorstand zu gewinnen, insbesondere Vertreter der Komitats- bzw. Landeseliten.

Die Tätigkeit der Badevereine in dem untersuchten Zeitraum kann insgesamt als sehr förderlich und positiv beurteilt werden. Dank ihrer Arbeit begann man, den Balaton zu „entdecken", die Landschaft (und die Menschen) umzuformen. Das Bild der Dörfer am See änderte sich grundlegend, neue Gemeinden, wie z. B. Balatonfenyves, Balatonföldvár usw., entstanden, und die regionalen Lebensverhältnisse machten einen großen Wandel durch. Die kleinen Fischersiedlungen kamen aus ihrer Isolation heraus, ohne dass die Betroffenen selbst dies gleich bemerkten. Es entstanden zahlreiche Gebäude, die den Ansprüchen einer bürgerlichen Lebensweise entsprachen, die Gemeinden wurden insgesamt gepflegter, die Infrastruktur moderner. Die Anpassung an die Badegäste erforderte auch eine andere Art des Benehmens. Was der oben zitierte Pfarrer von Balatonlelle beschrieb, war nur ein Teil jenes kulturellen und mentalen Wandels, der sich damals vollzog. Die Badevereine wirkten wie Katalysatoren in einer Entwicklung zur Verbürgerlichung in einer davor ländlich geprägten Mikroregion Ungarns. Parallel dazu versuchte man, den umweltschädlichen Auswirkungen des wachsenden Tourismus entgegenzuwirken bzw. diese zu mildern. Da durch die Badevereine die Villenbesitzer auf die Entscheidungen, welche sie betrafen, Einfluss nehmen konnten, deckten sich die diversen Interessen. Daraus ergaben sich handfeste, auch heute noch nachwirkende Konsequenzen.³⁴

---

33 SML. E. asz.; Fonyód-Bélatelepi. L. 1933, 1944; Andrássy: Boglárlelle az ellenforradalmi rendszer idején, S. 280; Horváth: Balatonlelle története, S. 153f.; Kanyar: Boglárlelle fürdőkultúrájának történetéből, S. 480; Schoedl: Balatonszemes Fürdőegyesület, S. 39, S. 99–103.
34 Bősze: A dél-balatoni fürdőegyesületek történetéből, S. 247. Siehe auch: Bősze, Sándor: Die gesellschaftliche Wirkung bürgerlicher Vereine in Ungarn am Beispiel der Badevereine am Balaton (1867–1918), in: Ders. (Hg.): Reisekultur im pannonischen Raum von der Mitte des 19. Jahrhunderts bis zum Zweiten Weltkrieg. Internationales Kulturhistorisches Symposion Mogersdorf 2004 in Nagyatád 29. Juni bis 2. Juli 2004. Kaposvár 2005, S. 87–91, hier S. 91.

„Unsere Adria"

Kroatische Seekurorte vor und nach 1918

PETER JORDAN

Die als Abbildung 1 abgebildete Karte zeigt jene Kurorte der Österreichisch-Ungarischen Monarchie, die im Jahr 1912, am Kulminationspunkt des Tourismus vor dem Ersten Weltkrieg, mehr als 3.000 Gäste anzogen. Die Daten für die österreichische Reichshälfte beruhen auf Gästezählungen.[1] Für die ungarische Reichshälfte kann man sich nur auf Schätzungen stützen, da es keine vergleichbaren statistischen Unterlagen gibt. Nach 1912 sank die Besucherfrequenz der meisten Kurorte wegen politischer Spannungen und dann wegen des Kriegsausbruchs 1914.[2]

---

1 Die Angaben über die Kurorte der österreichischen Reichshälfte stützen sich im Wesentlichen auf: Diem, Karl: Österreichisches Bäderbuch. Das offizielle Handbuch der Bäder, Kurorte und Heilanstalten Österreichs, Berlin/Wien 1914, daneben auch auf: K.K. Statistische Central-Commission (Hg.): Österreichisches Statistisches Handbuch für die im Reichsrat(h)e vertretenen Königreiche und Länder. Wien 1883–1919. Die Angaben über die Kurorte der ungarischen Reichshälfte beruhen hauptsächlich auf: Administration des Oesterreichischen Literarischen Centralblattes (Hg.): Österreich-Ungarns Bäder, Brunnen und Curorte. Ein populär-wissenschaftlicher Führer durch den Bäderkranz Oesterreich-Ungarns für Aerzte und Heilbedürftige. 2. Aufl., Wien 1890.
2 Vgl. Hickel, Gerhard J.: Zur Kur im alten Österreich. Wien 1996; Horst, F. H.: Österreichs Reiseländer. Wien 1908.

Die Rangfolge der größten Kurorte des Jahres 1912 wird angeführt vom Mineral- und Eisenbad Karlsbad (Karlovy Vary)[3] in Böhmen mit 68.000 Gästen, gefolgt vom See- und Luftbad Abbazia (Opatija)[4] im österreichischen Küstenland und im heutigen Kroatien mit 48.000 Gästen sowie vom Mineral-, Eisen- und Schwefelbad Marienbad (Marianské Lázně) in Böhmen mit 33.000 Gästen. Dann kamen das Schwefelbad Baden in Niederösterreich und der Luftkurort Meran (Meran/Merano) in Tirol mit jeweils etwa 32.000 Gästen.

Auf dem Gebiet des heutigen Kroatien folgten mit einigem Abstand Lovrana (Lovran) an der „Österreichischen Riviera", sowie Lussinpiccolo (Mali Lošinj) auf den Kvarnerinseln (Kvarnerski otoci) mit je 12.000 Gästen, weiterhin Brioni (Brijuni) vor der Westküste Istriens (Istra) mit 3.000 Gästen. Alle waren wie Abbazia See- und Luftbäder.

Der vorliegende Text konzentriert sich auf die kroatischen Kurorte im Kvarner, also in der Bucht von Fiume (Rijeka), und geht außer auf Abbazia, Lovrana und Lussinpiccolo auch noch auf Bescanuova (Baška) auf der Insel Veglia (Krk) sowie Arbe (Rab) ein. Die letztgenannten Orte zeigten vor dem Ersten Weltkrieg zwar nur erste Ansätze eines Tourismus, sind aber in ihrer Eigenart hier von Interesse.

GRÜNDE FÜR DEN TOURISTISCHEN AUFENTHALT IM KVARNERGEBIET BIS ZUM ERSTEN WELTKRIEG

Der Tourismus an der gesamten Küste der östlichen Adria, nicht nur im Kvarner, begann nach dem Vorbild der Côte d'Azur (Nizza [Nice], Cannes, Monte Carlo) als Luftkurtourismus im Winter. Dort hatte er sich schon in der zweiten Hälfte des 18. Jahrhunderts entwickelt und vor allem Gäste aus dem nördlichen Europa, besonders aus England, angezo-

---

3 Im historischen Kontext werden an erster Stelle jeweils die in der zeitgenössischen deutschsprachigen Literatur primär gebrauchten Namen genannt. Bei ihrer erstmaligen Erwähnung folgt (folgen) in Klammern das (die) heutige(n) Endonym(e).
4 Glax, Julius: Wintercurort und Seebad Abbazia. Ein Führer für Curgäste. Abbazia 1903; Jordan, Peter: Die Stellung Abbazias unter den Kurorten der Österreichisch-Ungarischen Monarchie, in: Ders./ Peršić, Milena (Hgg.): Österreich und der Tourismus von Opatija (Abbazia) vor dem Ersten Weltkrieg und zur Mitte der 1990er Jahre (Wiener Osteuropastudien, 8). Frankfurt a. M. u. a. 1998, S. 169–194.

Abbildung 1: Kurorte der Österreichisch-Ungarischen Monarchie 1912.

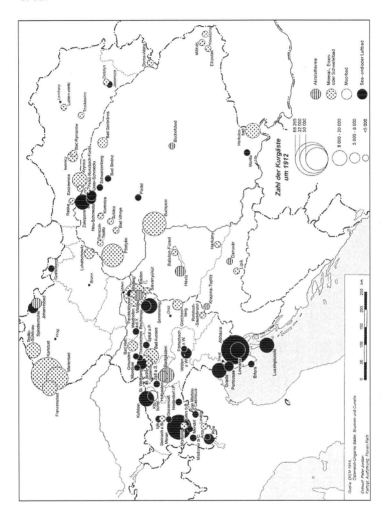

gen.⁵ Attraktionen waren das milde, sonnige Klima im Winterhalbjahr, die südliche mediterrane Landschaft und die von Ärzten als heilsam beschriebene Meeresluft. In der ersten Hälfte des 19. Jahrhunderts griff diese Art des Tourismus auf die Riviera di Ponente und die Riviera di Levante im heutigen Italien über. Wenig später kamen die Küsten Istriens ins Spiel; zuerst Abbazia, ursprünglich ein Fischerdorf zu Füßen des Monte Maggiore (Učka), später das Zentrum der so genannten „Österreichischen Riviera" – „unserer" Adriaküste schlechthin.⁶

Die Villa *Angiolina* in Abbazia beherbergte seit 1844 vornehme Gäste und gilt als Geburtsort des Tourismus an der östlichen Adriaküste.⁷ Seit der Mitte des 19. Jahrhunderts vermehrte sich das Reisepublikum um eine bürgerliche Oberschicht aus dem mitteleuropäischen Hinterland, die durch die Industrialisierung wohlhabend geworden war. Außerdem machten Eisenbahnen und Dampfschiffe – anstelle der früheren Segelschiffe – die Zielgebiete wesentlich leichter erreichbar: Istrien und der Kvarner waren 1857 durch die Hauptstrecke der *Südbahngesellschaft* von Wien nach Triest (Trieste) und 1873 durch die Bahn Fiume – Sankt Peter am Flaum (Pivka) von Wien aus, ebenfalls 1873 durch die Fiumaner Bahn von Agram (Zagreb) und Budapest aus und 1876 durch die Istrianer Bahn, die Pola (Pula/Pola) mit der Hauptstrecke der Südbahn verband, erschlossen worden (Abb. 2).⁸ Von Triest und Fiume aus verkehrten Dampfschifflinien zu den Inseln und in den Süden der östlichen Adriaküste.

Das Schwergewicht der touristischen Frequenz lag zunächst auf der Wintersaison, die von Februar bis Mai dauerte. Man widmete sich –

---

5   Towner, John: An Historical Geography of Recreation and Tourism in the Western World 1540–1940. Chichester u. a.1996.
6   Die Österreichische Riviera wird heute im gleichen Begriffsumfang Opatija-Riviera (Opatija Rivijera) oder Liburnische Riviera (Liburnjska Rivijera) genannt.
7   Vgl. Blažević, Ivan: Povijest turizma Istre i Kvarnera. Opatija 1987; Kurkommission Abbazia (Hg.): Festschrift zum 60. Geburtstag des Prof. Dr. J. Glax. Abbazia 1906; Pozdena-Tomberger, Angelika: Die Kurorte und Seebäder an der österreichischen Riviera. Komponenten für die Entwicklung des Fremdenverkehrs im Küstenland. Dipl.-Arbeit Univ. Wien 1992; Stradner, Josef (Hg.): Neue Skizzen von der Adria III. Liburnien und Dalmatien. Graz 1903; Ders. (Hg.): Stradners Adria-Führer, insbesondere Anzeiger der Seebäder und Luftkurorte an der Adria. Triest 1910.
8   Jordan, Peter: Verkehr III. Entwicklung des Eisenbahnnetzes [1: 2.000.000], in: Breu, Josef (Hg.): Atlas der Donauländer. Wien 1986, Blatt 353.

Abbildung 2: Bahnen zur nördlichen Adriaküste.

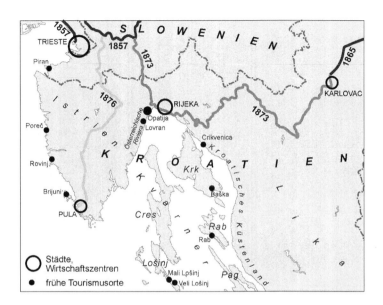

anders als in den Thermen, Mineral-, Eisen-, Moor- und Schwefelbädern – kaum medizinischen Behandlungen, sondern hauptsächlich der Unterhaltung mit Seinesgleichen, Spaziergängen und Wanderungen in guter Luft und schöner Landschaft[9]. Es handelte sich an der Adriaküste also um eine Form des Kuraufenthalts, die dem Stil nach unserem heutigen Wellness-Tourismus sehr nahe gekommen sein dürfte.

Erst in den 1870er Jahren (vor allem seit den ersten Olympischen Spielen der Neuzeit 1896) kam das Baden im Meer als weiterer Aufenthaltsgrund hinzu. Kurz vor dem Ersten Weltkrieg war die Sommersaison bereits fast gleich wichtig wie die Wintersaison (Abb. 3), die Zimmerpreise waren im Sommer aber immer noch niedriger.

---

9   Vgl. Blažević: Povijest turizma Istre i Kvarnera; Gottsmann, Andreas: Die Entwicklung Abbazias zum Kurort, in: Jordan/Peršić (Hgg.): Österreich und der Tourismus von Opatija, S. 85–126; Mihajlović, Helene: Die Tourismuswirtschaft Abbazias, in: Jordan/Peršić (Hgg.): Österreich und der Tourismus von Opatija, S. 127–156; Cur-Commission (Hg.): Curlisten von Abbazia. 17. Jg., 1899–1900; Cur-Commission (Hg.): Curlisten von Abbazia. 29. Jg., 1912.

Abbildung 3: Jahresgang der Gästezahlen in Abbazia 1910, Quelle: Kur- und Bade-Zeitung der Österreichischen Riviera 8 (1913), Nr. 1.

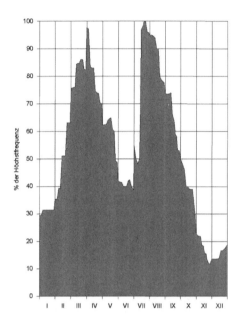

Bis zum Ersten Weltkrieg hatte sich der Tourismus über die Küsten Istriens, im Kroatischen Küstenland (Hrvatsko primorje) und punktuell auf den Kvarnerinseln ausgebreitet. Die istrische Ostküste von Mattuglie (Matulji) bis Lovrana begann man als „Österreichische Riviera" zu bezeichnen – durchaus wegen ihrer landschaftlichen Ähnlichkeit mit der französischen und italienischen Riviera und weil sie in erster Linie Gäste aus den Zentren der österreichischen Reichshälfte anzog. Dalmatien konnte nur mit Dampfschiffen erreicht werden und erlebte daher nur punktuellen Tourismus, etwa in Lesina (Hvar) oder Ragusa (Dubrovnik).

TREIBENDE KRÄFTE BEI DER ENTWICKLUNG DES FRÜHEN TOURISMUS

Der Kurort Abbazia entstand um das Kloster San Giacomo al palo (Sankt Jakob am Pfahle) und die Villa Angiolina mit ihrem Park, der sich zum touristischen Anziehungspunkt entwickelt hatte.[10] Der Ort hatte zu Beginn der 1880er Jahre ca. 360 Einwohner. Die männliche Bevölkerung war hauptsächlich in der Schifffahrt und im Fischfang tätig. Der Reiseschriftsteller Heinrich Noé[11] und der Wiener Arzt Leopold Schrötter empfahlen den Ort wegen seiner heilsamen Luft zur Kur.

Der Ausbau zum Kurort erfolgte auf Initiative des Direktors der Südbahngesellschaft Friedrich Julius Schüler. Er wollte damit die Auslastung der Südbahn verbessern und hatte am Semmering und in Toblach (Toblach/Dobiacco) bereits Erfahrungen im Aufbau und Management von Kurorten gesammelt. Ab 1882 setzte in Abbazia – ausgelöst durch die Südbahngesellschaft – ein Bauboom ein: Es entstanden die bis heute dominanten großen Hotels im Ortskern wie „Quarnero (Kvarner)", „Stephanie", „Slatina" usw.[12] Von Anfang an gab es in Abbazia auch ein Seebad.

Lovrana liegt klimatisch weniger günstig als Abbazia[13] und entwickelte seinen Tourismus daher entsprechend später. Es wurde erst 1905 zum Kurort erklärt und hatte zunächst keine Hotels. Man kann es als eine Erweiterung des touristischen Zentrums Abbazia durch die dort tätigen Unternehmen ansehen – in erster Linie durch die Aktivitäten der *Internationalen Schlafwagengesellschaft*, die das Eigentum der Südbahngesellschaft übernommen hatte, und der Aktiengesellschaft *Quarnero*. Der späteren Entwicklung Lovranas sehr förderlich war die Eröffnung der Lokalbahn (Straßenbahn) Mattuglie – Lovrana

---

10 Vgl. Blažević: Povijest turizma Istre i Kvarnera; Gottsmann, Andreas: Die Entwicklung Abbazias zum Kurort.
11 Noé, Heinrich: Oesterreichische Südbahn. Die Kärntner-Pusterthaler Bahn. Seen der Südalpen, Gletscher der Hohen Tauern, das Reich der Dolomiten. Zürich 1886; Ders.: Geleitbuch nach Süden auf den Karst, nach Abbazia und auf die Adria. Ansichten von Wald, Lorbeerstrand und Meer. München 1893.
12 Fassbender, Eugen: Die österreichische Riviera in baulicher Hinsicht, in: Zeitschrift des österreichischen Ingenieurs- und Architektenvereines 60, 29 (1908), S. 449–452.
13 Vgl. Yoshino, Masatoshi M.: Local Wind Bora. Tokyo 1996.

im Jahr 1908, wodurch man bequem von der Südbahn nach Lovrana gelangen konnte. Großen Propagandaeffekt hatte die Tatsache, dass Lovrana zwischen 1902 und 1910 die Sommerfrische des Wiener Bürgermeisters Karl Lueger war.

Lussinpiccolo (Abb. 4) erfuhr auf den Inseln die früheste touristische Entwicklung, obwohl es verkehrstechnisch ungünstig gelegen war.[14] Die Gründe dafür liegen sowohl in der Naturausstattung wie auch im sozioökonomischen Bereich. Als naturbezogene Gründe können das ausgesprochen wintermilde und von der Bora kaum noch betroffene Klima einer Insel weit abseits der Küste mit langer Sonnenscheindauer und die immergrüne (eumediterrane) Macchienvegetation gelten.[15] Die sozioökonomischen Gründe gehen darauf zurück, dass die Insel Lussin (Lošinj) zu Zeiten der Segelschifffahrt ein Seefahrtszentrum mit vielen Reedern, Werften, Versicherungen, einer nautischen Akademie und einer überwiegend von der Seefahrt lebenden Bevölkerung (2.500 Beschäftigte) war, im Gegensatz zu den anderen Inseln also keine dominant agrarische Orientierung aufwies. Die Bevölkerung war dadurch welt- und sprachengewandt.

Die Umstellung auf die Dampfschifffahrt und die Konzentration des Handels auf die mit der Eisenbahn erreichbaren Häfen brachten auf Lussin Niedergang und Arbeitslosigkeit mit sich. Tourismus erschien in dieser Situation als ein Rettungsanker; die Anstöße dazu kamen von innen und von außen. Lokal war es der einheimische Wissenschaftler Ambroz Haračić, der eine meteorologische Station einrichtete und einen viel beachteten Artikel über das Klima der Insel schrieb[16], von außen machten steirische und Wiener Ärzte, wie z. B. Conrad Clar und Leopold Schrötter, auf die Insel aufmerksam. Ein endogener Faktor war wohl auch die Bereitschaft der Kapitäne und Seefahrer, auf Tourismus umzusatteln und ihre schönen Villen an Touristen zu ver-

---

14 Vgl. Antić, Vinka: Pomorstvo i naš turizam, in: Pomorski zbornik 1 (1962), S. 987–1058; Blažević: Povijest turizma Istre i Kvarnera; Kojić, Branko: Razvitak turizma na otoku Losinju, in: Jugoslavenska akademija znanosti i umjetnosti (JAZU) (Hg.): Anali Jadranskog instituta I. Zagreb 1956, S. 205–296; Sokolić, Ivanka (Hg.): 100 Jahre Tourismus Cres-Lošinj. Zagreb 1986; Stražičić, Nikola: Cresko-lošinjska otočna skupina, in: Otočni ljetopis Cres-Lošinj 2 (1975), S. 143–195.
15 Vgl. Yoshino: Local Wind Bora.
16 Haračić, Ambroz: Sul clima di Lussinpiccolo. V Programma dell' I. R. Scuola nautica in Lussinpiccolo. Gorizia 1885.

Abbildung 4: Lussinpiccolo um 1900, Quelle: Sokolić, Ivanka (Hg.): 100 Jahre Tourismus Cres-Lošinj. Zagreb 1986, S. 157.

mieten. Außerdem setzte sich ein Konsortium einheimischer Unternehmer für die touristische Ausgestaltung der Orte ein. Dennoch waren es in erster Linie Investoren aus Wien und Budapest, die das touristische Angebot wesentlich verbreiterten.

Nicht zu unterschätzen ist die den Tourismus fördernde Wirkung der Besuche und Aufenthalte von Mitgliedern des Erzhauses Habsburg auf der Insel. So ließ sich Erzherzog Carl Stephan 1886 in Lussingrande (Veli Lošinj) eine Villa erbauen und zog weitere Adelige nach sich. Kronprinz Rudolf bestieg 1887 den 589 Meter hohen Monte Ossero (Osorščica), den höchsten Berg aller Adriainseln. Daraufhin legte man einen Bergpfad und weitere Wanderwege an. Im Jahr 1887 entstanden die ersten Hotels in Lussinpiccolo und Lussingrande.

Arbe (Rab) war wegen der Malaria in den Sümpfen vor der Stadt (Palit) und sehr ärmlicher agrarwirtschaftlicher Verhältnisse, für die exemplarisch das dalmatinische Kolonat steht, ein touristischer „Spätentwickler".[17] Erst kurz vor dem Ersten Weltkrieg kam es zu ersten

---

17 Vgl. Antić, Vinko: Turistički razvoj otoka Krka, Raba i Paga, in: Radovi instituta JAZU u Zadru, III. Zagreb 1957, S. 353–405; Blažević: Povijest turizma Istre i Kvarnera; Ganza-Aras, Tereza: Život na Rabu na prijelazu iz 19. u 20. Stoljeće, in: Rapski zbornik. Zagreb 1987, S. 439–457; Legac, Vjekoslav: Turistički razvoj otoka Raba, in: Mohorovičić, Andre (Hg.): Rapski zbornik. Zagreb 1987, S. 459–476; Turk, Hrvoje: Otok Rab. Uvjeti

touristischen Entwicklungen, und dies zunächst im Badetourismus. Treibende Kräfte waren eine rührige Gemeindeverwaltung und die Wiener Interessentengruppe *Österreichisches Seebad und Kurort Insel Arbe*, die ab 1912 das „Hotel Imperial" zu bauen begann.[18] Begleitet wurden diese Aktivitäten von einer Gesamtsanierung der Stadt Arbe und der Beseitigung der Malariaherde vor der Stadt. Noch vor dem Ersten Weltkrieg wurden auch etliche tschechische Investoren aktiv (Hotel Praha, Villa Komensky), später noch der *Verein der Wiener Gemeindebediensteten* mit dem Bau eines Erholungsheims.

In Bescanuova (Baška) auf Veglia (Krk) bot der ausladende Kiesstrand gute Voraussetzungen für den Badetourismus.[19] Den touristischen Aufschwung des Ortes begründete der Prager Zeitungsherausgeber Emil Geistlich, der Baška in Prag zu einem Begriff machte und selbst in touristische Einrichtungen investierte (Hotel Baška, 1911). Dies ließ Baška zu einem nationalen tschechischen Seebad werden („Kroatisch-tschechisches See- und Luftbad Baška") – im Gegensatz zum „österreichischen" Abbazia und zum „ungarischen" Crikvenica. Eine gewisse tschechische Note blieb ihm bis heute erhalten. Die enge Verbindung zu Tschechien zeigte sich z. B. auch in den frühen 1990er Jahren, als wegen der jugoslawischen Zerfallskriege die Gäste aus dem westlichen Mitteleuropa ausblieben, aber zumindest zum Teil durch tschechische Touristen ersetzt werden konnten.

GESELLSCHAFTLICHE UND GESAMTWIRTSCHAFTLICHE WIRKUNGEN DES FRÜHEN TOURISMUS

Im Kvarner entwickelte sich der Tourismus vor dem Ersten Weltkrieg mit Ausnahme von Lussin in rein primärwirtschaftlich, d. h. durch Landwirtschaft und Fischerei, geprägten Gebieten und wurde von einer bürgerlichen Elite und vom Adel gefördert. Er bewirkte somit

---

i rezultati turističke valorizacije. Rab 1989; Ders.: Povijest turizma i ugostiteljstva otoka Raba. Rijeka 1994.
18 Es wurde allerdings erst in der Zwischenkriegszeit eröffnet.
19 Vgl. Antić, Vinko: Turistički razvoj otoka Krka; Blažević: Povijest turizma Istre i Kvarnera; Seršić-Ivica, J.: Turizam u Baški do I. svjetskog rata, in: Krčki zbornik 29, 2. Krk 1994; Tomić-Frgačić, Božo: Počeci, tok i razvoj turizma na otoku Krku, in: Krčki zbornik, 15. Krk 1986, S. 13–48.

nicht nur im baulichen, sondern auch im soziologischen Sinn eine Urbanisierung: durch frühe Elektrifizierung, Ortsverschönerung und Pflege des öffentlichen Raumes, Straßen- und Wegebau, Aufforstungen (der vorher sehr kahlen Inseln und Küstensäume), Versorgungs-, Gesundheits-, Bildungs- und Kultureinrichtungen (Bibliotheken, Orchester, Kurzeitungen usw.), die auch Einheimischen zur Verfügung standen. Tourismusorte entwickelten sich auf diese Weise zu modernen, urbanen Inseln in einer ansonsten sehr agrarisch geprägten Umgebung.

Es gab aber auch Widerstände gegen diese Entwicklungen und Furcht der Einheimischen vor „Überfremdung", die zumeist eine kroatisch-nationalistische Note annahmen; so im Gemeinderat von Abbazia, wo der Widerstand hauptsächlich von den Kapitänen getragen wurde, oder in der Stadt Arbe, wo man gegen den „Ausverkauf" des Ortes protestierte und die Forderung erhob, der Erschließungsverein müsse sich kroatisch nennen und solle mit der Gemeinde auf Kroatisch kommunizieren.

Das wirtschaftliche Gewicht dieses frühen Tourismus war trotz der im Vergleich zu heute geringen Gästezahl (etwa 5 % der heutigen Ankünfte) groß, weil die Gäste länger verweilten, die lange Saison (zunächst nur Winter, dann Winter und Sommer) für eine gute Auslastung der Einrichtungen und damit für eine hohe Rendite des investierten Kapitals sorgte, die Ausgaben pro Gast weitaus höher waren als heute und weil wegen des geringen internationalen Konkurrenzdrucks höhere Preise verlangt werden konnten.[20] Es ist daher nicht gewagt zu behaupten, dass das wirtschaftliche Gewicht dieses frühen und elitären Tourismus regional kaum geringer und manchmal vielleicht sogar größer war als das des späteren Massentourismus. Allerdings war dieser frühe Tourismus nur punktuell verbreitet, während der spätere Massentourismus ganze Küstenabschnitte und Inseln erfasste.

Der Tourismus konnte den Niedergang der Landwirtschaft und – vor allem auf Lussin – der Seefahrt nur teilweise kompensieren und den Trend zur Abwanderung nicht stoppen. Zur Abwanderung kam es, weil der wirtschaftliche Ertrag nur teilweise den Einheimischen zu Gute kam. Wie der spätere Massentourismus, zum Teil wohl auch noch der heutige Tourismus im Kvarner, und besonders auf den Inseln war

---

20 Slokar, Johann: Die volkswirtschaftliche Bedeutung der Kurorte, in: Diem: Österreichisches Bäderbuch, S. 159–162.

der Reiseverkehr vor 1918 hauptsächlich ein Geschäft zwischen Auswärtigen. Die Investoren kamen überwiegend aus den Zentren der Habsburgermonarchie und transferierten viele Erlöse dorthin. Auch bestanden nur 20 bis 30 % des touristischen Personals aus Einheimischen: nur die unteren Berufssparten, also Küchengehilfen, Laufburschen, Stubenmädchen, Wäscherinnen und die Fiaker in Abbazia. Der große Rest der Qualifizierteren kam vor allem aus Krain (Kranjsko), Kärnten, der Steiermark und Wien. In der Zeit des dominanten Wintertourismus arbeiteten viele im Winterhalbjahr an der Küste und im Sommerhalbjahr an den Kärntner Seen oder im Salzkammergut. Dies gilt auch für viele Besitzer von Pensionen und Gaststätten oder für Ärzte.

Allerdings standen dem Tourismus einheimische Arbeitskräfte auch nur zum Teil zur Verfügung. So arbeiteten viele einheimische Frauen der Österreichischen Riviera in der Tabakfabrik von Fiume. Diese Beschäftigungsstruktur ähnelt sehr der späteren (und heutigen) Situation, in der (allerdings nicht aus Qualifikationsgründen) die Saisonkräfte zumeist aus Slawonien, Bosnien und der Herzegowina oder aus der Lika kommen.

LEGTE DER FRÜHE TOURISMUS DIE GRUNDLAGE FÜR DEN SPÄTEREN MASSENTOURISMUS?

Nach einer Verfallsphase während der Zwischenkriegszeit im italienischen Teil bei mäßiger Weiterentwicklung im damals jugoslawischen Teil erlebte der Adriatourismus im kommunistischen Jugoslawien der 1960er, 1970er und 1980er Jahre einen Boom als billiger Massentourismus und (fast) reiner Badetourismus mit einer markanten Saisonspitze im Sommer. Man wird wohl sagen können, dass sich dieser Massentourismus auch ohne die Anfänge vor dem Ersten Weltkrieg entwickelt hätte. Doch waren durch diese zumindest gute Voraussetzungen geschaffen: in Form einer gewissen Tourismusgesinnung der Einheimischen (der wirtschaftliche Wert des Tourismus musste nicht erst vermittelt werden), der mittlerweile abgebauten Überfremdungsängste, eines gewissen (auch örtlichen) Know-hows in Bezug auf das Management und in Form eines Modells für die betriebliche Struktur. Tatsächlich nahm ja das kommunistische Jugoslawien im Gegensatz zu gängigen zeitgenössischen Tourismusmodellen, wie z. B. des reinen

Abbildung 5: Obalno šetalište Franza Josefa I in Opatija, Foto: Peter Jordan, 2005.

Hoteltourismus in Spanien und in Ländern des kommunistischen Blocks, gerade das Strukturmodell des frühen Tourismus an der östlichen Adriaküste auf: Hotels fungierten als touristische Flaggschiffe und Leitbetriebe, daneben gab es aber auch viele private Familienpensionen, Privatvermietung und kleinbetriebliche, private Gastronomie.

NÜTZT DER HEUTIGE TOURISMUS DAS (BAULICHE) ERBE DER ANFÄNGE?

Nachdem man das bauliche Erbe des elitären Tourismus vor 1918 im kommunistischen Jugoslawien eher vernachlässigt und verschmäht hatte, erlebt es seit den jugoslawischen Zerfallskriegen eine Renaissance: Die meisten alten Hotels wurden saniert, die gründerzeitlichen Villen instandgesetzt und an wohlhabende Besitzer verkauft, Parkanlagen und Promenaden im alten Stil erneuert, Denkmäler renoviert oder neu errichtet. In der Tourismuswerbung setzt man die Tradition und das bauliche Erbe gezielt ein. In Buchhandlungen und Auslagen findet man Bücher, Ansichtskarten und Bilder von früher, Straßennamen erinnern an die „alten Zeiten" (Abb. 5).[21]

---

21 Allerdings ist die Erklärung dieses Namens historisch nicht ganz korrekt, denn Franz Joseph war ja nicht Austro-ugarski car (Österreichischungarischer Kaiser), sondern Kaiser von Österreich und König von Ungarn.

Besonders auffällig ist das in Opatija, aber auch in Mali Lošinj, wo z. B. in der Čikat-Bucht die alten Villen schön renoviert wurden (u. a. die *Villa Karolina* aus dem Jahr 1898).

"Qualitätstourismus", das in der heutigen kroatischen Tourismuswirtschaft meistgebrauchte Modewort, ist fast ein Synonym für den Stil des Kur- und Wellness-Tourismus des späten 19. Jahrhunderts. Das Anspielen auf die touristischen Traditionen und die Bemühungen um Renovierung und Refunktionalisierung des baulichen Erbes zeitigen durchaus ökonomischen Erfolg – besonders bei einem älteren Publikum, das sich vor allem im Herbst und im Frühjahr (wie vor 1918) in diesen alten Kurorten aufhält, sich ähnlich wie die damaligen Touristen betätigt, d. h. wandert, spazieren geht, die Abendunterhaltungen besucht, dazu die neuen Wellness-Einrichtungen frequentiert, die Saison verlängert und relativ ausgabefreudig ist.

FAZIT

Zusammenfassend lässt sich also feststellen, dass Luftkur im Winterhalbjahr, mildes Klima, heilkräftige Meeresluft und die mediterrane Landschaft den Tourismus an der nördlichen Adriaküste begründeten. Die treibenden Kräfte der Entwicklung des frühen Tourismus kamen vorwiegend von außen (Südbahngesellschaft, andere Wiener, Budapester und Prager Investoren, Emil Geistlich, Adelige) und nur in Ausnahmefällen von lokaler Seite (lokale Unternehmer auf Lussin, Gemeindeverwaltung in Arbe). Als wichtigste gesellschaftliche Wirkung des frühen Tourismus kann man das Entstehen urbaner Inseln bezeichnen. Dieser frühe Tourismus hatte regional durchaus große wirtschaftliche Bedeutung, seine Erlöse flossen aber in der Regel nach außen; auch kam nur wenig lokales Personal zum Einsatz. Er beeinflusste durch das Begründen einer Tourismusgesinnung den Aufbau eines ersten Know-hows, und indem er zum Modell für die betriebliche Struktur des späteren Massentourismus wurde, auch die Grundlagen für spätere Entwicklungsphasen. Der heutige Tourismus nützt das Erbe der Anfänge insofern, als er im Qualitätssegment Stilelemente dieser Anfänge sehr bewusst aufgreift und damit die Saison verlängert.

Halb-kolonial und halb-orientalisch?
Dalmatien als Reiseziel im 19. und frühen 20. Jahrhundert

PETER STACHEL

Dem „Mali Imperial", seinen Gästen und seinem Personal gewidmet

Abgeordneter X: Ich hoffe nicht zudringlich zu erscheinen, wenn ich mir erlaube, das hohe Ministerium um Aufklärung über die unliebsamen Vorgänge in Dalmatien zu ersuchen.
Minister von Hasner: Aufklärung?
Minister Giskra: Unliebsam?
Minister Herbst: Vorgänge?
Minister Wagner: Dalmatien?[1]

Daniel Spitzer

Im Frühjahr 1909 besuchte der österreichische Schriftsteller und Journalist Hermann Bahr (1863–1934) Dalmatien, eines seiner bevorzugten Reiseziele. Die Anreise in das heute touristisch sehr gut erschlossene und überaus populäre Reiseland war dazumal umständlich: Mit der Südbahn reiste Bahr von Wien nach Triest, übernachtete, wie er gallig vermerkte, in einem „elenden Hotel" – „Triest hat ja immer noch kein Hotel, das halbwegs den Gewohnheiten eines Europäers entsprechen könnte. Wien ja schließlich auch nicht [...]. Wien ist darin

---

1 Spitzer, Daniel: Die kriegerische Börse und die dalmatinische Frage, in: Ders: Wiener Spaziergänge. o. O. 2009, S. 43–47, hier S. 46.

der richtige Vorort von Istrien und Dalmatien"² – und setzte die Reise mit der erst ein Jahr zuvor vom Stapel gelaufenen „Baron Gautsch", einem Dampfschiff des *Österreichischen Lloyd* fort³, vorbei an Capo d'Istria (Koper), Pirano (Piran) und Brioni bis Pola (Pula), über Lussin (Lošinj), Zara (Zadar) (der Hauptstadt des Kronlandes Dalmatien) und Spalato (Split)⁴ bis nach Gravosa (Gruž), den Hafen Ragusas (Dubrovnik). Als Bahr einige Tage später von einem Ausflug in Richtung Cattaro (Kotor) mit dem Schiff nach Gravosa zurückkehrt, wartet dort eine unliebsame Überraschung auf ihn: Die Polizei unterzieht ihn einem Verhör und beschlagnahmt schließlich seine Kamera, „einen Kodak", wie Bahr nicht ohne Besitzerstolz vermerkt; es besteht der Verdacht, dass er potenziell kriegswichtige Einrichtungen fotografiert haben könnte, einer Verhaftung entgeht er – nach eigener Überzeugung – nur dadurch, dass auch der Ragusaner Polizei seine guten Kontakte zur Presse bekannt sind.⁵

Dass das heute so selbstverständliche touristische Utensil des Fotoapparats vor gerade einmal einhundert Jahren in Dalmatien für derartige Aufregung sorgen konnte, mutet einigermaßen skurril an; umso mehr, wenn man berücksichtigt, dass in Reiseführern über Dalmatien damals noch ganz offen das Für und Wider des Mitführens privater Schusswaffen – „ein Revolver [kann] unter Umständen zum verlässlichsten Reisebegleiter werden" – ernsthaft erörtert wurde.⁶ Dass aber der von der Schifffahrtslinie *Österreichischer Lloyd* jährlich herausge-

---

2 Bahr, Hermann: Dalmatinische Reise. Berlin 1909, S. 7f.
3 Das Schiff wurde bei Kriegsausbruch 1914 als Versorgungsschiff von der k.u.k. Kriegsmarine übernommen, dann rasch dem Lloyd zurückgegeben, aber weiterhin für militärische Hilfsdienste eingesetzt. Bereits am 13. August 1914 fuhr es aufgrund eines Kommunikationsfehlers vor der Insel Brioni auf eine von der eigenen Kriegsmarine gelegte Mine und sank, wobei 147 Menschen den Tod fanden; neben Flüchtlingen aus Bosnien-Herzegowina und Angehörigen von Militärpersonen waren unter den Todesopfern auch in Dalmatien vom Kriegsausbruch überraschte Urlauber. Vgl. Pfeiffer, Hermann: Halte dich an mich und eile! Der Untergang der Baron Gautsch. Hg. v. Ingrid Pfeiffer. Wien 2014.
4 In älteren Quellen auch Spalatro.
5 Bahr: Dalmatinische Reise, S. 84f.
6 Vgl. z. B.: Illustrierter Führer durch Dalmatien (Abbazzia – Lussinpiccolo) längs der Küste von Albanien bis Korfu und nach den Ionischen Inseln (A. Hartlebens Illustrierter Führer 12. Handbuch für Touristen). 5. Aufl., Wien/Pest/Leipzig 1902, S. 14. Konkret für Dalmatien wurde das Mitführen von Schusswaffen als „nicht nöthig" befunden, die zitierte Formulierung bezog sich auf einen allfälligen Abstecher nach Albanien.

gebene Reiseführer „Nach dem Süden" ab dem Jahrgang 1913 eine eigene Rubrik „Das Photographieren in Dalmatien" enthielt, in dem vor den Konsequenzen des Fotografierens in militärisch relevanten Gebieten – „Leider ist oft gerade an den schönsten Gegenden das Photographieren aus militärischen Gründen verboten"[7] – nachdrücklich gewarnt wurde, war vermutlich eine Folge der von Bahr öffentlich gemachten Affäre um seinen Kodak. Der heute befremdlich anmutende Vorgang verweist freilich auch darauf, dass die dalmatinische Küste als militärisch relevantes Gebiet und das ganze Land als eine Art erweitertes Grenzgebiet angesehen wurden. Bevor die Habsburgermonarchie 1878 die Verwaltung über die zum Osmanischen Reich gehörenden Länder Bosnien und Herzegowina übernommen hatte, waren Reisen in die tatsächlichen Grenzgebiete – in denen Räuber- und Schmugglerbanden ihr Unwesen trieben[8] – nur unter strikten Auflagen und militärischer Überwachung erlaubt gewesen. So durften sich Reisende noch Mitte des 19. Jahrhunderts in den eigentlichen Grenzregionen nur mit behördlicher Genehmigung und vorschriftsgemäß in Begleitung von zwei Panduren und einem „Sanitätswächter" bewegen.[9] Eine eigene Miliz, die *Forza territoriale*, hatte damals die Aufgabe, das weitläufige Gebiet zu überwachen und zu sichern.

Bahr dürfte die unerfreuliche Begegnung mit den Behördenvertretern die Urlaubslaune einigermaßen verdorben haben, jedenfalls äußert er in seinem unter dem Titel „Dalmatinische Reise" noch im selben

---

7 Reiffenstein, Bruno: Photographieren in Dalmatien, in: Paska, Erwin von: Nach dem Süden. Praktischer Wegweiser für die österreichisch-ungarische Riviera, Istrien, Dalmatien und die montenegrinische und albanische Küste bis Korfu mit Berücksichtigung von Bosnien und der Hercegovina sowie den Zugangslinien aus Österreich-Ungarn und Deutschland nach der Adria. Verlag: Österreichischer Lloyd, 8. Jahrgang. Wien 1913, S. 71–76, hier S. 75. Der Text erschien in identischer Form auch in Ausgabe von 1914, der letzten, die vom *Österreichischen Lloyd* herausgegeben wurde (auf S. 101–103).
8 Vgl. dazu: Helmedach, Andreas: Beute im Alltag des Grenzraums. Dalmatien, Bosnien und die Herzegowina im 17. und 18. Jahrhundert, in: Carl, Horst/Bömelburg, Hans-Jürgen (Hgg.): Lohn der Gewalt. Beutepraktiken von der Antike bis zur Neuzeit. Paderborn u. a. 2011, S. 201–222. Beliebtestes Schmuggelgut in die Monarchie war türkischer Tabak, der erheblich billiger war als der Tabak in Österreich; dieser unterlag dem staatlichen Tabakmonopol und war hoch besteuert.
9 Vgl. Schmidl, A. A.: Das Königreich Dalmatien (Das Kaiserthum Oesterreich, 8). Stuttgart 1842, S. 56.

Jahr veröffentlichten, über weite Strecken sehr subjektiv gefärbten[10] Reisebericht ungewöhnlich offene Kritik an der österreichischen Verwaltung des Kronlandes Dalmatien. Während das gemischte Publikum auf dem Schiff[11], in den Hotels, bei einer Abendgesellschaft in Salona (Solin)[12] und auf den öffentlichen Plätzen Bahrs Sympathie erweckt und ihm – entsprechend seiner austro-slawistischen Orientierung, die freilich nicht frei von Wunschdenken und Fehldeutungen war – als Ausdruck des wahren, weil übernationalen Österreichertums erscheint, missfällt ihm an der k.u.k. Verwaltung des Landes so gut wie alles: der auftrumpfende österreichische Leutnant, der an der Tafel des *Hotels Imperial* in Dubrovnik lauthals seine Überzeugung von einem unmittelbar bevorstehenden Krieg hinauskräht[13] ebenso wie jenes „österreichische[s] Subjekt in Flöhen, mit irgend einer Uniform, nach der er mir ein Finanzer erscheint"[14], das ihn in Cattaro forsch nach dem Zweck seiner Reise ausfragt, aber geradezu untertänig höflich wird, als Bahr ihm ebenso forsch entgegen tritt: „Weil doch in Österreich eine Amtsperson nie weiß, ob der Untertan nicht vielleicht einen Hofrat zum Onkel hat, wodurch er dann ja eben aufhört, ein Untertan zu sein."[15] Die österreichischen „Staatskünstler" hätten noch immer nicht begriffen, dass aus einem ehemals deutschen „Östreich ein slawisches Westreich geworden [ist]"[16] und die habsburgische Verwaltung würde

---

10 Vgl. dazu insbesondere: Erstić, Marijana: Die Ambivalenz des vertraut Fremden. Dalmatinische Reise von Hermann Bahr, in: Kabić, Slavija/ Lovrić, Goran (Hgg.): Mobilität und Kontakt. Deutsche Sprache, Literatur und Kultur in ihrer Beziehung zum südosteuropäischen Raum. Zadar 2009, S. 249–257. Erstić konstatiert darin zutreffend: „Nicht der Aspekt der Information ist bei Bahr der ausschlaggebende, sondern derjenige einer persönlichen Sensation." S. 253.
11 Dass die Adria-Schiffe – sowohl die zivilen, als auch die militärischen – besonderer Ausdruck der Vielfalt des „alten Österreich" gewesen wären, ist ein häufig bedienter Topos: Vgl. Bahr: Dalmatinische Reise, S. 22f.; bereits davor: Schiff, Theodor: Aus halbvergessenem Lande. Culturbilder aus Dalmatien. Wien 1875, S. 142; Jahrzehnte danach: Jünger, Ernst: Dalmatinischer Aufenthalt, in: Ders.: Tagebücher VI. Reisetagebücher (Ernst Jünger: Sämtliche Werke 1. Abt. Tagebücher). Stuttgart 1982, S. 9–35, hier S. 13f. Vgl. auch Kunsti, Erich von: Verlorener Strand. Erinnerungen eines österreichischen Linienschiffsleutnants. Berlin/Wien/Leipzig 1938.
12 Vgl. Bahr: Dalmatinische Reise, S. 92–98; siehe auch S. 56.
13 Ebd., S. 60f.
14 Ebd., S. 44.
15 Ebd., S. 45.
16 Ebd., S. 76. Diese Formulierung taucht in mehreren Veröffentlichungen Bahrs auf.

immer noch dem Grundsatz folgen: „Not regiert man noch am leichtesten, denn wie den Menschen nicht mehr hungert, wird er frech"[17]. Die Einwohner hätten, so Bahr überoptimistisch und wohl auch in weitgehender Unkenntnis der kroatischen und der serbischen Nationalbewegungen[18], keinen anderen Wunsch „als gut österreichisch sein zu können"[19], was ihnen vom „Mensch[en] der Verwaltung, Austriacus insapiens"[20] konsequent verweigert werde. Tatsächlich würde die Verwaltung nicht mehr leisten, als eine „österreichische Wand" aufzustellen: „Hinter der österreichischen Wand fängt der Orient an, unsere Zeit hört auf. [...] das Symbol unserer Verwaltung in Dalmatien [...]. Diese besteht darin, das alte Land zu lassen, wie es ist, aber vorn eine österreichische Wand zu ziehen, damit man es nicht sieht."[21] Im Grunde, so Bahr, würde die österreichische Verwaltung „hier wie im Feindesland hausen".[22]

Eine derart harsche Kritik konnte nicht unwidersprochen bleiben. Der Journalist Leopold von Chlumecky (1873–1940) – ein persönlicher Freund des Generalstabchefs Franz Conrad von Hötzendorf, mit guten Kontakten zu Erzherzog Franz Ferdinand; er war im Staatsdienst tätig und dabei drei Jahre in Ragusa stationiert gewesen – echauffierte sich in einem Leitartikel in der „Österreichischen Rundschau" bereits im März 1909 – also noch vor dem Erscheinen von Bahrs Buch[23] –

---

17 Ebd., S. 75f.
18 Vgl. Cetnarowicz, Antoni: Die Nationalbewegung in Dalmatien im 19. Jahrhundert. Vom „Slawentum" zur modernen kroatischen und serbischen Nationalidee. (Menschen und Strukturen. Historisch-sozialwissenschaftliche Studien, 16). Frankfurt a. M. 2008; vgl. auch Clewing, Konrad: Staatlichkeit und nationale Identitätsbildung. Dalmatien in Vormärz und Revolution. (Südosteuropäische Arbeiten, 109). München 2001.
19 Bahr: Dalmatinische Reise, S. 74.
20 Ebd., S. 101.
21 Ebd., S. 34.
22 Ebd., S. 123.
23 Die Kritik Chlumeckys war eine Reaktion auf einen am 2. März 1909 in der Wiener *Neuen Freien Presse* veröffentlichten Artikel Hermann Bahrs, der weitgehend unverändert in das Buchmanuskript übernommen wurde. Bahr nahm auch Chlumeckys Kritik und seine eigene Entgegnung in das Manuskript seines Buches auf. Bahrs Buch wurde von kroatischen und serbischen Intellektuellen stark rezipiert, wobei die zeitgenössischen Kommentare überwiegend sehr positiv ausfielen, später – in jugoslawischer Zeit – kippte die Beurteilung mehrheitlich ins Negative. Vgl. Ehgartner, Eugenija: Hermann Bahrs Reise in eine österreichische Provinz, in: Most/Die Brücke. Literarisches Magazin 3–4 (1996), S. 121–128, insbes. S. 121–123, S. 126. Siehe dazu auch: Pederin, Ivan: Österreichs Weg

über die „zersetzenden Kritiken" und die „ätzende Lauge seines Spottes"[24], die Bahr über die österreichische Verwaltung ausgegossen habe. Er sparte nicht mit sarkastischen Kommentaren zur Kamera-Affäre, attestierte Bahr Unkenntnis der realen Verhältnisse sowie Naivität und schloss seinen Artikel mit der Behauptung, dass der einzige Fehler der österreichischen Verwaltung in der Vergangenheit darin zu erblicken sei, dass sie von der Bevölkerung etwas erwartet habe, wozu diese einfach nicht fähig wäre: „Sachliche, ruhige Arbeit"[25]. „Solange er [Bahr] uns kein anderes Rezept zu geben weiß, halten es viele von uns für das beste, Dalmatien wie eine Kolonie zu verwalten, in die man erst alles von außen hereintragen muß. Alles: Kapital, Menschen, Impulse und Ideen"[26].

Die Frage, welcher der beiden Kontrahenten in welchem Punkt recht und in welchem unrecht hatte, mag heute, nach mehr als einem Jahrhundert, unerheblich anmuten: Ohne Zweifel war Bahrs Kritik an der Untätigkeit und Überheblichkeit der österreichischen Verwaltungsorgane nicht unberechtigt, war doch Dalmatien eines der rückständigsten Kronländer der Monarchie, allerdings dürfte Chlumecky dort nicht unrecht haben, wo er Bahr teilweise Unkenntnis der lokalen Verhältnisse und romantisch motiviertes ideologisches Wunschdenken vorhielt. Viel interessanter ist jedoch aus heutiger Sicht, dass in den Texten von Bahr und Chlumecky an zentraler Stelle zwei Begriffe auftauchen, die für die Beschäftigung mit der Region Dalmatien bereits seit dem 18. Jahrhundert von zentraler Bedeutung waren: „Orient" und „Kolonie". In einer umfassenden Studie über die Sicht auf Dalmatien im Zeitalter der Aufklärung zitiert der US-amerikanische Historiker Larry Wolff zustimmend ein Urteil seines italienischen Fachkollegen Marino Berengo (1928–2000) aus dem Jahr 1954, in dem dieser be-

---

an die Adria. Das Bild Dalmatiens in der Reiseliteratur bis zu Hermann Bahr, in: Österreich in Geschichte und Literatur 20 (1976), H. 1, S. 33–48, insbes. S. 40–43. Pederin merkt auch an, dass der Erfolg von Bahrs Buch zu einem gesteigerten Interesse an Dalmatien geführt habe, das sich u. a. in der Gründung mehrerer „Dalmatinischer Weinstuben" in Wien niedergeschlagen habe. S. 43 (mit Quellenangaben S. 47f.).

24 Chlumecky, Leopold Freiherr von: Hermann Bahrs Dalmatien, in: Österreichische Rundschau (15.03.1909), S. 486f., wieder abgedruckt in: Ifkovits, Kurt (Hg.): Hermann Bahr – Jaroslav Kvapil. Briefe, Texte, Dokumente (Wechselwirkungen. Österreichische Literatur im internationalen Kontext, 11). Bern u. a. 2007, S. 492–495, hier S. 493.
25 Ebd., S. 494.
26 Ebd., S. 495.

reits die venezianische Verwaltung Dalmatiens als „semi-kolonial" charakterisiert hatte[27]. Dies, so Wolff, sei zutreffend, müsse aber ergänzt werden durch den Zusatz, dass „the Enlightenment discovered Eastern Europe [...] according to demi-Orientalism"[28]. Halb-kolonial und halb-orientalisch: In der Tat sind dies Zuschreibungen, die das Bild Dalmatiens im 19. Jahrhundert entscheidend mitprägten und auch das touristische Interesses an dem Land mitbestimmten.

Dalmatien wurde als Teil der Balkan-Region verstanden und so finden sich in den Schilderungen der Region zahlreiche einschlägige kulturelle Stereotype.[29] Wie Larry Wolff ausführt, entsprach Dalmatien jedoch weder topographisch noch kulturell dem eindeutig „Anderen" und wurde dementsprechend als Übergangszone, als „Schwelle zum Nahen Osten"[30] (im damaligen Sinn dieses Begriffs), wie es in einem englischen Reisebericht von 1898 heißt, bzw. als „das Land, wo Ost und West sich begegnen", so der Untertitel eines damals relativ bekannten Dalmatien-Reiseberichts von 1908[31], betrachtet. Dabei handelte es sich um einen gleichsam feststehenden Topos, der von zahlreichen Autoren in ihren Beschreibungen Dalmatiens nachgerade reflexhaft bedient wurde. „Man ist hier an der Grenze des Orients"[32], behauptete der in Dalmatien aufgewachsene, später in Wien als Telegraphenbeamter tätige Schriftsteller Theodor Schiff (1831–1882) in seinem Dalmatien-Buch und fügte hinzu: „Gegenwärtig ist Dalmatien weit, sehr weit zurück geblieben in seiner physischen und moralischen

---

27 Vgl. Berengo, Marino: Problemi economic-sociali della Dalmazia veneta alla fine dell '700, in: Rivista storica italiana 66 (1954), S. 469–510, hier S. 470.
28 Wolff, Larry: Venice and the Slavs. The Discovery of Dalmatia in the Age of Enlightenment. Stanford 2011, S. 9.
29 Zu den Stereotypen des „Balkans" und den damit verbundenen Werturteilen vgl. Todorova, Maria: Die Erfindung des Balkans. Europas bequemes Vorurteil. Darmstadt 1999; Bjelić, Dušan I./Savić, Obrad (Hgg.): Balkan as Metaphor. Between Globalization and Fragmentation. Cambridge, Mass. 2002; siehe auch Mazower, Mark: Der Balkan. Berlin 2002. Mit besonderem Bezug auf Reiseberichte vgl.: Jezernik, Božidar: Wild Europe. The Balkans in the Gaze of Western Travelers. London 2004.
30 Vgl. Miller, William: The Threshold of the Near East: Istria and Dalmatia, in: Ders.: Travels and Politics in the Near East. New York 1898, S. 1–40.
31 Holbach, Maude M.: Dalmatien. Das Land wo Ost und West sich begegnen. Wien/Leipzig 1909. Im Original: Dalmatia, the Land where East meets West. London 1908.
32 Schiff: Aus halbvergessenem Lande, S. 121.

Entwicklung"[33]. Bereits zweieinhalb Jahrzehnte davor hatte die Reiseschriftstellerin Ida von Reinsberg-Düringsfeld (1815–1876) zwei Kapitel ihres Dalmatiens-Reiseberichts – bezugnehmend auf ein Wortspiel, das Schiff, auf dem sie reiste, trug den Namen „Orient", mit „Der Orient" und „Aus dem Orient" übertitelt[34]. Und sechzig Jahre nach Düringsfeld sekundierte der deutsche Naturforscher und Reiseschriftsteller Kurt Floericke (1869–1934), dem Dalmatien „als vermittelndes Glied zwischen Okzident und Orient"[35] erschien: Alle „hier geführten Kriege [...] [sind] anzusehen [...] als ein Wettstreit zwischen Okzident und Orient um die in handelsgeographischer und militärpolitischer Beziehung wegen ihrer Eigenartigen so wichtigen Provinz, die dann endgültig dem Okzident geblieben ist"[36]. „Alles hat der Österreicher innerhalb seiner Grenzen [...] [,] ein Stück Orient in Dalmatien"[37], heißt es 1913 bei dem bayrischen Reiseschriftsteller Arthur Achleitner (1858–1927), der Dalmatien gleichsam auf den Spuren des von ihm sehr geschätzten Hermann Bahr bereiste und wie dieser das mangelnde Interesse der österreichischen Bevölkerung an Dalmatien kritisierte.[38] Und 1899 hieß es in einem verbreiteten Reiseführer über Dalmatien:

Das an Naturschönheiten und Geschichtsdenkmälern reiche Dalmatien ist ein Land der Contraste und zugleich in Europa ein Übergangsland. Seine Küsten schauen nach Italien hinüber, von wo einst, als ihrem Brennpunkte, die Cultur

---

33 Ebd., S. 155.
34 Düringsfeld, Ida von: Reise-Skizzen 5: Aus Dalmatien. Bd. 2. Prag 1857, S. 164–177, S. 178–184. Auffällig ist in Düringsfelds Schilderung die Kritik am anmaßenden Verhalten der regionalen Behördenvertreter, die an Bahrs Darstellung ein halbes Jahrhundert später erinnert. Zur Düringsfeld vgl. u. a. Grubišić Pulišelić, Eldi: Dalmatien als Heterotopie in Ida von Düringfelds Reise-Skizzen, in: Kabić/Lovrić (Hgg.): Mobilität und Kontakt, S. 265–276; Matl, Josef: Preradović, Kukuljević, Düringsfeld in Dubrovnik, in: Ders.: Südslawische Studien. München 1965, S. 326–336, insbes. S. 332–336.
35 Floericke, Kurt: Dalmatien und Montenegro. Blicke ins „Kulissenland". Berlin 1911, S. 8.
36 Ebd., S. 11.
37 Achleitner, Arthur: Reisen im slawischen Süden. Dalmatien und Montenegro. Berlin 1913, S. 103.
38 „Kein Wunder, daß der Österreicher so wenig reist, er hat ja alles innerhalb der schwarzgelben Pfähle. Und das eigene Land interessiert ihn nicht, weil es eben Österreich, nicht Ausland ist! Wozu Dalmatien bereisen, da es doch zu Österreich gehört." Ebd., S. 103f.

des Westens ihren Siegeszug in den von Rom beherrschten Erdkreis antrat. Über den östlichen Gebirgswällen aber beginnt der Orient, der sich durch Jahrhunderte vorwiegend anstürmend und dräuend verhielt, und erst in neuester Zeit, seit Österreich-Ungarn Bosnien und die Hercegovina occupierte, dem Westen die Hand zu reichen und dem Zwischenlande Dalmatien zum Segen zu gereichen beginnt.[39]

Nachdrücklich verfestigten sich die Begrifflichkeiten von „Orient" und „Morgenland" insbesondere in der Schilderung der Vegetation: „An die Nordküste Afrikas versetzt und an Bilder von Algier erinnert", fühlte sich der hessische Lyriker und Reiseautor Heinrich Wilhelm Stieglitz (1801–1849) als er 1839 in Dalmatien Palmen, „hingewandt nach ihrem väterlichen Reich, dem fernen Orient"[40], erblickte. Für den bayrischen Reiseschriftsteller Heinrich Noé (1835–1896), einen hervorragenden Kenner der Region, enthüllte sich an der Ombla (Rijeka Dubrovačka) bei Gravosa (Gruž) „die Farbenwelt des Morgenlandes"[41]: „Es ist dies ein Stück des fernen Ostens"[42]. Und auch in den ethnographischen Schilderungen wird auf das Ausmalen des „orientalischen Kulturelements" nachdrücklich Wert gelegt: So beispielsweise in der Darstellung der umständlichen Organisation des „türkischen Marktes" in Ragusa[43] oder des montenegrinischen Marktes in Cattaro[44].

Als Hermann Bahr seine literarisch dokumentierte „dalmatinische Reise" unternahm, war Dalmatien weniger als ein Jahrhundert unter

---

39 Petermann, Reinhard E.: Führer durch Dalmatien. Herausgegeben vom Vereine zur Förderung der volkswirtschaftlichen Interessen Dalmatiens. Wien 1899, S. 1.
40 Stieglitz, Heinrich: Istrien und Dalmatien. Briefe und Erinnerungen. Stuttgart/Tübingen 1845, S. 206.
41 Noé, Heinrich: Das Festland, in: Die österreichisch-ungarische Monarchie in Wort und Bild: Dalmatien. Wien 1892, S. 3–32, hier S. 24.
42 Ebd., S. 22. Konkret bezieht sich diese Aussage auf einen mindestens seit 1492 – in diesem Jahr wurde das heute noch benutzte Aquädukt in Betrieb genommen – auf einem Gut der ragusaner Adelsfamilie Gučetić-Gozze existierenden Wald bei Cannosa (Trsteno) nahe Dubrovnik, der sowohl aus regional typischen als auch aus eigens eingeführten exotischen Pflanzen besteht und als besondere Sehenswürdigkeit galt. Vgl auch: Schweiger-Lerchenfeld, Amand Freiherr von: Die Adria. Land- und Seefahrten im Bereiche des adriatischen Meeres. Wien/Pest/Leipzig 1883, S. 322f. Das so genannte „Arboretum von Trsteno" ist heute Eigentum des kroatischen Staates und steht unter Naturschutz.
43 Stieglitz: Istrien und Dalmatien, S. 282f.
44 Swida, Franz: Dalmatien, in: Ders.: Krain, Küstenland und Dalmatien (Die Länder Oesterreich-Ungarns in Wort und Bild, 11). Wien 1882, S. 39.

habsburgischer Verwaltung. Faktisch seit Anfang des 15. Jahrhunderts, de jure dann seit dem Frieden von Karlowitz 1699, war das Gebiet unter der Herrschaft der Republik Venedig gestanden, die es tatsächlich praktisch wie eine Kolonie behandelte, die Ressourcen des Landes ausbeutete (die weitgehende Verkarstung Dalmatiens ist auf den Raubbau an Holz durch die Serenissima zurückzuführen) und die lokalen Eliten weitestgehend entmachtete. Zugleich war Venedig jedoch kulturell prägend: „Trotz der ständigen und ungeliebten militärischen Präsenz Venedigs hielten die Kommunen an italicnischen Gepflogenheiten, Gesetzen und Traditionen fest, denn anscheinend existierten [...] keine Alternativen [...], an welchen sie sich orientieren hätten können."[45] In den Küstenstädten dominierte noch bis weit in das 19. Jahrhundert hinein das Italienische als Umgangssprache, das auch unter den Habsburgern anfangs Verwaltungssprache des Kronlandes war; erst nach Jahrzehnten wurde es durch das Kroatische ersetzt. Heinrich Noé sah darin – analog zur „österreichischen Wand" Hermann Bahrs – allerdings bloß einen „italienische[n] Firniß, welchen die meisten Reisebeschreiber, die auf dem Meere an dem Lande vorbei gefahren sind, bei ihrem jeweiligen Absteigen in den Uferstädten wahrgenommen haben"; dieser klebe aber nur „oberflächlich auf dem wirklichen Inhalt und ist unwesentlicher, als die Etiquette auf einer Flasche"[46]. Etwas anders und konsequenter im Sinn der Idee einer kulturellen Übergangszone, sah dies Theodor Schiff:

In den Küstenstädten Nord- und Mitteldalmatiens [...] ist die so genannte „bessere Classe" [...] größtentheils italienischer Herkunft, man spricht in der Familie italienisch mit venetianischem Dialekt und hat venetianische Sitten und Gebräuche mit einer merkwürdigen Zähigkeit bis auf den heutigen Tage festgehalten. Im Inneren des Landes hingegen, sowie in den südlicher gelegenen Städten, [...] dann auf den Inseln, herrschen slavische Sprache, Sitten, Gebräuche und Familiennamen vor. Die Bewohner des inneren Gebirgslandes sind ausschließlich Slaven. Im Allgemeinen wird das Cultur-Element durch den italienisch sprechenden Theil der Bevölkerung vertreten, während sich die

---

45 Stanić, Michael M.: Dalmatien. Kleine Kulturgeschichte einer europäischen Städtelandschaft. Köln/Weimar/Wien 2008, S. 157.
46 Noé, Heinrich: Dalmatien und seine Inselwelt, nebst Wanderung durch die Schwarzen Berge. Wien/Pest/Leipzig 1870, S. 35.

Dalmatiner Slaven – mit alleiniger Ausnahme der Bevölkerung von Ragusa – noch in einem wenig beneidenswerthen Urzustande befinden.[47]

Jedenfalls wurden in der Reiseliteratur und den Reiseführern im 19. Jahrhundert sämtliche Orts- und Regionsnamen in ihrer italienischen Variante genannt (nur in Ausnahmefällen wurde die slawische Namensvariante mit angeführt). Die internationalen Reiseführer hielten daran auch noch zwischen 1918 und 1938 fest, nur die vom *Offiziellen Verkehrsbüro des Jugoslawischen Königreichs* herausgegebenen Reiseführer – die u. a. auch in deutscher Sprache erschienen – verwendeten konsequent die heute zumeist allein bekannten slawischen Ortsbezeichnungen.[48] So verwundert es nicht, dass der deutsche Schriftsteller Ernst Jünger (1895–1998), als er im Jahr 1932 erstmals Dalmatien bereiste, bekannte: „Nach der phantastischen Landkarte, die wir von Ländern, die wir noch nie gesehen haben, im Kopfe tragen, hatte dieses Gebiet als eine Art erweitertes Italien in meiner Vorstellung gelebt."[49] Eine Fehleinschätzung, wie Jünger selbst erkannte.

Bis weit in das 19. Jahrhundert hinein bediente sich also hauptsächlich die im dünn besiedelten Hinterland unter meist ärmlichen Verhältnissen lebende bäuerliche Bevölkerung der slawischen Sprache. Diese, mit einem implizit abwertenden Ausdruck als „Morlaken" bezeichnete Volksgruppe[50], diente in zahlreichen Schilderungen des

---

47 Schiff: Aus halbvergessenem Lande, S. 15f.
48 Vgl. z. B.: Illustrierter Reiseführer durch Slovenien, das kroatische Küstenland, Dalmatien, Montenegro, Bosnien und die Herzegovina. Herausgegeben vom Offiziellen Verkehrsbüro der Serben, Kroaten und Slovenen in Wien. Wien/Leipzig 1929. Auch ein vom Berliner Grieben-Verlag produzierter Reiseführer verwendete – im Gegensatz zur Mehrheit der internationalen Reiseführer – mehrheitlich, wenn auch nicht durchgehend, die slawischen Ortsnamen. Vgl. Dalmatien und die Kroatische Adria (Griebens Reiseführer, 161). 3. Aufl., Berlin 1928.
49 Jünger: Dalmatinischer Aufenthalt, S. 11. Zur deutschsprachigen Reiseliteratur über Dalmatien im 20. Jahrhundert vgl. Kabić, Slavija: Vom Erlebnis Dalmatiens und der Adria in den Werken deutschsprachiger Autoren im 20. Jahrhundert. Über (Zu-)Flucht, Rettung und Genuss, in: Kabić/Lovrić (Hgg.): Mobilität und Kontakt, S. 319–330.
50 Weder die Herkunft noch die genaue Bedeutung des Begriffs sind eindeutig geklärt: Mehrheitlich wird er auf die bäuerliche, slawische Sprachen verwendende Landbevölkerung Dalmatiens als Ganzes bezogen, in einigen Quellen aber auch in eingeschränkterem Sinn nur auf die serbische oder bosniakische Bevölkerung der Kreise Zara und Spalato, sofern sie im Gebirge wohnen; die slawische Bevölkerung der zahlreichen Inseln wird dabei ausdrücklich ausgenommen. Vgl. z. B. Oesterreichische National-

Landes einerseits als Negativfolie im Sinn von zivilisatorischer Rückständigkeit, andererseits als Element des Exotismus. Ungeachtet der konfessionellen Zugehörigkeit hatte sich die ländliche Bevölkerung vielfach den Lebenspraktiken der islamischen Bevölkerung im angrenzenden Osmanischen Reich angepasst. „Nun fühlt sich zwar der Morlake keineswegs als Türke", so Theodor Schiff, „aber er beobachtet türkische Sitten und Einführungen mit einer ehrerbietigen, zur Nachahmung geneigten Aufmerksamkeit, weil ihm dieselben materiell und moralisch viel näher liegen, als die einen gewissen Grad von Cultur voraussetzenden [...] Zustände eines civilisirten Staates".[51] Umgekehrt, so Schiff, habe auch die vor Generationen zum Islam konvertierte slawische Bevölkerung Bosniens und der Herzegowina kulturelle Eigenheiten bewahrt: „Die bosnischen Türken machen von ihrem Rechte zur Vielweiberei nicht immer oder nur einen sehr mässigen Gebrauch. Sie sind eben der Abstammung nach keine Moslems und finden schwer die nöthige echt orientalische Gelassenheit, die dazu gehört, es mit mehr als einem Weibe auszuhalten."[52]

Jedenfalls blieb das Osmanische Reich während beinahe der ganzen Zeit der venezianischen Herrschaft ein nicht unbedeutender politischer Faktor in Dalmatien: Nicht zuletzt dadurch, dass es die einzige bedeutende regionale Macht, die Adelsrepublik Ragusa gegen Venedig unterstützte. Allerdings hatte das sich politisch auch auf seine mächtigen Befestigungsanlagen (heute eine beliebte Touristenattraktion) stützende Ragusa durch die Veränderung der globalen Schifffahrtsrouten seit Entdeckung der neuen Welt und die Verheerungen durch das schwere Erdbeben von 1667 erheblich an Macht und Einfluss eingebüßt.[53]

Encyklopaedie oder alphabetische Darlegung der wissenswürdigsten Eigenthümlichkeiten des österreichischen Kaiserthumes. Bd. 3. Wien 1838, S. 708. Zu den Problemen des Morlaken-Begriffs und des literarischen „Morlakismus" vgl. auch: Zeman, Mirna: Reise zu den „Illyrern". Kroatienstereotype in der deutschsprachigen Reiseliteratur und Statistik (1740–1809). München 2013, S. 73–83. Weiters: Pederin, Ivan: Die Morlaken in der deutschen Reiseliteratur, in: Die Welt der Slaven. Halbjahresschrift für Slavistik 19–20 (1974–75), S. 273–298.

51 Schiff: Aus halbvergessenem Lande, S. 88.
52 Ebd., S. 105.
53 Vgl. Harris, Robin: Dubrovnik. A History. London 2003; zur Sozialgeschichte vgl. Trančík, Martin: Abgrund – Brückenschlag. Oberschicht und Bauernvolk in der Region Dubrovnik im 19. Jahrhundert (Basler Studien zur Kulturgeschichte Osteuropas, 4). Zürich 2002.

Zu einer grundlegenden Veränderung der regionalen Machtverhältnisse kam es ab den letzten Jahren des 18. Jahrhunderts durch die Napoleonischen Kriege: Als die französischen Truppen die Republik Venedig liquidierten, fiel Dalmatien durch den Frieden von Campo Formio 1797 an Österreich, um jedoch nur acht Jahre später durch den Frieden von Pressburg unter französische Herrschaft zu geraten. Zu dieser Zeit lösten die Franzosen mit militärischem Druck auch die Republik Ragusa auf (1808). Kurzzeitig war Dalmatien Teil des von Napoleon gegründeten Königreichs Italien, ab 1809 wurde es als Teil der Illyrischen Provinzen direkt von Frankreich verwaltet, ehe es durch den Wiener Kongress 1814/15 erneut und diesmal für mehr als 100 Jahre an die Habsburger fiel. Dalmatien wurde zu einem eigenen Kronland, das von der Insel Arbe (Rab) bis zur heute zu Montenegro gehörenden Bocche di Cattaro (Boka kotorska, Bucht von Kotor)[54] reichte: Eingeteilt wurde das Land in vier Verwaltungsbezirke – Zara und Spalato mit jeweils um die einhundertfünfzigtausend Einwohnern, Ragusa und Cattaro mit etwa fünfzigtausend Einwohnern. Hauptstadt und Sitz des Statthalters, des Guberniums, der Finanzamtslandesdirektion und des Oberlandesgerichts wurde Zara; vier Kreisgerichte in Spalato, Ragusa, Cattaro und Sebenico (Sibenik), waren 33 Bezirksgerichten (1. Instanz) übergeordnet; verwaltungstechnisch war das Kronland in 13 Bezirke, an deren Spitze jeweils ein Bezirkshauptmann stand, eingeteilt. Die Hafenbehörden unterstanden nicht der regionalen Verwaltung, sondern direkt der k.k. Central-Seebehörde in Triest, der vier regionale Hafen-Ämter in Zara, Spalato, Ragusa und Megline (Meljine) – bei Castelnuovo (Herceg Novi) in der Bocche di Cattaro gelegen – unterstellt waren.[55] Um 1890 lebten im Land bereits etwas mehr als eine halbe Million Menschen, davon vier Fünftel auf dem Festland und ein Fünftel auf den zahlreichen Inseln.[56] Der politische

---

54 Die Bocche di Cattaro wurde v. a. in der ersten Hälfte des 19. Jahrhunderts auch als „Österreichisch Albanien" bezeichnet; dabei handelt es sich offensichtlich um eine begriffliche Übernahme aus venezianischer Zeit, als die Region „Albania veneta" genannt wurde.
55 Vgl. Staatshandbuch der Kronländer Siebenbürgen, Wojwodschaft und Banat, Croatien und Slawonien, Dalmatien und Militär-Gränze für das Jahr 1859 (Hof- und Staatshandbuch des Kaiserthums Oesterreich für das Jahr 1859. 5. Teil). Wien 1859, S. 206f.
56 Vgl. Petermann: Führer durch Dalmatien, S. 59–61. Bei der Volkszählung vom 31. Oktober 1857 war die Bevölkerungszahl Dalmatiens noch um rund 20 % geringer gewesen: 404.499 Einwohner; sie stieg aber in den darauffolgenden acht Jahren um ca. 40.000 Personen an. Vgl. Statistisches

Status des Kronlandes blieb lange umstritten: Die nationalen Kroaten wünschten sich einen Zusammenschluss Dalmatiens mit dem Kronland „Kroatien und Slawonien", das seinerseits ein Teil des Königreichs Ungarn war, weshalb auch die Ungarn, in wahrlich seltener Einmütigkeit mit den Kroaten, diesen Zusammenschluss forcierten. Dalmatien behielt daher vorläufig eine Art von „Sonderstatus", der sich auf die Region negativ auswirkte: das Land wurde direkt von einem von Wien entsandten Statthalter regiert, einen eigenen Landtag erhielt es erst 1861. Eine Folge dieser Situation bestand darin, dass Reisen nach Dalmatien vom Rest der Monarchie aus rechtlich erschwert blieben: Bis zur Änderung der Passgesetze im Jahr 1857 herrschte auch innerhalb der Monarchie für deren Bürger keine uneingeschränkte Reisefreiheit, für Reisen benötigte man auch innerhalb des Landes einen von der jeweiligen Landesregierung ausgestellten Reisepass. Ein Reisehandbuch für die Habsburgermonarchie aus dem Jahr 1844 merkt dazu trocken an: „Ungarn, Dalmatien, die Freihäfen und die Freistädte werden aber als Ausland betrachtet."[57] An eine besondere Förderung der Reisetätigkeit nach Dalmatien war unter diesen Bedingungen natürlich nicht zu denken. Mit dem Ausgleich zwischen Österreich und Ungarn 1867 war der rechtliche Status Dalmatiens als Kronland der österreichischen Reichshälfte festgelegt.

Unter verkehrstechnischen Gesichtspunkten hatte Dalmatien hinsichtlich einer Erschließung für den Tourismus erhebliche Nachteile: Durch die Fertigstellung der Südbahnstrecke war es ab 1857 möglich geworden, innerhalb eines Tages direkt von Wien nach Triest zu reisen, wodurch die touristische Erschließung der oberen Adria eingelei-

---

Jahrbuch der Österreichischen Monarchie für das Jahr 1866. Herausgegeben von der K.K. Statistischen Central-Commission, Wien 1868, S. 7–10. Mit Stichdatum 31. Dezember 1869 wird die Zivilbevölkerung Dalmatiens – ohne Militärangehörige – mit 442.796 angegeben. Vgl. Statistisches Jahrbuch für das Jahr 1869. Herausgegeben von der K.K. Statistischen Central-Commission. Wien 1871, S. 14. Im Vergleich mit den übrigen Kronländern war das gebirgige Dalmatien auffallend dünn besiedelt, nur in Tirol und Vorarlberg war die Bevölkerungszahl gemessen an der Fläche noch geringer. Springer, Johann: Statistik des österreichischen Kaiserstaates. Bd. 1. Wien 1840, S. 103, S. 111. Im Verhältnis zur Größe war die Zahl der Städte die geringste unter allen Kronländern der Monarchie (13 Städte im Jahr 1857). Petter, Franz: Dalmatien in seinen verschiedenen Beziehungen. Bd. 1. Gotha 1857, S. 13.

57 Schmidl, A. Adolf: Handbuch für Reisende. Kaiserthum Oesterreich. Wien 1844, S. 3.

tet wurde.[58] Die dalmatinische Küste lag jedoch abseits dieser modernen Verkehrsströme und war damals nur durch die seit 1836 nach regulärem Fahrplan (anfangs als Postverbindung) von Triest aus fahrenden Dampfschiffe des *Österreichischen Lloyd* (bzw. der von Rijeka aus fahrenden Schiffe der ungarischen *Ungaro Croata*) durch eine anfangs noch mehrtägige Seereise erreichbar. Je nach Tageszeit der Abreise sowie Anzahl und Länge der Zwischenaufenthalte mußten für die Schiffsreise von Triest nach Ragusa zwei bis vier Übernachtungen auf dem Schiff eingeplant werden[59]; eigens eingerichtete Expressrouten mit Dampfschiffen benötigten für die Strecke Triest–Ragusa immer noch beinahe 24 Stunden. So konnte Arthur Achleitner noch 1913 in seinem Dalmatien-Reisebericht behaupten, dass „die Bereisung Dalmatiens einstweilen noch den pikanten Beigeschmack von Entdeckungsreisen hat, das Vergnügen mit Arbeit verbunden ist"[60]. Die Seereise entlang der Küste war umständlich, sie wurde aber von manchen Autoren als besonders romantische Erfahrung geschildert; so etwa von dem Grazer Lehrer und Reiseschriftsteller Franz Swida (1852–1939) im Jahr 1882:

Ich kenne keine angenehmere Art zu reisen, als auf einem größeren Dampfer, wie sie z. B. der Lloyd theilweise bei den Dalmatinerfahrten verwendet. Man sitzt behaglich auf einem Sessel an einer freien Stelle des Verdecks oder promeniert auf dem ziemlich breiten Raum auf und ab. Gegen die Sonne schützt das ausgespannte Segeltuch. Die Hitze macht sich überhaupt nicht übermäßig fühlbar, da fast beständig ein sanfter Luftzug weht. Die Langweile, die auf offenem Meere manchmal ein schlimmer Gast der Schiffe sein soll, kann sich hier keinen Augenblick einstellen. Wäre selbst die Reisegesellschaft weniger angenehm, als sie es bei meinen Fahrten war, so würde sie schon der Umstand, daß wir nie das Land außer Sicht bekommen, ausschließen. Die zahlreichen Klippen und Inseln, die letzteren oft mit Kirchen und Klöstern, ab und zu mit kleinen Weilern, Olivengärten und anderen Anpflanzungen besetzt, reizen die Aufmerksamkeit stets aufs neue. Dazu das herrliche Meer in seinem wechselnden Farbenspiel und das Leben in und über der Flut.[61]

---

58 Vgl. z. B. Sachslehner, Johannes: Abbazia. K.u.K. Sehnsuchtsort an der Adria. Graz 2011.
59 Vgl. Deisinger, Josef K.W.: Souvenir an das Grand-Hotel Gravosa. Gravosa 1909, S. 43.
60 Achleitner: Reisen im slawischen Süden, S. 74.
61 Swida: Dalmatien, S. 8.

Weniger romantisch verlief die Fahrt wohl für die ärmeren Bewohner der Region selbst, die für Reisen gleichfalls die Dampfschiffe benutzten, sich aber meist keine Kabine leisten konnten und daher auf Deck unter freiem Himmel nächtigen mussten – was Swida immerhin andeutet.[62]

Ungeachtet der durchaus romantisch anmutenden Schilderung war Dalmatien durch die mit der langen und umständlichen Reise verbundenen hohen Kosten doch hauptsächlich nur für ein vergleichsweise wohlhabendes Reisepublikum von Interesse, für das allerdings vor Ort keine adäquate touristische Infrastruktur zur Verfügung stand. Die Anreise auf dem Landweg war vor der individuellen Motorisierung kein Thema.[63] Noch in der ersten Hälfte der 50er Jahre des 20. Jahrhunderts bemerkte der deutsche Reiseschriftsteller Kasimir Edschmid (1890–1966) über Reisen an die dalmatinische Küste: „Kluge Leute legen die Strecke gern auf Schiffen zurück. Kühne suchen, falls sie einen Wagen haben, auf schlechten Straßen voranzukommen und falls sie liegenbleiben, so ist dies eben ein Abenteuer. Man begegnet sehr wenigen Automobilen." Doch zutreffend prophezeite Edschmid auch: „Wahrscheinlich wird es in einiger Zeit ganz anders sein."[64]

Ironischerweise trug gerade der allmähliche Ausbau des Straßen-, Eisenbahn- und Flussschifffahrtsnetzes auf dem Balkan im Lauf des 19. Jahrhunderts sogar zum ökonomischen Niedergang Dalmatiens im 19. Jahrhundert bei: Waren zuvor die meisten Handelsgüter über die dalmatinischen Hafenstädte und weiter per Schiff transportiert worden, konnte man sich nunmehr den aufwendigen Transport über die Berge

---

62 Ebd., S. 27.
63 Tatsächlich war Dalmatien bereits vor 1914 Ziel früher Automobil-Touristen, was durch mehrere Reiseberichte belegt ist: Vgl. Filius [Schmal, Adolf]: Eine Automobil-Reise durch Bosnien, die Hercegovina und Dalmatien, hrsg. und mit einer Einleitung versehen v. Elmar Samsinger. Wien 2012 [Original: Wien 1908, davor abgedruckt in der Allgemeinen Automobil Zeitschrift 1907]; Hutchinson, Frances Kinsley: Motoring in the Balkans Along the Highways of Dalmatia, Montenegro, the Hercegovina and Bosnia. Chicago 1909; Meriwether, Lee: Seeing Europe by Automobile. New York 1911, S. 358–390; Trevor, Roy: My Balkan Tour. New York 1911. Zum Straßennetz um die Mitte des 19. Jahrhunderts und zu den – nicht für Passagiere geeigneten – Postverbindungen vgl. Schmidl: Das Königreich Dalmatien, S. 56.
64 Edschmid, Kasimir: Prozession in Rogoznica, in: Ders.: Kleines europäisches Reisebuch. Frankfurt a. M. 1958, S. 208–219, hier S. 209. Die Erstausgabe unter dem Titel „Europäisches Reisebuch" erschien 1953.

zur dalmatinischen Küste zunehmend ersparen.⁶⁵ Der Verlust an ökonomischer Bedeutung durch die Verlagerung der Warenströme trug dazu bei, dass die Habsburgermonarchie, wiewohl sie mit dem Erwerb Dalmatiens zur dominanten Macht in diesem Bereich der Adria und am westlichen Balkan geworden war, kein Interesse am Aufbau der Infrastruktur hatte und Dalmatien zu einem der „Armenhäuser" der Monarchie verkommen ließ; so sehr, dass viele Kommentatoren in auffallender „Lautstärke" die Reformpolitik in den wenigen Jahren der französischen Herrschaft zu loben begannen. „Ueberhaupt möge hier die Bemerkung ihren Platz finden, dass die Franzosen in der kurzen Zeit, während welcher das „illyrische Königreich" bestand, für Dalmatien beinahe mehr thaten, als Oesterreich bis vor wenigen Jahren zu thun unterliess. Das Resultat dieser Gleichung zu suchen, sei Anderen überlassen"⁶⁶, schrieb Theodor Schiff, und Kurt Floericke sekundierte:

So kurz also die französische Herrschaft gewesen ist, so wird man bei unparteiischer Beurteilung doch zugeben müssen, daß sie dem Lande große Vorteile und reiche Segnungen gebracht hat, wenn man sich nicht auf den einseitigen Standpunkt patriotischer österreichischer Berichterstatter stellen will. [...] Noch heute stammen beispielsweise die [...] am besten angelegten Fahrstraßen aus der Zeit der kurzen Franzosenherrschaft.⁶⁷

Floericke rügte überdies das „leider viel zu große[s] Heer von Beamten"⁶⁸ der österreichischen Verwaltung in Dalmatien. Und auch Arthur Achleitner kritisierte einerseits, „daß durch lange, viel zu lange Zeit Dalmatien schwer vernachlässigt, fast auf die Zugehörigkeit zur Monarchie vergessen wurde. Das ohnehin arme Land geriet in schwere Not"⁶⁹, ergänzte jedoch einschränkend: „Es gehört zu den Eigenthümlichkeiten in Dalmatien, möglichst laut und scharf über die Gouver-

---

65 Vgl. Stavrianos, L[eften] S[tavros]: The Balkans Since 1453. With a New Introduction by Traian Stojanovich. 4. Aufl., London 2008, S. 207 [Original: 1958]. Vgl. auch allgemein: Helmedach, Andreas: Das Verkehrssystem als Modernisierungsfaktor. Straßen, Post, Fuhrwesen und Reisen nach Triest und Fiume vom Beginn des 18. Jahrhunderts bis zum Eisenbahnzeitalter. München 2002.
66 Schiff: Aus halbvergessenem Lande, S. 58.
67 Floericke: Dalmatien und Montenegro, S. 17.
68 Ebd., S. 19.
69 Achleitner: Reisen im slawischen Süden, S. 35.

neure zu schimpfen, doch die positiven Leistungen der Landesregierung nimmt man schweigend als selbstverständlich entgegen"[70].

Nachdem das Habsburgerreich im Jahr 1878 (Berliner Kongress) die Verwaltung der formal immer noch zum Osmanischen Reich gehörenden, an Dalmatien angrenzenden Provinzen Bosnien und Herzegowina übernommen hatte, die es schließlich 1908 vollständig annektierte, wurden erhebliche Anstrengungen unternommen, durch den Ausbau und die Modernisierung der dortigen Infrastruktur die Berechtigung der österreichischen Ansprüche auf diese Gebiete auch moralisch zu untermauern; begleitet wurden diese Bestrebungen von massiver kolonialistischer Propaganda.[71] In Dalmatien, das seit dem Wiener Kongress zum habsburgischen Länderbesitz gehörte, hielt man derartige Bemühungen offensichtlich für nicht notwendig und unternahm keine entsprechenden Anstrengungen: der Begriff „österreichisches Sibirien" für Dalmatien, der, nach Aussage des englischen Dalmatien-Reisenden Sir J. Gardner Wilkinson „a very general remark" gewesen sein soll[72], mag übertrieben anmuten, aber immerhin stellte der österreichische Automobilpionier Adolf Schmal-Filius (1872–1919), als er 1907 mit dem Auto Bosnien, die Herzegowina und Dalmatien bereiste, verwundert fest, dass sowohl die Straßen als auch die – meist „ärarischen", also behördlich betriebenen – Beherbergungsbetriebe in Bosnien-Herzegowina deutlich besser waren als in Dalmatien: „Schlechter und teurer" als in Bosnien sei die Unterbringung in Spalato gewesen, das aber „für die weitaus komfortabelste Stadt in Dalmatien"[73] gelte. Allzu weit kann Hermann Bahrs Kritik am Schlendrian der österreichischen Verwaltung in Dalmatien also wohl nicht von der Wahrheit entfernt gewesen sein.[74] Dafür sprechen auch die statistischen Daten über

---

70 Ebd., S: 34.
71 Vgl. Stachel, Peter: Der koloniale Blick auf Bosnien-Herzegowina in der ethnographischen Popularliteratur der Habsburgermonarchie, in: Feichtinger, Johannes/Prutsch, Ursula/Csáky, Moritz (Hgg.): Habsburg postcolonial. Machstrukturen und kollektives Gedächtnis (Gedächtnis – Erinnerung – Identität, 2). Innsbruck u. a. 2003, S. 259–275.
72 Wilkinson, J. Gardner: Dalmatia and Montenegro. With a Journey to Mostar in Herzegovina, and Remarks on the Slavonic Nations etc. Bd. 1. London 1848, S. 89.
73 Filius: Eine Automobil-Reise durch Bosnien die Hercegovina und Dalmatien, S. 158f.
74 Auch der britische Historiker Robin Harris schließt sich in seiner Stadtgeschichte Dubrovniks dieser Kritik an den österreichischen Behörden an, nennt aber zugleich einzelne positive Beispiele der Modernisierung und

den Ausbau der Verkehrswege: Zwischen 1880 und 1910 stieg der durchschnittliche Anteil an Straßen auf je 100 km² Fläche von 19 auf 30 Kilometer; damit lag Dalmatien im unteren Mittelfeld der habsburgischen Kronländer, aber immerhin vor einigen der heutigen österreichischen Bundesländer (Salzburg, Kärnten, Tirol, Vorarlberg); allerdings waren die Straßen zumeist schlecht ausgebaut. Wesentlich schlechter als um das Straßennetz war es um das für den Fernverkehr ungleich wichtigere Eisenbahnnetz bestellt: 1880 gab es nur 104,8 km Schienennetz, womit Dalmatien weit abgeschlagen an letzter Stelle aller Kronländer lag (nur 0,9 % des gesamten Eisenbahnnetzes der Monarchie), und obwohl die Länge der Schienenstrecke in Dalmatien sich bis 1913 annähernd verdoppelte, blieb das Land statistisches Schlusslicht.[75] Für den aufkommenden Tourismus Ende des 19. Jahrhunderts hatte das dalmatinische Eisenbahnnetz dann auch so gut wie keine Bedeutung.

Bis in das 19. Jahrhundert hinein wurde Dalmatien also als periphere Region Europas, als Übergangszone zum Orient, angesehen. Individuelle Reisen in bzw. durch das Land waren mit erheblichen Schwierigkeiten und großem Aufwand verbunden, die in den publizierten Reisebeschreibungen als exotische Abenteuer geschildert wurden. Ein Reisebericht aus dem späten 17. Jahrhundert warnt etwa ausdrücklich davor, dass man in den Wirtshäusern „sehr übel accommodiert" werde: „Darff man also Wollust [= Bequemlichkeit] zu suchen nit in diese Länder reisen."[76] Als der schottische Architekt Robert

---

fügt hinzu, dass insbesondere die jugoslawische Geschichtsschreibung in ihrer Schilderung der Missstände deutlich übertrieben habe. Vgl. Harris: Dubrovnik, S. 412–414.

75 Vgl. Gottsmann, Andreas: Das Bild Dalmatiens und der Dalmatiner in der österreichischen Reiseliteratur des 19. und frühen 20. Jahrhunderts, in: Österreich in Geschichte und Literatur 43 (1999), H. 2, S. 72f. Das Fehlen geeigneter Eisenbahnverbindungen wurde häufig für die „Rückständigkeit" Dalmatiens verantwortlich gemacht. Vgl. u. a. Lesker, Bernhard: Eine Fahrt an die Adria, Stuttgart 1895, S. 131. In dieser Darstellung aus der Feder eines aus Hessen stammenden, Jahrzehnte lang in Dalmatien lebenden katholischen Geistlichen heißt es freilich auch: „Es ist mir kein Zweifel, daß die Südslaven, und besonders auch die Dalmatiner, noch eine große Zukunft haben, wenn der Liberalismus und zumal der moderne Nationalitätsschwindel es nicht fertig bringen, dieses edle Volk von der lebenbringenden Quelle des wahren Glaubens loszureißen und zu korrumpieren". Ebd. Zu Lesker vgl. Pederin: Österreichs Weg an die Adria, S. 35f.

76 Spon, Jacob/Wheler, George: Italiänische, Dalmatische, Griechische und Orientalische Reise-Beschreibung. Worinn allerhand merkwürdige, vor-

Adam (1728–1792) im Jahr 1757 eine Reise nach Spalato unternahm, um die Reste des antiken Diokletianspalasts – in den die Altstadt von Split hineingebaut ist – zu vermessen und grafisch festzuhalten, organisierte er diese im Stil einer Expedition mit Unterstützung eines ganzen Teams; der ursprünglich als Vorwort seines Werkes über den Palast geplante Reisebericht blieb jedoch ungedruckt.[77] Zu einem unerwarteten Publikumserfolg wurde dagegen der 1774 in italienischer Sprache veröffentlichte zweibändige Reisebericht des italienischen Augustiner Chorherren Alberto Fortis (1741–1803), der innerhalb von zwei Jahren ins Deutsche, zwei weitere Jahre später ins Englische und Französische übersetzt wurde.[78] Fortis hatte lange Jahre in Dalmatien gelebt, seine Beschreibungen von Land und Leuten waren derart kenntnisreich, dass sie der österreichischen Verwaltung lange als Informationsquelle dienten und bis in die zweite Hälfte des 19. Jahrhunderts in Reisebeschreibungen und Darstellungen des Landes zitiert wurden.[79] Der Autor bediente allerdings auch das Bedürfnis seiner Leser nach Exotik ausgiebig, insbesondere in der Schilderung der Morlaken, die noch vor der Übersetzung des Gesamtwerks ins Deutsche als eigenständige Publikation veröffentlicht wurde.[80] In Fortis' Darstel-

---

mals in Europa unbekannte Antiquitäten enthalten etc. Nürnberg 1681, S. 19. Die Autoren unternahmen ihre Reise 1675/76.

77 Adam, Robert: Ruins of the Palace of the Emperor Diocletian at Spalato in Dalmatia. Printed for the Author. London 1764. Vgl. auch Wild Bićanić, Sonia: British Travellers in Dalmatia 1757–1935. Zaprešić 2006, S. 10–35.

78 Fortis, Alberto: Viaggio in Dalmazia. 2 Bde. Venezia 1774; dt.: Reise in Dalmatien. 2 Bde. Bern 1776. Zu Fortis und zu anderen Dalmatienreisenden des 17. und 18. Jahrhunderts vgl.: Fine, John V.A.: When Ethnicity Did Not Matter in the Balkans. A Study of Identity in Pre-Nationalist Croatia, Dalmatia and Slavonia in the Medieval and Early-Modern Periods. Ann Arbor/MI 2006, S. 358–370. Der sächsische Naturforscher Ernst Friedrich Germar (1786–1853), der im Jahr 1811 Dalmatien bereiste, berichtet in seinem Reisebuch, dass viele gebildete Dalmatiner Fortis Beschreibungen ihm gegenüber als unzuverlässig und falsch kritisiert hätten, er selbst aber habe „mit seiner Reisebeschreibung in der Hand Dalmatien durchwandert, und ihn immer als einen genauen guten Beobachter getroffen". Germar, Ernst Friedrich: Reise nach Dalmatien und in das Gebiet von Ragusa. Leipzig/Altenburg 1817, S. 92.

79 Vgl. Matl, Josef: Ragusa (Dubrovnik) in der deutschen Literatur, in: Ders.: Südslawische Studien, S. 351.

80 [Fortis, Alberto:] Die Sitten der Morlacken, aus dem Italiänischen übersetzt. Bern 1775. Zu Fortis Darstellung der Morlaken vgl. u. a. Wolff, Larry: The Enlightened Anthropology of Friendship in Venetian Dalmatia: Primitive Ferocity and Ritual Fraternity Among the Morlacchi, in: Eighteenth-Century Studies 32 (1998/99), H. 2, S. 157–178; Ders.: The Adriatic

lung wird zwar einerseits eine gewisse Verrohung der Morlaken durch
die andauernden Kriege mit den Osmanen konzediert, im Großen und
Ganzen erscheinen sie jedoch als moderne Version des edlen Wilden:

> Der Morlacke, gastfrey und großmüthig von Natur, öffnet jedem Reisenden
> seine Hütte; aus einer Art von Instinct ihn wohl zu bedienen, giebt er ihm, was
> er hat [...]. Mehr als einmal habe ich [in] der Morlachey auf diese Art den
> Tisch mit Leuten getheilt, die mich niemals in ihrem Leben gesehen hatten.[81]

In zivilisatorischer Hinsicht freilich seien die Sitten der Morlaken defizitär, so werde „die häusliche Ökonomie [...] gemeiniglich sehr vernachlässigt. Sie gleichen in diesem Umstand den Hottentotten"[82]. Besonderes Augenmerk widmet Fortis der Rechtspraxis der Blutrache, die – so seine Darstellung – allgemein üblich sei:

> Sie wird von dem Vater auf den Sohn fortgepflanzt; und die Mütter vergessen
> nicht, ihren noch zarten Söhnen unaufhörlich die Pflicht einzuprägen, ihren
> Vater zu rächen, wenn er von jemanden umgebracht worden ist; sie zeigen
> ihnen täglich das blutige Kleid oder die Waffen des getödteten. Die Rachbegierde hat sich so sehr gleichsam mit dem Blut oder der Natur der Morlacken
> vermischt, daß alle Mißionarien der Welt sie auszurotten nicht vermögend wäre. [...] Rache und Gerechtigkeit machen bey diesem Volk gleichsam einerley
> Begriff aus.[83]

Die Blutrache kann als eines der typischsten kulturellen Stereotype der Balkanregion gelten und so wird ihr in zahlreichen Schilderungen Dalmatiens breiter Raum gewidmet. Der deutsche Reiseschriftsteller Johann Georg Kohl (1808–1878), der 1850 teilweise auf Maultieren reitend Dalmatien und Montenegro durchstreift hatte, widmet ihr in seinem Reisebericht ein ganzes Kapitel[84], und auch in späteren Schil-

---

Origins of European Anthropology, in: Cromohs 10 (2005), S. 1–5, URL: http://www.cromohs.unifi.it/10_2005/wolff_adriatic.html (Zugriff am 04.08.2012).
81 [Fortis:] Die Sitten der Morlacken, S. 19.
82 Ebd., S. 22.
83 Ebd., S. 26f.
84 Kohl, Johann Georg: Bemerkungen über die bei der Blutrache herrschenden Gewohnheiten, in: Ders.: Reise nach Istrien, Dalmatien und Montenegro. Bd. 1. Dresden 1851, S. 406–442. Ungeachtet seines ethnografischen Interesses war Kohl von kulturellen Vorurteilen gegenüber „den

derungen des Landes wird sie häufig thematisiert. So etwa in dem erwähnten 1881 von Franz Swida veröffentlichten Dalmatien-Band, der in einer vom Geografen Friedrich Umlauft (1844–1923) herausgegebenen Buchreihe über die Kronländer der Habsburgermonarchie erschien, wo es heißt: „Die Blutrache hat aufgehört, die persönliche Sicherheit des Einheimischen (denn die des Fremden war auch in früheren Tagen nicht bedroht) ist nirgends gefährdet."[85] Ungeachtet dieser beruhigenden Versicherung nahmen sich auch nach der Jahrhundertwende veröffentlichte Reiseführer des Themas an: „In manchen Strichen Dalmatiens herrscht [...] noch die Blutrache, gegenüber welcher die Justiz bislang ohnmächtig war"[86], heißt es noch in Hartlebens „Illustriertem Führer durch Dalmatien" von 1902. Ähnlich zu beurteilen ist auch das in vielen Reiseberichten dargelegte Stereotyp des „Waffenluxus"[87] der Bevölkerung, insbesondere der Montenegriner in der Bocche di Cattaro, wo „Jedermann mit einem kleinen Arsenal von Waffen am Gürtel herumgeht"[88]: „Viele der stolzen Gebirgssöhne halten es für eine Schande, ohne Waffen zu erscheinen"[89]. Die kulturellen Stereotype sind – ungeachtet der Frage, ob die Behauptungen faktisch zutreffen (was der Fall sein dürfte) – in gewisser Weise kennzeichnend für den Einsatz wohldosierter Schauer des Exotischen in der Bewerbung des Reiselandes, das einerseits als fremdartig und dadurch interessant präsentiert wird, wobei andererseits aber stets versichert wird, dass dem Reisenden dadurch keinerlei Gefährdung drohe.

In Bezug auf die erwähnten Einzelreisenden und ihre literarischen Reiseberichte kann freilich noch nicht von Tourismus als einem sozio-

---

Slawen" geprägt, die er „als wenig mehr als eine dunkle, energielose Völkermasse" betrachtete. Kohl, Johann Georg: Die Slawen und die panslawistische Tendenz. Leipzig 1851, S. 157. Zu negativen Stereotypen gegenüber „den Slawen" im deutschen Sprachraum vgl. Džambo, Jozo: Die Slawen – deutsche und österreichische Zerrbilder, in: Becher, Peter/ Džambo, Jozo (Hgg.): Gleiche Bilder, gleiche Worte. Deutsche, Österreicher und Tschechen in der Karikatur (1848–1948). München 1997, S. 29–44. Zur Person Kohls vgl. Elsmann, Thomas: Johann Georg Kohl. Ein Leben zwischen der Alten und der Neuen Welt. Bremen 2010.

85 Swida: Dalmatien, S. 44.
86 Illustrierter Führer durch Dalmatien (Abbazzia – Lussinpiccolo), S. 6.
87 Stieglitz: Istrien und Dalmatien, S. 226.
88 Schiff: Aus halbvergessenem Lande, S. 120.
89 Swida: Dalmatien, S. 39. Noch in den Reiseberichten Kasimir Edschmids aus der Zeit unmittelbar nach dem 2. Weltkrieg wird wiederholt erwähnt, dass insbesondere die montenegrinischen Männer in der Öffentlichkeit Schußwaffen oder zumindest Dolche tragen würden.

kulturellen Phänomen, von einem, wie der Soziologe Georg Simmel (1858–1918) es formulierte „Großbetrieb des Naturgenusses", der eine soziale „Durchschnittsstimmung" suggeriere[90], die Rede sein. Dieser bildete sich in Dalmatien in Ansätzen erst in den letzten beiden Jahrzehnten der habsburgischen Herrschaft heraus. So wird im Einleitungstext des 1892 erschienenen Dalmatien-Bandes des „Kronprinzenwerks" – ein vom Staat halb-offiziell gefördertes Publikationsprojekt mit opulent gestalteten Darstellungen der Kronländer[91] – die Erschließung des Landes für den Tourismus noch als Zukunftsprojekt präsentiert:

Wenn es einmal in Österreich-Ungarn so Gepflogenheit des wohlhabenden Mittelstandes sein wird, sich der Wohlthaten zu erfreuen, welche südliche Sonne und Luft an den heimischen Meeresküsten spenden können, wie dies anderwärts geschieht, so wird man aus dem Innern des Reiches zu gewissen Jahreszeiten mächtigen Zuzug an diesen Strand wahrnehmen. Dazu ist eine Eisenbahn notwendig. Kann man sich des Schienenweges bedienen, so wird man hierher fahren, um dem Frühling entgegenzugehen, sich den milden Herbst zu verlängern oder auch einen Winter in sonniger Luft und im Pflanzenhauch zuzubringen. Auf dem Festland wird man drei Gegenden bevorzugen, deren Winterwärme sich in der angegebenen Reihenfolge steigert. Es werden dies sein: die Riviera zwischen Traù [Trogir] und Spalato, dann die Umgegend von Ragusa und die von Castelnuovo.[92]

Das Adjektiv „wohlhabend" ist dabei nicht zufällig gewählt. Wie bereits erwähnt, war aufgrund der geografischen Lage Dalmatiens die Anreise aufwendig, kompliziert und teuer. Kurzaufenthalte, wie sie durch den Flugverkehr möglich und im heutigen Massentourismus üblich geworden sind, standen daher nicht zur Debatte; der vom *Verein zur Förderung der volkswirtschaftlichen Interessen des Königreichs Dalmatien* – er stand unter dem Protektorat des Thronfolgers Erzherzog Franz Ferdinand – initiierte „Illustrierte Führer durch Dalmatien"

---

90 Simmel, Georg: Alpenreisen, in: Die Zeit 41 (Wien 13.07.1895), S. 23f., hier S. 23.
91 Zum „Kronprinzenwerk" vgl. u. a. Stachel, Peter: Die Harmonisierung national-politischer Gegensätze und die Anfänge der Ethnographie in Österreich, in: Acham, Karl (Hg.): Geschichte der österreichischen Humanwissenschaften. Bd. 4: Geschichte und fremde Kulturen. Wien 2002, S. 323–367, insbes. S. 359–367.
92 Noé: Das Festland, S. 26.

von 1899 veranschlagte als Mindestdauer für eine Dalmatienreise einen Monat und schlüsselte auch gleich detailliert auf, wie viele Tage man an welchem Ort verbringen solle.[93] Ein in der Region im Jahr 1909 erschienener Reiseführer weist verschiedene Anreiserouten (von Wien) nach Dalmatien mit Reisekosten zwischen ca. 70 Kronen (nach heutigem Geldwert [2013] ca. 350 Euro) in der billigsten und bis zu 150 Kronen (ca. 750 Euro) in der teuersten Variante aus[94], wobei die Preise für die Verpflegung an Bord noch nicht inkludiert waren.[95] Als besonderen Service boten die Dampfschifffahrtslinien der Region – neben den beiden großen Linien, dem *Österreichischen Lloyd* und der *Ungaro Croata*, gab es mehrere kleine regionale Anbieter – ab dem Jahr 1900 gemeinsam ein Rundreiseticket an, mit dem für die Dauer von 30 Tagen sämtliche Schifffahrtslinien benutzt werden konnten. Der Preis lag pro Person bei 90 Kronen (nach heutigem Geldwert rund 540 Euro [2012][96]), wobei jedoch die Anreise und Rückreise zur bzw. von der Küste und die Verpflegung an Bord der Schiffe ebenso extra zu bezahlen waren wie Unterbringung und Verpflegung bei den Landaufenthalten.[97] Von Triest aus verkehrte (1912) „nahezu täglich"[98] ein Passagierschiff des *Österreichischen Lloyd* nach Dalmatien: Konkret gab es beispielsweise in jenem Jahr 1909, als Hermann Bahr seine literarisch dokumentierte Reise unternahm, wöchentlich sieben Schiffs-

---

93 Petermann: Führer durch Dalmatien, S. 6.
94 Deisinger: Souvenier an das Grand Hotel Gravosa, S. 46. Der Geldwert einer Krone im Jahr 1909 entspricht 2013 ca. 5 Euro.
95 Für 1911: Preise der Mahlzeiten auf den Dalmatien-Eildampfern des *Österreichischen Lloyd* – 1. Klasse: Frühstück 1,5 Kr., Mittagessen 6 Kr., Nachmittag 1,5 Kr., Abendessen 4 Kr.; 2. Klasse: Frühstück 1,2 Kr., Mittagessen 4 Kr., Nachmittag 1,2 Kr., Abendessen 2,6 Kr. Auf den Dalmatien-Postdampfern des *Österreichischen Lloyd* – 1. Klasse: Frühstück 1,2 Kr., Mittagessen 4,5 Kr., Abendessen 2,8 Kr.; 2. Klasse: Frühstück 1,2 Kr., Mittagessen 3,5 Kr., Abendessen 2 Kr. Vgl. Paska, Erwin von [(Hg.)]: Praktischer Wegweiser durch Dalmatien. Mit Berücksichtigung von Istrien, Bosnien, Herzegowina, Montenegro und der Küste bis Korfu. 6. Jahrgang. Wien 1911, S. 85.
96 Der Geldwert der Krone war um 1900 um ca. 20 % höher als zehn Jahre später.
97 Vgl. Die Südbahn und ihr Verkehrsgebiet in Österreich-Ungarn. Herausgegeben von der k.k. priv. Südbahn-Gesellschaft, Chefredacteur: Hugo Bürger. Wien/Brünn/Leipzig o. J. [1899], S. 466; Petermann: Führer durch Dalmatien, S. 10.
98 Rosenstein, N. (Hg.): Österreichisch-ungarisches Reise-Handbuch. Kompendium der österr. u. ungarischen Eisenbahnen und Schiffgesellschaften. Wien 1912, S. 180.

verbindungen des *Österreichischen Lloyd* ab Triest (je eine von Montag bis Freitag und zwei am Samstag: eine morgens, eine abends) und vier – als Eillinien deklarierte und deutlich schnellere – der *Ungaro Croata* ab Fiume (Montag, Dienstag, Donnerstag und Freitag).[99] Die Ziele der Reisenden lagen ohnedies ausschließlich an der Küste, das verkehrstechnisch kaum erschlossene Hinterland blieb dem touristischen Blick verborgen, dem sich Dalmatien solcherart als ein „Kulissenland" präsentierte, wie Kurt Floericke vermerkte.[100]

Ein Reisepublikum, das sich derartige Ausgaben leisten konnte, legte auch auf entsprechend gut ausgestattete Unterkünfte an Land Wert. In den letzten Jahren des 19. und den ersten Jahren des 20. Jahrhunderts entstanden in den größeren Städten der Region „internationalen Standards" genügende Hotels, deren Bau durchwegs von Investoren von außerhalb Dalmatiens finanziert wurde. So initiierte etwa die vom Präsidenten des *Österreichischen Lloyd*, Baron Victor von Kalchberg, gegründete *1. Österreichische Hôtel- und Curorte Actiengesellschaft* den Bau des *Hotel Imperial* in Dubrovnik, das am 29. Januar 1897 seinen Betrieb aufnahm. Kalchberg hatte die Idee im Jahr 1893 während eines Aufenthalts in der Stadt entwickelt und den Wiener Architekten Ludwig Tischler (1840–1906), der auch mehrere Bauwerke der Wiener Ringstraße konzipiert hatte, mit dem Projekt betraut; zudem wurde 1912 die gleichfalls von österreichischen Investoren errichtete Straßenbahnlinie vom Hafen Gravosa zur Stadt Dubrovnik in Betrieb genommen.[101] Das „Österreichisch-Ungarische Reisehandbuch" in der Ausgabe von 1912 (der zweiten und letzten) weist für die bedeutenderen Reiseziele Dalmatiens zumindest je ein empfehlenswertes Hotel auf.[102]

Ab etwa 1885/1890 wurde mithin die Entwicklung des Tourismus in Dalmatien von einem davor extrem niedrigen Niveau aus zügig vo-

---

99 Deisinger: Souvenier an das Grand Hotel Gravosa, S. 43.
100 Vgl. Floericke: Dalmatien und Montenegro. Blicke ins „Kulissenland". Zur Erläuterung des Untertitels vgl. insbes. S. 20.
101 Die Straßenbahnlinie, deren Garnituren in Graz gefertigt worden waren, blieb noch bis 1970 in Betrieb, heute verkehrt auf derselben Strecke eine Autobuslinie. Vor 1912 hatte man die Strecke mit gemieteten Fiakern zurücklegen müssen (Kostenpunkt 1909: 1 Krone).
102 Z. B. das *Grand Hotel* und das *Imperial* in Ragusa, das *Bristol* in Zara, das *Zentral-Troccoli* in Spalato, das *Hotel Stadt Graz* in Cattaro sowie die *Kuranstalten* in Arbe; zu erwähnen wäre weiters das dort noch nicht genannte *Kurhotel Kaiserin Elisabeth* in Lesina (Hvar). Vgl. Rosenstein: Österreichisch-ungarisches Reise-Handbuch, S. 368–388.

rangetrieben und intensiviert, wobei dies allerdings, wie die zahlreichen kritischen Anmerkungen in den Reiseberichten und Reiseführern belegen, punktuell, also auf einzelne Orte an der Küste und die Verkehrsverbindungen zur See beschränkt blieb. Eine größere Teile der Region umfassende touristische Infrastruktur existierte selbst an der Küste bis 1914 nicht. Dass Dalmatien ungeachtet dieser Einschränkungen jedoch als touristisches Ziel zunehmend interessant zu werden begann, belegt die Entwicklung auf dem Gebiet der einschlägigen Reiseführer.[103] Bis in die 1880er Jahre gab es in deutscher Sprache zwar eine nicht unbeträchtliche Zahl an Reiseberichten, jedoch keinen brauchbaren Reiseführer über Dalmatien. Der Marktführer, der 1827 gegründete *Baedeker-Verlag*, hatte in seinen deutschsprachigen Reiseführern Dalmatien konsequent nicht berücksichtigt, sodass Arthur Achleitner grollend vermerkte: „Der Allerwelts-Bädeker ignorierte das Land dauernd"[104]; typisch waren hier Titel wie „Österreich (ohne Dalmatien, Ungarn und Bosnien)"[105]. Der erste „Baedeker Dalmatien" erschien erst im Jahr 1929, und auch nur in einer einzigen Auflage.[106] In die so entstandene Lücke stieß der *Hartleben Verlag*, der 1883 erstmals einen Dalmatien-Reiseführer veröffentlichte[107], der bis 1914 immerhin nicht weniger als fünfzehn Auflagen erlebte[108]. Zudem wurde 1899, offensichtlich in großer Auflage, der erwähnte, vom *Verein zur Förderung der volkswirtschaftlichen Interessen des Königreichs Dalmatien* in Auftrag gegebene und vom Wiener Schriftsteller Reinhard E. Petermann (1859–1932) verfasste „Illustrierte Führer durch Dalmatien" veröffentlicht, der zwar vom Format her einem handelsüblichen Reiseführer entsprach, dabei aber vergleichsweise umfangreich

---

103 Zur Geschichte der Textgattung Reiseführer vgl. Parsons, Nicholas T.: Worth the Detour: A History of the Guidebook. Stroud 2007.
104 Achleitner: Reisen im slawischen Süden, S. 74.
105 Vgl. z. B. K. Baedeker's Handbuch für Reisende: Österreich (Ohne Dalmatien, Ungarn und Bosnien). 25. Aufl., Leipzig 1898 und zahlreiche frühere und spätere Ausgaben, z.T. auch unter dem Übertitel „Süddeutschland und Österreich".
106 Baedeker, Karl: Handbuch für Reisende: Dalmatien und die Adria. Westliches Südslawien, Bosnien, Budapest, Istrien, Albanien, Korfu. Leipzig 1929.
107 Illustrirter Führer durch Dalmatien, längs der Küste von Albanien bis Korfu nach den Ionischen Inseln, Wien/Pesth/Leipzig 1883.
108 Vgl. Samsinger, Elmar: Einführung zu einer Automobil-Reise am Balkan im Jahr 1907, in: Filius: Eine Automobil-Reise durch Bosnien die Hercegovina und Dalmatien, S. 7–100, hier S. 42.

und aufwendig gestaltet war.[109] Ab 1906 erschien dann schließlich (bis 1914) auch der von Erwin von Paska herausgegebene, jährlich aktualisierte „Praktische Wegweiser durch Dalmatien" (in den späteren Jahrgängen unter dem Titel „Nach dem Süden" veröffentlicht) des *Österreichischen Lloyd*, in dem neben Dalmatien selbst auch Bosnien, Herzegowina, Montenegro und Korfu berücksichtig wurden[110]; ergänzt wurde dieser durch das gleichfalls im Stil eines Reiseführers gestaltete „Officielle Reisehandbuch des Oesterreichischen Lloyd"[111]. Damit standen für Reisewillige innerhalb weniger Jahre nunmehr gleich mehrere aktuelle Reiseführer zur Auswahl.[112]

Auffällig ist der Umstand, dass Dalmatien zwar im deutschsprachigen Programm des Baedeker-Verlags keine Berücksichtigung fand, in englischsprachigen Ausgaben aber – ebenso wie Bosnien – bereits seit 1891 ziemlich ausführlich dargestellt wurde; konkret erstmals im Baedeker „Southern Germany and Austria, Including Hungary, Dalmatia and Bosnia"[113]. Darin wird gleich einleitend der orientalische

---

109 Petermann: Führer durch Dalmatien; bereits ein Jahr nach der deutschen Ausgabe erschien eine französische Übersetzung. Auf eine große Auflage lässt der Umstand schließen, dass das nur in einer einzigen Auflage erschienene, vergleichsweise aufwendig gestaltete Werk bis heute im antiquarischen Buchhandel häufig und durchaus wohlfeil angeboten wird.

110 Die genauen Angaben auf dem Titelblatt differieren von Jahr zu Jahr; veröffentlicht wurden die Reiseführer im Verlag *Christoph Reisser's Söhne* in Wien, möglicherweise wurden sie an Kunden des *Österreichischen Lloyd* bei Buchung einer Reise teilweise auch gratis abgegeben (worauf ein entsprechender Vermerk auf jenem Exemplar der 4. Auflage von 1909 verweist, das sich im Besitz der Österreichischen Nationalbibliothek in Wien befindet).

111 Bürger, Hugo (Chefredacteur): Der Oesterreichische Lloyd und sein Verkehrsgebiet. Officielles Reisehandbuch, hg. v. der Dampfschiffahrts-Gesellschaft des Oesterreichischen Lloyd. 1. Teil: Istrien, Dalmatien, Herzegowina und Bosnien. Wien/Brünn/Leipzig o. J. [1901].

112 Für ein wachsendes Interesse an Dalmatien als Reiseland spricht auch die Veröffentlichung eines Bandes mit einschlägigen populärwissenschaftlichen Vorträgen von Kunsthistorikern, Volkskundlern etc. Vgl. Brückner, Eduard (Hg.): Dalmatien und das Küstenland. Vorträge, gehalten im März 1910. Wien 1911. Übrigens erschienen auch regionale Reiseführer in deutscher Sprache, so z. B.: Deisinger, Josef: Neuer Dalmatien Führer: mit besonderer Berücksichtigung von Istrien, einem Anhange: Die neuen Touristenländer Bosnien und Herzegovina sowie einer Übersichtskarte der Adrialänder, Eisenbahn- und Schiffahrtsplätzen, Gravosa o. J. [um 1900]; Ders., Souvenir an das Grand-Hotel Gravosa.

113 Baedeker, K[arl]: Handbook for Travellers: Southern Germany and Austria, including Hungary, Dalmatia and Bosnia. Seventh Edition, Remodelled and Augmented. Leipsic [!] 1891.

Charakter des Landes hervorgehoben: „Dalmatia partakes more of an Oriental, than a European character and even with Italy it has little in common"[114]. Hervorgehoben werden die pittoresken Trachten der Landbevölkerung, die – so wörtlich – mittlerweile auch begonnen habe, Lesen und Schreiben zu erlernen.[115] Die Quartiere an Land seien im Allgemeinen schlecht, besonders schlecht aber in Zara und Cattaro, weswegen es angeraten sei, die Schiffe des *Österreichischen Lloyd* auch als Quartier zu nutzen: „The best inn in Dalmatia is the LLOYD STEAMER, it has been truly said"[116]; wohingegen die Dampfschiffe der kleineren privaten Betreiber „cheaper, but much inferior" seien. Während die Kaffeehäuser („in the Italian style") und das Bier („generally good") halbwegs Gnade vor den Augen des englischen Baedeker finden, heißt es zum landesüblichen Essen vieldeutig: „The food is indifferent." Abschließend wird der Leser aber beruhigt: „The public safety is now well provided for." Bemerkenswert ist überdies die Feststellung, dass das Mitführen eines Reisepasses zwar als empfehlenswert, aber nicht als unbedingt notwendig („desirable, though not indispensable"[117]) erachtet wurde. Die Beschreibung blieb in späteren Ausgaben weitgehend identisch, in jener von 1905 wurde die Warnung vor den Unterkünften an Land dann moderat abgeschwächt: „Travellers who do not expect too much will, on the whole, find the inns of Dalmatia very tolerable, though at many the food is indifferent and the cleanliness insufficient."[118]

Dass der englische Baedeker im Gegensatz zur deutschsprachigen Ausgabe einen eigenen Teil über Dalmatien und Bosnien enthielt, lässt darauf schließen, dass man davon ausging, ein englisches Reisepublikum wäre eher an der Region interessiert als ein deutschsprachiges; gestützt wird diese Annahme einerseits durch die Kritik Bahrs[119] und Achleitners[120] am Desinteresse zahlungskräftiger Österreicher an Rei-

---

114 Ebd., S. 424.
115 Ebd., S. 425.
116 Vgl. ebd., S. 426, auch: Achleitner: Reisen im slawischen Süden: „Wirklich ein gutes Hotelche, diese Jacht im österreichischen Meere.", S. 79.
117 Alle wörtlichen Zitate: Baedeker: Handbook for Travellers, S. 426.
118 Baedeker, Karl: Handbook for Travellers: Austria-Hungary, Including Dalmatia and Bosnia, Tenth Edition Revised and Augmented. Leipzig 1905, S. 293.
119 Vgl. diverse Aussagen in: Bahr: Dalmatinische Reise.
120 „... ein sonniges Land, welches die wenigsten Österreicher kennen, sich dafür sehr wenig interessieren, weil das Land zu – Österreich gehört. Im Auslande denkt man über Dalmatien [...] wesentlich anders, dem Sonnen-

sen nach Dalmatien, andererseits durch die große Zahl englischer Reisebeschreibungen der Region, die vor allem in den letzten Jahrzehnten des 19. und den ersten Jahren des 20. Jahrhunderts veröffentlicht wurden.[121] Diese Berichte verweisen auch auf die bevorzugte Reiseroute, die von Triest und Istrien über den Kvarner nach Dalmatien, dann weiter nach Montenegro und Bosnien und Herzegowina, und schließlich entweder nach Korfu oder nach Konstantinopel führte: Dalmatien war also in diesem Sinn nicht das Reiseziel, sondern eine Station einer Reiseroute; auch der Aufbau der deutschsprachigen Reiseführer entsprach zumeist dieser Routenwahl.

Die Darstellung in den deutschsprachigen Reiseführern glich in der Tendenz jener des englischen Baedekers, das Hauptaugenmerk galt hier aber dem „Sonnenland Dalmatien", der Schönheit der kargen Landschaft und des Meeres, den Resten antiker Bauten und gelegentlich auch der Reinheit der Meeresluft,

> die selbst der reinsten Wald- und Gebirgsluft überlegen [ist]. [...] Es gibt auf dem Meere keine den Organismus bedrohenden Bacterien und daraus erklärt sich der günstige Einfluss von Seefahrten auf die Athmungsorgane, ähnlich wie die nervenberuhigende Wirkung der See aus dem Fehlen disharmonischer Eindrücke und Geräusche.[122]

---

lande, seinen Städten und Naturschönheiten wird jetzt schon hohes Interesse gewidmet, Zeit und Geld für die Bereisung geopfert, und zwar freudig." Achleitner: Reisen im slawischen Süden, S. 73f.

121 Um nur einige Beispiele zu erwähnen: R.H.R.: Rambles in Istria, Dalmatia and Montenegro. In One Volume. London 1875; Creagh, James: Over the Borders of Christendom and Eslamiah: Hungary, Slavonia, Serbia, Bosnia, Hercegovina, Dalmatia and Montenegro to the North of Albania in the Summer of 1875. 2 Bde. London 1876; Jackson, T.G.: Dalmatia, the Quarnero and Istria. 3 Bde. Oxford 1887; Snaffle: In the Land of the Bora. Camp Life and Sport in Dalmatia and the Hercegovina. London 1897; Jackson, F[rederick] Hamilton: The Shores of the Adriatic. The Austrian Side: The Küstenlande, Istria and Dalmatia. London 1908; Henderson, Percy E.: A British Officer in the Balkans. The Account of a Journey Through Dalmatia, Montenegro, Turkey in Austria, Magyarland, Bosnia and Hercegovina. London 1909; Barrington, Mrs. Russell [Barrington, Emilie Isabel]: Through Greece And Dalmatia. A Diary of Impressions, Recorded by Pen and Picture. London 1912; Hichens, Robert: The Near East. Dalmatia, Greece and Constantinople. London 1913; Moqué, Alice Lee: Delightful Dalmatia. New York/London 1914; siehe dazu auch die erwähnten englischen Berichte über Automobilreisen durch Dalmatien.

122 Petermann: Führer durch Dalmatien, S. 10f.

Der kroatische Historiker Ivan Pederin konstatierte, dass Dalmatien in den Augen einer gebildeten Schicht von deutschsprachigen Reisenden durch „das reiche[m] Erbe des klassischen Altertums" als „etwas Besonderes" wahrgenommen worden sei.[123] In der Tat tritt in den Schilderungen der Reiseberichte und Reiseführer neben dem Reiz der Exotik auch die Bezugnahme auf die Überreste der Antike (besonders in Spalato und Salona), teilweise auch des Mittelalters und der Renaissance, damit also auf anerkanntes Bildungsgut, in auffallender Weise hervor. Ein charakteristisches Beispiel für eine solche Sichtweise ist das postum erschienene Dalmatien-Buch des Reiseschriftstellers Alexander von Warsberg (1836–1889) – zeitweiliger Reisebegleiter von Kaiserin Elisabeth – der Dalmatien als eine Art landschaftlich reizvolles architektonisches Freilichtmuseum präsentiert und sich über viele Druckseiten in detailverliebten architektonischen Beschreibungen ergeht. Die zeitgenössische Bevölkerung erscheint aus seiner historischen Perspektive als ornamentales Beiwerk und „recht wie zur Staffage auf Ruinen geschaffen"[124]. Eine zugespitzte Sichtweise, mit der Warsberg aber nicht gänzlich allein stand: Hermann Bahr merkt an, dass er dieses Buch auf seiner literarisch dokumentierten Reise mitgeführt hat und spricht – nicht das Buch, sondern ausdrücklich den Autor meinend – gleichermaßen schwärmerisch wie besitzergreifend von „seinem" Warsberg.[125]

„Die Meinung, daß man Dalmatien nicht mit Genuß und dem unerläßlichen Komfort bereisen könne", so der Reiseführer des *Österreichischen Lloyd*, „ist veraltet und [...] praktisch widerlegt"[126]. Genau entsprechend äußert sich auch ein regionaler Reiseführer:

---

123 Pederin, Österreichs Weg an die Adria, S. 34. Durch diese starke Bezugnahme auf die Spuren antiker und mittelalterlicher Kultur würden sich deutschsprachige Reiseberichte über Dalmatien – so Pederin – in charakteristischer Weise von Berichten über andere slawisch besiedelte Gebiete unterscheiden.
124 Warsberg, Alexander von: Dalmatien. Tagebuchblätter aus dem Nachlasse. Wien 1904, S. 100.
125 Bahr: Dalmatinische Reise, S. 42 und sinngemäß auch S. 50f.
126 [Paska, Erwin von:] Praktischer Wegweiser durch Dalmatien. Mit Berücksichtigung von Bosnien, Herzegowina, Montenegro und der Küste bis Corfu. [3. Ausgabe]. [Wien] 1908, S. 5. Dieser Einleitungssatz wird auch in den späteren Ausgaben dieses Reiseführers wortgleich bzw. leicht verändert wiedergegeben.

Leider ist die veraltete Anschauung noch ziemlich weit verbreitet, dass man Dalmatien, Österreichs südlichst gelegenes Kronland, nur mit ganz erheblichen Schwierigkeiten, grossem Aufwand an Zeit und Geld, bei Mangel an dem nötigsten Komfort und jeglicher Bequemlichkeit bereisen kann. Diese irrige Anschauung wird am besten durch die erfreuliche Tatsache gänzlich widerlegt, dass das herrliche Dalmatien, diese Perle aller Adrialänder, immer mehr und mehr vom grossen internationalen Fremdenverkehrsstrom berührt wird.[127]

„Jeder Tag bringt uns dem Oriente näher"[128], heißt es hingegen in Hartlebens „Illustriertem Reiseführer Dalmatien" von 1902, wo weiters angeführt wird, dass sich die Qualität der Beherbergungsbetriebe zwar in den letzten Jahren kontinuierlich verbessert habe, dennoch seien die Gasthöfe in den kleineren Städten „mittelmäßig, genügen aber bescheidenen Ansprüchen" – jedoch: „die Weinstuben lassen viel an Reinlichkeit zu wünschen übrig"[129]. Ausdrücklich hingewiesen wird auf „de[n] großen[n] Unterschied, welcher hinsichtlich der Bequemlichkeit auf Reisen mittelst Dampfer und zu Land besteht"[130]. Von längeren Aufenthalten im Landesinnern wird implizit abgeraten: „Reisen in Dalmatien unterscheiden sich [...] wesentlich von Reisen in unseren Culturländern. Touren im Inneren gehören angesichts der uncomfortablen Verkehrsmittel und mangelhaften Vorkehrungen für Unterkunft [...] noch immer zur Seltenheit."[131] Ähnlich heißt es auch in Reinhard Petermanns Reiseführer von 1899:

Bei Aufenthalten in kleineren Orten, besonders des Innern, wird sich der billig denkende Reisende wohl vor Augen halten, dass er in vom Fremdenverkehr bisher nicht berührten Bezirken weilt. Um in solchen Gegenden möglichst angenehm zu reisen, ist es empfehlenswert, die größeren Städte [...] als Standquartiere zu wählen.[132]

Dem Bild eines „halborientalischen" Landes, das zwar gerade dadurch reizvoll und interessant, aber in Manchem eben doch nicht „westlichen" Ansprüchen genügend sei, entspricht insbesondere auch die Schilderung

---

127 Deisinger: Neuer Dalmatien Führer, S. 3.
128 Illustrierter Führer durch Dalmatien (Abbazzia – Lussinpiccolo), S. 14.
129 Ebd., S. 17.
130 Ebd., S. 20.
131 Ebd.
132 Petermann: Führer durch Dalmatien, S. 14.

der Bevölkerung. Nachdrücklich hervorgehoben wird der pittoreske Charakter der „ungemein kleidsamen bunten Volkstrachten Dalmatiens"[133]:

> Beiläufig sei hier bemerkt, daß das Nationalcostüm in Dalmatien nicht so wie in den meisten Alpenländern nur ab und zu und von einem Theile der Bevölkerung getragen wird, sondern allgemeine und gewöhnliche Volkstracht ist. Ich sah selbst auf den Feldern Mädchen, mit ihrem Schmucke behangen, so wie sie auf den Bildern dargestellt sind, nur etwas weniger reinlich.[134]

Wie bestimmend dieses Bild war und wie sehr der touristische Blick dadurch vorgeprägt wurde, belegt eine Bemerkung von Adolf Schmal-Filius aus seinem Reisebericht von 1908: „Die Tracht der Bewohner blieb nach wie vor malerisch, und wenn wir einmal einen städtisch Gekleideten zu Gesicht bekamen, so empfanden wir das förmlich wie eine Beleidigung des Auges."[135]

Auffällig ist auch der Umstand, dass in mehreren der Reiseführer der tief verwurzelte Aberglaube, insbesondere der Glaube an die magisch Kraft der „Zapis" genannten Amulette, als besonders typische Eigenheit der Bevölkerung vermerkt und als exotisch hervorgehoben wird[136]. Auch an die bereits erwähnte wiederholte Bezugnahme auf die Blutrache sei noch einmal erinnert. Zugleich wird aber in den zeitgenössischen Texten unisono nachdrücklich betont, dass es sich dabei um eine durch die staatliche Verwaltung domestizierte und daher ungefährliche Form der Exotik handle, durch die dem Reisenden keine Gefahr drohe. Am angenehmsten, so Hartlebens Reiseführer, gestalte sich der soziale Kontakt mit den Einheimischen in Zara, „eine[r] förmliche[n] Militär und Beamtenstadt", am heitersten in Ragusa, wo „der Einfluss des einstigen strammen, aber wohlwollenden Regiments der ragusäischen Republik unverkennbar" sei, und „nur Gutes" werde selbst über den „Verkehr mit der montenegrinischen Bevölkerung" –

---

133 Bürger: Der Oesterreichische Lloyd, S. 14.
134 Swida: Dalmatien, S. 22.
135 Filius: Eine Automobil-Reise durch Bosnien die Hercegovina und Dalmatien, S. 153f.
136 Vgl. Bürger: Der Oesterreichische Lloyd, S. 14; Führer durch Dalmatien (Abbazzia – Lussinpiccolo), S. 12.

die als traditionell widerständig galt – berichtet; einzig „gegenüber der albanesischen Bevölkerung beobachte man Zurückhaltung"[137].

Auch wenn das Mitführen privater Schusswaffen noch erörtert wurde, betonen doch alle Reiseführer mit ebenso auffallender Nachdrücklichkeit wie der englischsprachige Baedeker, dass der touristische Reisende sich in Dalmatien sicher und geborgen fühlen dürfe. „Es ist vom Velebit bis zum Orjen und Lovćen durchaus überflüssig, eine andere Sicherheitsmassregel zu treffen als die, dass man eben einen, von verlässlicher Seite als brauchbar bezeichneten Führer nimmt"[138], heißt es in Petermanns Reiseführer und Hartlebens Reiseführer erläutert dazu schon verdächtig ausführlich:

In Dalmatien war es mit der Sicherheit in Norddalmatien in früherer Zeit nicht am besten bestellt. Man hört indes nichts mehr von bedenklichen Zwischenfällen. In Mittel- und Süddalmatien reist man so sicher, wie in irgend einem Striche Mittel-Europas; [...] Auf der Strecke Cattaro – Cetinje ist seit undenklichen Zeiten einem Reisenden nie etwas zugestoßen. Desgleichen ist anzunehmen, dass in den Grenzstrichen der Hercegovina dermalen eine Gefahr für die persönliche Sicherheit des Reisenden so viel wie ausgeschlossen sein dürfte. In Montenegro reist man völlig sicher [...][139].

Die Insistenz, mit der hier auf die Sicherheit aller Wegstrecken hingewiesen wurde, erklärt sich aus einem, noch in den Mitte des 19. Jahrhunderts erschienenen Dalmatien-Reiseberichten häufig zu findenden, typisch „balkanischen" Topos: den Berichten über Raubüberfälle durch bewaffnete Banden.

Kennzeichnend für die Art von touristischer Image-Konstruktion, die für Dalmatien um 1900 üblich war, ist die Einleitungspassage in Hartlebens Dalmatien-Reiseführer, in der neben der „Natur des Landes", die „an Ort und Stelle gewonnenen, historischen, antiquarischen, ethnographischen und socialen Eindrücke" als „wohlthuende Abwechslung zu den mehr oder weniger bekannten Erscheinungen in anderen Ländern" angepriesen werden; dabei müsse eben in Kauf genommen werden, „dass Dalmatien die alten Culturländer des Südens

---

137 Führer durch Dalmatien (Abbazzia – Lussinpiccolo), S. 20. Mit den „Albanesen" sind möglicherweise jene Montenegriner gemeint, die in der Bocche di Cattaro lebten.
138 Petermann: Führer durch Dalmatien, S. 13.
139 Führer durch Dalmatien (Abbazzia – Lussinpiccolo), S. 16.

und Westens nicht aufzuwiegen vermag. Der Hinweis auf jenes Land geschieht selbstverständlich nur unter der Voraussetzung, dass man jene anderen, viel besuchten Länder genügend kenne und eine Abwechslung in dieser Richtung also immerhin willkommen sein dürfte"[140]. Als binnenexotisches Rückzugsgebiet, als „Fremdes im Eigenen", erscheint Dalmatien hier, als romantisch verbrämtes Gegenstück zum modernen Leben: ein Land, in dem sich urwüchsige „edle Wilde" in bunten Kleidern inmitten von Naturschönheit und romantisch-verfallenen historischen Kulissen tummeln, die Luft frei von „den Organismus bedrohenden Bacterien", das Leben frei von „disharmonische[n] Eindrücke[n] und Geräusche[n]" ist; dies alles selbstverständlich unter dem sicheren Schutz der Ordnung der österreichischen Behörden und, zumindest in den Küstenstädten, mit dem „unerläßlichen Komfort", den ein Reisepublikum aus einem „Culturland" glaubte erwarten und verlangen zu dürfen. Dalmatien – ein „Kulissenland" nicht nur in verkehrstechnisch-geographischer, sondern auch in imaginärer Hinsicht. Zutreffend charakterisiert die Kulturwissenschaftlerin Ursula Reber das durch diese Vorstellungen vorgeformte Bild Dalmatiens als das eines schützenswerten „Reservat[s] des entzogenen Ursprungs für europäische Urlauber", das von einem „utopische[n], rückwärts gerichtete[n] Begehren" geprägt sei.[141] Vorstellungen, die in kennzeichnender Weise auch noch in Ernst Jüngers Reisebericht aus dem Jahr 1932 zu finden sind, in dem es heißt: „Mit Behagen tauchten wir in ein patriarchalisches Element, wie es bei uns schon seit Urgroßvaters Tagen verloren gegangen ist."[142]

Der durch den Ersten Weltkrieg vollständig zum Erliegen gekommene Tourismus an der dalmatinischen Küste wurde nach 1918 durch gezielte Förderungsmaßnahmen des jugoslawischen Staates neu belebt und intensiviert, so dass der Baedeker von 1929 vermerken konnte: „Dalmatien [...] bildet seit dem Weltkrieg ein von Jahr zu Jahr häufiger

---

140 Ebd., S. 14.
141 Reber, Ursula: Periphere Angelegenheiten / Angelegenheiten der Peripherie. Einschreibungen in eine Karte von „Adiáphora", S. 2, in: kakanien revisited, http://www.kakanien.ac.at/beitr/postcol/UReber3/ (Zugriff am 13.08.2012). Vgl. dazu auch: Perica, Ivana: „Der Ruf des freien und ungezähmten Verwandten". Dalmatinischer Raum aus der Sicht des konservativen Antimodernismus, in: Kabić/Lovrić (Hgg.): Mobilität und Kontakt, S. 403–417.
142 Jünger: Dalmatinischer Aufenthalt, S. 12.

aufgesuchtes Reiseziel"[143]. Zum Ziel des Massentourismus zeitgenössischer Prägung wurde das Land – das heute eine beliebte touristische Destinationen in Europa ist – aber erst nach dem Zweiten Weltkrieg, als die individuelle Motorisierung und schließlich das Flugzeug als Massenverkehrsmittel Dalmatien reisetechnisch näher an den Rest Europas heranrückten. Reste der aus der Zeit der Habsburgermonarchie stammenden Infrastruktur werden dabei noch bis heute verwendet, wie etwa das nach der teilweisen Zerstörung im Jugoslawien-Krieg 2005 wieder in Vollbetrieb genommene, mittlerweile zur Hilton-Gruppe gehörende *Hotel Imperial* in Dubrovnik, in dem vor mehr als einhundert Jahren bereits Hermann Bahr abgestiegen ist.[144]

---

143 Baedeker: Handbuch für Reisende: Dalmatien und die Adria, S. V.
144 Nach der teilweisen Zerstörung des Hotels im Zuge der Belagerung durch die Jugoslawische Volksarmee 1991/92 wurde bis zur Renovierung 2005 in einem Nebengebäude des Hotels ein eingeschränkter Hotelbetrieb, das so genannte *Mali Imperial* (Kleines Imperial), improvisiert.

Bosnische Impressionen

k.k. Soldaten als Tourismuspioniere
vor dem Ersten Weltkrieg

DIETER J. HECHT

Angesichts der bis heute anhaltenden religiös und ethnisch motivierten Konflikte in Bosnien-Herzegowina und ihrer medialen Aufbereitung, wie zuletzt im Zuge der Verhaftung des ehemaligen serbischen Generals Ratko Mladić, scheint dieser ehemalige Teil der Habsburgermonarchie nichts an geopolitischer Brisanz verloren zu haben. In diesem Zusammenhang bieten Fotos und Fotoalben aus der Zeit der Monarchie Einblicke und Annäherungen an fremde, längst vergangene Lebenswelten von aktueller geopolitischer Bedeutung. Doch stellen die Fotos und Fotoalben die Vergangenheit bzw. geografische Orte nicht einfach dar, sondern sie enthalten kulturelle Kodierungen und mediale Transformationen, zu deren wichtigsten Merkmalen Ausschnitt und Perspektive zählen.[1] Die abgebildeten Objekte und Personen stellen somit Spuren dar, die gleichermaßen zum Fotografen und zum/zur BetrachterIn führen. Der Blick der Soldaten und der fremden bzw. lokalen FotografInnen wird durch den/die BetrachterIn zum Fremd- bzw. Eigenblick. Ein- und Ausgrenzungen unterliegen fließenden Grenzen und reduzieren letztendlich den Heterogenitätsgrad des Dargestellten.[2]

---

1 Paul, Gerhard: Das Jahrhundert der Bilder. Die visuelle Geschichte und der Bildkanon des kulturellen Gedächtnisses, in: Ders. (Hg.): Das Jahrhundert der Bilder. Bd. 2. Bonn 2008, S. 27.
2 Scherle, Nicolai: Nichts Fremdes ist mir fremd. Reiseführer im Kontext von Raum und der systemimmanenten Dialektik des Verständnisses von

Gleichzeitig hängt die Dynamik der Abbildungen vom Ziel der Aufnahme als Dokumentation und Repräsentation der Ereignisse und des Selbst von FotografInnen ab. Dies führt zu einem doppelten Konstruktionsprozess, der zunächst die Auswahl und den Kontext des Motivs beinhaltet. Darüber hinaus bildet die Dokumentation der FotografInnen von Objekten oder Personen zu einem bestimmten Zeitpunkt an einem bestimmten Ort die Möglichkeit, indirekt Zeugnis abzulegen über das Unbekannte und Vergessene. Die Publikation von Fotos bzw. das Anlegen eines Albums setzt aber auch eine Auswahl der Fotos voraus, die die ursprüngliche Ordnung und den Kontext durchbricht und mit Textinformationen ergänzt wird. Dies führt schließlich zu einer komplexen doppelten Repräsentation des Dargestellten mit den FotografInnen.[3]

Den Rahmen hierfür boten seit den 1870er Jahren illustrierte Zeitungen, wobei die professionelle Fotografie im Mittelpunkt stand. Reproduktionsschwierigkeiten von Fotos machten aber bis 1890 oft Holzstiche (nicht selten nach fotografischen Vorlagen verfertigt) für die Publikationen notwendig. Gleichzeitig wurden Reiseeindrücke durch das Aufkommen von fotografischen Bildpostkarten weiter verbreitet. Mit der steigenden Popularität bestimmter Motive wurde das Sehen von Landschaften und Sehenswürdigkeiten kanalisiert und genormt. Die Normierung bestimmte fortan nicht nur die Motive, sondern auch die Perspektiven und Blickpunkte, die TouristInnen einnahmen.[4] Auch Soldaten folgten dieser Normierung, wie das hier als Beispiel behandelte Fotoalbum des jüdischen k.k. Leutnants Walter Neustadtl in Bosnien aus den Jahren 1906–1909 zeigt.

Fotos bildeten im Allgemeinen, wie auch im vorliegenden Fall, Alltagsszenen und exotische Orte ab. Bereits seit Mitte der 19. Jahrhunderts gaben beliebte Reiseführer, wie jene von John Murray und

---

Eigenem und Fremden, in: Jaworski, Rudolf/Loew, Peter Oliver/Pletzing, Christian (Hgg.): Der genormte Blick aufs Fremde. Reiseführer in und über Ostmitteleuropa. Wiesbaden 2011, S. 60f.

3 Hamilton, Peter: Representing the social: France and Frenchness in Post-War humanist Photography, in: Hall, Stuart (Hg.): Representation. Cultural Representations and Signifying Practices. London 2003, S. 83–87.

4 Müller, Susanne: Zur Medienkulturgeschichte des Reisehandbuchs, in: Jaworski/Loew/Pletzing (Hgg.): Der genormte Blick aufs Fremde, S. 46–49; Tropper, Eva: Das Medium Ansichtskarte und die Genese von Kulturerbe. Eine visuelle Spurenlese am Beispiel Graz, in: Csáky, Moritz/Sommer, Monika (Hgg.): Kulturerbe als soziokulturelle Praxis. Innsbruck 2005, S. 37f.

Karl Baedeker, Darstellungen von Orten vor, die von TouristenInnen aufgesucht und teilweise wieder abgebildet wurden. Diese folgten dabei wissentlich bzw. unwissentlich den Reiseführern. Neben Städten, Burgen und Schlössern waren Landschaftsdarstellungen und die Beschreibung bzw. Darstellung der lokalen Bevölkerung sehr beliebt.[5] Gleichzeitig boten Bildpostkarten neben herkömmlichen Sehenswürdigkeiten vor allem die Möglichkeit, private und öffentliche Motive darzustellen. Bei den privaten Motiven sind im vorliegenden Fall vor allem Portraits der Soldaten zu nennen. Fotos mit Kameraden bzw. ihrer Kasernen und Waffen verweisen bereits auf eine Öffentlichkeit, die auch durch das prominente Zurschaustellen der Kriegsauszeichnungen und Orden auf den Uniformen präsent ist. Im öffentlichen Kontext hatten insbesondere religiöse Motive, wie z. B. Synagogen und Kriegsgottesdienste, eine wichtige Funktion zur Stärkung und Repräsentation jüdischer Identität.[6]

Juden und Muslime wurden im österreichisch-ungarischen Kontext meist als exotisch und orientalisch wahrgenommen; Bosnien-Herzegowina als Teil der Balkanregion wurde in österreichisch-westeuropäischer Wahrnehmung als orientalisch geprägtes Land gesehen.[7] Mit der Okkupation beginnend, lässt sich bezüglich Bosnien-Herzegowinas ein einheitlicher Kolonialisierungsdiskurs feststellen, dessen politische und strategische Ziele eine erzieherische Kulturmission Österreich-Ungarns beinhalteten, um die lokale Bevölkerung zu modernisieren.[8] Hierbei verwandelte sich die imaginäre Gestalt der Muslime als das fremde, bedrohliche Andere zunehmend in den gefährlichen osmani-

---

5 Koshar, Rudy: 'What ought to be seen': Tourist's Guidebooks and National Identities in Modern Germany and Europe, in: Journal of Contemporary History 33 (1998), H. 3, S. 327–330.
6 Vgl. Purin, Bernhard: Die Welt der jüdischen Postkarten. Wien 2001.
7 Steward, Jill: Tourism in Late Imperial Austria. The Development of Tourist Cultures and Their Associated Images of Place, in: Baranowski, Shelley/Furlough, Ellen (Hgg.): Being Elsewhere. Tourism, Consumer Culture and Identity in Modern Europe and North America. Ann Arbor 2001, S. 118f. Vgl. Todorova, Maria: Die Erfindung des Balkans. Europas bequemes Vorurteil. Darmstadt 1999.
8 Stachel, Peter: Der koloniale Blick auf Bosnien-Herzegowina in der ethnographischen Popularliteratur der Habsburgermonarchie, in: Feichtinger, Johannes/Prutsch, Ursula/Csáky, Moritz (Hgg.): Habsburg postcolonial. Machtstrukturen und kollektives Gedächtnis. Innsbruck 2003, S. 261–270.

schen Soldaten und die primitiven muslimischen BosnierInnen in Untertanen der Monarchie.[9]

In den letzten Jahren vor dem Ersten Weltkrieg versuchten die österreichisch-ungarischen Behörden verstärkt, Bosnien-Herzegowina durch soziale und kulturelle Programme weiter zu modernisieren. Gleichzeitig hatten die k.k. Verwaltungsbehörden neben den sich in den Jahren um 1906 formierenden nationalen politischen Bewegungen der Kroaten, Muslime und Serben mit der wachsenden Bedeutung der Arbeiterbewegung zu kämpfen. Kulturelle Autonomiebestrebungen der einzelnen Volksgruppen stießen auf unterschiedliche behördliche Reaktionen. Letztlich scheiterten jedoch alle an der Geringschätzung der Behörden und deren absolutistischem Machtanspruch.[10] Als Teil des behördlichen „Modernisierungsprogramms" wirkte auch das Militär. Die Stationierung des vorwiegend deutschsprachigen Militärs veränderte das Kulturangebot und zunehmend auch den Warengeschmack in Bosnien. So erlangte in Städten, wie z. B. Tuzla, Deutsch als Zweitsprache eine gewisse Bedeutung.[11]

Leutnant Walter Neustadtl war Teil dieses Prozesses. Um bei seinem Fotoalbum zu kulturwissenschaftlich relevanten Ergebnissen zu kommen, bedarf es differenzierter historischer Methoden und einer Verknüpfung des Wissens um Tourismus und Militärgeschichte mit jüdischer Geschichte. Recherche sowie die Sicherung und Deutung von Spuren bilden einen zentralen Bestandteil der Wissenspraktiken von HistorikerInnen. Das Spurenlesen ist somit eine zentrale Orientierungstechnik und eine Wissenskunst, die die Verbindung von überlieferten Alltagspraktiken und wissenschaftlichen Verfahren zu einer kulturwissenschaftlichen Forschungsmethode darstellt.[12] Die Spuren

---

9 Marchetti, Christian: Der Krieg als Fortsetzung der Volkskunde mit anderen Mitteln, in: Fischer, Wladimir/Heindl, Waltraud/Millner, Alexandra/ Müller-Funk, Wolfgang (Hgg.): Räume und Grenzen in Österreich-Ungarn 1867–1918. Kulturwissenschaftliche Annäherungen. Tübingen 2010, S. 369.
10 Vgl. Okey, Robin: Taming Balkan Nationalism. New York 2007, S. 144–175. Zur Verwaltung in Bosnien-Herzegowina vgl. Juzbasic, Dzevad: Die Österreichisch-Ungarische Okkuptationsverwaltung in Bosnien-Herzegowina, in: Prilozi 34 (2005), S. 81–112.
11 Okey: Taming Balkan Nationalism, S. 218–221.
12 Vgl. dazu die Idee des „Indizienparadigmas": Ginzburg, Carlo: Spuren einer Paradigmengabelung: Machiavelli, Galilei und die Zensur der Gegenreformation, in: Krämer, Sybille/Kogge, Werner/Grube, Gernot (Hgg.):

selbst sind heteronom. Sie werden nicht bewusst gemacht, sondern unabsichtlich hinterlassen. Die Unmotiviertheit der Spurbildung korrespondiert mit der Motiviertheit seitens der Spurenleser, d. h. der HistorikerInnen. Eine Spur zu lesen heißt, die gestörte Ordnung, der sich die Spurbildung verdankt, in eine neue Ordnung zu überführen und zu integrieren, indem das Spur bildende Geschehen als Erzählung rekonstruiert wird. Die Spur zeigt etwas an, was zum Zeitpunkt des Spurenlesens irreversibel vergangen ist;[13] im konkreten Fall, den Alltag von Soldaten der k.k. Armee in Bosnien sowie jüdisches Familienleben in der österreichisch-ungarischen Monarchie.[14]

LEUTNANT NEUSTADTL – SPUR UND BOTE JÜDISCHER SOLDATEN

Die Präsenz des Albums führte mich zur Sammlung von Fotoalben ins Kriegsarchiv des Österreichischen Staatsarchivs und zu den vielen Reiseführern in der Österreichischen Nationalbibliothek, um nur zwei Bestände zu nennen, sowie zu den Nachkommen von Walter Neustadtl. Zusammen mit den Dokumenten über Soldaten der k.k. Armee und erhalten gebliebenen Korrespondenzen, Fotos und Familienerinnerungen bieten sie neue Mittel zum Entschlüsseln des Albums und der Familiengeschichte. Ausgehend von den biografischen Daten des Offiziers Walter Neustadtl sollen nun anhand des familiären Netzwerks Aufstieg und Etablierung seiner Familie nachvollzogen werden, um die soziale Stellung jüdischer Offiziere exemplarisch zu illustrieren. Besonderes Augenmerk liegt hierbei auf dem Spannungsfeld zwischen Neustadtls öffentlicher Tätigkeit als Soldat und seiner jüdischen Identität.

Spur. Spurenlesen als Orientierungstechnik und Wissenskunst. Frankfurt a. M. 2007, S. 257–280.
13 Vgl. Krämer, Sybille: Was also ist eine Spur? Und worin besteht ihre epistemologische Rolle?, in: Krämer/Kogge/Grube (Hgg.): Spur. Spurenlesen als Orientierungstechnik und Wissenskunst. Frankfurt a. M. 2007, S. 11–36; Grube, Gernot: „abfährten" – „arbeiten". Investigative Erkenntnistheorie, in: Krämer/Kogge/Grube (Hgg.): Spur, S. 222–253.
14 Zur Funktion von Spuren und Boten im Umgang mit jüdischer Geschichte vgl. Hecht, Dieter J.: Spuren und Boten: Die Kunsthandlung E. Hirschler & Comp., in: Blimlinger, Eva/Mayer, Monika (Hgg.): Kunst sammeln – Kunst handeln. Wien 2012, S. 79–90.

Walter Neustadtl (1881–1914) war der Sohn von Anna, geb. Popper (1854–1940), und Theodor Neustadtl (1842–1908). Theodor Neustadtl stammte aus einer Kaufmannsfamilie in Jungbunzlau (Mladá Boleslav), seit 1871 studierte er Rechtswissenschaften in Wien und arbeitete im Anschluss daran erfolgreich als Hof- und Gerichtsadvokat. Anna Neustadtl stammte aus Pilsen (Plzeň), wo ihr Vater Adolf Popper eine Spirituosenfabrik besaß. Die fünf Kinder von Theodor und Anna Neustadtl wurden zwischen 1873 und 1895 in Wien geboren. Um den Aufstieg der Familie zu repräsentieren, erbaute sich Theodor Neustadtl in den frühen 1890er Jahren ein Haus am Wörthersee, wo die Familie jedes Jahr ihren Sommer verbrachte. So zeigt ein Familienfoto aus dem Jahr 1900 das Ehepaar Neustadtl mit ihrem jüngsten Sohn in einem Einspänner, die älteren Geschwister (zwei Töchter und zwei Söhne) mit Fahrrädern am Wörthersee. Damit gehörte die Familie zu den frühen Tourismuspionieren, die den Ausbau der Eisenbahn zur Erschließung entfernter Regionen nützte.[15] Die Söhne der Familie Neustadtl besuchten das Gymnasium, die Töchter wurden von Privatlehrern zu Hause unterrichtet. Walter Neustadtl maturierte 1899 in Wien und begann, an der juristischen Fakultät zu studieren. Sein älterer Bruder Arthur Neustadtl war zu diesem Zeitpunkt bereits Anwalt in Reichenberg (Liberec).[16] Im Jahr 1900 trat Walter Neustadtl als Einjährig-Freiwilliger auf eigene Kosten in Wien ins Heer ein. Er absolvierte die Infanterie-Kadettenschule in Prag und legte 1903 die Prüfung zum Berufsoffizier ab.[17]

In der Habsburgermonarchie konnten Juden seit 1867 die Kadettenschulen und die Militärakademie besuchen. Ab diesem Zeitpunkt muss in der Armee zwischen Berufs- und Reserveoffizieren unterschieden werden. Zwischen den Jahren 1897 und 1911, so belegen Zahlen, betrug der Anteil jüdischer Offiziere bei der Reserve 18 Prozent, bei Berufsoffizieren sank er im selben Zeitraum von 1,2 auf 0,6 Prozent. Den höchsten Anteil an jüdischen Berufsoffizieren hatten die Infanterieregimenter.[18] Neustadtl diente ab 1904 als Leutnant in ver-

---

15 Zur Bedeutung des Baues der Südbahnlinie für den Tourismus vgl. Artl, Gerhard (Hg.): Mit Volldampf in den Süden. 150 Jahre Südbahn Wien – Triest. Wien 2007.
16 Nachlass Familie Neustadtl, Privatbesitz.
17 ÖStA, KA, Qualifikationsliste, Kt. 2230, Walter Neustadtl.
18 Schmidl, Erwin: Juden in der k. (u.) k. Armee 1788–1918, in: Studia Judaica Austriaca 11 (1989), S. 62f, S. 74f.

schiedenen Infanterieregimentern (98, 68, 30 und 4). 1911 wurde er zum Oberleutnant befördert und 1913 mit dem Erinnerungskreuz an den Balkankrieg 1912/13 ausgezeichnet. Für 1901 finden sich in seiner Qualifikationsliste als besondere Geschicklichkeiten „Schwimmen, Radfahren und sehr guter Reiter", ab 1907 auch Skifahren, – lauter Eigenschaften also, die einen bürgerlichen Familiengrund erforderten und gleichzeitig klassische Aktivitäten des Tourismus darstellen.[19] In sprachlicher Hinsicht lagen Neustadtls Kompetenzen, neben Deutsch, bei Französisch, ein wenig Slowenisch und etwas Polnisch als Regimentssprache. Im Januar 1914 wurde er als Instruktionsoffizier dem albanischen Gendarmeriekorps zugestellt. Seit Mai 1914 gilt er als vermisst.[20] Ein Gedenkstein an Walter Neustadtl, den seine Familie im Garten ihres Sommerhauses am Wörthersee aufgestellt hatte, wurde nach der „Arisierung" des Besitzes zerstört.

Während seiner Dienstzeit nahm Neustadtl an vielen Truppenübungen teil, u. a. in Bruck/Leitha, in Briesen (Brezno), Grottau (Hrádek nad Nisou), Horn, Jungbunzlau, Königgrätz (Hradec Králové), Kolín, Liebenau, Lissa (Lysá), Mistelbach, Münchengrätz (Mnichovo Hradiště), Niemes (Mimoň), Podiebrad (Poděbrady), Reichenau, Reichenberg, Sasvár (Ungarn) und Senftenberg (Žamberk). Stationiert war er längere Zeit in den Garnisonen in Banjaluka (Bosnien), Jabuka (Bosnien), Prijepolje (Serbien) und Sarajevo, sowie ab 1910 in Lemberg, Graz, Brčko (Bosnien) und Nevesinje (Bosnien).[21] Anhand der Truppenübungsorte und der Garnisonen wird nicht nur das dichte Netz militärischer Stützpunkte deutlich, sondern auch der hohe Mobilitätsgrad von Soldaten. Innerhalb von rund zehn Jahren bereiste Neustadtl weite Teile von Böhmen und Mähren sowie Bosnien-Herzegowina, Niederösterreich, Galizien, Ungarn und der Steiermark. Diese Mobilität, die Mehrsprachigkeit und die touristischen Aktivitäten finden sich bei vielen Lebensläufen von (jüdischen) Offizieren, wie z. B. dem Reserveleutnant Felix Zweig (1879–1939). Er stammte aus einer Malzfabrikantenfamilie in Olmütz (Olomouc) und begann im selben Jahr wie Neustadtl sein Einjährig-Freiwilligen-Jahr. Laut seiner

---

19 ÖStA, KA, Qualifikationsliste, Kt. 2230, Walter Neustadtl. ÖStA, KA, Grundbuchblatt, Kt. 879, Wien, Geburtsjahr 1881.
20 ÖStA, KA, Qualifikationsliste, Kt. 2230, Walter Neustadtl. ÖStA, KA, Grundbuchblatt, Kt. 879, Wien, Geburtsjahr 1881.
21 ÖStA, KA, Qualifikationsliste, Kt. 2230, Walter Neustadtl. ÖStA, KA, Grundbuchblatt, Kt. 879, Wien, Geburtsjahr 1881.

Qualifikationsliste war er während seiner Militärzeit in Olmütz, Krakau und Sarajevo garnisoniert. Er sprach neben Deutsch sehr gut Englisch und „genügend" Tschechisch, als besondere Geschicklichkeiten gab er „Fechten, Turnen, Schwimmen, Radfahren" und als Reiseaufenthalte Oberitalien, Großbritannien, Deutschland und die Schweiz an.[22]

Als Offiziere lernten Neustadtl wie auch Zweig nicht nur die Kasernen in den jeweiligen Orten und Städten kennen, sondern auch Sehenswürdigkeiten und landschaftliche Schönheiten. Für einfache Soldaten gestaltete sich das Kennenlernen dieser fremden Orte anders; neben dienstlichen und finanziellen Beschränkungen war der Militärdienst für viele überhaupt die einzige Möglichkeit, in entfernte Gegenden der Monarchie zu gelangen. Offiziere waren aufgrund ihrer sozialen Herkunft, in der Regel aus dem Bürgertum oder dem Adel, mit touristischen Reisen bereits vertraut. Häufig verfügten sie auch über weit verzweigte Familiennetzwerke und verbanden mit ihren Reisen Verwandtenbesuche. Die Versetzungen bzw. die Truppenverlegungen ergänzten lediglich ihre Kenntnisse von Land und Leuten. Da seine Familie aus Pilsen und Jungbunzlau stammte und seine Eltern ein Sommerhaus in Kärnten hatten, war Walter Neustadtl von Kindheit an mit Reisen und dem damit verbundenen möglichen Kulturtransfer vertraut.

LEUTNANT NEUSTADTL – BOTE VON TOURISMUS UND MILITÄRGESCHICHTE

Das Album bildet nicht nur eine Spur zu Walter Neustadtl, sondern verweist auch auf denselben als k.k. Offizier; ein Ariadnefaden, der aus den Objekten hinausführt und eine Verbindung mit anderen Materialitäten herstellt. In den Augen von HistorikerInnen gilt sein Album als Spur und die Recherchen darüber als Nachspüren, d. h. letztendlich als Spurenlesen. Doch das Album vergegenwärtigt nicht etwa die Präsenz einer Person oder Sache, sondern deren Nichtpräsenz, d. h. die Präsenz des Albums zeugt von der Abwesenheit Walter Neustadtls als k.k. Offizier.[23] Das vorliegende Fotoalbum stellt die einzige fotografi-

---

22 ÖStA, KA, Qualifikationsliste, Kt. 3945, Felix Zweig. Zu Felix Zweig und seiner Familie vgl. Hecht, Dieter J.: Olmütz Wien Jerusalem. Der Weg des Zionisten Egon Zweig (1877–1949). Baram 2012. Vgl. Abb. 1.
23 Vgl. Krämer: Was also ist eine Spur?, S. 11–36.

sche Dokumentation dar, die von ihm erhalten blieb. Ob Neustadtl vor und nach seinem Militärdienst auch fotografiert hat, konnte nicht mit Sicherheit eruiert werden, ist aber aufgrund des Umfangs des Albums und der Qualität der Fotos als wahrscheinlich anzunehmen. Das Fotoalbum belegt Neustadtls Stationierung in Bosnien-Herzegowina während der Jahre 1906 bis 1909. Es dokumentiert die Stationierungsorte sowie die umliegenden Städte und Dörfer, beginnend mit Jabuka, Prijepolje, Plevlje (Montenegro), Jezero, Flusstal der Vrba, Jajce, Bočac, Banjaluka und Bulka. Zwei Drittel der Fotos sind penibel beschriftet mit Datum, Ort und Inhaltsangaben. Das letzte Drittel ist nicht beschriftet. Anhand von Gebäuden, wie etwa der Synagoge von Banjaluka, ließen sich einige dieser Fotos zuordnen. Die letzten Seiten sind mit klassischen Touristenaufnahmen aus Budapest beklebt. Das Fotoalbum fungiert somit gleichzeitig als Bote von Tourismus und der Militärgeschichte Bosniens.

Ein früheres Beispiel für die Verbindung von militärischen Erfahrungen in Bosnien mit Tourismus ist die Publikation des Buchhändlers Karl Schewitz anlässlich der 25-jährigen Wiederkehr der Okkupation Bosniens durch die k.k. Armee im Jahr 1903. Schewitz war 1878 Zugführer des 1. Jäger-Bataillons gewesen. Seine 24 Seiten umfassende Publikation beschreibt nicht nur die militärischen Einsätze von 1878, sondern widmet sich auch ausführlich dem Besuch verschiedener Städte – von Bihać über Bekar bis Sokolac – und der Beschreibung von Veränderungen zwischen 1878 und 1903. Abbildungen von Kirchen und Moscheen finden sich neben Kaffeehäusern und Militärdenkmälern. Kulinarischen Schilderungen von Backwaren und Kaffee in Bihać und einem Loblied auf deren traditionelle Qualität folgen enthusiastische Bemerkungen über den allgemeinen Fortschritt im Land. Bereits in den Einleitungssätzen verweist Schewitz auf die Bedeutung der Erinnerung und seinen Wunsch, die Orte der Vergangenheit wieder zu besuchen.[24] Mit der Reise und der Sammlung von Fotografien und Erinnerungsstücken, die ins Buch Eingang fanden, konnte Schewitz sich selbst darstellen sowie bosnische Militär- und Tourismusgeschichte gleichermaßen thematisieren. Als akademischen Vorläufer sei auch auf den Professor für Prähistorische Archäologie, Moritz Hoernes

---

24 Schewitz, Karl: Meine Reise nach Bosnien. Nach 25 Jahren zur Besichtigung der Stätten unternommen auf den das 1. Jäger-Bataillon gelegentlich der Okkupation Bosniens seine Waffentaten vollführte. Aussig 1903.

(1852–1917), verwiesen. Als Teilnehmer des Okkupationsfeldzuges interessierte dieser sich ebenfalls für Bosnien-Herzegowina, bereiste das Land mehrere Male und veröffentlichte seine Studien bereits Ende der 1880er Jahre.[25]

Die Auswahl der Motive für die Aufnahmen, vor allem der so genannten Sehenswürdigkeiten und landschaftlichen Schönheiten, mögen bei Schewitz und Neustadtl teilweise auf den Geschmack der Fotografen zurückgehen, teilweise folgten sie aber den von Reiseführern geprägten Bildern von Bosnien. Eines der maßgeblichen Werke waren diesbezüglich wohl die Reisebilder und Studien von Johann von Asbóth aus dem Jahr 1888. Sein Buch war mit 37 ganzseitigen und 175 Textillustrationen nach Fotos des Oberleutnants Karl Mienzil und unter Verwendung von Fotos der Kunsthandlung von Ignaz Königsberger in Sarajevo ausgestattet.[26] Im Neustadtl-Album lassen sich auffallende Parallelen bei den Aufnahmen der Stadt Jajce mit den Wasserfällen der Pliva, der Burgruine und den Seen in der Umgebung ausmachen.

Verstärkt wurden die Bosnien-Bilder durch das Erscheinen des mehrbändigen Werkes *Die Österreichisch-Ungarische Monarchie in Wort und Bild*, vor allem dessen Band *Bosnien Hercegovina* aus dem Jahr 1901, geprägt.[27] In diesem Band fanden einerseits viele Motive aus Asbóths Buch Eingang, andererseits schenkten die Autoren der ethnografischen Darstellung von EinwohnerInnen Bosnien-Herzegowinas besondere Aufmerksamkeit. Weitere Reiseführer über Bosnien erschienen zwischen 1907 und 1909 anlässlich des 30-jährigen Jubiläums der Okkupation beziehungsweise der Eröffnung der Bosnischen Ostbahn im Jahr 1907.[28] Detaillierte Beschreibungen einzelner Reise-

---

25 Stachel: Der koloniale Blick, S. 266.
26 Vgl. Asbóth, Johann von (Hg.): Bosnien und die Herzegowina. Reisebilder und Studien. Wien 1888, S. 396–423. Vgl. Hoernes, Moritz: Bosnien und die Hercegovina. Wien 1889.
27 Vgl. Die Österreichisch-ungarische Monarchie in Wort und Bild, 24 Bde. Wien 1885–1902. Bosnien Hercegovina. Wien 1901.
28 Vgl. Preindlsberger-Mrazović, Milena: Die bosnische Ostbahn. Illustrierter Führer auf den bosnisch-hercegovinischen Staatslinien Sarajevo-Uvac und Megjegje-Vardiste. Wien/Leipzig 1908; Beck, Joseph: Banjaluka-Jajce, Wien 1908; Beranek, Julius: Die Helden unserer Armee im Jahre 1878. Erinnerung an die Okkupation von Bosnien und der Herzegowina. Wien 1908.

routen nebst touristischer Infrastruktur fanden sich auch im Baedeker-Reiseführer.[29]

Die meisten Reiseführer wurden aufwendig gestaltet mit farbiger Titelseite, Karten und zahlreichen Fotos. Auffallend sind dabei militärisch konnotierte Titelseiten, besonders mit bewaffneten muslimischen Bosniern. Allen Werken ist ein starker ethnografischer Ansatz eigen, der die Exotik, aber auch die Gefährlichkeit dieser Provinz unterstreichen sollte. So werden etwa in dem Reiseführer von Milena Preindlsberger-Mrazović aus dem Jahr 1908, ebenso wie im Werk *Österreichisch-Ungarische Monarchie in Wort und Bild*, nicht nur verschleierte muslimische Frauen, sondern auch orthodoxe Christen in ihren Trachten dargestellt.[30]

Ein Pionier unter den Reiseführern ist die Schilderung einer 14-tägigen Automobilreise von Wien bis nach Bosnien-Herzegowina und Dalmatien aus dem Jahr 1909, bebildert mit 63 Fotos. Das Titelblatt ziert eine Straßenszene mit Moschee in Sarajevo, in deren Zentrum ein Auto zu sehen ist. In seiner Einleitung reflektiert der Autor die Mythen über die Gefahren und die Exotik Bosniens: „Der Reiz des Exotischen, des Ungewöhnlichen und Gefährlichen" spornte ihn schließlich an, dieses Land zu besuchen. In seinem Reiseführer widerspricht er sodann den gängigen Vorurteilen, indem er betont, „eine liebenswürdigere und zuvorkommendere Bevölkerung als in Bosnien gibt es nicht". Seine Schilderungen und Abbildungen bleiben jedoch dem ethnografischen Muster treu.[31] Abgesehen von zahlreichen Landschaftsfotos mit Auto, beschreibt er die verschiedenen ethnischen Gruppen, darunter auch Roma (und Sinti.) Scheinbar zollt der Autor der Popularität von Menschendarstellungen in der Reiseführerliteratur Tribut, doch transportieren seine Darstellungen und Beschreibungen – wie auch jene seiner KollegInnen in anderen Reiseführern – häufig Stereotype und Vorurteile.[32]

Besondere Popularität erlangten Fotos aus Bosnien durch den Besuch von Vertretern des Wiener Gemeinderates im Mai 1909 und von

---

29 Österreich-Ungarn nebst Bosnien und der Herzegowina. Handbuch für Reisende, Karl Baedeker Verlag. 27. Aufl., Leipzig 1907, 513–530.
30 Preindlsberger-Mrazović: Die bosnische Ostbahn, S. 8, S. 26, S. 151.
31 Vgl. Eine Automobil-Reise durch Bosnien die Hercegovina und Dalmatien, hg. von Filius. Wien 1909, S. 1–3.
32 Vgl. zu Menschendarstellung über Städte in Marokko: Scherle: Nichts Fremdes ist mir fremd, S. 63f.

Kaiser Franz Joseph in der Zeit vom 30. Mai bis 3. Juni 1910. Die Vertreter des Wiener Gemeinderates besuchten u. a. die Stadt Jajce und erhielten als Erinnerung ein reich bebildertes Buch von Ćiro Truhelka (1865–1942), Kustos am bosnisch-herzegowinischen Landesmuseum, über Geschichte und Umland der Stadt. Die Titelseite zeigt die populäre Abbildung der Stadt Jajce mit Burg und dem Plivawasserfall.[33] Anlässlich des Kaiserbesuchs erfolgte die Anfertigung eines offiziellen Fotoalbums, das die Teilnehmer als Erinnerung erhielten. Auf 30 Fotos wurden neben dem Kaiser, seiner Entourage und Mitgliedern des Militärs auch Städtebilder, Marktszenen und Volkstanzgruppen fotografiert. Reisestationen waren Bosnisch Brod (Bosanski Brod), Zavidovic, Visoko, Konjic und Jablanica.[34] Die Ankunft am Bahnhof in Bosnisch Brod und ihre ausführliche Dokumentation im Album verweist u. a. auf die Bedeutung des Eisenbahnwesens zur Erschließung von Bosnien-Herzegowina. Der Schnellzug von Wien nach Bosnisch Brod und Sarajevo ging zunächst über Budapest. Spätestens ab 1907 war die Reise auch über Zagreb und Banjaluka möglich.[35]

Der Ausbau der Eisenbahn diente nicht nur der Modernisierung des Landes, sondern vor allem militärischen Zwecken.[36] Das Album von Walter Neustadtl schließt mit Aufnahmen vom Bahnhof in Budapest und weiteren Sehenswürdigkeiten der Stadt. Überhaupt widmet er Transportwegen und -mitteln in seinem Album große Aufmerksamkeit. Brücken, Straßen, Flüsse sind häufig zentrale Motive der Aufnahmen, ergänzt durch die Pferde der Offiziere, die Lastpferde der Roma und den Autobus der Linie Banjaluka–Jajce. Diese Motivauswahl verweist auf die zentrale Bedeutung der militärischen Mobilität in Neustadtls Alltagsleben, gleichzeitig reflektiert sie auch die Wahr-

---

33 Handschriftliche Widmung der Gemeindevertretung von Jajce für Mitglieder des Wiener Gemeinderates, 15.05.1909. Truhelka, Ćiro: Die Königsburg Jajce. Geschichte und Sehenswürdigkeiten. Sarajevo 1904.
34 Vgl. Fotoalbum der Reise von Kaiser Franz Joseph nach Bosnien und Herzegowina, 30.05.–03.06.1910.
35 Vgl. Programm der im Anschlusse an die Hauptversammlung des Deutschen und Österreichischen Alpenvereins in Wien stattfindenden Reise nach Bosnien der Herzegowina und Dalmatien vom 12.–26. September 1909. Wien 1909; Bretter, Robert: Reiseführer für die Fahrt des Gesangvereins österreichischer Eisenbahn-Beamten von Wien nach Sarajevo, Mostar, Metkovic, Spalato und Pola, 11. bis 20. Juni 1892. Wien 1892, Anhang.
36 Vgl. Neumayer, Christoph/Schmidl, Erwin (Hgg.): Des Kaisers Bosniaken. Die bosnisch-herzegowinischen Truppen in der k.k. Armee. Wien 2008.

nehmung des Fremden durch seinen eigenen gesellschaftlichen Hintergrund.[37]

Ein weiterer thematischer Schwerpunkt des Albums sind Landschafts- und Städteaufnahmen. Exemplarisch soll hier auf die Fotos der Wasserfälle von Jajce und des Marktes von Banjaluka eingegangen werden. Die Fotos der Wasserfälle mit Stadtansicht und Hotel dürften während eines touristischen Aufenthaltes im Jahr 1909 entstanden sein. Die Wahl der Motive zeigt die Beeinflussung durch die Reiseliteratur, vor allem in Bezug auf Motivwahl und Perspektive – die Wasserfäller der Pliva, mit darüberliegender Stadt und Burgruine. Mit 15 eingeklebten Fotos ist Jajce einer der dominierenden Orte im Album. Die Fotos öffnen einen romantisierenden Blick auf Wasser, Landschaft und Architektur. Eine Ausnahme stellt die Konstruktion einer Eisenbrücke über den Fluss dar, die die technische Modernisierung verdeutlicht. Die große Zahl der Fotos von Jajce belegt den touristischen Charakter des Fotoalbums, das – im Gegensatz zu publizierten Büchern mit professionell angefertigten Abbildungen – privaten Vorlieben großzügig Raum bieten konnte.

Am 31. Mai 1909 fand der große Jahrmarkt in Banjaluka statt, den Neustadtl nutzte, um Marktszenen festzuhalten. Auch jene Fotos weisen exotische, touristische Züge auf. Vom Jahrmarkt produzierte er etwa eine aus drei Einzelfotos (geschnitten und geklebt) zusammengesetzte Breitpanoramaansicht des Marktes und der umliegenden Stadt, wie sie auch heute auf Ansichtskarten von Städteaufnahmen populär ist. Links und rechts davon platzierte er zwei Detailaufnahmen des Jahrmarktes. Seine Aufnahmen zeigen das geschäftige Treiben am Markt, Teile der Altstadt und das neu erbaute Gymnasium. Doch Neustadtls Position hatte sich mittlerweile verändert. Nach der Verlegung seines Arbeitsplatzes nach Banjaluka im Jahr 1909 befand er sich nicht nur als Besucher, sondern auch als Soldat in der Stadt. Neben den Sehenswürdigkeiten der Stadt fotografierte Neustadtl auch seinen Arbeitsplatz. In Banjaluka vermittelte er erstmals einen privaten Einblick in sein Leben als Leutnant. Er fotografierte bzw. ließ sein Quartierszimmer in einem Gasthaus und seinen Schreibtisch fotografieren.

Neustadtls Aufnahmen von Moscheen, Kirchen, Stadtbildern und Landschaften lassen sein Interesse an der Umgebung erkennen; weite-

---

37 Thurner, Ingrid: „Grauenhaft. Ich muß ein Foto machen". Tourismus und Fotografie, in: Fotogeschichte 12 (1992), H. 44, S. 24f.

re Rückschlüsse auf seine Identität geben sie allerdings kaum. Der einzige Hinweis auf seine jüdische Identität ist das Foto der Synagoge von Banjaluka, dem einzigen bosnischen Ort im Album, wo es eine kleine jüdische Gemeinde gab. Die überwiegende Mehrheit der 14.000 Juden Bosnien-Herzegowinas, dies entspricht 10 Prozent der Gesamtbevölkerung, lebte in Sarajevo. Hinsichtlich seiner jüdischen Identität liefert das Fotoalbum nur wenige Informationen. Dass Neustadtl im Militär Karriere machen wollte, ohne sich taufen zu lassen, hob dagegen ein als „geheim" eingestufter Bericht über die Familienverhältnisse von Walter Neustadtl vom September 1909 hervor. In diesem Bericht, der wohl in Bezug auf eine in Aussicht stehende Eheschließung angefertigt wurde, wird er als solider und zuverlässiger jüdischer Offizier beschrieben.[38]

Zentralem Aussagegehalt über die Person Neustadtls kommt dagegen einem Foto mit seinem Pferd zu, welches er „Ich mit der Hedwig" betitelte – ein Verweis auf die enge Verbindung zwischen Offizier und Pferd, das gleichzeitig ein wichtiger Repräsentationsgegenstand eines Offiziers war. Dies zeigen auch die Fotos seiner Offizierskollegen und Vorgesetzten auf ihren Pferden Mungo, Hansi, Anti, Bubi und mit den Hunden Ma und Zigan. Die Motive dieser Fotos sind sorgfältig arrangiert, um gesellschaftliche Positionen und Funktionen zu dokumentieren. Bei Personenaufnahmen lässt sich feststellen, dass abgesehen von Soldaten im Dienst und bei Manövern, Personen auf dem Lande, wie z. B. nomadisierende Roma auf einer großen Waldlichtung in Jabuka im Jahr 1906, für das Foto posierten, während Stadtbewohner, etwa die auf den Marktszenen von Plevlje Turban tragenden Männer und verschleierten Frauen aus dem Jahr 1907, eher auf Schnappschüssen zu finden waren.

Die Fotos aus Plevlje weisen für den Oktober 1908 interessante Darstellungen auf. Die Stadt wurde als Teil des Sandžak von Novi Pazar nach der Annexion von Bosnien in die Verwaltung des Osmanischen Reichs übergeben. Neustadtls mehrseitige Dokumentation zeigt die österreichisch-ungarischen Soldaten beim letzten Gottesdienst am 17. Oktober 1908, den Abriss der Kapelle am 24. Oktober, das Aufmarschieren der Brigade am 28. Oktober und die Übergabe an das türkische Militär, samt Gruppenfoto von österreichischen und türkischen Offizieren. Die Kooperation mit dem türkischen Militär belegen auch die Fotos aus dem nahe gelegenen Prijepolje und Mileseva (Serbien) aus den Jahren

---

38 Nachlass des Rechtsanwaltes Egon Zweig, Privatbesitz. Vgl. Abb. 2 und 3.

1908/09, mit türkischen und österreichischen Offizieren. Während seiner Zeit in Prijepolje kaufte Neustadtl im November 1907 auch einen großen repräsentativen Teppich. Diesen ließ er sich von der landesärarischen Teppich-Weberei in Sarajevo liefern,[39] die er wahrscheinlich ein Jahr zuvor während seiner Stationierung in der Stadt kennen gelernt hatte. Ob er den Teppich für seine Unterkunft bzw. als Geschenk für seine Familie gekauft hat, ließ sich nicht feststellen. Auf den Fotos seiner Unterkunft aus dem Jahr 1909 ist kein großer Teppich zu sehen.

Auch andere Soldaten der k.k. Armee legten Fotoalben an; die Mehrheit stammt jedoch aus der Zeit des Ersten Weltkriegs und danach. Ihre wissenschaftliche Bearbeitung ist bisher nur ansatzweise erfolgt. Im Archiv des Heeresgeschichtlichen Museums lagern mehrere Dutzend Fotoalben aus verschiedenen Regionen der Monarchie. Von den meisten ist bis heute nicht viel mehr bekannt als der Name des Vorbesitzers, oft nicht einmal dieser. Einige der vorhandenen Alben beinhalten Fotos von Bosnien-Albanien-Dalmatien. So fotografierte etwa Alfred Valentini 1916 als Soldat in einer Fliegereinheit neben Soldaten und militärischem Gerät Straßenszenen, verschleierte muslimische Frauen, Moscheen und die Küste Dalmatiens. Ein weiteres Album enthält 34 Aufnahmen aus der Region um Jablanica aus dem Jahr 1910.[40] Mit den im Kriegsarchiv befindlichen Alben verhält es sich kaum anders, außer jenen, die den Kaiser, Erzherzöge und hohe Generäle dokumentieren.[41] Doch die Geschichte eines Albums kann mitunter interessanter sein als das Dargestellte.

Des Weiteren fertigten lokale Fotografen Vorlagen für Fotoalben bzw. Fotoserien an. Sie fotografierten Sehenswürdigkeiten, Städte sowie militärische Einrichtungen und boten diese Fotos zum Verkauf an. Manche der Aufnahmen wurden für Reiseführer verwendet. Vom Verlag Ignaz Königsberger aus Sarajevo gibt es eine ganze Fotoserie über Bosnien aus den 1880er und 1890er Jahren. Einer der Fotografen aus Sarajevo war Ignaz Lederer, der eine beeindruckende Landschaftsaufnahme im Panoramaformat von der Grenzstadt Plevlje mit den türkischen Kasernen gemacht hatte.[42] Mit der Funktion der Fotos jener Fo-

---

39 Rechnung der landesärarischen Teppich-Weberei Sarajevo, 22.11.1907, Nachlass Familie Neustadtl, Privatbesitz. Vgl. Abb. 4 und 5.
40 Archiv des Heeresgeschichtlichen Museums, Fotoalbum von Alfred Valentini, Inv. 2010/40/47/3. Fotoalbum aus Jablanica, Inv. 2003/40/29.
41 ÖStA, KA, Bestand Portraits, Fotoalben.
42 Archiv des Heeresgeschichtlichem Museum, Inv. 20464/4 und Inv. 373/1-11.

tografen und Soldaten, die Fotoalben anlegten, verhält es sich wie mit Walter Neustadtls Fotoalbum. Die Spur zu seinem Album und seinen Fotos ist letztendlich ein Bote, der durch die Empfänger der Botschaft „beauftragt" wird, d. h. der/die HistorikerIn ist der/die AdressatIn einer Botschaft, deren unfreiwilligen Absender er erst zu finden hat, um die Botschaft zu empfangen bzw. vollends entschlüsseln zu können.[43]

FAZIT

Soldaten bereisten während ihrer Ausbildung, Dienstzeit und Manöver weite Teile der Habsburgermonarchie. Neben schriftlichen und mündlichen Berichten blieben vor allem Fotos als touristische Dokumente erhalten. Fotos der Kameraden, Kasernen, Pferde und Ausrüstungsgegenstände gehörten zu beliebten Souvenirs, die fester Bestandteil familiärer Erinnerungen waren. Soldaten fotografierten aber auch die lokale Bevölkerung, Landschaften, Städte und Dörfer, in denen sie lebten und die sie besuchten. Als „transnationale Kulturagenten" vermittelten sie ihren Familien und Freunden oftmals Eindrücke und Wissen über weitab gelegene Grenzgebiete und fungierten so als Pioniere des Tourismus. Bosnien-Herzegowina am Vorabend des Ersten Weltkriegs war eines jener Grenzgebiete der Monarchie, die sich aufgrund ihrer Lage und ihres „orientalischen Flairs" besonders gut zur Projektion touristischer Phantasien eigneten.

Das Fotoalbum von Walter Neustadtl legte eine Spur zur Geschichte der Familie Neustadtl vor dem Ersten Weltkrieg, und als Bote lieferte es Einblicke in das Leben von k.k. Soldaten in Bosnien. Spuren und Boten ermöglichen die Rekonstruktion des soldatischen Lebens, beleuchten die Wahrnehmung der Soldaten von ihrer Umgebung sowie die Erzählung der Familiengeschichte. HistorikerInnen als SpurenleserInnen und AdressatInnen der Botschaften bleiben jedoch mit der Abwesenheit der AbsenderInnen konfrontiert und sind damit auf weitere Spuren und Boten angewiesen. Neben bisher unbearbeitet gebliebenen Fotos und Fotoalben in öffentlichen Archiven und aus dem Privatbesitz haben Nachkommen hierbei eine wichtige Funktion für die Rekonstruktion historischer Botschaften.

---

43 Vgl. Krämer, Sybille: Medium, Bote, Übertragung. Kleine Metaphysik der Medialität. Frankfurt a. M. 2008, S. 282f.

BOSNISCHE IMPRESSIONEN | 217

Abbildung 1: Postkarte von Sarajevo von Felix Zweig an seinen Bruder Egon Zweig, 22.05.1912, Privatbesitz.

Abbildung 2: Wasserfall in Jajce, 1909, Fotoalbum Walter Neustadtl, Privatbesitz.

Abbildung 3: Jahrmarkt in Banjaluka am 31.05.1909. Fotoalbum Walter Neustadtl, Privatbesitz.

Abbildung 4: Walter Neustadtl mit seinem Pferd Hedwig, 20.11.1909. Fotoalbum Walter Neustadtl, Privatbesitz.

Abbildung 5: Türkische und Österreichische Offiziere in Prijepolje, 13.09.1909. Fotoalbum Walter Neustadtl, Privatbesitz.

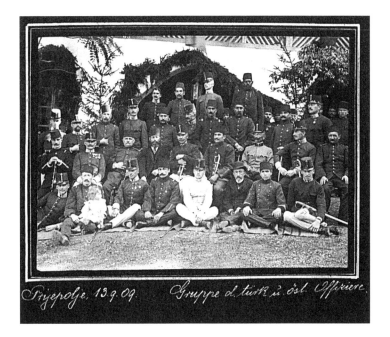

Die Geburt Bratislavas auf den Seiten der lokalen Stadtführer 1918–1945

JOZEF TANCER

Das Ziel des vorliegenden Beitrags ist zu zeigen, mit Hilfe welcher Strategien Reiseführer das Bild vom tschechoslowakischen bzw. slowakischen Bratislava in den Jahren 1918 bis 1945 konstruiert haben. Diese Zeit brachte für die Stadt innerhalb von knapp drei Jahrzehnten einen tiefgreifenden Wandel, der ihr traditionelles Bild grundlegend verändert hat. Die alte ungarische, freie königliche Stadt Pressburg (ungar. Pozsony, slowak. Prešporok) wurde nach der Entstehung der Tschechoslowakei im Oktober 1918 innerhalb weniger Monate zum Zentrum des slowakischen politischen Lebens. Die Reiseführer über Bratislava lassen sich in diesem Kontext nicht nur als Dokumente lesen, in denen die gesellschaftlichen Umwälzungsprozesse ihre Spuren hinterlassen. Sie sind hier in erster Linie als Medien zu betrachten, die ihren einheimischen sowie auswärtigen Benutzern neue Identifikationsangebote zur Verfügung stellen und intensiv das neue Stadtimage mitgestalten.

In formaler Hinsicht bedeutete das Jahr 1918 für die Gattung der lokalen Stadtführer keinen einschneidenden Wandel. Die Anfänge der lokalen Pressburger Tourismusliteratur lagen bereits einige Jahrzehnte zurück,[1] ein erster moderner Reiseführer war 1873 erschienen.[2] Um

---

1 Der erste Stadtführer, der keine umfassende historisch-geographische Topographie im Stil der Aufklärung bot, erschien 1848: Pressburg in der Westentasche, oder gedrängte historisch-statistische Beschreibung der

1918 waren lokale Reiseführer bereits ein fest etabliertes Element des Fremdenverkehrs. In inhaltlicher Hinsicht änderten sich jedoch die Bratislava-Führer nach 1918 gravierend. Im neuen politischen Kontext beteiligten sie sich intensiv am Kampf um ein neues Bild der ehemaligen zweiten Stadt Ungarns – nun der frisch gebackenen slowakischen Hauptstadt (wenn auch nicht im formalen, so doch im faktischen Sinne). Nachdem die Stadt in die neuen politischen Karten eingezeichnet worden war, galt es, ihr Image zu erfinden. Der neue Name, Bratislava, war dabei mehr als ein wertneutrales Toponym. Er war ein ideologisches Programm, ein Ergebnis ethnischer Markierungspraktik. Diese möchte ich in diesem Aufsatz am Beispiel der Stadtführerliteratur näher beleuchten.[3]

Als Zeitgrenze meiner Untersuchung wähle ich dabei das Jahr 1945 und nicht wie gewöhnlich das Jahr 1939, in dem die Erste Tschechoslowakische Republik zerschlagen wurde und das eine tiefe politische Zäsur in der tschechoslowakischen bzw. tschechischen und slowakischen Geschichte markiert. Die Einbeziehung der sechs Jahre währenden Slowakischen Kriegsrepublik (1939–1945) in die vorliegende Analyse scheint mir deshalb sinnvoll, weil die Stadtführer dieser Zeit in manchen Punkten an die Veröffentlichungen der Zwischenkriegszeit anknüpften und im Grunde die gleichen Imagepraktiken benutzten. Eine Kontinuität ist auch aufgrund einiger Autoren gegeben, die ihre Reiseführer sowohl vor als auch nach 1939 publizierten.

Bei der Analyse des Image von Bratislava in der Zeit zwischen 1918 und 1945 können wir uns auf 23 Reiseführer im engeren Sinn stützen, die einheimischer Provenienz sind.[4] Die Menge der lokalen

---

    königl. Frei- und Krönungsstadt Pressburg. Mit einem Panorama und Plan Pressburgs. Pressburg 1848.

2 [Deutschinger, Ludwig:] Führer durch Pressburg, und seine Umgebungen. Mit besonderer Berücksichtigung von Hainburg, Theben und Ballenstein. Mit einem Plane der Stadt und einer Karte der Umgebung von Pressburg. Pressburg [1873].

3 Zur Frage der Stadtbenennung nach 1918 und zu ihren ideologischen Implikationen vgl. Bugge, Peter: The Making of a Slovak City: The Czechoslovak Renaming of Pressburg/Pozsony/Presporok, 1918–1919, in: Austrian History Yearbook 35 (2004), S. 205–227.

4 Den ersten Versuch, die Stadtführer der Zwischenkriegszeit bibliographisch zu erfassen und zu beschreiben, unternahm Šurdová, Monika: Diferencovaný pohľad na Bratislavu na základe sprievodcov po meste 1873–1938 (1940), in: Bratislava. Zborník Múzea mesta Bratislavy 21 (2009), S. 139–152.

Stadtführer ergibt sich zum einen aus der Professionalisierung des Fremdenverkehrs, die zur Differenzierung dieses Genres beitrug, zum anderen ist sie Folge eines radikalen Strukturwandels der Öffentlichkeit im neuen politischen und legislativen Milieu der Ersten Tschechoslowakischen Republik. In einem weit größeren Ausmaß als vor dem Umsturz kommt es zur Differenzierung der Öffentlichkeit in verschiedene Meinungs- und Interessenströmungen. Am Beispiel des Vereinswesens in Bratislava hat Elena Mannová diesen Prozess untersucht,[5] einen analogen Fall stellt meiner Ansicht nach die Entwicklung der periodischen Presse in dieser Stadt dar. Das Ergebnis dieses Strukturwandels ist die Entstehung von „Parallelwelten" bzw. die Multiplizierung der Öffentlichkeit. Einzelne Gruppen formen ihr eigenes Bild von der Stadt, ein spezifisches Narrativ, und umgekehrt regen die entworfenen Narrative Einzelne an, sich mit diesem Bild zu identifizieren und Meinungsgruppen zu bilden.

Nehmen wir die Stadt durch das Medium der Reiseführer wahr, so erfahren wir sie auf drei miteinander verschränkten Ebenen, die ich zum Zweck der Analyse zunächst voneinander trenne. Erstens ist die Stadt ein konkreter, lokalisierbarer, geographischer und materieller Ort, der aus Straßen, Plätzen und seinen natürlichen Grenzen besteht. Zweitens präsentiert sich die Stadt als ein sozialer Raum, in dem sich die Kommunikation zwischen den Bewohnern der Stadt abspielt und der mit anderen Räumen (Städten, Ländern, Umland) kommuniziert. Und drittens schließlich fungiert die Stadt als ein symbolischer Raum, in dem mit Hilfe verschiedener Zeichen und Praktiken öffentliche sowie private Sphären hergestellt werden. Bei der Analyse der konkreten Inhalte in den Stadtführern entsprechen der ersten Ebene die topographischen Informationen, der zweiten Ebene die Informationen über die Kommunikationsweisen und Institutionen des öffentlichen sowie privaten Lebens und der dritten Ebene die Angaben über die Geschichte der Stadt, über ihre Einwohner sowie Werturteile über Vergangenheit und Gegenwart der Stadt. Gerade auf dieser dritten, symbolischen Ebene begegnen wir am ehesten verschiedenen miteinander konkurrierenden Narrativen.

---

5   Mannová, Elena: Spolky – čertove volky. Ale aj škola demokracie, in: Salner, Peter u. a. (Hgg.): Taká bola Bratislava. Bratislava 1991, S. 67–90. Die markante Intensivierung der Vereinstätigkeit bezeichnet Elena Mannová als „Vereinsfieber" (slowak. spolková horúčka).

Untersuchen wir die dritte, symbolische Ebene näher, so lassen sich in der Zeit der Ersten Tschechoslowakischen Republik drei einheimische Stadtnarrative erkennen: erstens das tschechoslowakische Narrativ, zweitens das Pressburger Narrativ und drittens das ungarische Narrativ. Die Attribute, mit denen ich die Narrative charakterisiere, verweisen auf den ideellen Referenzrahmen, an dem sich die jeweilige Stadterzählung orientiert. Im Fall des ersten und des dritten Narrativs sind es nationalstaatliche Ideen, das zweite Narrativ ist dagegen stark regional bzw. lokal geprägt. Das Attribut „Pressburger" (slowak. prešpurácky) soll neben dem lokalen auch den Bezug zur deutschen Sprache akzentuieren.

Mitte der 1930er Jahre erscheint in der Stadtführerliteratur auch ein eigenständiges deutsches Narrativ, das jedoch zunächst ein Produkt fremder Herkunft ist.[6] Es ist deutlich von den Ideen des Nationalsozialismus geprägt: Bratislava erscheint in diesem Zusammenhang als eine ehemalige traditionsreiche deutsche Stadt, deren deutsche Identität wieder herzustellen sei. Da der Bedarf des interessierten Publikums an dieser Art Orientierungshilfe auch in den Kriegsjahren weitgehend vom nun leicht ideologisch zugeschnittenen Stadtführer des Publizisten Karl Benyovszky (1886–1962) aus dem Jahr 1931[7] oder von informativen, verhältnismäßig wertneutralen Broschüren eines Ovidius Faust (1896–1972) gedeckt wurde, etablierte sich im Genre des Stadtführers jedoch kein einheimischer deutschnationaler Blick auf Bratislava.[8]

Die Zeit der Slowakischen Republik (1939–1945) ließ zusätzlich zu den genannten ein neues, spezifisch slowakisches Narrativ der Stadt entstehen. Ähnlich wie die tschechoslowakische, ungarische und deutsche ist auch diese Perspektive deutlich ethnisch profiliert. Das slowakische Narrativ geht von der Idee der selbstständigen slowakischen Staatlichkeit aus und grenzt sich kritisch vom tschechoslowakischen

---

6 Der erste Stadtführer dieser Art war von Franz, Anton Richard: Preßburg, die ehemalige Hauptstadt Ungarns, die Hauptstadt der Slowakei, eine alte deutsche Stadt. Berlin/Stuttgart 1935.
7 Benyovszky, Karl: Bratislava-Pressburg in Wort und Bild. Ein Führer durch die Hauptstadt der Slowakei. 1. Aufl., Bratislava 1931 [3. Aufl., Bratislava-Pressburg 1940; 4. Aufl., Bratislava-Pressburg 1942].
8 Erweiterte man die Untersuchung der Stadtnarrative auch auf andere Gattungen, so fiele das Urteil anders aus. Im Bereich der Lyrik seien hier beispielsweise nationalsozialistische Pressburg-Gedichte von Rudolf Musik erwähnt. Musik, Rudolf: Ich sehe das Land. Bratislava 1942.

und ungarischen Narrativ ab. Berührungspunkte finden sich dagegen zu der deutschen Stadterzählung; sie ergeben sich aus dem gemeinsamen ideellen Referenzrahmen des nationalsozialistischen Deutschen Reichs und der Slowakei.

Zusammenfassend kann man sagen, dass das tschechoslowakische, ungarische, deutsche und slowakische Narrativ jeweils deutlich ethnisch markiert sind, das lokale Pressburger Narrativ hingegen keine ethnisch markierte Stadterzählung darstellt. Es muss bei der allgemeinen Charakterisierung der Stadtnarrative noch betont werden, dass keines von ihnen automatisch an eine bestimmte Sprache gebunden war. Slowakisch und tschechisch verfasste Texte gehörten nicht automatisch dem tschechoslowakischen oder slowakischen Stadtnarrativ an, auf Deutsch geschriebene Stadtführer vermittelten nicht immer ein deutschnationales Bild der Stadt. Die Sprache kann, muss aber nicht ethnisch markiert sein. Das Narrativ ist nicht durch die Wahl der Sprache, sondern durch eine bestimmte Argumentation bedingt.

DAS TSCHECHOSLOWAKISCHE NARRATIV

Die Bratislava-Führer, die das tschechoslowakische Narrativ verbreiteten, kann man als Teil der tschechoslowakischen Nationalgeschichte ansehen, wie sie in der Zwischenkriegszeit von der professionellen Geschichtsschreibung sowie in verschiedenen didaktischen und populärwissenschaftlichen Textgattungen entwickelt wurde.[9] Das Jahr 1918 gilt hier als Neuanfang, als ein Wendepunkt in der Geschichte der Stadt und ihrer Einwohner. Im Unterschied zu den anderen Narrativen werden im tschechoslowakischen Narrativ die Entstehung der Tschechoslowakei und die Zuordnung Pressburgs, das erst seit März 1919 Bratislava genannt wurde, zur neugegründeten Republik als eindeutig positive Ereignisse wahrgenommen. Die Stadt erscheint als ein bedeutendes politisches und wirtschaftliches Zentrum unter der Dominanz des „tschechoslowakischen Elements". Hier wird eine Tatsache als selbstverständlich präsentiert, die angesichts der ethnischen Zusammensetzung und der antirepublikanischen Einstellung der Stadt-

---

9 Zum tschechoslowakischen Narrativ in den Geschichtslehrbüchern der Zwischenkriegszeit siehe als Neuerscheinung Findor, Andrej: Začiatky národných dejín. Bratislava 2011.

bewohner unmittelbar nach dem Ersten Weltkrieg keineswegs so selbstverständlich war.[10] Die Dominanz der tschechoslowakischen, „staatsbildenden" Nation wurde in der Stadtführerliteratur bereits durch die Beschreibung der aktuellen Stadttopographie suggeriert. Moderne architektonische Wahrzeichen verkörpern das Selbstbewusstsein des neuen Staats und verkünden eine neue Ära: „Der rege Baubetrieb ändert das Bild Bratislavas grundlegend. Das alte Pressburg verschwindet offenkundig und an seiner Stelle wächst wie durch ein Wunder bewirkt ein neues repräsentatives Bratislava, Tochter des altehrwürdigen Brecisburk."[11] Neue Straßennamen umspannen die ganze Stadt wie ein Netz von Zeichen, das auf die neue politische Wirklichkeit verweist. Die Geschichte der Stadt ist in diesem Zusammenhang nicht die Geschichte eines geografisch und symbolisch abgegrenzten Raums mit seinen Eigentümlichkeiten und eigenen Regeln. Die Stadt stellt die Bühne für eine Geschichte dar, in der als Hauptdarsteller die Nation auftritt. Gerade ihr Agieren begründet den Sinn der Existenz des Raums. Diese Sicht wird auch von den anderen national orientierten Narrativen geteilt.

Das tschechoslowakische sowie das spätere slowakische Stadtnarrativ stützen sich besonders auf drei Argumentationsstrategien: erstens auf die ethnische Markierung, zweitens auf die Genealogie und drittens auf die Teleologie. Diese werden bekanntlich häufig bei der Konstruktion von Nationalgeschichte verwendet, allerdings nicht überall in

---

10 Nach den Statistiken aus dem Jahre 1919 war die so genannte tschechoslowakische Nationalität in Bratislava mit 39,4 %, die deutsche Nationalität mit 32,7 % und die ungarische mit 26,4 % vertreten. Somit bildeten die nicht tschechoslowakischen ethnischen Gruppen die Mehrheit der Bevölkerung. Im Kern Bratislavas, in der so genannten Altstadt, waren die Deutschen mit 36,3 % dominant. Wiewohl statistische Daten dieser Art Ergebnis von „manipulierenden" Kategorisierungspraktiken sind, zeigen sie deutlich, dass das ungarische (im staatlichen Sinne) Pressburg nach 1918 zum tschechoslowakischen (im nationalen Sinne) Bratislava erst „gemacht" werden musste. Zu den zitierten statistischen Angaben siehe Tišliar, Pavol: Etnická a konfesionálna skladba obyvateľov Bratislavy v poslednej štvrtine 19. a v prvej polovici 20. Storočia, in: Bratislava. Zborník Múzea mesta Bratislavy 21 (2009), S. 53–69, hier S. 63, Tab. 7.
11 Ondrouch, Vojtech: Bratislava, hlavné mesto Slovenska. Bratislava 1936, Kap. 8, unpag.: „Čulý stavebný ruch mení do základov obraz Bratislavy. Starý Prešporok navidomoči mizne a na jeho mieste ako zázrakom vyrastá nová výstavná Bratislava, vlastná dcéra starodávneho Brecisburka." Brecisburk soll einer der überlieferten slawischen Namen der Stadt aus der Zeit des Großmährischen Reichs sein.

gleichem Maße. Während z. B. das tschechoslowakische Narrativ im Untersuchungszeitraum eine stark ausgeprägte teleologische Facette aufwies, fehlte diese Perspektive im ungarischen Bratislava bzw. im Pozsony-Narrativ gänzlich, denn die Auflösung des Königreichs Ungarn entzog dem ungarischen Narrativ der Stadt, die nun auf tschechoslowakischem Territorium lag, die Grundlage dazu.

Unter der Strategie der ethnischen Markierung (*ethnic labeling*[12]) verstehe ich die Zuschreibung von ethnischer Identität und die Betonung der ethnischen Zugehörigkeit als zentrale politische und kulturelle Faktoren. Das geläufigste Mittel dieser Strategie sind Angaben über die ethnische Zusammensetzung der Bevölkerung, die eine dominante Position und sich daraus ergebende Machtansprüche einer Gruppe widerspiegeln sollen. So berufen sich die meisten der tschechoslowakischen Stadtführer, ob in tschechischer oder slowakischer Sprache, auf die fast 40 Prozent starke Mehrheit des so genannten tschechoslowakischen Elements in Bratislava.[13] Ľudovít Zachar (1888–1967), der bereits in den 1920er Jahren anfing, ein spezifisches slowakisches Narrativ zu konstruieren, bemüht sogar verschiedene Statistiken seit dem Jahr 1720, um zu beweisen: „In Bratislava hat es immer Slowaken gegeben."[14]

Volkszählungen schufen die Basis für ethnische Zuweisungen, sodass die Bewohner sowie verschiedene Bereiche der Stadt nach ethnischen Merkmalen kategorisiert werden konnten. Als Beispiel soll uns der Stadtführer von Ješek Hoffmann[15] und Klement Ptačovský dienen.[16] Die Autoren markieren in tschechoslowakischem Besitz befind-

---

12 Zum Begriff ‚ethnic labeling' siehe Brubaker, Rogers u. a.: Nationalist Politics and Everyday Ethnicity in a Transylvanian Town. Princeton/ Oxford 2006, insb. Kap. 7, S. 207–238.
13 Das „tschechoslowakische Element" betrug in Bratislava nach der Volkszählung 1921 42,5 %, die als deutsch und ungarisch gemeldeten Einwohner bildeten zusammen 48,1 % der Gesamtbevölkerung. Vgl. Tišliar: Etnická a konfesionálna skladba obyvateľov Bratislavy, S. 63.
14 Zachar, Ľudovít: Sprievodca po Bratislave. Vydal Ústredný výbor eucharistického kongresu. Bratislava [1924], S. 50: „[...] v Bratislave boli vždy Slováci." Falls nicht anders angeführt, stammen die Übersetzungen der slowakischen und tschechischen Originaltexte vom Verfasser dieser Studie.
15 Pseudonym von Jan Hofman.
16 Hoffmann, Ješek/Ptačovský, Klement: Bratislava s okolím a Malé Karpaty (Turistická knihovna Klubu československých turistů, 1). Praha 1922.

liche Hotels, Restaurants, Kaffeehäuser und Weinstuben mit der Abkürzung „čs".

Die oben genannte Strategie der Genealogie konzentriert sich auf die Frage der Herkunft und des Ursprungs. Als erstes galt es, durch etymologische Erläuterungen des Stadtnamens die slawische bzw. die tschechische oder gar slowakische Herkunft der Stadt zu beweisen. Vladimír Wagner (1900–1955), der erste professionelle slowakische Kunsthistoriker,[17] leitet das deutsche Toponym *Pressburg* vom Namen des tschechischen Fürsten Břetislav ab, der die Stadt im 11. Jahrhundert wieder aufgebaut haben soll. Das lateinische Toponym *Posonium* führt er wiederum auf den Fürsten Poznań zurück, der der erste Gespan unter König Stefan I. gewesen sein soll. Die Gründung der Stadt verlegt Wagner in die Zeit des Großmährischen Reiches, dessen Untergang er ebenso wenig erwähnt wie die anschließende Etablierung des Königreichs Ungarn.[18] Noch einen Schritt weiter geht Zachar, indem er die Slowaken zu den allerersten Bewohnern der Stadt erklärt und sie mit den germanischen Quaden identifiziert:

> Die ersten Bewohner waren Kvádi [Quaden] oder Kovádi. [...] Der allgemeine Standpunkt der Historiker ist, dass die Quaden ein germanischer Stamm waren, bewiesen ist es jedoch nicht. Griechische und lateinische Quellen nannten mit dem Wort ‚Kovádi' einen slawischen Stamm und sie hießen richtig ‚Kováči' [Schmiede – J. T.], davon ist später das Wort ‚Slováci' entstanden. Die Kovádi [Quaden – J. T.] sind unsere Urväter.[19]

---

17 Zum Werk und der Bedeutung Vladimír Wagners für die Kunstgeschichte in der Slowakei vgl. Kahoun, Karol: Storočnica Vladimíra Wagnera (27.1.1900 vo Viedni–18.3.1955 v Bratislave), in: Oriško, Štefan (Hg.): Pocta Vladimírovi Wagnerovi. Zborník štúdií k otázkam interpretácie stredoeurópskeho umenia. Bratislava 2004, S. 9–18. Der Sammelband enthält u. a. die Bibliographie der von Wagner veröffentlichten Texte. Diese datiert seinen Bratislava-Stadtführer auf das Jahr 1926.
18 Wagner, Vladimír: Bratislava. Popis a Sprievodca. Vydal Odbor Klubu čsl. turistov a Slov. Cudzinecký Svaz Bratislava. Bratislava [1926], S. 16.
19 Zachar: Sprievodca po Bratislave, S. 38: „Prví obyvatelia boli Kvádi alebo Kovádi. [...] Všeobecné stanovisko historikov je, že Kovádi boli germánskym kmenom, ovšem dokázané to nie je. V gréckych a latinských prameňoch bol slovom ‚Kovádi' označený slaviansky kmen a volali sa správne ‚Kováči', z ktorého slova vzniklo neskôr slovo ‚Slováci'. Kovádi sú teda naši praotcovia."

Als dritte Argumentationsstrategie wird im tschechoslowakischen und slowakischen Narrativ die Teleologie eingesetzt. Die Gründung der Tschechoslowakei sowie die Einverleibung Bratislavas in den neuen Staat erscheinen als logischer Endpunkt der gesamten Entwicklung der Stadt seit dem 9. Jahrhundert. Vojtech Ondrouch bezeichnet das Großmährische Reich als den ersten tschechoslowakischen Staat,[20] Jan Hofman (1883–1945) zieht eine Linie von den großmährischen Fürsten über den böhmischen König Ottokar II. Přemysl, der im 13. Jahrhundert Pressburg eine Zeit lang besetzt hatte, den Böhmischen Bruder Mikuláš (Nikolaus) Drábik, einen Johann Amos Comenius nahe stehenden Visionär, der 1671 in Pressburg öffentlich hingerichtet worden war, bis zu den katholischen und evangelischen slowakisch oder tschechisch schreibenden Gelehrten, die in der Stadt im 18. und 19. Jahrhundert tätig gewesen sind. Wird ein neuer Staat oder eine neue Stadt ins Leben gerufen, so geschieht dies häufig mit lebensspendenden, d. h. anthropomorphisierenden Metaphern. Hofman wiederum bedient sich der Metapher des Baumes. Denkt man etwa an die „veliké dubisko" (große Eiche) Jan Kollárs (1793–1852), sein bekanntes Bild für Russland, das tiefe Verwurzelung in der Geschichte, Stärke, Vitalität und Schutz symbolisiert, so kommen gleich verschiedene Attribute zusammen, die der neu gegründeten Tschechoslowakei metaphorisch zugeschrieben wurden: „Der Baum der nationalen Aufklärung, über unserer Heimat breitkronig erhoben, wuchs aus zwei Wurzeln hervor, von denen die eine in Praha, die andere in Bratislava lag. Das jetzige Bratislava ist der erhalten gebliebene Rahmen für dieses Leben."[21] Die Baummetapher stellt einen historischen Prozess – die Periode der Aufklärung und die Herausbildung der Nation – als einen naturhaften Prozess dar und verleiht somit der historischen Entwicklung Natürlichkeit, Vitalität und Linearität (von den Wurzeln bis zur Baumkrone). Die Perspektive der linearen Entwicklung über mehrere Jahrhunderte liegt einer jeden Kontinuität zugrunde, die sich genealogisch rechtfertigen lässt. Nehmen wir als Beispiel die These Ondrouchs, der behauptet:

---

20 Ondrouch: Bratislava, Kap. 4, unpag.
21 Hofman, Jan: Z československých dějin Bratislavy, in: Vycházdkový zvestník Klubu čs. turistov odboru v Bratislave. Jg. XV, Nr. 4–5 (April–Mai 1934), S. 14–16, hier S. 15f.: „Strom národní obrody, rozkošatěný nad naší vlastí, rostl z dvou kořenů, z nichž jeden byl v Praze [...] a druhý v Bratislavě. [...] Nynější Bratislava je zachovaným rámcem tohoto života."

„Das Großmährische Reich war der erste Tschechoslowakische Staat."[22]

DAS SLOWAKISCHE NARRATIV

Das slowakische Narrativ von Bratislava ist bis 1939 weitgehend identisch mit dem tschechoslowakischen, nur der erwähnte Ľudovít Zachar stellt eine Ausnahme dar, die die Entwicklung dieses Narrativs in den Jahren der Slowakischen Kriegsrepublik antizipieren lässt. Mit dem tschechoslowakischen Narrativ teilt das slowakische das negative Bild des historischen Ungarn. Es entwirft jedoch auch ein negatives Bild von den Tschechen, die als neue Unterdrücker dargestellt werden, und ihrem Staat. Dominik Hudec schreibt:

> 1919 wurde Bratislava Hauptstadt der aufgewachten Slowakei. Es war eine Stadt auf dem Boden, der durch unsere Geschichte und das Blut unserer Ahnen geheiligt worden war, eine slowakische Stadt, in der durch den Anstrich der Magyarisierungsbemühungen immer die slowakische Frische und Leichtigkeit deutlich durchschlugen. Die Prager Regierung wählte Bratislava namentlich deshalb zur Hauptstadt, weil sie vermutet hatte, am Rande des slowakischen Gebietes wird sie am ehesten Wurzeln schlagen und die junge Slowakei sowie die autonomistischen Sehnsüchte zumindest in der Hauptstadt bremsen.[23]

Genealogisch knüpft das slowakische Narrativ zunächst an das tschechoslowakische an, indem der große historische Bogen vom Großmährischen Reich bis zur Slowakischen Republik geschlagen wird. Dominik Hudec konstruiert diese Kontinuität mit Hilfe von historischen Zahlen: die Eckdaten der slowakischen Geschichte sind bei ihm der 14. Juli 907, an dem das Großmährische Reich untergegangen sein

---

22 Ondrouch: Bratislava, Kap. 4, unpag.: „ríša Veľkomoravská, ktorá bola prvým štátom Československým."
23 Hudec, Dominik: Sprievodca po Bratislave. Bratislava 1942, S. 17f.: „V roku 1919 stala sa Bratislava hlavným mestom prebudeného Slovenska. Bolo to mesto na pôde posvätenej našou históriou a krvou našich predkov; mesto slovenské, kde náter maďarizačných úsilí prerážala vždy zrejmo slovenská sviežosť a ľahkosť. Pražská vláda však zvolila Bratislavu za hlavné mesto menovite preto, lebo sa domnievala, že na okraji slovenského územia podarí sa jej najskôr zapustiť korene a brzdiť mladé Slovensko a autonomistické túžby aspoň v hlavnom meste."

soll, und der 14. März 1939, der Gründungstag der Slowakischen Republik.[24] Die Argumentationslinie Zachars aufgreifend heißt das Großmährische Reich bei Hudec folgerichtig das „Großslowakische Reich", die großmährischen Fürsten sind „slowakische Fürsten" usw.

Das Großmährische Reich steht aber nicht nur für die Kontinuität der slowakischen Nationalgeschichte. Die Kontakte zu den Franken sowie der kulturelle und wirtschaftliche Transfer zwischen dem Gebiet der späteren Slowakei und den deutschsprachigen Landen während des Mittelalters dienen als historisches Vorbild für die neue deutsch-slowakische Freundschaft: „Als Krönung all dessen erwies sich schließlich die slowakisch-deutsche Zusammenarbeit bei der Organisation der Erneuerung der selbständigen slowakischen Staatlichkeit und der heutigen Sicherung unserer freien nationalen Existenz."[25]

Liest man touristische Publikationen, die Bratislava in den Jahren 1939 bis 1945 als eine slowakische, deutschfreundlich gesinnte Stadt präsentieren, d. h. weder als eine ungarische, tschechische noch jüdische Stadt, so spürt man, dass dieses neue Image doch nicht mit jener Selbstgewissheit vermittelt wird, mit welcher der touristische Diskurs in den 1920er und 1930er Jahren das multiethnische Pressburg in das tschechoslowakische Bratislava verwandelt hatte. Dem slowakischen Stadtnarrativ ist eine fast überall präsente apologetische Attitüde eigen. Der Bürgermeister Bratislavas, Belo Kováč (1892–1963), formuliert sie im Vorwort zu einer Sondernummer der Zeitschrift *Krásy Slovenska* (Die Schönheiten der Slowakei) mit dem Schwerpunktthema Bratislava wie folgt:

Die exzentrische Lage Bratislavas am Rande der Slowakei, die nationale Zusammensetzung der Bevölkerung dieser Stadt, die Nähe zu den Zentren anderer nationaler Kulturen und Traditionen [...] weckten bis unlängst wiederholte Einwände gegen ihre Wahl zur Hauptstadt der Slowakei. Sie schien nicht genug slowakisch [...]. Heute verstummen diese Stimmen endgültig. Heute wissen wir ganz gewiss, dass Bratislava, obwohl es noch nicht zum Herzen der Slowakei wurde, Vernunft und Bedächtigkeit bedeutet, die unser slowakisches Volk aus den bergigen schmalen Horizonten in die breiten Räume der Donau-

---

24 Vgl. Hudec: Sprievodca po Bratislave, Úvodom, S. 5 (unpag.).
25 Gašpar, Tido J.: Rückschau auf die slowakisch-deutschen kulturellen Beziehungen, in: Preßburg in der neuen Slowakei. Geschichte, Kultur, Wirtschaft. Mit 32 Bildtafeln in Kupfertiefdruck und einem Stadtführer. Pressburg 1940, S. 8–13, hier S. 12.

tiefebene hinausführt, in der wir durch unsere Industrie und den Handel den Weg in die große Welt finden.[26]

Wie man aus der jüngeren Geschichte der Slowakei weiß, sind diese Stimmen nie endgültig verstummt. Ebenso wird nach wie vor die Geschichte der alten Slowaken erzählt. Die problematische Kontinuität des slowakischen Stadtnarrativs zeigt sich wohl am besten daran, dass der Autor des ideologisch linientreuen Stadtführers von 1942, Dominik Hudec, 52 Jahre später ein Buch unter dem Titel *Veľký omyl, Veľká Morava* (Großer Irrtum, Großmähren) veröffentlichte.[27] Hierin lässt er die Ideologie eines Staates wieder aufleben, der zwar zu kurz existiert hat, um Bratislava ein dominantes slowakisches Selbstbewusstsein zu geben, aber doch so lange, dass sich tschechische, ungarische und jüdische Feindbilder in der slowakischen Gesellschaft noch tiefer manifestieren konnten.[28]

---

26 Kováč, Belo: Bratislava, mesto krásne, veľké a šťastné, in: Krásy Slovenska 19 (1941), H. 6, S. 121f., hier S. 122: „Excentrická poloha Bratislavy na kraji Slovenska, národnostné zloženie obyvateľstva tohto mesta, blízkosť k strediskám iných národných kultúr a tradícií, [...] vzbudzovaly ešte v nedávnych časoch často opätované námietky proti voľbe za hlavné mesto Slovenska. Nezdala sa dosť slovenskou [...]. Dnes tieto hlasy definitívne umĺkly. Dnes vieme bezpečne, že Bratislava, hoci sa nestala ešte srdcom Slovenska, znamená rozum, rozvážnosť, ktoré náš slovenský ľud hornatých úzkych obzorov vyvádzajú do širokých priestorov dunajskej nížiny, kde svojím priemyslom a obchodom nachádzame cestu do veľkého sveta [...]."
27 Hudec, Dominik: Veľký omyl, Veľká Morava. Martin 1994.
28 Dieser Beitrag wurde im Rahmen des FWF-Projekts „Image of the City. Pressburg/Bratislava in Travel Writing" (Projektnummer M 1299-G20) erarbeitet.

Orte der Selbstpositionierung
Deutsche und tschechische Wandervereine
in den böhmischen Ländern vor 1945

MARTIN PELC

Die ästhetisierende Wahrnehmung der Natur als Landschaft sowie der Landschaftsbegriff selbst tauchen erst in der Neuzeit auf.[1] Die Veränderung der Wahrnehmung hängt u. a. mit neuen philosophischen Gedanken, wissenschaftlichen Entdeckungen, künstlerischen Ausdrucksformen und Modernisierungsprozessen (Urbanisierung, Industrialisierung) zusammen. Manche Landschaftstypen wurden dabei als besonders attraktiv empfunden. Im Gegensatz zu älteren Epochen, für welche die Gebirgslandschaften eher negativ konnotiert waren und als unschön, gefährlich, nutzlos oder unwirtlich galten, schätzte der moderne Wanderer des späten 18. sowie des 19. und 20. Jahrhunderts das Gebirge als erhaben, attraktiv und schön. Es gibt eine umfangreiche Literatur, die die besondere Rolle der Gebirgslandschaft in der modernen Kultur Mitteleuropas betont.[2] Die Berge, die eine reiche mythische

---

1 Stibral, Karel/Dadejík, Ondřej/Zuska, Vlastimil: Česká estetika přírody ve středoevropském kontextu. Praha 2009, S. 23–27.
2 Nicholson, Marjorie H.: Mountain Gloom and Mountain Glory. The Development of the Aesthetics of the Infinite. Ithaca 1959; Woźniakowski, Jacek: Die Wildnis. Zur Deutungsgeschichte des Berges in der europäischen Neuzeit. Frankfurt a. M. 1987; Librová, Hana: Láska ke krajině? Brno 1988; Andrews, Malcolm: The Search for the Picturesque. Landscape Aesthetics and Tourism in Britain 1760–1800. London 1989; Tschofen, Bernhard: Berg, Kultur, Moderne. Wien 1999; Schama, Simon: Krajina a paměť. Praha 2007.

„Vorgeschichte" besaßen, wurden mit modernen Mythen umwoben und von verschiedenen ethnischen Gruppen zum Herkunftsgebiet erklärt. Landschaften, Städte und Dörfer erlebten, u. a. durch die Tätigkeit diverser Gebirgsvereine, eine Identifikation in ethnischer Hinsicht, sodass schließlich kein nationales Niemandsland mehr existierte.

Wie konnten die organisierten Wanderer die angebliche Ethnizität der Landschaft zum Ausdruck bringen? Am einfachsten war es natürlich, Aufschriften in der jeweils eigenen Sprache anzubringen – ungeachtet dessen, zu welcher Nationalität sich die Bevölkerung der Gegend bekannte.[3] In den böhmischen Ländern (Böhmen, Mähren und Österreichisch-Schlesien) brachten vor 1918 die wirtschaftlich stärkeren und seitens der Verwaltung bevorzugten deutschen Gebirgsvereine deutschsprachige Markierungen in tschechischen Gebieten an, wie z. B. der Beskidenverein, der die fast ausschließlich tschechischen und polnischen Beskiden Österreichisch-Schlesiens betreute.

Doch die Markierungssprache stellte nur den Auftakt des nationalen Wettkampfs dar: die Eroberung der Landschaft[4] sollte nicht nur den Schildern entnommen werden. Neben der jeweils verwendeten Sprache spielten auch andere Aspekte eine Rolle, beispielsweise die Markierungsform. Nicht alle, aber wohl die meisten deutschen Gebirgsvereine in den so genannten Sudetenländern hielten an der Zeichenmarkierung fest, während der führende tschechische Gebirgsverein, der *Klub tschechischer Wanderer* (Klub českých turistů), die Streifenmarkierung verwendete. Deswegen entwickelte sich auch die nationale Eigenart der Markierungsform zu einem Zankapfel.

Ein zentrales Problem entstand dadurch, dass ein einmal markiertes Gebiet nicht mehr von der Gegnerseite mit eigenen Markierungen versehen werden konnte, da es bereits durch eine Nationalität symbolisch erobert worden war. Der Umfang des national besetzten Raumes konnte auf inoffiziellem Weg erweitert werden, sodass die Grenzen nach und nach vorgeschoben wurden. Deswegen verzichteten Nachzügler aber nicht darauf, weitere Markierungen zu setzen, auch wenn alle attraktiven Strecken schon besetzt worden waren. Im Gegenteil, sie markierten neue, zum Wandern bisher selten verwendete Wege. So verdichtete sich das Wegenetz, vor allem in den gemischtsprachigen

---

3 Vgl. Pelc, Martin: Umění putovat. Dějiny německých turistických spolků v českých zemích. Brno 2010, S. 207–224.
4 Telesko, Werner: Das 19. Jahrhundert. Eine Epoche und ihre Medien. Wien/Köln/Weimar 2010, S. 303f.

Gebieten. Aus dieser Praxis ist das außerordentlich dichte Wegenetz in der heutigen Tschechischen Republik entstanden.

Darüber hinaus wurden manche Fernwege insbesondere von den sudetendeutschen Organisationen als symbolischer Kitt der ansonsten peripher gelegenen und unzusammenhängenden deutschen Siedlungsgebiete instrumentalisiert. 1906 verband der deutsche Kammweg die im äußeren Westen Böhmens gelegene Stadt Asch (Aš) mit dem höchsten Gipfel des Landes, der Schneekoppe (Sněžka) im Riesengebirge. Nach der Entstehung der Tschechoslowakei entstand der Wunsch, der Kammweg solle nun nicht nur die Deutschböhmen miteinander verbinden, sondern zur Idententitätsstiftung des ganzen, soeben erfundenen Sudetendeutschtums beitragen. Die deutschen Gebirgsvereine haben daraufhin den Kammweg bis zur schlesischen Weberstadt Jägerndorf (Krnov) am Fuß des Altvatergebirges verlängert, wodurch die nordmährischen und schlesischen deutschen Gebiete nach dem tatsächlichen auch einen symbolischen Anschluss an Böhmen erhielten. Im Südwesten kam es zu einer bis heute wenig bekannten Verlängerung des Kammwegs über den Böhmerwald hinaus bis zu dem altertümlichen Stift Hohenfurth (Vyšší Brod); doch auch das war manchen Nationalisten noch nicht genug. Der Teplitzer Funktionär Reginald Czermack forderte: „Es wird die Stunde kommen, wo ein deutscher Kammweg mit dem blauweißen Kammzeichen von der Oder im Osten [...] quer durch Deutschland bis zur französischen Grenze (Trier) [...] führen wird."[5] Obwohl diese großdeutsche Utopie nicht verwirklicht wurde, entbehrte der Kammweg nicht einer symbolischen Bedeutung. In kleinem Maßstab galt das auch für den schlangenartig in Nord-Süd-Richtung verlaufenden *Elbehöhenweg*, der die Städte Leitmeritz (Litoměřice) und Pirna verband. Nicht nur die Markierungssprache und -form, auch der Wegeverlauf spielte eine wichtige Rolle.

Demselben Zweck sollten noch subtilere und in der Öffentlichkeit unauffälligere symbolische Bindeglieder in Gestalt von Kulturgütern dienen. Die Gebirgsvereine nahmen sich in ihren Satzungen nicht nur die touristische Erschließung der Gebirgsregionen als Ziel, sondern auch die heimatkundliche Erforschung ihrer „Arbeitsgebiete". Dazu trugen zahlreiche Veröffentlichungen, neu angelegte Museen und Bibliotheken bei. Der *Österreichische Riesengebirgsverein* mit Sitz im

---

5   Czermack-Warteck, Reginald: Der Nordwestböhmische Gebirgsvereinsverband, in: Das Erzgebirge und sein Vorland. Wien 1923, S. 272.

nordostböhmischen Hohenelbe (Vrchlabí) gründete eine Bibliothek mit dem Themenschwerpunkt Riesengebirge. Als die tschechoslowakischen Behörden die Bibliothek nach dem Zweiten Weltkrieg übernahmen, umfasste sie 16.000 Bände. Sie enthielt u. a. auch Doktorarbeiten und Separata der Universität Hamburg. Damit sollte die Zusammengehörigkeit der ersten und der letzten Stadt an der Elbe unterstrichen werden. Natürlich war es dabei von großer Wichtigkeit, dass damals beide Städte deutsch waren.[6]

Um 1880 wurden alte Mittel umfunktioniert und neue erfunden, um die ethnische Identität sichtbar zu machen. Der nationale Charakter der Region sollte nicht erst aus ein paar Metern Entfernung, sondern meilenweit sichtbar sein. Erst dann war der so genannte Feind – also ein Angehöriger einer anderen Nationalität – imstande, rechtzeitig das fremde Territorium zu erkennen und möglicherweise umzukehren. Diese Strategie fand vor allem in touristischen Bauten Ausdruck. Als markante Bauwerke in der Landschaft zeugten die Schutzhütten und Aussichtstürme nicht nur von der Einflusssphäre der einzelnen Vereine, sondern auch von jener der Ethnien. In der jeweiligen Ideologie verkörperten sie Grenzsteine und nationale Bollwerke. So wurde etwa das *Jeschkenhaus* auf dem Jeschken (Ještěd) oberhalb Reichenbergs (Liberec) als „zunächst eine hart an der Sprachgrenze errichtete deutsche Warte"[7] bezeichnet. Analog verstanden die Deutschen tschechische Bauten in deutschen Siedlungsgebieten als vorgeschobene Wachposten einer künftigen tschechischen Invasion. In der angespannten, nationalistischen Atmosphäre wurden die Schutzhäuser und Aussichtstürme als Schutz- und Trutzburgen interpretiert.

---

6 Fischer, Karl Wilhelm: Die Kulturarbeit des Deutschen Riesengebirgs-Vereines (Sitz Hohenelbe). Sonderdruck aus dem Jahrbuch des Deutschen Riesengebirgs-Vereines 1930. Hohenelbe 1930, S. 16; Jahrbuch des Deutschen Riesengebirgs-Vereines 26 (1937), S. XIX; Flégl, Emil: Krkonošské museum, archiv a knihovna ve Vrchlabí, in: Horské prameny 1947–1948, Nr. 3, S. 24.

7 RP [Chiffre]: Das Jeschkenhaus, in: Der Naturfreund 11 (1907), Nr. 10, S. 186.

BEISPIELE DER SELBSTPOSITIONIERUNG

Im letzten Jahrzehnt des 19. Jahrhunderts enstanden in Böhmen, Mähren und Österreichisch-Schlesien nicht weniger als sechzig neue Aussichtstürme.[8] Die Instrumentalisierung dieser Bauten und der durch sie ermöglichten Aussicht erreichte nun ihren Höhepunkt. Viele Aussichtstürme dienten dabei indirekt auch nationalen Zwecken, was sich am Beispiel des Schwarzkopfs (Čerchov) verdeutlichen lässt. Um die Jahrhundertwende brach ein symbolischer Kampf zwischen dem Böhmerwald und dem Bayerischen Wald aus: Der Klub tschechischer Wanderer besaß einen Stützpunkt auf dem Gipfel des Schwarzkopfs, wo er 1905 den *Kurzturm* (Kurzova věž) fertigstellte. Der Bau eines soliden steinernen Aussichtsturmes wurde auf der reichsdeutschen Seite als Akt der Tschechisierung dicht an der bayrischen Grenze interpretiert. Das tschechische Volk habe mit dem Kurzturm ein Bollwerk seines künftigen Angriffs errichtet, dem Bayern wehrlos gegenüberstehe. Die deutschen Verteidiger, vertreten durch den *Bayerischen Wald-Verein*, glaubten, eine symbolische Gegenoffensive unternehmen zu müssen. Es wurde beschlossen, einen eigenen Aussichtsturm zu errichten, und zwar auf dem Reißeck, dem bayerischen Pendant des Schwarzkopfs, was dem Verein auch tatsächlich gelang. Die Namenswahl zeugte vom Symbolgehalt des Baus: Er wurde auf den Namen *Bayernwarte* getauft. Die Bayernwarte war jedoch in dem symbolischen Kampf unterlegen, weil sie nicht aus Stein – wie die Kurzwarte –, sondern nur aus Holz gebaut worden war. Sie wurde also als eine provisorische defensive Lösung wahrgenommen, und der Bayerische Wald-Verein plante den Bau eines soliden Aussichtsturmes, sobald die Finanzmittel zur Verfügung stünden. Man hatte bereits einen neuen, symbolischen Namen für den beabsichtigten Bau im Sinn: *Deutsche Warte*. Das Vorhaben konnte jedoch nach dem Ersten Weltkrieg nicht mehr realisiert werden.[9]

Wie schon erwähnt, wurde die touristische Erschließung eines Gipfels seiner nationalen Eroberung gleichgesetzt. An der Sprachgrenze entwickelte sich der Wettkampf zu einem touristischen Kleinkrieg. Jedes Mal, wenn ein Schutzhaus abbrannte, fiel der Verdacht auf den

---

8 Nouza, Jan: Rozhledny Čech, Moravy a Slezska. Liberec 1999, S. 8.
9 Haller, Jörg: „Wald Heil!" Der Bayerische Wald-Verein und die kulturelle Entwicklung der ostbayerischen Grenzregion 1883 bis 1945. Grafenau 1995, S. 155–157.

nationalen Gegenspieler. Markierungen wurden beschmutzt oder zerstört und Ausflügler mit Steinen beworfen. Als 1898 das Gasthaus unterhalb des Gipfels des ostböhmischen Berges Switschin (Zvičina) in tschechische Hände gelangte, ist der Berg quasi tschechisch geworden – oder je nach Blickwinkel: geblieben. 1899 begann der Österreichische Riesengebirgsverein ohne eine gültige Genehmigung mit dem Bau einer Aussichtswarte, um der Zugehörigkeit dieses Territoriums zu den deutschen Siedlungsgebieten Nordostböhmens Ausdruck zu verleihen. Die tschechischen Konkurrenten erwirkten den Baustopp, konnten aber wiederum ihre Baupläne nicht durchsetzen. Die deutsche Seite, die zunächst unterlegen war, pflanzte an einem Nordabhang des Switschin Bäume an, um das „deutsche" Riesengebirge vor dem „tschechischen" Blick zu bewahren. 1909 verwüsteten unbekannte Täter das tschechische Gasthaus, das dank einer Spendensammlung wiederhergestellt werden konnte. Nach dem Umsturz von 1918 und der damit verbundenen machtpolitischen Verschiebung erfreuten sich die tschechischen Wanderer einer stärkeren finanziellen und politischen Unterstützung, die es ihnen 1925 ermöglichte, dem Gasthaus einen Aussichtsturm hinzuzufügen. Der polnische Historiker Marcin Dziedzic konstatiert, dass das Gebäude 1926 den Namen *Karel Václav Rais-Hütte* (Raisova chata) erhielt.[10] Dies kann als eine weitere nationale Geste verstanden werden. Rais war nicht einfach irgend ein tschechischer Schriftsteller des Riesengebirgsvorlands, sein wohl bekanntestes Werk, *Zapadlí vlastenci*, dessen Titel man ins Deutsche etwa mit *Weltabgeschiedene Patrioten* übersetzen kann, schildert das schwere Leben und national-aufklärerische Wirken der tschechischen Dorflehrer und -priester in den ostböhmischen Bergdörfern vor der Mitte des 19. Jahrhunderts.[11] Mit dem Bau der Rais-Hütte wurde das Streben des „Erweckers" Rais symbolisch gekrönt und gerechtfertigt.

Auch im ostböhmischen Adlergebirge nahm der nationale Wettkampf symbolische Formen an. Zunächst baute der inzwischen umbenannte *Klub tschechoslowakischer Wanderer* (Klub československých turistů) eine Schutzhütte auf dem Scherlich (Šerlich). Das Schutzhaus wurde im September 1925 eröffnet und auf den Namen des amtieren-

---

10 Dziedzic, Marcin: Austriackie (Niemieckie) Towarzystwo Karkonoskie 1880–1945. Wałbrzych 2009, S. 130f.
11 Rais hat seinen Roman „Der Erinnerung der Lehrer und Priester, der nationalen Erwecker" gewidmet. Vgl. Rais, Karel Václav: Zapadlí vlastenci. Praha 1894, unpag.

den Staatspräsidenten Tomáš Garrigue Masaryk getauft. Eine Masaryk-Hütte dicht an der Grenze zu Deutschland wurde wieder als eine tschechische Provokation gegen die Weimarer Republik verstanden. Der deutsche *Glatzer Gebirgsverein* startete eine Gegenmaßnahme, indem er nur drei Jahre später ein Schutzhaus auf dem nahe gelegenen Grunwald (Zieleniec) eröffnete. Es erhielt den Namen *Hindenburgbaude*. Die Verwendung von Namen zweier Staatspräsidenten bezeugt, dass die symbolische Bedeutung solcher Bauvorhaben bereits den Zeitgenossen klar war. Auch die tschechischen Wanderer sprachen damals in Bezug auf die Hindenburgbaude von einer *trucbouda* (Trutzbaude). Die unbeliebte Masarykhütte wurde im September 1938, noch vor dem Münchener Abkommen, von einer kleinen „reichsdeutschen" Kampftruppe ausgeplündert und der tschechische Verwalter fortgejagt.[12]

Die tschechischen Alpinisten hatten erst 1897 eine eigene Organisation ins Leben gerufen. Obwohl zahlenmässig schwach, schlossen sie sich zu einer Sektion des kurz davor entstandenen *Slowenischen Alpenvereins* (Slovensko planinsko društvo) zusammen. Die tschechischen Alpinisten erkannten bald die Möglichkeiten, die eine Zusammenarbeit mit den Slowenen mit sich brachte, und präsentierten sich in der Heimat erfolgreich als nationaler Schutzverein. Sie machten es sich zum Ziel, den slawischen Charakter der slowenischen Berge für die Ewigkeit zu wahren, und fassten den Plan, eine Schutzhütte in den Alpen zu bauen. Es blieb nicht bei einer rein nach Nützlichkeitskriterien erbauten Einrichtung, denn die weit verbreitete tschechische Zeitung *Národní listy* hat sie nach der Eröffnung ausdrücklich als „ein recht praktisches Stück national-politischer Arbeit" bezeichnet.[13] Sie wurde *Tschechische Hütte* genannt, und auch die architektonische Formensprache spielte eine wichtige Rolle. Schon die Wahl des Architekten Josef Podhajský war von symbolischer Bedeutung gewesen. Er hatte sich bereits 1895 auf der ersten, gut besuchten *Tschechoslawischen Ethnographischen Ausstellung* in Prag einen Namen gemacht, indem er einige Bauernhäuser entwarf. Für die Tschechische Hütte lehnte er sich eng an das für die Jubiläumsausstellung in Prag

---

12 Slavnostní otevření chaty Masarykovy na horách Orlických, in: Časopis turistů 37 (1925), Nr. 11, S. 310–318; Národní archiv Praha, Ministerstvo průmyslu, obchodu a živností, Nr. 102 301/38, Archivbox 2748; vgl. Pelc: Umění putovat, S. 97.
13 Feuilleton, in: Národní listy vom 03.11.1901, S. 1.

1891 erbaute *Tschechische (Böhmische) Bauernhaus* des Architekten Antonín Wiehl (Česká chalupa) an. Dass der Wettkampf an Brisanz gewonnen hatte, zeigt die Tatsache, dass der Zugangsweg zur Tschechischen Hütte ganz neu erbaut wurde, obwohl nur sechzig Meter entfernt ein „deutscher" Weg des *Österreichischen Touristenklub* existierte.[14] Manchmal wurde der touristische Wert eines Bauwerkes von der Symbolik überschattet. Die erwähnte tschechische Sektion des Slowenischen Alpenvereins begründete kurz vor dem Ersten Weltkrieg den Bau einer dritten tschechischen Hütte in den Alpen nicht etwa durch ihre touristischen, sondern durch ihre nationalistisch stategischen Vorteile: „Das Schutzhaus auf dem *Savinjsko sedlo* [Sanntaler Sattel] ist unentbehrlich für die Sicherheit unserer Position in den Steiner Alpen, namentlich im Seeland-Kessel [Jezersko] und wird auch touristisch eine nicht geringe Bedeutung haben."[15]

FAZIT

Wie lässt sich dieses bunte Mosaik von nur lose zusammenhänden Ideen und Beispielen auf einen gemeinsamen Nenner bringen? Man sollte nicht nur die negativen Aspekte hervorheben, denn Ansätze zur Verständigung gab es ebenfalls genug: Der sozialistische Touristenverein *Die Naturfreunde* war explizit internationalistisch ausgerichtet. Auch unter den bürgerlichen Vereinen fand man verschiedene ideologische Ausrichtungen. Es blieb jedoch meist bei guten Absichten, während der so genannte Volkstumskampf beide Seiten vereinnahmte. Wenn man alle Versöhnungsbemühungen beiseite lässt, bleibt nur noch die fortschreitende nationale Segregierung übrig. Die gedruckten Reiseführer identifizierten seit dem letzten Viertel des 19. Jahrhunderts nicht nur die deutschen und tschechischen Ortschaften, sondern trennten auch nach deutschen und tschechischen Gasthäusern, ja sogar nach deutschen und tschechischen Bäumen. Man sprach in diesem Zeitraum nicht nur von deutschen und tschechischen Städten und Dörfern, sondern auch von deutschen und tschechischen Bergen und Gip-

---

14 Pelc, Martin: Působení českého odboru Slovinského alpského spolku. Z každodennosti česko-slovinských vztahů před rokem 1914, in: Slovanský přehled 94 (2008), Nr. 1, S. 151–167.
15 Alpský věstník 15 (1914), Nr. 4, S. 60.

feln, was – wie unlogisch es heute auch erscheinen mag – von der gewissenhaften Einteilung in nationale Territorien zeugt.

Die Landschaft wurde auf dem Papier und in den Köpfen der Wanderer vollständig segregiert und einer konsequenten Ethnisierung unterzogen. Die Gebirgsvereine ermöglichten es allen Reisenden, die Landschaft einfacher und bequemer zu bereisen, sie intensiver zu erleben und sich auch mit der Landschaft zu identifizieren. Die Aussichtstürme wurden zu wichtigen Phänomenen des ausgehenden 19. Jahrhunderts. Der Rundblick gehörte zu den identitätsstiftenden Momenten im Spannungsfeld des modernen Nationalismus. Man blickte von einem Aussichtsturm nicht nur auf das Territorium, sondern auch auf einen Schauplatz von Geschichte und Kultur. Einige mythisch aufgeladene Landschaften waren dazu prädestiniert, die Geschichte der jeweiligen Nationalität zu veranschaulichen. Der Rundblick ermöglichte nicht nur das Betrachten, sondern auch das Erleben der Landschaft. Er wurde vom Betrachter konstruiert, wobei seine Dynamik in der Spannung zwischen Tiefen und Höhen, Natur und Kultur, Fremdem und Eigenem bestand.[16]

Der Rundblick war im Zeitalter des Nationalismus ein gleichermaßen ästhetisierender wie engagierter Blick. Wie weitgehend der Nationalismus die touristische Wahrnehmung der Landschaft beeinflusste, kann anhand eines zeitgenössischen südböhmischen Reiseberichtes belegt werden, dessen Autor schrieb: „[...] von der Höhe des Libin nach Süd, nach Ost und West dehnte sich der Boden aus, den deutscher Fleiss dem Urwalde gerungen. Auch die Section Böhmerwald stellte ihre geringen Kräfte dem deutschen Culturwerke zur Verfügung."[17] Der Leser gewinnt den Eindruck, als ob die Wanderer nur in drei Himmelsrichtungen schauten, obwohl sie gewiss auch den von der tschechischen Bevölkerung besiedelten Norden nicht ignorierten. Die Funktion des Rundblicks wird jedoch im Wesentlichen von Stereotypen bestimmt.

Kein Historiker kann die Bedeutung des Landschaftserlebens, das die Wandervereine ermöglichten, besser zusammenfassen als es schon im Jahr 1896 Emil Ressel, ein zeitgenössischer böhmischer Spezialist

---

16 Schivelbusch, Wolfgang: Geschichte der Eisenbahnreise. Zur Industrialisierung von Raum und Zeit im 19. Jahrhundert. Frankfurt a. M. 1979, S. 61f.; Telesko: Das 19. Jahrhundert, S. 304.
17 Österreichische Touristen-Zeitung 7 (1887), Nr. 13, S. 156.

des Wanderns, gemacht hat. Er schrieb: „Von den Bergen haben wir erst gesehen, was wir zu verlieren haben."[18]

Abbildung 1: „Von den Bergen haben wir erst gesehen, was wir zu verlieren haben." Das stark symbolisch geladene Phänomen des Rundblicks im Kontext modernen Wanderns trug auch nationalen Moment in sich (Umschlagbild der Zeitschrift „Der Naturfreund", 1929).

---

18 Ressel, Emil: Die Gebirgsvereine als Pfleger und Schützer deutschen Volksthumes, in: Pessel, Wenzel (Hg.): Erstes Jahrzehnt-Buch des Gebirgsvereines für das nördlichste Böhmen 1885–1895. Schönlinde 1896, S. 73.

Die Fremde beschreiben

Prag in deutschen und tschechischen Reiseführern
1850–1945

MARTINA THOMSEN

Prag ist bereits am Übergang von der Vormoderne zur Moderne eine beliebte Destination für Individualreisende oder Touristengruppen – sowohl als Reiseziel als auch als Zwischenhalt auf der Durchreise nach Ungarn oder Italien, weshalb es mehrfach zum Gegenstand von Reiseberichten wird.[1] Einer der literarisch anspruchsvolleren Reiseberichte stammt von dem in Magdeburg geborenen Schriftsteller Ferdinand Gustav Kühne (1806–1888). Er erschien 1857 in der *Reisebibliothek* des *Brockhaus Verlags*,[2] die sich bewusst von den in Mode kommenden standardisierten Reiseführern unterscheiden wollte, indem die einzelnen Bände mehr als „eine bloße trockene Aneinanderreihung von Notizen"[3] zu sein hatten.

---

1 Beispiele sind Rotenstein, Gottfried: Lust-Reisen durch Bayern, Würtemberg, Pfalz, Sachsen, Brandenburg, Oesterreich, Mähren, Böhmen und Ungarn in den Jahren 1784 bis 1791. Leipzig 1791; GutsMuths, Johann Christoph Friedrich: Meine Reise im deutschen Vaterlande, aus Thüringen ins Riesengebürge […], Prag und Töplitz und bis Freyberg. Breslau 1799; [Anonymus:] Reise von Berlin nach Dresden, der Sächsischen Schweiz, den Böhmischen Bädern und Prag. Berlin 1828.
2 Ferdinand Gustav Kühne: Prag. Böhmisch, deutsch, czechisch (Brockhaus' Reise-Bibliothek für Eisenbahnen und Dampfschiffe, o. Nr.). Leipzig 1857.
3 Ebd., Vorsatz.

Kühne war 1856 von seinem Wohnort Dresden mit dem Schiff die Elbe hinauf nach Prag gereist und hatte dort einen Aufenthalt von mehreren Wochen verbracht, über den er nun ausführlich berichtete. In mehreren Kapiteln handelt der Schriftsteller seine Erlebnisse während der Schifffahrt und in Prag ab. Seine Erzählung verläuft dabei entlang einer imaginären Touristenroute: Kühne bewegt sich durch die Stadt, hält an verschiedenen, markanten Punkten inne, beschreibt diese kurz und widmet sich dann seinem eigentlichen Anliegen, nämlich der Frage: „Was ist in Böhmen böhmisch? Und was ist in Prag deutsch und was czechisch?"[4] Kühne trennt ihm Fremdes, d. h. alles Tschechische, von Vertrautem. Die Prager Juden spielen in seiner Betrachtung keine Rolle. Angesichts dieses nationalistischen Blickwinkels auf die Stadt und ihre Topographie verwundert es nicht, dass der Reisebericht zahlreiche negative Werturteile über die Tschechen und ihre Rolle in der Geschichte Prags enthält. Tatsächlich beschreibt Kühne die tschechischen Bewohner Prags als hässliche, zur Melancholie neigende Männer und zwar schöne, aber boshafte und untätige Frauen.[5] Diese abwertenden Beurteilungen über die Prager Tschechen implizieren ein Selbstbild, das der Autor von sich und seiner eigenen Nation besitzt und das von genau gegenteiligen, also positiven Charaktereigenschaften bestimmt ist.

Kühnes Reisebericht zählte bereits zum Zeitpunkt seiner Veröffentlichung zu einer Literaturgattung, die an Bedeutung verlor, denn trotz der Geringschätzung renommierter Verlage wie Brockhaus setzten sich die standardisierten Reiseführer als Informationsmedium für Touristen seit der Mitte des 19. Jahrhunderts zunehmend durch. Sie verzichteten auf die charakteristischen Merkmale der Reiseberichte, insbesondere auf die detaillierten, aus der Ich-Perspektive geschilderten Erlebnisse und Beobachtungen des Verfassers. Reiseführer boten vornehmlich sachbezogene Informationen, die möglichst knapp formuliert wurden und in erster Linie dazu dienten, das Reisen von der Planung bis zur Nachbereitung zu erleichtern. Anders als die zumeist ausschließlich aus Text bestehenden Reiseberichte enthielten die neuarti-

---

4 Ebd., S. 3–14.
5 Ebd., S. 70–72. Kühne kritisiert ferner die österreichischen Adeligen auf dem Dampfer nach Prag wegen ihrer Aussprache und ihrer vermeintlichen Standesdünkel. Ebd., S. 8f.

gen Reiseführer zusätzlich Karten und Abbildungen von Sehenswürdigkeiten, die dem Leser die Orientierung vor Ort vereinfachten.[6]

Die Kürzung weitschweifiger erzählerischer Passagen zugunsten tabellarisch zusammengefasster Informationen oder Abbildungen und Karten war jedoch keine Garantie für Objektivität. Autoren und Verlage standen zum Zeitpunkt des Verfassens immer unter dem Eindruck des jeweils aktuellen Zeitgeschehens. In Reiseführern sind daher zahlreiche negative oder positive Werturteile zu finden, die sich zu Fremdbildern von Land und Leuten zusammenfügten und Touristen bereits vor dem ersten Kontakt beeinflussten. Im Fokus dieses Beitrags stehen deutsche und tschechische Reiseführer der Jahre 1850 bis 1945 und die in ihnen enthaltenen Fremdbilder. Die große Zeitspanne ermöglicht es, den Fortschritt der touristischen Erschließung Prags, unterschiedliche Strategien zur Vermarktung der Stadt sowie die Konjunkturen besonders langlebiger Fremdbilder zu untersuchen.

PRAG VOR DEM ERSTEN WELTKRIEG

Wer Mitte des 19. Jahrhunderts nach Prag reisen wollte, der nahm das Handbuch *Deutschland und das österreichische Ober-Italien* des *Karl Baedeker Verlags*[7] zur Hand.[8] Es erschien 1858 bereits in 8. Auflage und war weniger für Liebhaber pittoresker Städte als vielmehr für Touristen konzipiert, die eine Rundreise planten und mehr als eine Stadt oder ein Land besichtigen wollten. Das neue österreichische Passge-

---

6   Zur Gattung der Reiseführer z. B. Hentschel, Uwe: Wegmarken. Studien zur Reiseliteratur des 18. und 19. Jahrhunderts (Studien zur Reiseliteratur- und Imagologieforschung, 8). Frankfurt a. M. 2010; Hinrichsen, Alex W.: Zur Entstehung des modernen Reiseführers, in: Spode, Hasso (Hg.): Zur Sonne, zur Freiheit! Beiträge zur Tourismusgeschichte. Berlin 1991, S. 21–60; Pretzel, Ulrike: Die Literaturform Reiseführer im 19. und 20. Jahrhundert. Untersuchung am Beispiel des Rheins. Frankfurt a. M. 1995.
7   Zum Baedeker Verlag Müller, Susanne: Die Welt des Baedeker. Eine Medienkulturgeschichte des Reiseführers 1830–1945. Frankfurt a. M. 2012; Suin de Boutemard, Christoph (Hg.): Zum 150. Todestag von Karl Baedeker: Verleger und Verlagshaus Baedeker in Koblenz (Schriften des Landesbibliothekszentrums Rheinland-Pfalz, 7). Koblenz 2010; Bessen, Dorothea/ Wisotzky, Klaus (Hgg.): Buchkultur inmitten der Industrie. 225 Jahre G. D. Baedeker in Essen (Veröffentlichungen des Stadtarchivs Essen, 3). Essen 2000.
8   Deutschland und das österreichische Ober-Italien. Handbuch für Reisende. 8. Aufl., Coblenz 1858. Zu Prag ebd., S. 234–244.

setz von 1857 erleichterte diese Form des Reisens spürbar: Touristen aus dem Ausland konnten fortan ebenso wie Inländer die Binnengrenzen zwischen den einzelnen Kronländern ohne zusätzliche Passkontrolle überqueren.[9]

Baedekers Handbuch handelt Prag auf zehn Seiten ab. Es erwähnt in der Hauptsache Form, Künstler bzw. Erbauer der jeweiligen Sehenswürdigkeit oder außerordentliche historische Ereignisse, die in einem Bezug zur Stadt stehen. Abbildungen fehlen mit Ausnahme eines Stadtplans vollständig.[10] Die erwähnten Sehenswürdigkeiten sind nicht alphabetisch sortiert, sondern erschließen sich auf einem Rundkurs, der am Pulverturm beginnt, auf die Kleinseite führt und schließlich in der Neustadt endet. Besondere Attraktionen sind mit einem Stern gekennzeichnet. Das vom Baedeker festgelegte Besichtigungsprogramm war offenbar so einschlägig, dass es Eingang in die Reiseführer anderer Verlage fand.

In dem kurzen Abschnitt über Prag verdient die Schilderung Josefovs (Josefstadt), des jüdischen Viertels im Nordwesten der Prager Altstadt, besondere Beachtung. Während Kühne nicht an der jüdischen Bevölkerung und ihrer Bedeutung für die Geschichte Prags interessiert war, widmete der Baedeker ihr eine längere Textpassage. Auffällig ist die Wortwahl, die sich wesentlich von allen vorhergehenden Schilderungen unterscheidet: „Ganz eigenthümlich ist die Judenstadt [...]. Gegen 7.000 Juden wohnen hier eng zusammengedrängt in 280 Häusern. [...] Unter den 9 Synagogen die Altneuschule, eine seltsame düstere Steinmasse, innerlich mit einer dicken schwarzgrauen Kruste überzogen."[11] Es folgt die Beschreibung des alten jüdischen Friedhofs, auf dem man „Tausende von schwarzgrau bemoosten, mit hebräischen Buchstaben bedeckte[n] Leichensteine[n]" entdecken könne.[12] Adjektive wie „eigenthümlich" und „seltsam" erzeugen beim Leser ein Gefühl von Fremdheit und Distanz. Bestärkt wird dieser Eindruck durch den Hinweis, dass die Prager Juden bis in die Gegenwart hinein ihre

---

9 Burger, Hannelore: Paßwesen und Staatsbürgerschaft, in: Heindl, Waltraud/Saurer, Edith (Hgg.): Grenze und Staat. Paßwesen, Staatsbürgerschaft, Heimatrecht und Fremdengesetzgebung in der österreichischen Monarchie (1750–1867). Wien/Köln/Weimar 2000, S. 1–171, hier S. 22–24.
10 Der Baedeker Verlag hat bis 1979 in allen Reiseführern auf Fotografien verzichtet. Siehe Müller: Welt des Baedeker, S. 167.
11 Deutschland und das österreichische Ober-Italien, S. 242.
12 Ebd., S. 243.

altertümlichen Sitten und Gebräuche pflegten.[13] Die jüdische Bevölkerung Prags wird als archaisch etikettiert; als Sinnbild stehen hierfür etwa die mit Moos bedeckten Grabsteine.

Baedekers Handbuch ist hinsichtlich seiner Intention strikt von Kühnes Reisebericht zu unterscheiden: Es wirbt mit der plakativen Beschreibung und Bewertung um die Gunst der Touristen. Indem es die Andersartigkeit des jüdischen Viertels und seiner Bewohner betont, möchte es die Neugierde der Reisenden wecken. Josefov und der alte jüdische Friedhof wurden jeweils mit einem Stern markiert und galten damit als besuchenswerte Sehenswürdigkeiten. Diese Auszeichnung erhielten ansonsten nur solche markanten Bauwerke wie die Karlsbrücke oder der Veitsdom. Der Baedeker bot seinen Lesern die Möglichkeit, nach wenigen Schritten aus den vertrauten Stadtvierteln Prags heraus in eine als exotisch und archaisch konstruierte jüdische Welt einzutauchen und diese zu erkunden.

Während Karl Baedeker, der sich rühmte, einen Großteil der von ihm behandelten Destinationen persönlich besucht zu haben, Prag aus der Perspektive eines Außenstehenden beschrieb, standen die Autoren diverser anderer Reiseführer in einer engen Beziehung zur Moldaustadt. Einer von ihnen war Franz Klutschak (1814–1886), dessen *Führer durch Prag* 1878 im Prager *Verlag Bohemia* erschien.[14] Klutschak, der in Prag geboren war, hatte sich zunächst als Journalist, dann als Herausgeber der Prager deutschen Tageszeitung *Bohemia* einen Namen gemacht. Es ist wohl der Verbundenheit des Autors mit seiner Geburtsstadt zuzuschreiben, dass er in einer Zeit, in der es zwischen den Prager Deutschen und Prager Tschechen zunehmend zu Spannungen auf politischer Ebene kam,[15] nicht Kühnes nationalistischer Sicht folgte, sondern sich von nationaler Schwarz-Weiß-Malerei distanzierte und das Miteinander von Deutschen und Tschechen betonte.[16]

---

13 Ebd.
14 Klutschak, Franz: Der Führer durch Prag. Mit einem neuen Situationsplane, einer Ansicht des Hradschin von Nordosten und Plänen der drei Prager Theater. 12. Aufl., Prag 1878.
15 Näheres hierzu bei Petrbok, Václav/Randák, Jan: Die Stadt als realer und symbolischer Raum der nationalen Identität: Prag an der Wende vom 19. zum 20. Jahrhundert, in: Becher, Peter/Knechtel, Anna (Hgg.): Praha – Prag 1900 1945. Literaturstadt zweier Sprachen. Passau 2010, S. 31–62, hier S. 37–43; Weger, Tobias: Kleine Geschichte Prags. Regensburg 2011, S. 90f.
16 „Eine fixe Ziffer feststellen zu wollen, wie viele Köpfe von der Bevölkerung Prags čechischer, wie viele deutscher Abstammung sind, wäre eine

In touristischer Hinsicht war Klutschaks Reiseführer ein Novum: Er offerierte als einer der ersten Besichtigungstouren, die sich nach dem Zeitbudget der Touristen richteten. Es gab drei verschiedene Routen: eine für eine Dauer von anderthalb Stunden, eine für einen Tag und eine, die sich über zwei Tage erstreckte. Alle drei Touren begannen am Schnittpunkt von Graben (Na Příkopě), Hibernergasse (Hybernská) und Zeltnergasse (Celetná) und führten durch Josefov.[17] Man hätte mutmaßen können, dass Klutschak als Prager die jüdischen Einwohner als Nachbarn betrachtet hätte. Tatsächlich empfand aber auch er die Lebenswelt der „niederen israelitischen Volksclasse", wie er die Juden bezeichnete, als fremd. So lobte er beispielsweise die bauliche Umgestaltung des alten Ghettos, die schließlich in den kompletten Abriss der alten Gebäude und Gassen, der so genannten Assanierung[18], mündete: „Seit einigen Jahren beginnt hier der alte Schmutz allmälig abzunehmen, und man sieht auch hier neue Häuser entstehen [...]."[19] Dennoch empfahl auch er den Lesern einen Besuch des jüdischen Stadtviertels.[20]

Während sich Baedekers Handbuch und Klutschaks Reiseführer nicht an eine konkrete Leserschaft wandten, sondern allgemein für deutschsprachige Pragreisende als Informationsmedium zur Verfügung stehen wollten, richteten sich andere Autoren bzw. Verlage an eine bestimmte Zielgruppe. Dies gilt z. B. für den *Illustrierte[n] Führer durch die königliche Hauptstadt Prag und Umgebung* aus der Reihe *Woerl's Reisehandbücher*[21] des zunächst in Würzburg, später in Leipzig ansässigen Verlags von Leo Woerl (1843–1918), der gezielt deutsche Touristen ansprach, indem er lediglich Gasthäuser, Restaurants und Cafés erwähnte, die von Deutschen frequentiert wurden, sich

    eben so unfruchtbare wie unlösbare Aufgabe, da hier beide Nationalitäten durch Jahrhunderte in meist friedlicher Mischung gelebt haben und hieraus mit der Zeit neben vielen germanisierten Čechen auch manche čechisirte Germanen hervorgingen." Siehe Klutschak: Führer durch Prag, S. 30f.
17 Ebd., S. 54.
18 Näheres zur Assanierung bei Ledvinka, Václav/Pešek, Jiří: Prag. Praha 2000, S. 490–493; Demetz, Peter: Prag in Schwarz und Gold. Sieben Momente im Leben einer europäischen Stadt. München/Zürich 1998, S. 468f.
19 Klutschak: Führer durch Prag, S. 184f.
20 Ebd., S. 187f.
21 Woerl, Leo (Hg.): Illustrierter Führer durch die königliche Landeshauptstadt Prag und Umgebung. Mit Stadtplänen (mit doppelsprachigem Strassenverzeichnis), einer Karte der Umgebung und 22 Abbildungen. 18. Aufl., Prag 1912.

in deutschem Besitz befanden oder in denen auf Deutsch kommuniziert wurde.[22] Dasselbe Zielpublikum wollte der Reiseführer von Wenzel Hieke (1852–1895) erreichen, der 1893 in der Reihe *Städtebilder und Landschaften aus aller Welt* des Linzer *Städtebilder-Verlags E. Mareis* erschien.[23] Hieke stammte aus einem Dorf nahe Aussig (Ústí nad Labem) und hatte sich dem Verlag als Historiker und Spezialist für die Geschichte Nordböhmens empfohlen.[24] Als Deutschböhme ergriff er Partei für die deutsche Bevölkerung in Prag. Unter dem Eindruck der Spannungen zwischen Deutschen und Tschechen entwarf Hieke ein Bild, das Prag einerseits als Mittelpunkt historischer Ereignisse von überregionaler Tragweite, andererseits als Kontaktzone der deutschen und tschechischen Bevölkerung zeigte. Mehr als alle Autoren vor ihm hob er im historischen Abriss die Bedeutung deutscher Siedler und deutscher Künstler für die Entwicklung der Stadt seit dem Hochmittelalter hervor und zeigte sich mit der Entwicklung gegen Ende des 19. Jahrhunderts, die zu einer Partizipation von Tschechen in politischen Gremien und Behörden führte, wenig zufrieden.[25]

Der *Städtebilder-Verlag* unterschied sich von anderen Reisebuchverlagen durch die Bebilderung seiner Bücher mit Illustrationen bekannter Künstler, in denen zentrale Gebäude, Plätze und Straßenzüge im Vordergrund standen. Auf die abgebildeten Sehenswürdigkeiten wird gesondert im Text hingewiesen. Sie bilden ein festes Motivprogramm, zu dem etwa die Karlsbrücke, die Teynkirche, der Pulverturm oder das Tschechische Nationaltheater zählen, und das sich später in anderen Reiseführern wiederfindet. Die Zeichnungen vermitteln den Eindruck einer sehr belebten Stadt: Menschen flanieren über die Karlsbrücke, stehen vor dem Radetzkydenkmal oder treffen vor dem Rathaus am Altstädter Ring zusammen. Die wichtigste Einkaufsstraße Prags, der Graben, ist ebenfalls Gegenstand einer Illustration. Er versinnbildlicht den technischen Fortschritt der Moldaustadt: Links und

---

22 Ebd., S. 18–20.
23 Hieke, W[enzel]: Prag und seine Umgebung. Ein Geleit- und Gedenkbuch. 2. Aufl., Linz 1893.
24 Hieke, Wenzel: Literatur zur Geschichte der Industrie in Böhmen bis zum Jahre 1850. Prag 1893; Ders./Horčička, Adalbert: Urkundenbuch der Stadt Aussig bis zum Jahre 1526. Prag 1896.
25 Hieke: Prag und seine Umgebung, S. 6–8, S. 11. Zur Problematik insgesamt: Weger, Tobias: Das ‚deutsche Prag' – Von der Beständigkeit eines Mythos, in: Jahrbuch für deutsche und osteuropäische Volkskunde 44 (2001), S. 135–156.

rechts der Fahrbahn sind dreiarmige Kandelaber zu sehen, die die Straße in helles Licht tauchen und zum Flanieren in der Abenddämmerung einladen. Hieke erklärt: „Darum entfaltet sich hier auch in den Mittagsstunden, vor allem jedoch Abends ein von der Prager Gesellschaft so zahlreich besuchter Corso, daß auf den ungemein breiten Trottoirs oft kaum Platz genug ist."[26] Neben das „historische Prag", wie es zunächst Baedekers Handbuch vermittelte, tritt bei Hieke als neues touristisches Konzept das „moderne Prag", dessen Entwicklung täglich miterlebt werden konnte.

Josefov mit seinen verwinkelten, altertümlich anmutenden Gassen scheint diesem Bild nicht zu entsprechen. Dennoch wird das Leben der jüdischen Bevölkerung Prags auf zwei Illustrationen festgehalten. Die bereits in Baedekers Handbuch konstruierte Exotik des alten jüdischen Friedhofs findet seine Entsprechung in einer der Abbildungen: Sie dokumentiert den von Wildwuchs und Verfall bestimmten Zustand des Friedhofs. Die abgebildeten Grabsteine drohen umzukippen. Eine zweite Illustration gibt Einblick in das Innere der Altneuschule.[27] Für Hieke bleibt die jüdische Lebenswelt jedoch fremd: Er beschreibt Josefov als einen Stadtteil mit verwahrlosten Häusern, die an das frühere Ghetto erinnerten und in denen die verarmte jüdische Bevölkerung nebst der „niedrigste[n] Classe der christlichen Bevölkerung" lebte.[28] Für ihn gehört dieses Viertel nicht zu den sehenswerten Ecken Prags.

Reiseführer aus einheimischen Verlagen zeichnen sich durch eine Binnenperspektive und Insiderinformationen aus. Zu ihnen zählen neben Klutschaks Büchlein *Bellmanns Kleiner Führer durch Prag und dessen Umgebung* von 1909 aus dem in Prag sesshaften *Verlag Carl Bellmann*,[29] der als erster auf die Umbenennungen seit der Jahrhundertwende reagierte und Straßen, Plätze und Stadtviertel im Text parallel in deutscher und in tschechischer Schreibweise aufführt, sowie der *Führer durch Prag und die Ausstellung*, den der tschechische Verleger Josef Vilímek (1860–1938) veröffentlichte.[30] Er stellt insofern eine Besonderheit dar, als er speziell an die Besucher der 1891 in Prag

---

26 Hieke: Prag und seine Umgebung, S. 17.
27 Ebd., S. 43f.
28 Ebd., S. 42.
29 Bellmanns Kleiner Führer durch Prag und dessen Umgebung. Mit 16 Lichtdruckbildern und einem Stadtplan. Prag 1909.
30 Vilímek's Führer durch Prag und die Ausstellung. Mit zahlreichen Abbildungen. Prag 1891.

stattfindenden böhmischen Landesausstellung[31] gerichtet war. Folglich enthielt er nicht nur Informationen über die Stadt, sondern auch über die Ausstellung. Inhaltlich und äußerlich erfüllte er jedoch ähnliche Kriterien wie herkömmliche Reiseführer.

Vilímeks Reiseführer zeichnet sich durch eine ungewöhnliche Detailtreue aus: Er beinhaltet ein ausführliches Verzeichnis, dem die Ausstellungsbesucher (und Pragtouristen) rasch die notwendigen Informationen über die wichtigsten Sehenswürdigkeiten, ihre Öffnungszeiten und Eintrittsgelder entnehmen konnten. Er enthält aber auch Preise für Taxen, Dienstmänner und Briefe ins Ausland oder Angaben über die Dienstleistungen von Behörden. Der Verfasser bemüht sich, Prag als eine moderne Großstadt darzustellen, die sich mit anderen Städten Europas messen könne, vor allem in der Qualität des Hotelwesens, der böhmischen Küche oder des Prager Biers. Ein Indiz für das Insiderwissen des Autors sind die Bemerkungen zur Lebensart der Prager Bevölkerung: Mehrfach verweist er auf den besonderen Charme der Stadt, den man in den zahlreichen Bierhäusern oder in den berühmten Cafés erleben könne.[32] Der Charakter der Stadt wird als vielschichtig beschrieben, wobei man nach Stadtvierteln unterscheiden müsse: neben der aristokratisch geprägten Kleinseite gebe es „die Josefstadt [...] mit krummen, winkeligen und schmutzigen Gassen, [wo] das Elend und Laster zu finden ist."[33] Der Besuch Josefovs wird empfohlen, denn nirgendwo könne man das „Prager Volksleben" besser studieren als in den dortigen Weinstuben und Cafés, die bei Gästen aus allen Teilen der Prager Gesellschaft beliebt seien.

Das jüdische Stadtviertel ist in Vilímeks Buch ein nicht wegzudenkender Bestandteil des Konzepts vom „historischen Prag". Im Vergleich zu den modernen Städten Europas macht gerade die Vergangenheit Prags den besonderen Reiz aus, denn „fast jeder Pflasterstein ist Zeuge eines geschichtlichen Ereignisses gewesen".[34] Josefov wird als vernachlässigt und verdreckt geschildert, erhält allerdings wegen seines „mittelalterliche[n] Gepräge[s]" das Lob des Autors: Ein Besuch lohne sich unbedingt, da sich um jedes Haus eine Geschichte ranke – die jüdischen Bewohner wüssten viel zu erzählen.[35] Vilímeks

---

31 Näheres bei Weger: Kleine Geschichte Prags, S. 99f.
32 Vilímek's Führer durch Prag, I 20–I 23.
33 Ebd., I 43.
34 Ebd., III 1.
35 Ebd., III 43.

Buch geht in gewisser Weise konform mit einer Entwicklung in der Prager Literatur- und Kunstszene, die eng mit der Beseitigung der Prager Altstadt durch die Assanierung zusammenhing:[36] Die Modernisierung und zugleich Enthistorisierung der Stadt rief Künstler und Literaten auf den Plan, die Mythen von Prag als phantastischer Stadt und vom mystischen jüdischen Prag[37] konstruierten.

VERGANGENHEIT UND MODERNE ALS KONKURRIERENDE KONZEPTE SEIT 1918

Die Zäsur von 1918 hatte in mehrfacher Hinsicht gravierende Auswirkungen auf den Tourismus in den Nachfolgestaaten der Habsburgermonarchie: Einreisebestimmungen reglementierten den Reiseverkehr an jeder (neuen) Staatsgrenze, und Destinationen, die zuvor Teil der Habsburgermonarchie und damit inländisch gewesen waren, fanden sich plötzlich auf fremdem Staatsgebiet wieder.[38] Reisende aus den neuen Staaten Ostmittel- und Mitteleuropas kamen nun als ausländische Gäste in die Tschechoslowakei: die zweitgrößte Gruppe der Pragtouristen waren während der Zwischenkriegszeit – nach den Tschechen – Deutsche und Österreicher.[39] Veränderungen im Erwerbsleben und im Transportwesen führten zeitgleich zu verkürzten Reisezeiten und europaweit zu einem spürbaren Anstieg der Übernachtungszahlen im Gastgewerbe. Die Tourismusbranche entwickelte sich zu einem professionellen Dienstleistungsgewerbe.

Prag profitierte von dieser Entwicklung. Es war seit 1918 die Hauptstadt der neu entstandenen, souveränen Ersten Tschechoslowakischen Republik und entwickelte ein neues Image, das nicht mehr einer Residenzstadt, sondern einer Metropole entsprach.[40] Seine Funktion

---

36 Demetz, S. 477.
37 Als Überblick: Koeltzsch, Ines: Prag. Jüdische Stadtbilder im frühen 20. Jahrhundert, in: Kümper, Michal u. a. (Hgg.): Makom. Orte und Räume im Judentum. Real, Abstrakt, Imaginär (Haskala, 35). Hildesheim/Zürich/New York 2007, S. 247–256.
38 Näheres bei Böröcz, József: Leisure Migration A Sociological Study on Tourism. Oxford 1996, S. 68.
39 Tlustý, Vladimir: Der tschechoslowakische Fremdenverkehr gestern und heute, in: Jahrbuch für Fremdenverkehr 16 (1968), S. 49–78, hier S. 53.
40 Zur Imageproduktion europäischer Städte seit 1918 siehe Kiecol, Daniel: Berlin und sein Fremdenverkehr: Imageproduktion in den 1920er Jahren,

als Regierungs- und Verwaltungszentrum führte zu auffälligen Veränderungen im architektonischen Erscheinungsbild: neue Repräsentativbauten und Denkmäler entstanden, die gehobene Wohnkultur erlebte einen Bauboom und es entstanden zahlreiche „Gründerzeit"-Villen.[41] Die Infrastruktur der Stadt wurde wesentlich verdichtet und sorgte für eine bessere Anbindung der Stadtteile untereinander sowie der Vororte mit dem Zentrum. Zudem verbesserte sich die Verkehrslage für die stetig steigende Zahl an Automobilen und Omnibussen. Die neuen Transportmittel wiederum sorgten durch ihre flexiblen Einsatzmöglichkeiten für eine Zunahme des Reiseverkehrs.

Der Prager Stadtrat unterstützte aus wirtschaftlichem Interesse diese Entwicklung, indem er den Bau von Hotels und Pensionen förderte und konsequent die Erweiterung und Modernisierung des Straßen- und Schienennetzes vorantrieb. Überdies legte er die Verantwortung für die touristische Vermarktung der Stadt in die Hände des 1920 gegründeten, staatlich geförderten Reisebüros ČEDOK (Československá dopravní kancelář), das den Inlandstourismus kontrollierte und Filialen in verschiedenen europäischen Staaten unterhielt. ČEDOK entwarf ein Besichtigungsprogramm, das sich die neuen Transportmittel zunutze machte: Als erste tschechoslowakische Stadt bot Prag Rundfahrten in offenen Minibussen an.

Die neue territoriale Ordnung in Ostmitteleuropa wirkte sich auch auf die Reiseliteratur aus. Insbesondere die neuen Einreisebestimmungen machten eine gründliche Überarbeitung der auf dem Markt befindlichen Reiseführer notwendig. Der *Grieben Verlag* beispielsweise aktualisierte seinen Pragführer zügig, knüpfte inhaltlich jedoch im Großen und Ganzen an die Auflagen der Vorkriegszeit an.[42] Das Handbuch des Baedeker Verlags hatte mit dem Zerfall der Habsburgermonarchie seine Daseinsberechtigung verloren, stattdessen erweiterte der Verlag sein 1920 erstmals veröffentlichtes *Handbuch über Sachsen* um die nordböhmischen Bäder und Prag.[43] Tschechische Verlage ergänz-

---

in: Biskup, Thomas/Schalenberg, Marc (Hgg.): Selling Berlin. Imagebildung und Stadtmarketing von der preußischen Residenz bis zur Bundeshauptstadt. Stuttgart 2008, S. 161–174.

41 Lichtenberger, Elisabeth: Wien – Prag. Metropolenforschung. Wien/Köln/Weimar 1993, S. 83 86. Siehe auch Demetz, S. 511–513.

42 Prag (Praha) und Umgebung. Praktischer Reiseführer (Griebens Reiseführer, 26). 17. Aufl., Berlin 1923.

43 Baedeker, Karl: Sachsen, nordböhmische Bäder, Ausflug nach Prag. Handbuch für Reisende. 2. Aufl., Leipzig 1928. Zu Prag ebd., S. 304–328.

ten das Angebot,[44] ihre Klientel waren hauptsächlich einheimische Touristen. Die tschechischen Reiseführer wurden meistens nach kurzer Zeit zusätzlich in einer deutschen Fassung zum Verkauf angeboten, um auch Reisende aus Österreich und Deutschland anzusprechen.

Das historische Stadtbild Prags, das in sämtlichen Reiseführern seit der Mitte des 19. Jahrhunderts eine wichtige Rolle gespielt hatte, blieb während der Zwischenkriegszeit eine Konstante touristischer Marketingkonzepte. Allerdings bildete sich zunehmend eine Tendenz heraus, das Nebeneinander von tschechischer, deutscher und jüdischer Bevölkerung und ihren Spuren in der Stadttopographie auszublenden und die Suche auf die eigene Vergangenheit einzuengen – dies gilt zunächst für tschechische, seit Ende der 1920er Jahre auch für deutsche Reiseführer. Das angespannte Verhältnis zwischen dem Deutschen Reich und der Tschechoslowakei seit 1933 führte zu einem Verleugnen von Errungenschaften der jeweils anderen Bevölkerungsgruppe. Deutsche und tschechische Reiseführer verfolgten fortan zwei unterschiedliche Konzepte: Während die deutschen Reiseführer durchgängig das historische, vor allem das mittelalterliche Prag in den Vordergrund rückten, legten tschechische Verlage zusätzlich einen Schwerpunkt auf das moderne Prag, dessen Fortschritt die Reisenden jeden Tag miterleben konnten.[45]

Der jeweilige Fokus bestimmte das Motivprogramm. In dem Reiseführer *Praha – Prag und Umgebung* des ČEDOK-Verlags aus dem Jahr 1928 erschienen auf den ersten Seiten weder die Karlsbrücke noch der Veitsdom, sondern drei Monumente der jüngeren Vergangenheit: das 1915 von Ladislav Šaloun (1870–1946) vollendete Jan Hus-Denkmal am Altstädter Ring, das 1883 eröffnete Tschechische Nationaltheater und das 1895 fertig gestellte Nationalmuseum. Das Jan Hus-Denkmal entwickelte sich rasch zu einer markanten Sehenswürdigkeit mit großem Wiedererkennungswert, sodass ČEDOK es als Werbemotiv nutzte und davor seine neuartigen Minibusse für Stadtrundfahrten ablichten ließ.[46]

---

44 Vor dem Ersten Weltkrieg gab es lediglich einen tschechischen Reiseführer, der allerdings nicht nur Prag, sondern das gesamte Böhmen behandelte: Řivnáč, František: Průvodce po Království Českém. Praha 1882.
45 Näheres bei Thomsen, Martina: „Historisches Prag" versus „modernes Prag". Kontroverse Pragbilder in deutschen und tschechischen Reiseführern 1918–1945, in: Becher, Peter/Knechtel, Anna (Hgg.): Praha – Prag 1900–1945. Literaturstadt zweier Sprachen. Passau 2010, S. 229–247.
46 Praha – Prag und Umgebung. Praha o. J. [1928], Vorsatz.

Das neue Konzept beeinflusste die Auswahl touristischer Attraktionen: Der ČEDOK-Reiseführer hebt besonders diejenigen Denkmäler hervor, die tschechische Personen ehren, etwa den Architekten Jan Kotěra (1871–1923), oder Persönlichkeiten, die sich im Kontext des Ersten Weltkriegs für die Souveränität der Tschechoslowakei eingesetzt hatten, wie z. B. der amerikanische Präsident Woodrow Wilson (1856–1924) oder der französische Historiker Ernest Denis (1849–1921).[47] Als Ausgangspunkt für Besichtigungstouren wählte ČEDOK den Pulverturm. Schon nach wenigen Stationen erreichte der Besucher Josefov mit dem alten Friedhof und der Altneuschule, die als wertvollstes Denkmal des alten Prager Ghettos bezeichnet wird.[48] Zu den bekannten Sehenswürdigkeiten gesellen sich auch neue Attraktionen, beispielsweise das 1874 erbaute Haus der tschechischen Technik oder das Náprstek'sche Gewerbemuseum.[49]

Besonders nutzerfreundlich ist der 1939 zunächst auf Tschechisch und noch im selben Jahr auf Deutsch erschienene Reiseführer *Praha a okolí slovem i obrazem* von Emil Hlávka.[50] Die Vielzahl an Abbildungen – insgesamt 88 Stück – war ein herausragendes Merkmal. Hlávka fertigte von jedem Straßenzug ein Foto an, auf dem zur besseren Orientierung die im Text erwähnten Sehenswürdigkeiten mit einer Ziffer versehen sowie die optimale Geh- bzw. Blickrichtung markiert waren. Die Markierungen erstreckten sich darüber hinaus auch auf Hotels, Restaurants, Banken usw. Die Fotos zeugen von hoher Aktualität und dokumentieren den technischen Fortschritt, vor allem die Automotorisierung Prags. Innenaufnahmen fehlen allerdings vollständig – vom alten jüdischen Friedhof ist nur die ihn umgebende Mauer zu sehen, in

---

47 Ebd., S. 29. Ähnlich verfährt Lázňovský, Bohuslav: Průvodce po Československé Republice. Bd. 1/1: Praha, Severní a Severozápadní Čechy. Praha 1936, S. 11. Hier werden ausnahmslos Denkmäler aufgezählt, die mit dem Schicksal der Tschechen in einer engen Verbindung stehen. Der Autor verweist aber auch auf Denkmäler, die für andere Nationen Bedeutung haben: Für die Deutschen führt Lázňovský u. a. das Deutsche Theater, das Deutsche Haus sowie die Denkmäler für Mozart und Beethoven an. Ebd., S. 14. Zum ‚Krieg der Denkmäler' siehe Karger, Adolf: Prag und die nationale Identität, in: Der Bürger im Staat 47 (1997), S. 90–96, hier S. 95.
48 Praha – Prag und Umgebung, S. 46.
49 Ebd., S. 50, S. 83.
50 Hlávka, Emil: Praha a okolí slovem i obrazem. Praha 1939. Die deutsche Ausgabe: Ders.: Prag und Umgebung in Bild und Schrift. Praha 1939. Die Unterschiede beschränken sich auf zwei Abbildungen sowie auf eine Liste mit Gerichten aus der böhmischen Küche, die deutschen Touristen die Speiseauswahl in Restaurants erleichtern sollte.

welchem Zustand das eigentliche Areal sich befindet, erschließt sich dem Leser erst, wenn er das Grundstück betritt.

Ein wesentlicher Unterschied zum Reiseführer des ČEDOK-Verlags besteht darin, dass Hlávka in sein Besichtigungsprogramm Gebäude in Privatbesitz integrierte, die erst wenige Jahre zuvor erbaut worden waren, darunter einige Villen bekannter Architekten oder Künstler, wie z. B. Josef Gočár (1880–1945) oder František Bílek (1872–1941). Des Weiteren dehnte er seine Empfehlungen auf neu errichtete Geschäfts- und Bürohäuser aus, die für einen modernen Architekturstil standen. Hierzu zählen etwa das Haus der Legio-Bank oder das der Phönix-Versicherungsgesellschaft.[51]

Bei deutschen Touristen war der Band *Prag (Praha) und Umgebung* aus der Reihe *Griebens Reiseführer* besonders beliebt. Er erlebte während der Zwischenkriegszeit etliche Neuauflagen.[52] In der 20. Auflage aus dem Jahr 1928 wird ausdrücklich Bezug genommen auf die Entwicklung Prags im letzten Viertel des 19. Jahrhunderts und seit 1918. Da der Grieben Verlag für das deutsche Reisepublikum publizierte, sah er sich in der Pflicht, über die ‚Tschechisierung' der politischen Organe, der Verwaltung und der Sprache im öffentlichen Leben sowie über die Zurückdrängung der Prager Deutschen zu berichten. Ein Thema, das lediglich in diesem Reiseführer aufgegriffen wird, ist die Entfernung habsburgischer Denkmäler seit 1918.[53] Aufgrund der veränderten politischen Lage sind sämtliche Straßennamen im Text und auf den Karten auf Tschechisch angegeben. Wer sich nur an die alten deutschen Bezeichnungen erinnerte, konnte die Hilfe eines umfangreichen zweisprachigen Verzeichnisses in Anspruch nehmen. Neu ist die durchgängige Einführung wichtiger tschechischer Begriffe im Text, wie z. B. Fremdenführer (Průvodce), Bierhäuser (Pivnice) usw. Das Besichtigungsprogramm steht in der Tradition früherer Reiseführer und bezieht vor allem die historischen Gebäude Prags ein. Josefov, insbesondere der alte Friedhof, wird als lohnenswerte Sehenswürdig-

---

51 Hlávka: Praha a okolí slovem i obrazem, S. 52.
52 Die 17. Auflage aus dem Jahr 1923 war die früheste nach dem Ersten Weltkrieg. Sie wurde von Anton Michalitschke bearbeitet. 1944 erschien letztmalig ein Band über Prag: Großer Führer der Hauptstadt Prag und Umgebung (Grieben-Reiseführer, 26). 25. Aufl., Berlin 1944.
53 Prag (Praha) und Umgebung (Griebens Reiseführer, 26). Mit drei Karten und drei Grundrissen. 20. Aufl., Berlin 1928, S. 18. Näheres bei Hojda, Zdeněk/Pokorný, Jiří: Pomníky a Zapomníky. 2. Aufl., Praha/Litomyśl 1997.

keit eingestuft.[54] Abwertende Zustandsbeschreibungen, wie sie häufig in Reiseführern vor dem Ersten Weltkrieg anzutreffen sind, finden sich in der 20. Auflage nicht: Die entsprechende Passage ist neutral formuliert.

PRAG ALS HAUPTSTADT DES PROTEKTORATS

Diese Sachlichkeit endete freilich nach dem Münchner Abkommen und der Errichtung des ‚Protektorats Böhmen und Mähren' im Jahr 1938/39. Während dieser Ereignisse gelangte Josef Pfitzner (1901–1945)[55], Historiker und Professor an der deutschen Universität in Prag, auf den Posten des stellvertretenden Prager Oberbürgermeisters. Er förderte die Germanisierung der Stadt,[56] u. a. indem alle Broschüren und Bücher über Prag geprüft und nur bei Einhaltung seiner Vorgaben zum Druck freigegeben wurden.[57] Die Fremdenführer mussten ihre Führungen inhaltlich den neuen Erfordernissen anpassen und gegebenenfalls eine Umschulung absolvieren. Zu den Maßnahmen Pfitzners gehörte des Weiteren die Beseitigung aller tschechischen Nationalsymbole sowie die Eindeutschung oder Umbenennung von Straßen und Plätzen.[58] Seit den Ereignissen 1938/39 wandelte sich das Reisepublikum schlagartig, und mit Kriegsbeginn kamen vermehrt deutsche Soldaten als Gäste nach Prag.

---

54 Prag (Praha) und Umgebung (1928), S. 75–77.
55 Zu Pfitzner: Hadler, Frank/Šustek, Vojtěch: Josef Pfitzner (1901–1945). Geschichtsprofessor und Geschichtspolitiker, in: Glettler, Monika/Mišková, Alena (Hgg.): Prager Professoren 1938–1948. Zwischen Wissenschaft und Politik. Essen 2001, S. 105–135; Míšková, Alena/Šustek, Vojtěch: Josef Pfitzner a Protektorátní Praha v letech 1939–1945. 2 Bde. Praha 2000–2001.
56 Šustek, Vojtěch: Bemühungen um die Germanisierung Prags während der NS-Okkupation. Aus den Berichten des Stellvertretenden Primators Josef Pfitzner, in: Glettler, Monika/Lipták, Lúbomír/Míškova, Alena (Hgg.): Geteilt, besetzt, beherrscht. Die Tschechoslowakei 1938–1945: Reichsgau Sudetenland, Protektorat Böhmen und Mähren, Slowakei. Essen 2004, S. 53–66.
57 Pfitzner publizierte selbst zur deutschen Vergangenheit Prags: Pfitzner, Josef: Das tausendjährige Prag. Bayreuth 1940. Das Buch erlebte bis zum Ende des Zweiten Weltkriegs mehrere Neuauflagen.
58 Macourková, Lenka: Straßennamen im Zentrum Prags während des Protektorats Böhmen und Mähren (1939–1945), in: Germanoslavica N.F. 6 (1999), S. 215–228.

Die nationalsozialistische Ideologie beeinflusste das touristische Konzept von Prag in deutschen Reiseführern grundlegend: Die Entwicklung der Stadt seit 1918, insbesondere die neuen Gebäude und Denkmäler, wurden nun als „wilde Auswüchse" der tschechischen Kultur abgestempelt.[59] Besonders deutlich tritt die Abwertung im 1941 veröffentlichten *Großen Führer der Hauptstadt Prag und Umgebung* aus dem Grieben Verlag zu Tage, für dessen Bearbeitung der Kunsthistoriker und ehemalige Direktor der Nürnberger Kunstsammlungen, Fritz Traugott Schulz (1875–1951), verantwortlich war. Er hatte sich zuvor mit der Geschichte der Sudetendeutschen beschäftigt.[60] Schulz hob über alle Maßen das „historische Prag" und seinen „deutschen Charakter" hervor und verurteilte die architektonischen Veränderungen der vergangenen 20 Jahre: alles Moderne, ob Gebäude oder Denkmal, schade dem historischen Stadtbild. Als Beispiel führt er das 1934 fertig gestellte Hochhaus der Allgemeinen Pensionsanstalt in der Neustadt an, dessen Höhe – 14 Stockwerke – die architektonische Einheit zerstöre.[61] Weitere Bauwerke und Denkmäler werden als deplatziert oder als künstlerischer Fehlgriff bezeichnet.[62] Der Reiseführer des Grieben Verlags knüpfte mit der Herabwürdigung tschechischer Bauwerke und Kunstdenkmäler an Kühnes Reisebericht aus den 1850er Jahren an – freilich mit dem gravierenden Unterschied, dass Schulz seinen Reiseführer unter dem Einfluss nationalsozialistischer Ideologie

---

59 Zu dieser Problematik: Thomsen, Martina: „Städte deutscher Schöpferkraft". Nationale Stereotype in Griebens Reiseführern über Prag, Budapest und Wien 1938–1945, in: Jaworski, Rudolf/Loew, Peter Oliver/Pletzing, Christian (Hgg.): Der genormte Blick aufs Fremde. Reiseführer in und über Ostmitteleuropa (Veröffentlichungen des Deutschen Polen Instituts Darmstadt, 28). Wiesbaden 2011, S. 93–111. Ergänzend: Lemberg, Hans: Prag im Zerrspiegel. Die Propagierung des ‚deutschen Prag' in der Protektoratszeit, in: Svatoš, Michal/Luboš, Velek/Velková Alice (Hgg.): Magister noster. Festschrift in memoriam Jan Havránek. Praha 2005, S. 383–394.
60 Schulz, Fritz Traugott: Katalog der sudetendeutschen Kunst-Ausstellung in der Norishalle am Marientorgraben vom 22. Februar bis 3. Mai 1931. Nürnberg 1931.
61 Großer Führer der Hauptstadt Prag und Umgebung. Mit 3 Karten, 1 Grundriß und 14 Abbildungen. Neu bearb. v. Prof. Dr. Fritz Tr. Schulz (Grieben Reiseführer, 26). Berlin 1941, S. 23f.
62 So urteilt Schulz beispielsweise über das 1912 fertig gestellte Denkmal zu Ehren des tschechischen Historikers und Politikers František Palacký (1798–1876). Ebd., S. 153.

schrieb und der deutschen Kultur eine prinzipielle Überlegenheit im böhmischen Raum attestierte.

Es passt in dieses Bild, dass das jüdische Prag, das bislang als touristische Attraktion angepriesen worden war, seit 1938 nahezu vollständig aus deutschen Reiseführern verschwindet: Es wird von Schulz weder in dem Kapitel über die Geschichte Prags erwähnt, noch taucht es unter den empfohlenen Sehenswürdigkeiten auf. Für Touristen, die während der Besichtigungstour durch die Prager Altstadt dennoch nach Josefov gelangten, hielt der Reiseführer eine Warnung parat: Schulz sprach mit Blick auf den alten jüdischen Friedhof von einem „wirren Durcheinander". Er sei ein „warnendes Beispiel dafür [...], wie man seine Toten nicht ehren sollte".[63] Auf dem beigefügten Stadtplan, der nun alle Straßennamen auf Deutsch enthält, fehlen Hinweise auf den Friedhof oder auf die Altneuschule völlig.[64] Für die Juden und ihre Lebenswelt gab es in einem Prag, auf das die deutschen Besatzer vermeintlich historische Ansprüche erhoben, keinen Platz. Deutsche Touristen sollten kein Interesse am jüdischen Prag zeigen, sondern sich an den Bauwerken deutscher Architekten und Erbauer erfreuen. Das touristische Konzept der deutschen Besatzungsbehörden sah die Erkundung vertrauter und nicht der fremden Seiten Prags vor: Reisende aus dem Deutschen Reich sollten die Spuren eigener Geschichte und Kultur in der Hauptstadt des Protektorats entdecken. Diese Intention teilten Reiseführer anderer deutscher Verlage aus jener Zeit.[65] Tschechische Reiseführer, die das Bild von Prag als Stadt deutschen Ursprungs hätten korrigieren können, erschienen seit 1939 nicht mehr. Die deutsche *Reichsschrifttumskammer* kontrollierte den Buchmarkt im Protektorat und gab nur noch deutsche Reiseführer zur Veröffentlichung frei.

---

63 Ebd., S. 100.
64 Ebd., Anhang.
65 Siehe etwa Michalitschke, Walther: Prag. Ein Reiseführer. 2. Aufl., Prag 1940; Ders.: Was muß der deutsche Soldat über Prag wissen? Mit Unterstützung des Wehrmachtsbevollmächtigten beim Reichsprotektor in Böhmen und Mähren neu herausgegeben. 3. Aufl., o. O. 1940. Zur Retuschierung von Kartenmaterial siehe auch Weger, Tobias: Das jüdische Krakau und das jüdische Prag in deutschsprachigen Reiseführern, in: Hahn, Hans Henning/Mannová, Elena (Hgg.): Nationale Wahrnehmung und ihre Stereotypisierung (Mitteleuropa – Osteuropa. Oldenburger Beiträge zur Kultur und Geschichte Ostmitteleuropas, 9). Frankfurt a. M. u. a. 2007, S. 191–212.

SCHLUSSFOLGERUNGEN

Standardisierte Reiseführer über Prag sind in mehrfacher Hinsicht eine ergiebige Quelle. Sie dokumentieren den architektonischen und infrastrukturellen Wandel Prags von einer Residenzstadt der Habsburgermonarchie zur Hauptstadt mit Metropolencharakter in der Ersten Tschechoslowakischen Republik. Zeitgleich lässt sich eine beschleunigte touristische Erschließung der Stadt beobachten: Die von Reiseführern empfohlenen Besichtigungstouren werden im Laufe der Jahrzehnte umfangreicher, das Übernachtungswesen wird professionalisiert und nach den finanziellen Mitteln der Reisenden gestaffelt, neue Verkehrsmittel, wie z. B. Autobusse, finden Verwendung im Personentransport und tragen zur spürbaren Zunahme des Reiseverkehrs in Prag bei. Der Stadttourismus wird als eine lukrative Einnahmequelle entdeckt, weshalb sich seit dem ausgehenden 19. Jahrhundert zwei Entwicklungen abzeichnen: zum einen das Bemühen um die Etablierung erfolgreicher Vermarktungsstrategien – hierzu zählt etwa das Konzept von Prag als Stadt mit Geschichte –, zum anderen der Versuch der öffentlichen Hand, am Tourismus zu partizipieren und ihn zu kanalisieren. Dies geschah zunächst durch die Einführung konzessionierter Fremdenführer,[66] später durch die Gründung des staatlich geförderten Reisebüros ČEDOK.

Die ethnische Gemengelage Prags führte seit der zweiten Hälfte des 19. Jahrhunderts nicht nur auf politischer Ebene zu nationalen Spannungen, sondern beeinflusste auch die Herausbildung verschiedener touristischer Konzepte: eines historischen, in dem auf den Einfluss deutscher Siedler abgehoben wurde, eines modernen, das das Ergebnis der nationalen Erhebung der Tschechen war, und eines jüdischen, in dem die vermeintliche Fremdartigkeit der Juden im Zentrum stand. Diese Konzepte, insbesondere das historische und moderne, konkurrierten vorwiegend in jenen Zeiten miteinander, in denen das Verhältnis zwischen den Ethnien besonders angespannt war. Interethnische Differenzen bewirkten in Reiseführern selektive Verschiebungen im Besichtigungsprogramm zugunsten einer Nation: deutsche Reiseführer empfahlen die Besichtigung von Bauwerken deutschen Ursprungs oder den Besuch von Hotels und Restaurants deutscher Besitzer, tschechische Reiseführer gaben dementsprechend „tschechische" Empfehlun-

---

66 Diese werden erstmals erwähnt in Vilímek's Führer durch Prag, S. 23.

gen. Die Reiseführer dokumentierten darüber hinaus die Aneignung des öffentlichen Raumes durch die verschiedenen Ethnien, etwa indem sie vom Bau oder vom Sturz bekannter Denkmäler (Radetzkydenkmal, Mariensäule) oder von staatlichen Feiern in der Öffentlichkeit berichteten.

Reiseführer über Prag sind Träger und Multiplikatoren von Fremd- und Selbstbildern. Sie enthalten etliche pauschalisierende Werturteile über das Land bzw. die Stadt und die Bevölkerung, die sie thematisieren. In Abhängigkeit von der Zeit, in der sie verfasst wurden, überwiegen negative oder positive Bewertungen, seit 1933 in deutschen Reiseführern besonders häufig negative. Abwertende Aussagen über die Eigenschaften der Tschechen oder über den baulichen und hygienischen Zustand Josefovs lassen Rückschlüsse auf das Selbstbild des Verfassers zu: Der eigenen Nation schrieb er überwiegend positive Eigenschaften, wie z. B. Ordnungsliebe, Sauberkeit usw., zu. Reiseführer konnten, so zeigen die untersuchten Beispiele seit 1939, zum Vehikel ideologischer Ziele werden. Wenn die Existenz der Juden in Prag verschwiegen wird und Bauwerke tschechischer Architekten als künstlerisch fragwürdige Fantasiegebilde bezeichnet werden, ist es mit der vom Grieben Verlag stets beschworenen Unparteilichkeit[67] nicht weit her. Standardisierte Reiseführer sind, um auf die Behauptung des Brockhaus Verlages zurückzukommen, offensichtlich mehr als eine „bloße Aneinanderreihung von Notizen". Sie sind, wie dieser Beitrag zeigen sollte, zum einen ein sachbezogenes Informationsmedium, zum anderen ein Propagandamittel, das mit Fremdzuschreibungen und Vorurteilen arbeitet.

---

67 Beispielsweise Prag und Umgebung (1928), Vorsatz.

Schneller und weiter

Mit dem Automobil durch die
Erste Tschechoslowakische Republik

JAN ŠTEMBERK

Der aufkommende Automobilverkehr beeinflusste in bedeutendem Maße die Entwicklung des Tourismus. Bereits vor dem Ersten Weltkrieg kam der Aufstieg dieses neuen Verkehrsmittels zum Tragen. Seinen Platz fand es nicht nur im öffentlichen Verkehr (1908 wurden in Böhmen die ersten öffentlichen Buslinien in Betrieb genommen), sondern auch im Individualverkehr.

Der technische Stand hatte bereits eine gewisse Zuverlässigkeit erreicht, und das Automobil war vom Vergnügungsobjekt zu einem Transportmittel geworden. Angesichts der hohen Anschaffungs- und Unterhaltskosten, die meist auch den Lohn für den Chauffeur einschlossen, konnten sich nur die oberen Gesellschaftsschichten ein Auto leisten. Den aufkommenden Automobilismus reflektierte vor dem Ersten Weltkrieg auch die Reiseliteratur. In Reiseführern aus der damaligen Zeit trifft man bereits sporadisch auf Informationen für Automobilisten mit Angaben zum Straßenzustand, zu Tankstellen, Hotelgaragen oder Autowerkstätten.[1]

Der Straßenverkehr, beflügelt durch die Motorisierung, erlebte in der Zwischenkriegszeit eine starke Entwicklung. Er wurde zu einem zukunftsträchtigen und sich dynamisch entwickelnden Verkehrszweig

---

1 Diese Angaben enthält beispielsweise der Reiseführer: Průvodce Bledem a okolím [Reiseführer durch Bled und Umgebung]. Prag 1912, S. 43.

und konkurrierte seit der Mitte der 1920er Jahre mit dem Eisenbahnverkehr. Sein Aktionsradius, der durch den Bau der Eisenbahn auf die lokale Ebene begrenzt gewesen war, dehnte sich mit dem aufkommenden Automobilismus aus. Das Automobil ermöglichte es, die Reisedauer zu verkürzen. Neben der zunehmenden Geschwindigkeit bot es aber den Passagieren ein hohes Maß an Unabhängigkeit. Für den hier untersuchten Zeitraum kann man den Individualverkehr noch nicht als Massenerscheinung bezeichnen, doch der Aufwärtstrend war offensichtlich.

Der individuelle Autotourismus, der eher als Sport verstanden wurde, war entweder durch ein eigenes Automobil möglich oder durch das Anmieten eines Autos für Ausflüge in die Umgebung der großen Städte. Der Anschaffungspreis für ein Automobil war in der Zwischenkriegszeit noch recht hoch. In gewissem Maß war dies auch durch die staatliche Zollpolitik bedingt, die versuchte, einheimische Automobilproduzenten zu fördern. Anfang der 1920er Jahre kam es zu einem deutlichen Preisanstieg. Erst seit der zweiten Hälfte des Jahrzehnts sanken die Verkaufspreise wieder, was mit technischen Innovationen und der schrittweisen Einführung der Kleinserienproduktion zusammenhing. Die Basisausstattung eines Wagens der unteren Kategorie war in der ersten Hälfte der 1930er Jahre bereits für weniger als 20.000 tschechoslowakische Kronen zu haben. Im Vergleich zur der Situation Mitte der 1920er Jahre lagen damit die Kosten etwa um 10.000 Kronen niedriger. Das größte Interesse bestand an kleineren Automobilen mit geringem Hubraum, denn diese waren in der Anschaffung und im Unterhalt billiger. Eine günstige Alternative stellte daneben das Motorrad dar.[2]

Der 1928 gegründete *Motor-Touring-Club* unterstützte in der Tschechoslowakei den Automobiltourismus. Die unten angeführte Tabelle bietet eine Übersicht über die Anzahl der Kraftfahrzeuge in der Tschechoslowakei während der Zwischenkriegszeit. Erst Ende der 1920er Jahre wurde die Marke von 100.000 Stück überschritten. Seit der zweiten Hälfte dieses Jahrzehnts lässt sich eine sprunghafte Entwicklung der Motorisierung nachweisen, denn innerhalb von nur acht Jahren verzehnfachte sich die Zahl der Kraftfahrzeuge. Wenngleich

---

2 Štemberk, Jan: Automobilista v zajetí reality. Vývoj pravidel silničního provozu v českých zemích v první polovině 20. století [Der Kraftfahrer in der Umklammerung der Realität. Die Entwicklung der Straßenverkehrsregeln in den böhmischen Ländern in der ersten Hälfte des 20. Jahrhunderts.]. Prag 2008, S. 17.

die Weltwirtschaftskrise deutliche Auswirkungen auf die Tschechoslowakei hatte und die Motorisierung deutlich verlangsamte, verdoppelte sich die Anzahl der registrierten Kraftfahrzeuge im Laufe der 1930er Jahre dennoch.

Tabelle 1: *Anzahl der registrierten Kraftfahrzeuge in der Tschechoslowakei. Quelle: Štemberk: Automobilista v zajetí reality, S. 19.*

Jahr	1922	1926	1928	1929	1930
Anzahl der Fahrzeuge	9929	39543	59409	78099	100474

Jahr	1931	1933	1936	1937	1938
Anzahl der Fahrzeuge	116726	148930	163945	175071	221513

Der Individualverkehr hatte in der gesamten Zwischenkriegszeit mit einer ganzen Reihe von Hindernissen zu kämpfen. Ein großes Problem waren der geringe Motorisierungsgrad (die Tschechoslowakei blieb zwar hinter den westeuropäischen Ländern zurück, übertraf aber in der Motorisierung die Länder Mittel-, Ost- und Südosteuropas) und der unzulängliche Zustand vieler Straßen, die für Fuhrwerke, nicht aber für den Automobilverkehr ausgelegt waren. Im Zusammenhang mit der wachsenden Bedeutung des Tourismus wurde von Fachkreisen gefordert, den Automobiltourismus zu erfassen und zu unterstützen. Automobilorganisationen brachten gegen Ende der Zwischenkriegszeit die Bedeutung des Automobiltourismus für die Volkswirtschaft mit folgenden Worten zum Ausdruck:

Der Automobiltourismus wird als immer wertvoller betrachtet, denn die Eigentümer von Kraftfahrzeugen stammen zumeist aus den Schichten der gut Situierten, somit stellen sie an sich und an ihr Kraftfahrzeug weitaus mehr Ansprüche als Fußgänger. Aus diesem Grunde müssen möglichst allseitig die Möglichkeiten des einheimischen Kraftfahrzeugtourismus unterstützt und Besuche der Tschechoslowakei unter ausländischen Kraftfahrzeugbesitzern propagiert werden.[3]

---

3 National Archiv Prag (im Folgenden: NA), Fonds Ministerstvo průmyslu, obchodu a živností [Fonds des Ministeriums für Industrie, Handel und

Vorbereitungen vor Fahrtantritt

Auf einen Ausflug mit dem Automobil musste man sich gründlich vorbereiten. Ein Kraftfahrer war zwar Herr seiner Zeit und musste sich nicht nach Fahrplänen richten, doch nur waghalsige Naturen begaben sich ohne vorherige sorgfältige Planung auf eine Fahrt. Zuerst musste man das Fahrzeug vorbereiten: unbedingt erforderlich war ein Reserverad; einige tschechische Automobilfabriken statteten höherwertige Fahrzeuge sogar mit zwei Reserverädern aus, da Reifendefekte durch den schlechten Zustand der Straßen sowie durch herausgefallene Hufeisennägel an der Tagesordnung waren. Informationen über die notwendige Ausstattung bieten Handbücher für Kraftfahrer aus der damaligen Zeit:

Wir betrachten es als überflüssig, daran zu erinnern, dass jeder ein Reserveventil von Motor und Reifen, eine gute Luftpumpe, eine Reservefeder (Ventil und vom Fahrgestell), Zündkerzen, Glühlampen und das notwendige Gerät – vor allem einen Wagenheber usw. – mit sich führen sollte.[4]

Die überwiegend mit Sand bedeckten Splittfahrbahnen wurden bei Regen zu Schlammwegen mit ausgefahrenen Spurrinnen; wenn es trocken war, machten sie Fahrern und Fußgängern durch Staubwolken, die hinter einem vorbeifahrenden Auto aufstoben, das Leben schwer. Je weiter sich ein Kraftfahrer vom Zentrum entfernte, desto mehr galt die oben erwähnte Charakteristik, denn „sehr viele, und gerade die schönsten Teile unserer Republik sind nur über äußerst erbärmliche Straßen zu erreichen (Böhmerwald, Slowakei usw.)".[5] Ein partieller Ausweg aus dem trostlosen Zustand des tschechischen Straßennetzes war die Verabschiedung des Gesetzes über einen Straßenfonds.[6] Dieser wurde durch den Erlös aus der Kraftfahrzeugsteuer finanziert; sein

---

Gewerbe] (im Folgenden: MPOŽ), K. 2611, Schrift AZ 12.8369/1938, 28.12.1938. Alle im Original tschechischen Zitate wurden von Silke Klein ins Deutsche übertragen.

4 Poláček, Karel/Veverka, Josef: Automobilový průvodce Československou republikou [Automobilführer durch die Tschechoslowakische Republik]. Laun 1930, S. 10.

5 Tlamich, Zdeněk/Foustka, Jiří: Na motoru křížem krážem domovinou [Per Motor kreuz und quer durch die Heimat]. Prag 1928, S. 36.

6 Nr. 116/1927 Sbírky zákonů a nařízení (Sammlung von Gesetzen und Verordnungen) (im Folgenden: Slg.).

Zweck bestand in erster Linie darin, die Erneuerung und den Bau staatlicher Straßen zu ermöglichen. Die Pflege von nichtstaatlichen Straßen (nach heutiger Auffassung die Straßen 2. und 3. Kategorie) erfolgte nur sporadisch, und zwar je nach Wichtigkeit, was zur Folge hatte, dass sich diese in einem schlechten Zustand befanden, der sogar in eine konkrete Empfehlung für die Kraftfahrer mündete, um den Preis eines Umwegs lieber die staatlichen Straßen zu nutzen, als die Fahrt über die schlechten Bezirksstraßen zu riskieren. Die Konzeption des Straßenfonds bewährte sich im Großen und Ganzen, das Ergebnis der hohen Investitionsaktivität war, dass Mitte der 1930er Jahre bereits zwei Drittel der staatlichen Straßen einen stabilen, staublosen Belag aufwiesen. Neben dem grundlegenden Straßennetz begann man in der zweiten Hälfte der 1930er Jahre nach italienischem und deutschem Vorbild mit der Planung und dem Bau von gesonderten Straßen für Kraftfahrzeuge, die zuerst als Autostraden bezeichnet wurden, später dann als *dálnice* („Fernstraße", Autobahn). Die ersten Projekte, die jedoch zumeist nicht über das Planungsstadium hinauskamen, wurden durch die Okkupation der Grenzgebiete durch deutsche Truppen und die Notwendigkeit, die Verkehrssituation in der Zweiten Tschechoslowakischen Republik (01.10.1938–15.03.1939) zu lösen, beschleunigt. Auf die Fertigstellung der ersten Autobahn mussten die tschechischen Kraftfahrer noch mehr als drei Jahrzehnte warten.[7]

Stand ein Sonntagsausflug auf dem Programm, musste man sich ausreichend Kraftstoff besorgen, denn aufgrund der gesetzlich vorgeschriebenen Sonn- und Feiertagsruhe waren die Tankstellen geschlossen. Dieses Verbot wurde erst nach zahlreichen Beschwerden von Kraftfahrern im Jahr 1936 aufgehoben. Die Tankstellendichte war jedoch nicht sonderlich hoch; deshalb musste ein Kraftfahrer gut überlegen, bei welcher Tankstelle er Kraftstoff auffüllte. Ein Leitfaden waren ihm dabei die veröffentlichten Tankstellenverzeichnisse. Eine häufig genutzte Möglichkeit war es auch, einen Reservekanister mitzuführen.

Voraussetzung für einen gemütlichen Ausflug war die detaillierte Vorbereitung der Reiseroute. Diese konnte sich der Kraftfahrer selbst ausarbeiten, er konnte sich aber an den *Autoklub republiky Československé* (Autoklub der Tschechoslowakischen Republik, im Folgenden: ARČS) oder einen anderen Verein für Kraftfahrer wenden, der für sei-

---

7 Štemberk: Automobilista v zajetí reality, S. 29f.

ne Mitglieder eine Route plante und um Informationen zum Zustand der Straßen und Übernachtungsmöglichkeiten ergänzte. Angeraten war dies vor allem bei längeren Ausflügen oder bei Reisen ins Ausland. Eine bedeutende Hilfe boten des Weiteren Zeitschriften für Kraftfahrer.[8] Damals waren Reiseziele in der freien Natur beliebter als in den Städten, auch wenn diese historisch wertvolle Sehenswürdigkeiten boten. Das Automobil diente als Mittel zur Flucht vor der Urbanisierung. Eine nicht wegzudenkende Rubrik in den Zeitschriften bildeten ab der zweiten Hälfte der 1920er Jahre Vorschläge für Ausflüge mit dem Automobil, verbunden mit aktuellen Informationen über den Zustand und die Befahrbarkeit der Straßen. Ein Autofahrer konnte sich so nicht nur vom Zielort, sondern auch von der Wahl der gesamten Strecke inspirieren lassen. Seit Ende der 1920er Jahre gab es eigene touristische Reiseführer für Kraftfahrer.[9] Notwendig für die richtige Orientierung war jedenfalls eine gute Karte. Der ARČS begann in den 1920er Jahren mit der Herausgabe von sehr detaillierten Karten im Maßstab 1:200.000. Mit einem größeren Maßstab arbeiteten die *Fastr*-Autokarten; stark nachgefragt wurden Karten von Freytag und Berndt mit Stadtdurchfahrtsplänen. Ein notwendiger Zusatz waren Straßenzustandskarten, die der ARČS mehrmals pro Jahr aktualisierte.[10]

Die Reiseroute sollte natürlich auch Abenteuer bieten, demnach sollte sie nicht nur Abstecher zu attraktiven Plätzen enthalten, sondern auch Vorschläge für geeignete Orte für das Mittag- oder Abendessen. Bei der Planung der Reiseroute musste man an die Übernachtung denken, die nicht nur Ruhe und Gemütlichkeit, sondern eventuell auch ein Erlebnis bieten sollte (Sonnenauf- oder -untergang etc.). Eine ideale Lösung war ein Berghotel mit eigenen Garagen. Das Parken an öffentlichen Plätzen war unüblich, einem Automobil drohte dort das nicht geringe Risiko einer Beschädigung oder eines Diebstahls. Wenn ein Hotel über keine Garagen verfügte, musste der Kraftfahrer mit einem

---

8   So z. B. *Auto*, die offizielle Zeitschrift des Autoklubs der Tschechoslowakischen Republik, die die gesamte Zwischenkriegszeit über erschien.
9   Beispielsweise Poláček/Veverka: Automobilový průvodce Československou republikou; Poláček, Karel: Automobilový průvodce Podkarpatskou Rusí [Automobil-Reiseführer durch die Karpatenukraine]. Prag 1934; Foustka, Jiří/Holman, Jan Alfred: Hundert Autoausflüge in der Čechoslovakei. Prag 1929 (deutsche und tschechische Version); Tlamich/Foustka: Na motoru křížem krážem domovinou.
10 Poláček/Veverka: Automobilový průvodce Československou republikou, S. 10.

Schutzdach oder im Notfall mit einem bloßen Hof vorliebnehmen. Seine Aufmerksamkeit widmete den Kraftfahrern auch der zahlenmäßig stärkste Tourismusverein, der *Klub československých turistů* (Klub der tschechoslowakischen Wanderer; im Folgenden: KČST). Dieser Klub, der mehr Mitglieder der jungen Generation gewinnen wollte, unter welcher der Wunsch ausgeprägt war, ein eigenes Automobil oder zumindest ein Motorrad zu besitzen, kam den Kraftfahrern entgegen, indem er besonders auf den Bau von Garagen drängte.[11]

Besonderes Augenmerk musste überdies auf geeignete Kleidung gelegt werden, was insbesondere für die Fahrer von Cabrios galt. Auch musste man gemäß des bereits erwähnten Gesetzes Nr. 116/1927 Slg. den Führerschein, eine Bestätigung über die Erteilung eines polizeilichen Kennzeichens, das Wagenzertifikat und eine Bestätigung über die Entrichtung der Steuer stets bereithalten.

FAHRTBEDINGUNGEN UNTERWEGS

Die primäre Anforderung, die ein Autofahrer zu erfüllen hatte, war die Einhaltung der Straßenverkehrsregeln. Die meisten Diskussionen wurden im Zusammenhang mit den festgelegten Geschwindigkeitsbegrenzungen geführt. Während der Zwischenkriegszeit galt lange Zeit die Verordnung des Innenministers Nr. 81/1910 Reichsgesetzblatt: in geschlossenen Ortschaften, die durch eine zusammenhängende Bebauung definiert waren, durfte der Halter eines Fahrzeugs die Geschwindigkeit von 15 km/h nicht überschreiten, außerhalb geschlossener Ortschaften lag die Höchstgeschwindigkeit bei 45 km/h, an einer Kreuzung und an unübersichtlichen Stellen betrug diese lediglich 6 km/h. Rasch stellte sich heraus, dass diese Höchstwerte zu niedrig waren. Die große Unzufriedenheit mit den strengen Geschwindigkeitsbegrenzungen trat besonders in der zweiten Hälfte der 1920er Jahre zutage. Auch im Vergleich mit den übrigen europäischen Staaten wurde deutlich, dass die Autofahrer in der Tschechoslowakei ihren Wunsch nach Geschwindigkeit stark bändigen mussten. Liberalere Bedingungen galten für einen tschechischen Kraftfahrer in der Slowakei bzw. in der Karpatenukraine, wo die Geschwindigkeit in einer geschlossenen Ortschaft auf 25 km/h, außerhalb einer Ortschaft aber gar nicht begrenzt

---

11 Tlamich/Foustka: Na motoru křížem krážem domovinou, S. 7f.

wurde.[12] Nach langen Verhandlungen wurde eine vorübergehende Regierungsverordnung Nr. 107/1932 Slg. verabschiedet, die die Vorschriften des Automobilverkehrs ergänzte und abänderte. Der dritte Teil, der die Fahrt mit Kraftfahrzeugen behandelte, kam im Grunde den Forderungen der Automobilisten sowie den Ansichten der Fachöffentlichkeit entgegen, die eine Erhöhung der Höchstgeschwindigkeit wünschten. Im Grunde übernahm das Gesetz das Modell, das im damaligen Europa üblich war. In geschlossenen Ortschaften wurde die Höchstgeschwindigkeit auf 35 km/h erhöht; außerhalb einer Ortschaft wurde die Geschwindigkeit für Personenkraftwagen und Motorräder nicht begrenzt, lediglich Lastkraftwagen- und Busfahrer durften eine Geschwindigkeit von 50 km/h nicht überschreiten.[13] Diese Regelung wurde mit einigen Änderungen von dem lange vorbereiteten Gesetz über die Fahrt mit Kraftfahrzeugen Nr. 81/1935 Slg. übernommen.

Eine kurze Betrachtung verdient auch die Ausschilderung. Warnschilder gab es bereits in der Zeit vor dem Ersten Weltkrieg; dem Staat fehlte für eine umfassende Straßenbeschilderung jedoch das Geld. In der Praxis war ein Kraftfahrer oft auf die Hinweise von Einwohnern angewiesen. Die ländlichen Gebiete der Tschechoslowakei standen allerdings dem Automobilismus eher ablehnend gegenüber, falsche Hinweistafeln und schlechte Straßenverhältnisse stellten keine Ausnahme dar. Eine partielle Lösung des Problems bot eine im Mai 1928 geschlossene Vereinbarung, nach der sich der ARČS auf eigene Kosten um Warn- und Orientierungsschilder auf den staatlichen Straßen kümmern sollte. Der Vertrag wurde für zehn Jahre geschlossen.[14] Der ARČS nahm im Einklang mit der Vereinbarung die Beschilderung vor und stellte in touristisch interessanten Gebieten eine Verkehrsbeschilderung auf nichtstaatlichen Straßen auf. Eine komplexe Straßenbeschilderung erfolgte in der Tschechoslowakei per Gesetz erst 1938.[15] Eine zusätzliche Regierungsverordnung[16] regelte das System der Verkehrsbeschilderung und die Form der einzelnen Zeichen.

---

12 Poláček/Veverka: Automobilový průvodce Československou republikou, S. 13.
13 Sammlung von Gesetzen und Verordnungen 1932. Prag 1932, Regierungsverordnung Nr. 107.
14 NA, Fonds Ministerstvo veřejných prací [Ministerium für öffentliche Arbeiten], K. 2233, Schrift AZ. 51.471/1927, 26.03.1928.
15 Nr. 82/1938 Slg. über die Verkehrszeichen.
16 Regierungsverordnung Nr. 100/1938 Slg.

Der Individualverkehr erforderte günstigere Bedingungen für Autotouristen und die Zugänglichmachung touristischer Attraktionen für motorisierte Besucher. Auf die Interessen der Autotouristen konzentrierte sich auch der KČST, der die Ausschilderung wichtiger touristischer Objekte und Orte als Priorität betrachtete. Er baute befahrbare Straßen zu seinen eigenen Objekten, damit diese nicht nur für die Wanderer, sondern auch mit dem Automobil erreichbar waren. Durch Verhandlungen mit den Waldbesitzern versuchte der KČST außerdem, Autofahrern weitere Waldwege zugänglich zu machen.[17]

Die Fahrt auf öffentlichen Straßen war im Allgemeinen gebührenfrei; wollte ein Fahrer jedoch eine nichtöffentliche Straße nutzen, musste er sich darauf einstellen, dass eine Gebühr erhoben werden konnte. In diesem Falle war zudem die Zustimmung des Grundeigentümers notwendig. In den böhmischen Ländern wurden überwiegend nur Wege in höhere Lagen oder Fahrten auf Berggipfel mit einer Gebühr belegt. So kostete beispielsweise eine Fahrt auf den Gipfel des Jeschken 20 tschechoslowakische Kronen.[18] In ähnlicher Form wurde auf der Trasse Hohenelbe (Vrchlabí) – Spindlermühle (Špindlerův Mlýn) eine Maut eingehoben. Per Automobil war das Herz des Riesengebirges zugänglich, man konnte bis zur Špindlerovka oder Jindřichova bouda fahren. Komplizierter war die Situation in der Slowakei und vor allem in der Karpatenukraine. In letzterer Region gab es viele private Straßen, die den Forstverwaltungen gehörten, doch die Fahrt über diese galt als „eine unterbrochene Kette seltener Erlebnisse, die man im Ausland vergebens sucht".[19] Die meisten dieser Straßen waren nur bei trockenem Wetter zu befahren. Die Gebühren galten damals als hoch, allerdings wurden sie als dem Erlebnis angemessen betrachtet. Eine Fahrt zum höchsten Berg der Karpatenukraine Hoverla kostete für ein kleines Automobil 125 tschechoslowakische

---

17 Horalíková, Klára: Rozmach masové turistiky. Klub československých turistů v letech 1918–1938 [Der Aufschwung des Massentourismus. Der Klub der tschechoslowakischen Touristen in den Jahren 1918–1938], Rigorosumsarbeit an der Karlsuniversität Prag, Philosophische Fakultät, Prag 2004, S. 104.
18 Výlet do Jizerských hor [Ein Ausflug ins Isergebirge], in: Motor Touring 1 (1929), S. 123.
19 Poláček, Karel: Automobilový průvodce Podkarpatskou Rusí. Prag 1934, S. XXXII.

Kronen und für einen größeren Wagen 200 tschechoslowakische Kronen. Für Mitglieder des ARČS gab es eine Ermäßigung von 50 %.[20]

REISEZIELE

Für Erkundungsreisen in die Slowakei wurden zwei Reiserouten vorgeschlagen. Die nördliche slowakische Magistrale führte durch das Tal der Waag und unterhalb der Hohen Tatra vorbei, mit einem empfohlenen Abstecher nach Demänová, Štrbské Pleso und Tatranská Lomnica bis hin nach Pieniny, weiter verlief sie über Levoča und Prešov bis nach Košice. Die Fahrt durch die mittlere Slowakei führte über die Niedere Tatra. Sie begann in Bratislava, passierte Nitra, Zvolen, Banska Bystrica und das Tal der Gran. Weitere Stationen waren Červená Skala, Košice und Užhorod. Diese Routen konnte man auch als Rundreise durch die Slowakei kombinieren.[21]

In den böhmischen Ländern führten die meisten Ausflüge per Automobil in die Umgebung der großen Städte oder in die Kurorte. Als Sonntagsausflüge wurden von Prag aus zumeist die mittelböhmischen Burgen empfohlen (Konopiště, Karlštejn, Křivoklát, Kokořín). Wollte man in die Natur, konnte man in den Böhmischen Karst, ins Böhmische Paradies bzw. ins Gebiet Kokořín fahren. Attraktive und sehenswerte Städte waren Mělník, Kutná Hora, Poděbrady, Dobříš, Brandýs nad Labem und Stará Boleslav. Ausflüge in weiter entfernte Orte waren in der Regel mehrtägig. Trotz allem aber wird in damaligen Reiseführern oft angeführt, dass als Tagesausflüge Strecken von mehr als 200 Kilometern zu bewältigen waren. In diesen Fällen war ein Autofahrer eher ein Kilometerjäger als ein Tourist, denn „als touristisch bezeichnen wir keine Ausflüge, die darin bestehen, dass man mit dem Auto so schnell wie möglich zu einer Bergbaude (Schutzhütte) hinauffährt und von dort wieder nur über eine hübsch angelegte Straße nach Hause eilt".[22]

Ausländischen Autofahrern erleichterten der ARČS und andere Automobilklubs die Orientierung in der Tschechoslowakei. In Prag hatte der ARČS seine Vertretungen an den Zufahrten zur Stadt (an den

---

20 Ebd., S. XXVIII.
21 Ebd., S. XXXI.
22 Vrzalík, Josef: Turistika výchovou [Tourismus durch Erziehung], in: Časopis turistů 43 (1931), S. 22.

Stellen, an denen die Steuer erhoben wurde und wo jeder Kraftfahrer halten musste). Die Vertreter des Automobilklubs gewährten Informationen zu Verkehrsfragen, interessanten Orten und Unterbringungsmöglichkeiten.[23] Der ARČS bemühte sich, mit den Grenzbehörden zusammenzuarbeiten, um ebenfalls einreisende Ausländer informieren zu können. Er stellte den Zollbehörden aktuelle Straßenkarten mit dem gekennzeichneten Zustand der Straßen zur Verfügung. Ihnen lagen Erfahrungen in Österreich zugrunde.[24]

Ein ausländischer Autofahrer, der in die Tschechoslowakei einreiste, musste sich gegen viele Probleme wappnen, die ihn erwarteten. Hierzu gehörte etwa die Steuerpflicht für ausländische Automobilisten. Im Jahr 1933 betrugen die Steuersätze für Personenkraftwagen bei einem Aufenthalt bis zu zwei Tagen 40 tschechoslowakische Kronen, bei bis zu 5 Tagen 80, bei bis zu 15 Tagen 160, bei bis zu 30 Tagen 240 und schließlich bei einem Aufenthalt bis zu 60 Tagen 480 tschechoslowakische Kronen. Diese hohen Summen ergaben sich daraus, dass bei einem Aufenthalt von beispielsweise sechs Tagen die Steuer für einen Aufenthalt von 15 Tagen fällig wurde.[25] Eine Senkung der Steuersätze bzw. eine Befreiung ausländischer Kraftfahrzeuge trat erst mit der zweiten Hälfte der 1930er Jahre ein.[26] Ein weiteres Problem bestand darin, dass die Grenzübergänge zwischen Mitternacht und vier Uhr morgens geschlossen waren: In dieser Zeit konnten private Kraftfahrzeuge nicht in die Tschechoslowakei einreisen. Problematisch war ferner, dass es ein Gesetz gab (Nr. 85/1932 Slg.), das das Mischen von Benzin mit Spiritus vorschrieb. An den Tankstellen bekam man kein reines Benzin, für das aber die meisten ausländischen Fahrzeuge konstruiert waren. Bis 1939 musste ein Tourist sich darauf einstellen, dass man auf den tschechoslowakischen Straßen links fuhr. Linksverkehr galt in der Zwischenkriegszeit auch in anderen mitteleuropäischen Staaten, wie Österreich und Ungarn.

---

23 NA, Fonds des MPOŽ, K. 2653, Sig. 93775-32.
24 Staatliches Regionalarchiv Prag, Fonds Obchodní a živnostenská komora Praha [Handels- und Gewerbekammer Prag], K. 979, Sig. III/1.
25 Poplatky vybírané v jednotlivých státech od zahraničních automobilistů [Von ausländischen Kraftfahrern in einzelnen Staaten erhobene Gebühren], in: Auto 15 (1933), S. 216.
26 NA, Fonds MPOŽ, K. 2590, Schrift AZ. 109521/1935, 06.12.1935.

Fazit

Die Zwischenkriegszeit stellte in der Tschechoslowakei die goldene Ära des Automobiltourismus dar. Der Kraftfahrzeugverkehr durchlief in diesem Zeitraum eine rasante Entwicklung und beeinflusste in bedeutendem Maße die Freizeitgestaltung. Er bot den Touristen Geschwindigkeit, Unabhängigkeit und Freiheit. Der Autotourismus als neuer Trend fand seine Anhänger vor allem unter der jüngeren Generation, für die das Automobil ein Statussymbol darstellte. Trotz der geringen Anzahl an Kraftfahrzeugen setzte sich die Ansicht durch, dass die meisten Touristenattraktionen direkt mit dem Automobil erreichbar sein sollten.

Sowohl einheimische als auch ausländische Autofahrer stießen bei ihren Reisen durch die Tschechoslowakei auf viele Hindernisse. Das größte bestand in dem schlechten Zustand der Straßen, beim Großteil fehlte die Verkehrsbeschilderung. Zu einer langsamen Verbesserung kam es erst in den 1930er Jahren. Die zweite Hürde waren die hohen Anschaffungs- und Betriebskosten. Beträchtlich war auch die steuerliche Belastung der Autofahrer, die Einheimische und Ausländer gleichermaßen betraf. Man kann daher sagen, dass der Staat dem Automobilverkehr zunächst negativ gegenüberstand, was sich beispielsweise darin zeigte, dass die Verabschiedung eines modernen Automobilgesetzes, das die Vorschriften aus den ersten Jahren der Zwischenkriegszeit ersetzte, auf die lange Bank geschoben wurde.

Personenregister

Achleitner, Arthur 172, 179, 181, 190, 192
Achs, Hugo 40
Adam, Robert 184
Agay, Adolf 113, 118
Artaria, Dominik 34
Asbóth, Johann von 210
Baedeker, Karl 203, 246–248, 250
Bahr, Hermann 165–170, 172–174, 182, 188, 192, 194, 199
Baross, Gábor 125
Bayer, Emil 33
Beethoven, Ludwig van 255
Benyovszky, Karl 224
Berengo, Marino 170
Bílek, František 256
Bittner, Franz 122
Carl Stephan, s. Karl Stephan, Erzherzog von Österreich
Chlumecky, Leopold von 169f.
Clar, Conrad 158
Comenius, Johann Amos 229
Conrad von Hötzendorf, Franz 169
Cook, Thomas 85
Corbea-Hoisie, Andrei 103

Czermack, Reginald 235
Czuchajowski, Bolesław 91
d'Alesi, Frédéric Hugo 44
Defregger, Franz 55
Denis, Ernest 255
Diemer, Zeno 54
Dietl, Józef 81
Drábik, Mikuláš (Nikolaus) 229
Düringsfeld, Ida von 172
Dziedzic, Marcin 238
Edschmid, Kasimir 180, 186
Egger-Lienz, Albin 55
Elisabeth von Österreich-Ungarn, „Sisi" 194
Erstić, Marijana 168
Faust, Ovidius 224
Fellner, Ferdinand 37
Ferdinand I., römisch-deutscher Kaiser 37
Floericke, Kurt 172, 181, 189
Fontane, Theodor 47
Forer, Josef 56
Fortis, Alberto 184f.
Franz Ferdinand, Erzherzog von Österreich-Este 169, 187

Franz Joseph, Kaiser von
  Österreich 130, 212
Franz Rákóczi II. 131
Franzos, Karl Emil 95–107,
  109–111, 117
Fritzsche, Peter 132
Geistlich, Emil 160, 164
Germar, Ernst Friedrich 184
Girtler, Roland 53
Giskra, Carl 165
Gočár, Josef 256
Goppel, Alfons 52
Grass, Günther 48
Gruša, Jiří 47
Gučetić-Gozze, Adelsfamilie
  173
Haračić, Ambroz 158
Harris, Robin 182
Hasner von Artha, Leopold
  165
Helmer, Hermann 37
Herbst, Eduard 165
Hieke, Wenzel 249f.
Hitler, Adolf 95
Hlávka, Emil 255f.
Hoernes, Moritz 209
Hofer, Andreas 52f., 55–57
Hoffmann, Ješek, s. Hofman,
  Jan
Hofman, Jan 227, 229
Hudec, Dominik 230, 232
Hus, Jan 254
Jahn, Gustav 41, 43–45
Jan III. Sobieski, König von
  Polen 89
Jehly, Jakob 44
Jenny, Rudolph von 116
Johann, Erzherzog von
  Österreich 35, 51

Joseph II., römisch-deutscher
  Kaiser 36, 96, 104
Joyce, James 48f.
Jünger, Ernst 175, 198
Kafka, Franz 47f.
Kalchberg, Victor von 189
Kaplicki, Mieczysław 89f., 92
Karl Stephan, Erzherzog von
  Österreich 159
Kipling, Rudyard 104
Klein, Franciszek 84, 85
Klutschak, Franz 247f., 250
Knorr, Wilhelm 36f.
Kohl, Johann Georg 116, 185
Kollár, Jan 229
Königsberger, Ignaz 210, 215
Koerber, Ernest von 113
Kotěra, Jan 255
Kováč, Belo 231
Kühne, Ferdinand Gustav
  243f., 246f., 258
Laborde, Alexandre de 35
Lázňovský, Bohuslav 255
Lederer, Ignaz 215
Leo, Juliusz 81
Loebel, Arthur 121f.
Lueger, Karl 158
Luger, Kurt 51
Mann, Thomas 47
Mannová, Elena 223
Marr, Carl von 38
Masaryk, Tomáš Garrigue 239
Messner, Reinhold 51, 56
Michalitschke, Anton 256
Mienzil, Karl 210
Mittelmann, Hermann 119f.
Mladić, Ratko 201
Mollo, Tranquillo 34
Mosen, Julius 52

Mozart, Wolfgang Amadeus
  255
Murray, John 202
Nagy, Dezső 144f.
Napoleon I. Bonaparte 177
Neustadtl, Anna 206
Neustadtl, Arthur 206
Neustadtl, Theodor 206
Neustadtl, Walter 202, 204–
  210, 212–216
Noé, Heinrich 157, 173f.
Nolte, Ernst 95
Ondrouch, Vojtech 229
Orłowicz, Mieczysław 108–
  111
Ostrowski, Witołd 88
Ottokar II. Přemysl, König von
  Böhmen 229
Palacký, František 258
Paska, Erwin von 191
Pederin, Ivan 170, 194
Petermann, Reinhard E. 190,
  195, 197
Pfitzner, Josef 257
Piłsudski, Józef 91
Platt, Gustav 121
Plochl, Anna 35
Podhajský, Josef 239
Ponikło, Stanisław 107
Popper, Adolf 206
Preindlsberger-Mrazović,
  Milena 211
Ptačovský, Klement 227
Radetzky, Joseph Wenzel von
  Radetz 261
Rais, Karel Václav 238
Raulino, Tobias Dionys 44
Reber, Ursula 198
Ressel, Emil 241

Rezzori, Gregor von 119
Rezzori, Hugo von 119
Rohmeder, Wilhelm 64f.
Rolle, Karol 84, 86, 88f.
Roller, Alfred 40, 42
Rudolf, Kronprinz von
  Österreich-Ungarn 159
Šaloun, Ladislav 254
Schewitz, Karl 209f.
Schiff, Theodor 171, 174, 176,
  181
Schmal, Adolf, »Filius« 182,
  196
Schmidl, Adolf 118
Schoedl, Ervin 141
Schrötter, Leopold 157f.
Schüler, Friedrich Julius 157
Schulz, Fritz Traugott 258f.
Šeptyc'kyj, Andrij, Erzbischof
  von Lemberg 106
Serly, János 131
Sieger, Robert 69–72
Simmel, Georg 187
Sölch, Johann 120
Spitzer, Daniel 165
Splényi von Miháldy, Gabriel
  116
Stefan I., König von Ungarn
  228
Steger, Siegfried 56
Stieglitz, Heinrich Wilhelm
  173
Swida, Franz 179, 186
Szczepański, Stanisław 96
Tischler, Ludwig 189
Truhelka, Ćiro 212
Turski, Władysław 82
Umlauft, Friedrich 186
Valentini, Alfred 215

Vilímek, Josef 250f., 260
Wagenbach, Klaus 47
Wagner, Johann von 165
Wagner, Vladimír 228
Warhol, Andy 48
Warsberg, Alexander von 194
Wiehl, Antonín 240
Wild, Karl 73
Wilkinson, J. Gardner 182

Wilson, Woodrow 255
Winter, Hans 59f., 70, 73–75
Woerl, Leo 248
Wolff, Larry 170f.
Wollinger, Karl 72
Zachar, Ľudovít 227f., 230f.
Zweig, Felix 207f.
Zweig, Stefan 48

Ortsregister

Abbazia, s. Opatija
Adlergebirge, s. Orlické hory
Adria 21, 23, 140, 181
Afrika 9, 173
Agram, s. Zagreb 154
Albanien 215
Algier 173
Alpen 28, 48–51, 55, 57, 239
Alt-Sandez, s. Stary Sącz
Altvatergebirge, s. Hrubý Jeseník
Arbe, s. Rab
Aš (Asch) 235
Asch, s. Aš
Athen 48
Attersee 43
Aussig, s. Ústí nad Labem
Babia Góra 108
Bad Aussee 48
Bad Pyrmont 121
Bad Vöslau 39
Baden bei Wien 152
Balaton (Plattensee) 23, 135, 139–141, 143–146, 148f.
Balatonberény 136
Balatonboglár 136, 141f., 144f.
Balatonfenyves 138, 145, 149

Balatonföldvár 136, 138, 141–143, 149
Balatonkeresztúr 136
Balatonlelle 138, 141f., 144f., 149
Balatonmária 138
Balatonszárszó 138, 142
Balatonszemes 137, 141–145
Balatonszéplak 144
Balatonújhely 138, 142, 145
Balkan 20
Banja Luka 207, 209, 212, 213
Banjaluka, s. Banja Luka
Banská Bystrica 272
Baška (Bescanuova) 152, 160
Bayerischer Wald 237
Bayern 237
Bećari 209
Bekar, s. Bećari
Beregszász 148
Bergisel 54, 56
Berlin 71, 106, 132
Bescanuova, s. Baška
Beskiden, s. Beskidy
Beskidy 78, 86, 234
Bessarabien 103
Besztercebánya 148
Biała 109

Biecz 107
Bihać 209
Bistriţa 116
Bistritz, s. Bistriţa
Bled (Veldes) 33
Bočac 209
Bocche di Cattaro, s. Boka kotorska
Boka kotorska 177
Böhmen 21, 27, 128, 152, 207, 234f., 237, 263
Böhmerwald, s. Šumava
Böhmischer Karst, s. Český kras
Böhmisches Paradies, s. Český ráj
Bolzano (Bozen) 53, 58
Bosanski Brod 212
Bosnien 162, 167, 173, 176, 182, 190–193, 202, 204f., 207, 209–211, 214–216
Bosnien-Herzegowina 20, 125f., 166, 182, 201, 203f., 207, 209–212, 214, 216
Bosnisch Brod, s. Bosanski Brod
Bozen, s. Bolzano
Brandýs nad Labem 272
Braşov (Brassó) 128
Brassó, s. Braşov 128
Bratislava (Preßburg/Pozsony) 148, 177, 221–232, 272
Brčko 207
Brezno (Briesens) 207
Briesens, s. Brezno
Brioni, s. Brijuni
Brijuni (Brioni) 152, 166
Brodina 122
Bruck an der Leitha 207

Brno (Brünn) 36f.
Brünn, s. Brno
Buda, s. Budapest
Budapest 12, 17f., 20, 26, 29, 124–127, 129, 131, 133, 148, 154, 159, 209, 212
Budějovice (Budweis) 65
Budweis, s. Budějovice
Bukarest 117
Bukowina 97f., 102, 105, 107f., 110f., 113–122
Bulka 209
Burgenland 69f., 72, 74
Campo Formio 177
Câmpulung Moldovenesc (Kimpolung) 119
Cannes 152
Cannosa, s. Trsteno
Capo d'Istria, s. Koper
Castelnuovo, s. Herceg Novi
Cattaro, s. Kotor
Čerchov (Schwarzkopf) 237
Červená Skala 272
Český kras 272
Český ráj 272
Cetinje 197
Chişinău (Kischinew) 117
Čikat-Bucht 164
Côte d'Azur 152
Crikvenica 160
Csehi 145
ČSSR 29
Czarnahora 108
Czechowice-Dziedzice 98, 99
Czernowitz 19, 95, 97f., 101f., 104, 110f., 113–119, 120, 122
Czortków 97

Dalmatien 28, 121, 156, 165f.,
 168–173, 177f., 180f., 183–
 191, 194–198, 211, 215
Danzig, s. Gdańsk
Debrecen 148
Demänová 272
Deutschland 98, 101, 104,
 132, 208, 239
Dévény 128
Dobiacco (Toblach) 157
Dobříš 272
Dornawatra, s. Vatra Dornei
Dorna-Watra, s. Vatra Dornei
Dresden 244
Dubrovnik (Ragusa) 156, 166,
 168f., 173, 176f., 179, 182,
 187, 189, 196, 199
Dürnstein 44
Dzieditz, s. Czechowice-
 Dziedzice
Elbe 244
Elsass 71
England 101, 104, 152
Eperjes, s. Prešov
Feldkirch 48, 49
Fiume, s. Rijeka
Földvár 145
Fonyód 136, 141, 144f.
Fonyód-Bélatelep 143f.
Fonyód-Sándor-telep 144
Frankfurt am Main 88
Frankreich 104, 177
Franzensbad 120f.
Füred 135
Fürstenfeld 72
Galizien 9, 19, 95–99, 102,
 105–112, 117, 121, 207
Gargellen 48
Gaschurn 48

Gdańsk (Danzig) 48
Gran, s. Hron
Gravosa, s. Gruž
Graz 65, 97, 207
Großbritannien 208
Großglockner 46
Grottau, s. Hrádek nad Nisou
Grunwald, s. Zieleniec
Gruž (Gravosa) 166, 173, 189
Güssing 71
Hamburg 236
Heiligenblut 46
Heiligenkreuz 70
Herceg Novi (Castelnuovo)
 177, 187
Hercegovina, s. Herzegowina
Hermannstadt, s. Sibiu 116
Herzegowina 162, 167, 173,
 176, 182, 191, 193, 197
Himalaja 51
Hohe Tatra, s. Tatry Wysokie
Hohenelbe, s. Vrchlabí
Hohenfurth, s. Vyšší Brod
Horn 207
Hoverla (Howerla) 271
Hradec Králové (Königgrätz)
 207
Hrádek nad Nisou (Grottau)
 36, 207
Hron (Gran) 272
Hrubý Jeseník
 (Altvatergebirge) 235
Hrvatsko primorje (Kroat.
 Küstenland) 156
Hvar (Lesina) 156, 189
Innsbruck 34, 54, 55
Iaşi (Jassy) 98, 117
Istanbul 193
Istra, s. Istrien

Istrien (Istra) 28, 152, 154, 156, 166, 193
Isvorul Alb, s. Izvorul Alb
Italien 20, 48, 53, 58, 154, 172, 175, 177, 243
Iwano-Frankiwsk (Stanislau) 109, 110
Izvorul Alb 122
Jablanica 212, 215
Jabuka 207, 209, 214
Jägerndorf, s. Krnov
Jajce 209, 210, 212f.
Jaroslau, s. Jarosław
Jarosław (Jaroslau) 107
Jassy, s. Iaşi
Jeschken, s. Ještěd
Ještěd (Jeschken) 236, 271
Jezero 209
Jezersko 240
Josefov (Josefstadt) 246–248, 250f., 255f., 259, 261
Josefstadt, s. Josefov
Jugoslawien 23, 29
Jungbunzlau, s. Mladá Boleslav
Jura 51
Kalwaria Zebrzydowska 78
Kalwarya, s. Kalwaria Zebrzydowska
Kaposvár 148
Karlovy Vary (Karlsbad) 22, 36, 120, 152
Karlowitz, s. Sremski Karlovci
Karlsbad, s. Karlovy Vary
Karlštejn 272
Kärnten 21, 65f., 106, 162, 208
Karpaten 102, 107, 110
Karpatenukraine 269, 271

Karpathen, s. Karpaten
Kassa, s. Košice
Kesmark, s. Kežmarok
Keszthely 135
Kežmarok (Kesmark) 73
Kimpolung, s. Câmpulung Moldovenesc
Kischinew, s. Chişinău
Klein-Asien, s. Kleinasien
Kleinasien 119
Kleinpolen 88
Kokořín 272
Kolín 207
Kolozsvár 148
Königgrätz, s. Hradec Králové
Konjic 212
Konopiště 272
Konstantinopel, s. Istanbul
Koper (Capo d'Istria) 166
Korfu 191, 193
Košice (Kassa) 148, 272
Kotor (Cattaro) 166, 168, 173, 177, 189, 192, 197
Krain, s. Kranjsko
Krakau, s. Kraków
Kraków (Krakau) 18, 25, 77f., 80, 82f., 85–93, 99f., 107–110, 117, 208
Kranjsko (Krain) 162
Krems 44
Křivoklát 272
Krk (Veglia) 152, 160
Krnov (Jägerndorf) 235
Kroatien 125, 152
Kroatisches Küstenland, s. Hrvatsko primorje
Krynica 107
Kutná Hora 272

Kvarner (Kvarner-Bucht) 152,
    154, 160f., 193
Kvarnerski otoci 152, 156
Kvarnerinseln, s. Kvarnerski
    otoci
Łańcut 107
Landau i. d. Pfalz 49
Leipzig 248
Leitmeritz, s. Litoměřice
Lemberg, s. Lwiw
Lengyeltóti 143
Lesina, s. Hvar
Levoča (Leutschau) 272
Liberec (Reichenberg) 206f.,
    236
Libin, s. Libín
Libín (Libin) 241
Liburnische Riviera 154
Liebenau 207
Lika (Licca) 162
Lissa, s. Lysá
Litoměřice (Leitmeritz) 235
Lobositz, s. Lovosice
Lodomerien 96
Lopuschna (Lopuszna) 121
Lopuszna, s. Lopuschna
Losonc, s. Lučenec
Lovćen 197
Lovosice (Lobositz) 73
Lovran (Lovrana) 152, 156f.
Lovrana, s. Lovran
Lübeck 47
Lučenec (Losonc) 148
Lošinj (Lussin) 158, 160f.,
    164, 166
Lussin, s. Lošinj
Lussingrande, s. Veli Lošinj
Lussinpiccolo, s. Mali Lošinj

Lwiw (Lemberg) 21, 24, 82,
    95, 100f., 107–110, 116f.,
    207
Lwów, s. Lwiw
Lysá (Lissa) 207
Magdeburg 243
Mähren 36, 121, 207, 234, 237
Mailand 18
Mali Lošinj (Lussinpiccolo)
    152, 158f., 164
Mantua 53, 55
Marcali 143
Máriafürdő 145
Marianské Lázně (Marienbad)
    120f., 152
Marienbad, s. Marianské Lázně
Matulji (Mattuglie) 156f.
Mattuglie, s. Matulji
Medzilaborce 48
Megline, s. Meljine
Meljine (Megline) 177
Melk 44
Mělník 272
Meran, s. Merano
Merano (Meran) 48–50, 54f.,
    152
Metković 24
Mileseva, s. Mileševa
Mileševa (Mileseva) 214
Mistelbach 207
Mladá Boleslav (Jungbunzlau)
    207–208
Mnichovo Hradiště 207
Moldau (Moldawien) 101
Monte Carlo 152
Monte Maggiore, s. Učka
Monte Ossero, s. Osorščica
Montenegro 177, 185, 191,
    193, 197, 209

Mostar 24
Mukatschewe (Munkács) 128
Münchengrätz, s. Mnichovo
   Hradiště
Munkács, s. Mukatschewe
Nagyvárad, s. Oradea
Neuruppin 47
Neu-Sandez, s. Nowy Sącz
Neusiedler See 23, 51
Nevesinje 207
Niedere Tatra, s. Nízke Tatry
Niederösterreich 65, 152, 207
Niemes, s. Mimoň
Mimoň (Niemes) 207
Nitra (Nyítra) 128, 272
Nízke Tatry 272
Nizza (Nice) 152
Nordamerika 9
Nordböhmen 249
Nordtirol 56
Novi Pazar (Sandžak) 214
Nowoselitza, s. Nowoselyzja
Nowoselyzja (Nowoselitza) 117
Nowy Sącz (Neu-Sandez) 107
Nyíregyháza 148
Nyítra, s. Nitra
Oberitalien 208
Oder 235
Odessa 117
Olomouc (Olmütz) 98, 207
Olmütz, s. Olomouc
Ombla, s. Rijeka Dubrovačka
Opatija (Abbazia) 152, 154, 156f., 160–164
Opatija-Riviera 154
Oradea (Nagyvárad) 148
Odrzykoń (Burg) 107
Orjen 197

Orlické hory (Adlergebirge) 238
Osmanisches Reich 131, 167, 176, 182
Osoršćica (Mte Ossero) 159
Österreich 22f., 27, 51, 53, 57, 273
Österreichisch-Schlesien 234, 237
Osteuropa 104
Ostgalizien 20
Ostkarpaten 97, 107
Ost-Schlesien 108
Öszöd 145
Palit 159
Pannonhalma 128
Passeier 55
Pécs 148
Pest, s. Budapest
Pesth, s. Budapest
Piedmont 105
Pieninen, s. Pieniny
Pieniny (Pieninen) 108, 272
Plzeň (Pilsen) 206, 208
Pilsen, s. Plzeň
Piran (Pirano) 166
Pirano, s. Piran
Pirna 235
Pivka (St. Peter a. Flaum) 154
Plattensee, s. Balaton
Plevlje 209, 214, 215
Pliva 210, 213
Poděbrady 207, 272
Podhorce 108
Podiebrad, s. Poděbrady
Pojorâta (Pozoritta) 122
Pola, s. Pula
Polen 29, 61, 89, 116
Pontus (Schwarzes Meer) 98

Ortsregister

Poprad 59, 74
Pozoritta, s. Pojorâta
Pozsony, s. Bratislava
Prag (Praha) 10, 12, 19–21, 26, 29, 47, 64, 85, 128, 160, 206, 229, 239, 243–261, 272
Prerau, s. Přerov
Přerov (Prerau) 98
Prešov (Eperjes) 148, 272
Preßburg, s. Bratislava
Pressburg, s. Bratislava
Prijepolie, s. Prijepolje
Prijepolje 207, 209, 214
Pruth 102
Przemyśl 107, 109
Pula (Pola) 24, 154, 166
Pusztaszer 128f.
Rab (Arbe) 152, 159–161, 164, 177, 189
Ragusa, s. Dubrovnik
Rarau, s. Rarău
Rarău 119, 122
Rareu, s. Rarău
Reichenau 207
Reichenberg, s. Liberec
Reißeck 237
Riesengebirge 235f., 238, 271
Rijeka (Fiume) 123, 152, 154, 162, 179, 189
Rijeka Dubrovačka (Ombla) 173
Riva del Garda 48
Riviera di Levante 154
Riviera di Ponente 154
Rom 173
Rožňava (Rozsnyó) 148
Rozsnyó, s. Rožňava
Rumänien 98, 121
Russland 116

Salona, s. Solin
Salzkammergut 28, 162
St. Peter am Flaum, s. Pivka
Sanntaler Sattel, s. Savinjsko sedlo
Sarajevo 19, 24, 207f., 210–212, 214f.
Sarajewo, s. Sarajevo
Šaštín-Stráže (Sasvár) 207
Sasvár, s. Šaštín-Stráže
Savinjsko sedlo (Sanntaler Sattel) 240
Scherlich, s. Šerlich
Schlesien 98, 121
Schneeberg 40
Schneekoppe, s. Sněžka
Schruns 48
Schwarzkopf, s. Čerchov
Schweiz 208
Sebenico, s. Sibenik
Sibenik (Sebenico) 177
Semmering 157
Senftenberg, s. Žamberk
Šerlich (Scherlich) 238
Sibiu (Hermannstadt) 116
Siebenbürgen 103, 116
Sigmundskron 51
Sió 144
Siófok 141f.
Slawonien 123, 125, 162
Slowakei 48, 59, 231, 266, 269, 271f.
Slowenien 33
Sniatyn 98
Sněžka (Schneekoppe) 235
Sokolac 209
Solin (Salona) 168, 194
Somogy 136, 139, 146
Sopron 148

Split (Spalato) 24, 166, 175, 177, 182, 184, 187, 189, 194
Spalato, s. Split
Spanien 163
Spindlermühle, s. Špindlerův Mlýn
Špindlerův Mlýn 271
Sremski Karlovci (Karlowitz) 174
Stanislau, s. Iwano-Frankiwsk
Stará Boleslav 272
Stary Sącz (Alt-Sandez) 107
Steiermark 21, 35, 65f., 162, 207
Steiner Alpen 240
Štrbské Pleso 272
Stuttgart 55
Suceava (Suczawa) 98, 116f.
Suczawa, s. Suceava
Südamerika 9
Süddeutschland 106
Sudetenland 66
Südpolen 27
Südrussland 98
Südtirol 48, 50, 52–57, 66
Šumava (Böhmerwald) 64, 235, 237, 266
Switschin, s. Zvičina
Szczawnica 108
Szeged 18, 148
Tarnów 107
Tatra 60, 86, 107
Tatranská Lomnica 272
Tatry Wysokie (Hohe Tatra) 74, 272
Telfs 56
Temesvár, s. Timişoara
Timişoara (Temesvár) 18

Tirol 28, 38, 52–55, 64, 152, 178
Toblach, s. Dobiacco
Torontál (Komitat) 128
Traù, s. Trogir
Trauttmannsdorf 50, 54
Trianon 23
Trier 235
Triest, s. Trieste
Trieste 18, 20, 154, 165, 177f., 188, 193
Trogir (Traù) 187
Trsteno (Cannosa) 173
Tschechoslowakei 22, 60, 67, 89, 221, 225, 229, 235, 252, 254, 264f., 269, 272, 273f.
Turan 98
Tuzla 204
Učka (Monte Maggiore) 154
Ukraine 98
Ungarn 22f., 27, 29, 60, 72, 123, 125–130, 133, 149, 178, 190, 207, 227f., 230, 243, 273
Untersteiermark 66
Ural 96, 98
Ústí nad Labem (Aussig) 249
Užhorod 272
Váh (Waag) 272
Vahrn 56
Vatra Dornei 115, 120–122
Veglia, s. Krk
Veldes, s. Bled
Velebit 197
Veli Lošinj (Lussigrande) 159
Venedig 18, 174, 176f.
Veszprém 136
Visoko 212

Volhynien, s. Wolhynien
Vorarlberg 44, 54, 178
Vrba 209
Vrchlabí (Hohenelbe) 236, 271
Vyšší Brod (Hohenfurth) 235
Waag, s. Váh
Wachau 44
Waldkarpathen 120
Warschau 90, 93
Wawel 77, 85, 91, 100
Westböhmen 17, 21, 28
Westgalizien 78, 100
Wieliczka 85, 100, 108
Wien 18–21, 24, 34, 85, 97f., 106, 113–117, 120, 148, 154, 159, 162, 165, 170f., 178, 188, 206, 211f.
Wolfsburg 55
Wolga 71

Wolhynien 103
Wörthersee 206f.
Würzburg 248
Zagreb (Agram) 148, 154, 212
Zakopane 107–109
Zala 136
Zamárdi 142, 144, 145
Žamberk (Senftenberg) 207
Zadar (Zara) 166, 175, 177, 189, 192, 196
Zara, s. Zadar
Zavidovic, s. Zavidovići
Zavidovići 212
Zemun (Zimony) 128
Zieleniec (Grunwald) 82, 239
Zimony, s. Zemun
Zips 59
Zobor 128
Zvičina (Switschin) 238
Zvolen 272

Autorinnen und Autoren

Sándor Bősze, Jg. 1957, ist Direktor des Komitatsarchivs Somogy, einer Filiale des Ungarischen Nationalarchivs. Seine Forschungen widmen sich insbesondere der Geschichte der Vereine zurzeit des österreichisch-ungarischen Dualismus sowie der wirtschaftlichen und gesellschaftlichen Entwicklung von Fiume zwischen 1867 und 1918. Außerdem beschäftigt er sich mit der Geschichte des Tourismus am Balaton von 1890 bis zum Zweiten Weltkrieg, mit den Juden im Komitat Somogy (1849–1918) sowie mit der Siedlungsgeschichte des Komitats.

Andrei Corbea-Hoisie, Jg. 1951, ist seit 1995 ordentlicher Professor für Germanistik an der Alexandru Ioan Cuza-Universität Iași (Rumänien). Er war Inhaber des Blaise Pascal-Forschungslehrstuhls der Fondation de l'École Normale Supérieure Paris, Gastprofessor an der École Pratique des Hautes Etudes (Sorbonne) sowie an den Universitäten Paris 8, Siegen, Fribourg, Bukarest, Wien und Fellow des Internationalen Forschungszentrums Kulturwissenschaften an der Kunstuniversität Linz (IFK) in Wien. Er ist ebenfalls Mitglied der Akademie gemeinnütziger Wissenschaften zu Erfurt, Herder-Preisträger (1998) und Jakob- und Wilhelm-Grimm-Preisträger (2000). Seine zahlreichen Arbeiten widmen sich der deutschen Literatur im 19. und 20. Jahrhundert, der Literaturtheorie, der Ästhetik und der vergleichenden Literatur- und Kulturgeschichte mit Schwerpunkt Donaumonarchie und Bukowina.

Dieter J. Hecht, Jg. 1970, Dr. phil., ist wissenschaftlicher Mitarbeiter am Zentrum für Jüdische Studien an der Karl-Franzens-Universität Graz und war zuvor am Institut für Kulturwissenschaften und Theatergeschichte an der Österreichischen Akademie der Wissenschaften tätig. Er forscht zurzeit über jüdische Soldaten und Militärrabbiner in der österreichisch-ungarischen Monarchie während des Ersten Weltkriegs. Weitere Forschungsschwerpunkte sind Jewish Gender Studies, Presseforschung, Shoah und Provenienzforschung im Bereich Kunstrestitution.

Rudolf Jaworski, Jg. 1944, war von 1987 bis zu seiner Emeritierung im Jahr 2009 Universitätsprofessor und Direktor am Historischen Seminar, Abteilung für Osteuropäische Geschichte, der Universität Kiel. Arbeitsschwerpunkte sind Nationsbildung, Minderheitenfragen, Nationalismus und Gedächtniskulturen in Ostmitteleuropa, neuere Geschichte Polens und der böhmischen Länder, Geschichte der deutschpolnischen und der deutsch-tschechischen Beziehungen. Ein spezielles Forschungsinteresse gilt der Bedeutung bildlicher Quellen für die historische Forschung.

Peter Jordan, Jg. 1949, ist seit 2007 am Institut für Stadt- und Regionalforschung der Österreichischen Akademie der Wissenschaften tätig. Er war zuvor Direktor des Österreichischen Ost- und Südosteuropa-Instituts. 2007 hat ihn die Babeş-Bolyai-Universität in Cluj-Napoca (Rumänien) zum Ehrenprofessor ernannt. Er ist des Weiteren als Convenor der Working Group on Exonyms der United Nations Group of Experts on Geographical Names (UNGEGN) aktiv. Seine Arbeitsschwerpunkte sind Atlaskartographie, kartographische Methodenlehre, politische und Kulturgeographie Südosteuropas, Tourismusgeographie sowie Toponomastik.

Pieter M. Judson, Jg. 1956, ist Professor für Europäische Geschichte des 19. und 20. Jahrhunderts am European University Institute in Florenz und Herausgeber des *Austrian History Yearbook*. 2010 erhielt sein Buch *Guardians of the Nation. Activists on the Language Frontiers of Imperial Austria* (Harvard University Press 2006) den Karl von Vogelsang Staatspreis für Geschichte der Gesellschaftswissenschaften. Er beschäftigt sich vor allem mit der Geschichte der Habsburgermonarchie (1848–1918) und ihrer Nachfolgestaaten (1918–1945).

Konrad Köstlin, geb. 1940, war als Professor für Volkskunde, Empirische Kulturwissenschaft und Europäische Ethnologie an den Universitäten Kiel, Regensburg, Tübingen und zuletzt in Wien tätig, wo er 2008 emeritiert wurde. Er war Vorsitzender der Deutschen Gesellschaft für Volkskunde und über eine Dekade Präsident der Société Internationale d'Ethnologie et de Folklore (SIEF). Den Generalisten interessiert die Formatierung moderner Gesellschaften mit den Mitteln und Inhalten der als Volkskultur kanonisierten Bestände.

Hanna Kozińska-Witt lebt als freie Historikerin in Rostock. Zuvor war sie u. a. als wissenschaftliche Mitarbeiterin am Geisteswissenschaftlichen Zentrum Geschichte und Kultur Ostmitteleuropas (GWZO) an der Universität Leipzig und am Simon-Dubnow-Institut in Leipzig sowie an der Martin-Luther-Universität Halle-Wittenberg tätig. Sie beschäftigt sich mit der Geschichte der polnischen Länder im 19. und 20. Jahrhundert, im Besonderen mit der *urban history* und der Geschichte der polnischen Juden.

Christoph Mick, Jg. 1961, ist Associate Professor am Department of History der University of Warwick (Großbritannien). Zuvor war er im Sonderforschungsbereich 437 der DFG an der Universität Tübingen, im Institut für Osteuropäische Geschichte und Landeskunde der Universität Tübingen und am Fachbereich Geschichte der Universität Konstanz tätig. Seine Forschungsschwerpunkte sind Kriegserfahrungen im Ersten und Zweiten Weltkrieg, europäische Memorialkulturen im 19. und 20. Jahrhundert sowie Wissenschafts- und Technikgeschichte der Sowjetunion.

Martin Pelc, Jg. 1980, ist wissenschaftlicher Assistent an der Universität Opava (Tschechische Republik). Er beschäftigt sich mit der Geschichte des Wanderns in den böhmischen Ländern, dem Verhältnis zwischen Wandern und Nationalismus sowie der Geschichte des Wintersports in Mitteleuropa. Seine Forschungen widmen sich auch der bürgerlichen Kultur im 19. Jahrhundert und den Beziehungen zwischen Zentren und Peripherien in der Habsburgermonarchie.

Peter Stachel, Jg. 1965, ist Universitätsdozent für Neuere Geschichte und wissenschaftlicher Mitarbeiter am Institut für Kulturwissenschaften und Theatergeschichte der Österreichischen Akademie der Wissenschaften in Wien. Zuvor war er Mitarbeiter des SFB „Moderne – Wien und Zentraleuropa um 1900" an der Karl-Franzens-Universität Graz.

Forschungsschwerpunkte sind die Geschichte der Habsburgermonarchie vom 18. bis ins 20. Jahrhundert, mit Schwerpunkt im Bereich der Kultur-, Wissenschafts- und Bildungsgeschichte, Formen der kollektiven Erinnerungskultur (politische Rituale und Symbole, Denkmäler) sowie Musikgeschichte.

Jan Štemberk, Jg. 1977, forscht am Lehrstuhl für Sozialwissenschaften der Handelshochschule in Prag. Er beschäftigt sich mit der Tourismus- und Verkehrsgeschichte der böhmischen Länder und der Tschechoslowakei im 19. und 20. Jahrhundert. Weitere Forschungsgebiete sind die Geschichte des Wirtschaftsrechts in der Habsburgermonarchie und der Tschechoslowakei sowie die historischen wirtschaftlichen und kulturellen Kontakte zwischen den böhmischen Ländern und Slowenien.

Jozef Tancer, Jg. 1975, Germanist und Historiker, lehrt am Institut für Germanistik, Niederlandistik und Skandinavistik der Comenius-Universität in Bratislava (Slowakische Republik). Forschungsgebiete: Reiseliteratur, Pressegeschichte, Mehrsprachigkeit, deutschsprachige Kultur- und Literaturgeschichte des Königreichs Ungarn. Verfasser von drei Monographien: *Im Schatten Wiens. Zur deutschsprachigen Presse und Literatur im Pressburg des 18. Jahrhunderts* (Bremen 2008); *Der schwarze Sabbat. Die Brandkatastrophe in Pressburg 1913 als Medienereignis* (Bratislava 2012); *Neviditeľné mesto. Prešporok/ Bratislava v cestopisnej literatúre* (Bratislava 2013). Zusammen mit Sabine Eickenrodt Mitherausgeber der Schriftenreihe *Pressburger Akzente. Vorträge zur Kultur- und Mediengeschichte*.

Werner Telesko, Jg. 1965, ist Direktor des Instituts für kunst- und musikhistorische Forschungen (IKM) der Österreichischen Akademie der Wissenschaften. Zuvor war er u. a. als wissenschaftlicher Mitarbeiter im Benediktinerstift Göttweig sowie an der Österreichischen Akademie der Wissenschaften tätig. Hauptschwerpunkte seiner Arbeiten betreffen die Ikonographie der barocken Kunst, die österreichische Kunst im 19. Jahrhundert. sowie die Erforschung der barocken Druckgraphik.

Martina Thomsen, Jg. 1971, ist Juniorprofessorin für die Geschichte Ostmitteleuropas an der Universität Kiel. Zuvor war sie u. a. als wissenschaftliche Mitarbeiterin am Geisteswissenschaftlichen Zentrum Geschichte und Kultur Ostmitteleuropas (GWZO) an der Universität Leipzig tätig. Sie beschäftigt sich mit Fragen der Religions- und Migrationsgeschichte sowie der Rechts- und Verfassungsgeschichte in Polen und den böhmischen Ländern vom 16. bis zum 20. Jahrhundert. Weitere Forschungsschwerpunkte sind der Tourismus in urbanen Zentren der Habsburgermonarchie sowie Reiseliteratur aus und über Ostmitteleuropa.

Alexander Vari, Jg. 1965, ist 2005 an der Brown University (USA) promoviert worden und derzeit als Associate Professor of Modern European History an der Marywood University in Scranton (USA) tätig. Sein Forschungsinteresse gilt der Geschichte der Habsburgermonarchie und deren Nachfolgestaaten im 19. und 20. Jahrhundert. Er hat diverse Aufsätze im *Austrian History Yearbook*, im *Journal of Contemporary History* und in der Zeitschrift *Urban History* veröffentlicht sowie den 2013 erschienenen Band *Socialist Escapes: Breaking Away from Ideology and Everyday Routine in Eastern Europe, 1945–1989* mit herausgegeben.

Histoire

Stefan Brakensiek,
Claudia Claridge (Hg.)
Fiasko – Scheitern in der Frühen Neuzeit
Beiträge zur Kulturgeschichte des Misserfolgs

Februar 2015, ca. 230 Seiten,
kart., zahlr. Abb., ca. 29,99 €,
ISBN 978-3-8376-2782-4

Torben Fischer, Matthias N. Lorenz (Hg.)
Lexikon der »Vergangenheitsbewältigung«
in Deutschland
Debatten- und Diskursgeschichte
des Nationalsozialismus nach 1945
(3., überarbeitete und erweiterte Auflage)

Februar 2015, 398 Seiten, kart., 29,80 €,
ISBN 978-3-8376-2366-6

Alexa Geisthövel, Bodo Mrozek (Hg.)
Popgeschichte
Band 1: Konzepte und Methoden

November 2014, 280 Seiten, kart., 29,99 €,
ISBN 978-3-8376-2528-8

Leseproben, weitere Informationen und Bestellmöglichkeiten
finden Sie unter www.transcript-verlag.de

Histoire

Katharina Gerund, Heike Paul (Hg.)
Die amerikanische Reeducation-Politik nach 1945
Interdisziplinäre Perspektiven auf »America's Germany«

Januar 2015, 306 Seiten,
kart., zahlr. z.T. farb. Abb., 29,99 €,
ISBN 978-3-8376-2632-2

Sebastian Klinge
1989 und wir
Geschichtspolitik und Erinnerungskultur nach dem Mauerfall

März 2015, ca. 430 Seiten, kart.,
z.T. farb. Abb., ca. 38,99 €,
ISBN 978-3-8376-2741-1

Detlev Mares, Dieter Schott (Hg.)
Das Jahr 1913
Aufbrüche und Krisenwahrnehmungen am Vorabend des Ersten Weltkriegs

September 2014, 288 Seiten,
kart., zahlr. Abb., 27,99 €,
ISBN 978-3-8376-2787-9

Leseproben, weitere Informationen und Bestellmöglichkeiten
finden Sie unter www.transcript-verlag.de

Histoire

Sophie Gerber
Küche, Kühlschrank, Kilowatt
Zur Geschichte des privaten
Energiekonsums in Deutschland,
1945-1990
Dezember 2014, ca. 340 Seiten,
kart., zahlr. Abb., ca. 34,99 €,
ISBN 978-3-8376-2867-8

Ulrike Kändler
Entdeckung des Urbanen
Die Sozialforschungsstelle Dortmund
und die soziologische Stadtforschung
in Deutschland, 1930 bis 1960
Februar 2015, ca. 420 Seiten,
kart., ca. 39,99 €,
ISBN 978-3-8376-2676-6

Sibylle Klemm
Eine Amerikanerin in Ostberlin
Edith Anderson und der andere
deutsch-amerikanische
Kulturaustausch
Februar 2015, ca. 440 Seiten,
kart., zahlr. Abb., ca. 39,99 €,
ISBN 978-3-8376-2677-3

Anne Katherine Kohlrausch
Beobachtbare Sprachen
Gehörlose in der
französischen Spätaufklärung.
Eine Wissensgeschichte
März 2015, ca. 320 Seiten,
kart., ca. 39,99 €,
ISBN 978-3-8376-2847-0

Felix Krämer
Moral Leaders
Medien, Gender und Glaube in den
USA der 1970er und 1980er Jahre
Dezember 2014, ca. 430 Seiten,
kart., ca. 35,99 €,
ISBN 978-3-8376-2645-2

Nora Kreuzenbeck
Hoffnung auf Freiheit
Über die Migration von African
Americans nach Haiti, 1850-1865
Februar 2014, 322 Seiten, kart., 32,99 €,
ISBN 978-3-8376-2435-9

Wolfgang Kruse (Hg.)
Andere Modernen
Beiträge zu einer Historisierung
des Moderne-Begriffs
Januar 2015, ca. 350 Seiten, kart.,
zahlr. z.T. farb. Abb., ca. 38,99 €,
ISBN 978-3-8376-2626-1

Livia Loosen
**Deutsche Frauen in den
Südsee-Kolonien des Kaiserreichs**
Alltag und Beziehungen zur
indigenen Bevölkerung, 1884-1919
Oktober 2014, 678 Seiten,
kart., zahlr. Abb., 49,99 €,
ISBN 978-3-8376-2836-4

*Bodo Mrozek,
Alexa Geisthövel,
Jürgen Danyel (Hg.)*
Popgeschichte
Band 2: Zeithistorische Fallstudien
1958-1988
November 2014, 384 Seiten,
kart., zahlr. Abb., 34,99 €,
ISBN 978-3-8376-2529-5

*Claudia Müller, Patrick Ostermann,
Karl-Siegbert Rehberg (Hg.)*
**Die Shoah in Geschichte
und Erinnerung**
Perspektiven medialer Vermittlung
in Italien und Deutschland
Dezember 2014, ca. 280 Seiten,
kart., zahlr. Abb., ca. 32,99 €,
ISBN 978-3-8376-2794-7

Leseproben, weitere Informationen und Bestellmöglichkeiten
finden Sie unter www.transcript-verlag.de